本成果获得国家社会科学基金重点项目（15AZD058）资助
本成果部分章节是教育部人文社科重点研究基地重大项目（17JJD790002）阶段性成果
本著作获得复旦大学理论经济学Ⅰ类高峰学术专著项目资助出版

全球生产网络与知识产权保护下中国外贸竞争力提升研究

Research on the Promotion of China's Foreign Trade Competitiveness under the Global Production Networks and Intellectual Property Rights Protection

沈国兵　著

中国财经出版传媒集团
中国财政经济出版社

图书在版编目（CIP）数据

全球生产网络与知识产权保护下中国外贸竞争力提升研究 / 沈国兵著. --北京：中国财政经济出版社，2021.1

ISBN 978-7-5095-9941-9

Ⅰ.①全… Ⅱ.①沈… Ⅲ.①对外贸易-国际竞争力-研究-中国 Ⅳ.①F752

中国版本图书馆 CIP 数据核字（2020）第 136070 号

责任编辑：李筱文　　　　责任校对：李　丽
封面设计：思梵星尚

中国财政经济出版社 出版
URL：http：//www.cfeph.cn
E-mail：cfeph@cfeph.cn

社址：北京市海淀区阜成路甲 28 号　邮政编码：100142
营销中心电话：010-88191522
天猫网店：中国财政经济出版社旗舰店
网址：https：//zgczjjcbs.tmall.com
北京财经印刷厂印刷　各地新华书店经销
成品尺寸：170mm×240mm　16 开　21.5 印张　386 000 字
2021 年 1 月第 1 版　2021 年 1 月北京第 1 次印刷
定价：86.00 元
ISBN 978-7-5095-9941-9
（图书出现印装问题，本社负责调换，电话：010-88190548）
本社质量投诉电话：010-88190744
打击盗版举报热线：010-88191661　QQ：2242791300

前　言

QIANYAN

2007年和2009年美国次级债危机和欧洲主权债务危机相继爆发后，国际贸易保护主义重新抬头并大行其道，这给中国对外贸易带来了巨大的市场挤压。与此同时，全球生产网络下中国已成为世界上遭受美国“337”调查中知识产权调查最多的国家。[①] 因此，加强知识产权保护已日益成为我国积极参与全球竞争的主要支撑手段。由此，全球生产网络与知识产权保护下我国需要继续不断改革和完善知识产权保护体系，促进深度融入国际分工生产链和全球价值链，进而提升我国对外贸易竞争力。

实践中，与专利技术相结合的知识产权壁垒是一种更具杀伤力的新形式壁垒，发达国家往往利用在知识产权上的技术垄断和竞争优势，对中国等新兴市场经济发展构成强大的外在遏制力，以遏制中国等发展中国家高技术产品“后发优势”的出现和发展（沈国兵，2011）。面对国际贸易壁垒下外贸市场挤压和知识产权保护瓶颈，在外部压力和内在推力混合作用下，我国必须要在深度参与全球生产网络进程中加强知识产权保护的自我抉择，以期全面提升中国对外贸易竞争力。但是，如何实施呢？本著作聚焦“全球生产网络与知识产权保护下中国外贸竞争力提升研究”这一主题，以全球生产网络和知识产权保护作为切入点，探究中国外贸竞争力提升问题就具有很强的理论和现实价值。本著作聚焦这一主题，分为导论和三大主体部分共十二章进行研究展开，研究进展的主要内容和观点如下：

第一，基于贸易数量型视角，本著作探究了全球生产网络与知识产权保护下

① “337条款”是源于1930年美国《关税法》第337条得名。“337条款”调查由美国国际贸易委员会（ITC）进行，调查对象为进口产品侵犯美国知识产权的行为以及进口贸易中的其他不公平竞争。“337条款”将美国进口中不正当贸易分为两类：一般不正当贸易和有关知识产权的不正当贸易。其中，有关知识产权的不正当贸易是指所有人、进口商或承销商从美国进口，为进口而买卖或进口后在美国销售属于侵犯了美国法律保护的专利权、商标权、版权、集成电路布图设计权和设计方案权的产品的行为。

扩大中国出口强度，包括提高中国增加值出口份额和提升中国在伙伴国市场渗透率。一是从国家间贸易强度视角揭示出以零部件贸易为代表的全球生产网络提高了各国间双边贸易强度，且双边出口偏好强度呈现出较强的区域性。本章明确了技术提升的重要性，避免被发达国家主导的零部件生产网络排斥在外的风险，提出经济趋同的重要性，未来需要进一步深化中国与东盟、韩国和日本等基于零部件贸易的双边贸易偏好强度。二是从贸易增加值视角揭示出全球生产网络下中国增加值出口竞争力提升及其成因。本章明确从增加值视角拓展外贸市场空间，指出未来提升中国出口在全球价值链中的地位必须要优化行业出口贸易结构，大力发展生产性服务业提供协同配套支持。三是融合知识产权保护与贸易增加值，揭示出全球生产网络下主要国家知识产权保护与增加值出口竞争力提升之间的关联性。本章阐明加强全球范围内生产和贸易网络联系及合作，以及施以差别化知识产权保护，对提升中国外贸竞争力十分重要；揭示出美国商会发布的国际知识产权指数存在高估自身，缺乏独立公正性，变得不可靠。四是从行业知识产权保护视角揭示出全球生产网络下中国行业知识产权保护对其增加值出口竞争力提升的影响。本章主张在提高中国行业知识产权保护强度的同时，谨防保护过度导致竞争力下降；把握好中国与进口国知识产权保护的相对程度，以提升中国行业出口竞争力。

第二，基于贸易质量型视角，本著作探究了全球生产网络与知识产权保护下提升中国出口质量，包括提高中国企业出口技术含量、出口产品质量和企业新出口联系。一是从出口技术含量视角揭示出省级知识产权保护通过行业生产网络对中国企业出口技术含量提升的影响。本章改进了对产品复杂度和国家适度性的计算，测算出中国企业出口技术含量，并揭示出省级—上游、水平和省级—下游行业知识产权保护对企业出口技术含量的差异性影响。本章渠道分析明确了支持企业进行创新活动和购进高技术投入品进行生产活动的政策重要性。二是从出口产品质量视角揭示出省级行业知识产权保护对我国省级行业一般贸易出口产品质量提升的影响。本章证实加强省级行业知识产权保护会促进省级行业一般贸易出口产品质量的提升。三是从企业新出口联系视角揭示出伙伴国知识产权保护对提升中国本土企业新出口联系的影响。回答了企业为什么能够建立新出口联系这一问题，不断增加新种类产品出口是应对变化莫测的国际贸易保护主义的强有力举措，是对中国加强知识产权保护、实施创新驱动发展战略的强有力的经验证据支持。

第三，基于调查问卷、目标和路径分析，揭示出全球生产网络与知识产权保护下中国外贸竞争力提升的目标和实施路径。一是经调查问卷得出，全球生产网络和知识产权保护下更多的中国企业已将企业自身产品质量和技术水平作为发展目标。据此，需要加大知识产权保护执行力度，促进企业走上依靠研发创新、提升外贸竞争力的发展路径。二是中国外贸竞争力提升的目标是扩大中国出口强度、提升中国出口质量。中国外贸竞争力提升取决于融入全球生产网络的广度和深度，需要加强知识产权保护来优化营商环境。据此，本著作提出了动态的多元战略协调配合实施路径。

第四，本著作是在国家社会科学基金重点项目（15AZD058）的基础上扩展而成，除了发表10多篇核心及以上学术论文之外，还撰写了与本著作相关的多篇资政报告被采纳和批示。并且，本著作研究的相关内容经过拓展和提炼，已在《光明日报》《解放日报》《环球时报》《社会科学报》、光明网、澎湃新闻、中国社会科学网、上观新闻、文汇网等媒体发表文章10多篇，产生了良好的社会反响。其中，一篇“高品质招商引资 高标准优化环境”发表于《解放日报》2019年8月6日第10版，曾被全文转载于全国哲学社会科学工作办公室网站。由此，本著作研究揭示了全球生产网络与知识产权保护下扩大中国出口强度、提升中国出口质量问题，系统阐明了提升中国外贸竞争力的目标和实施路径，兼顾了多维层面政策协调实施，由此得出的研究结论和政策建议具有很好的学术价值和政策决策参考价值。

沈国兵

2020年6月

于复旦大学世界经济研究所

摘　要
ZHAIYAO

本著作围绕“全球生产网络与知识产权保护下中国外贸竞争力提升研究”这一主题，以全球生产网络和知识产权保护为切入点，聚焦中国外贸竞争力提升问题，从扩大中国出口强度（贸易数量型）、提升中国出口质量（贸易质量型）出发，紧扣全球生产网络与知识产权保护下中国外贸竞争力提升研究这一条逻辑主线，使用规范分析和实证分析、数理模型和计量方法、比较分析和调查问卷分析等，系统探究了全球生产网络与知识产权保护下中国外贸竞争力提升的目标和实施路径问题。为此，本著作分为导论和三大主体部分共十二章展开：导论部分包括两章，提出问题和做出文献综述；三大主体部分包括十章，系统阐述了全球生产网络与知识产权保护下扩大中国出口强度、提升中国出口质量，以及寻求中国外贸竞争力提升的目标和实施路径。具体来看：

第一部分基于历史和文献综述，明确界定了全球生产网络，精炼出知识产权保护和外贸竞争力的测度方法，揭示出其内在的逻辑机制。全球生产网络是一国主要从国外进口零部件等中间品、机器设备等资本品，再使用国内中间投入、资本和劳动等要素，进行生产或加工组装，最终运往国外销售，形成一个跨国界生产、贸易和消费的网络体系。知识产权保护被分为国家、省级和行业层面具体测度。外贸竞争力提升包括扩大出口强度、提升出口质量，前者使用中国增加值出口份额和中国在伙伴国市场渗透率测算的贸易数量型出口竞争力，后者使用中国企业出口技术含量、出口产品质量和新出口联系测度的贸易质量型出口竞争力。全球生产网络是外贸竞争力提升依托的平台，知识产权保护是外贸竞争力提升依赖的制度保障，中国外贸竞争力提升取决于融入全球生产网络程度以及加强知识产权保护带来的提升效应。

第二部分基于贸易数量型视角，探究全球生产网络与知识产权保护下扩大中国出口强度。该部分包括第三章至第六章。

一是基于国家间贸易强度，揭示出以零部件贸易为代表的全球生产网络提高了各国间双边贸易强度，且双边出口偏好强度呈现出较强的区域性。引力模型证实，地理距离是阻碍双边贸易偏好强度的主要因素，文化差异性也是阻碍因素；过大的技术差距会导致新兴市场国家面临被发达国家主导的零部件生产网络排斥在外的风险；贸易摩擦是提升区域间、发达国家间样本中双边贸易偏好强度的影响因素；经济趋同性因区域和经济发展水平的影响相异。据此，需要不断缩小技术差距来提升与伙伴间双边贸易偏好强度；深化贸易协定来提高中国与东盟、韩国等双边贸易偏好强度。

二是基于贸易增加值，揭示出全球生产网络下中国增加值出口竞争力提升及其成因。统计和实证发现，中国总体增加值出口竞争力保持稳步上升态势，但其增速已减弱；中国增加值出口竞争力上升的原因主要来自出口的行业内效应而非行业间效应，主要不是来自出口行业的直接增加值效应，而是来自完备工业体系的上游配套行业的间接增加值效应。据此，需要细分国家和行业市场来推动企业拓展市场空间、提升出口竞争力；大力发展生产性服务业为提升出口部门竞争力提供协同配套支持。

三是融合知识产权保护与贸易增加值，揭示出全球生产网络下主要国家知识产权保护与增加值出口竞争力提升。统计比较和实证表明：跨国企业投资转移至中国，提升了中国出口竞争力；中国已成为增加值行业出口竞争力大幅上升和明显上升的行业最多的国家。美国商会高估了美国自身，总是将美国分类为知识产权保护很强的国别之首。主要国家和行业的增加值出口竞争力都与其知识产权保护总体上呈明显的正相关。据此，需要加强全球范围内生产网络和贸易网络联系和合作，根据增加值出口竞争力行业特征，施以差别化知识产权保护，同时诉诸反垄断法来防止知识产权滥用。

四是融合行业知识产权保护与贸易增加值，揭示出全球生产网络下中国行业知识产权保护对其增加值出口竞争力提升的影响。Tobit 模型证实，中国行业知识产权保护与其增加值出口竞争力之间存在显著的倒“U 型”关系。进口国加强知识产权保护会提升中国行业出口竞争力，但细分行业后其影响不显著。中国与进口国知识产权保护相对程度已通过对中国行业知识产权保护的影响，间接提升了中国行业出口竞争力，但细分行业后其影响是不明确的。据此，应弹性地加强一些行业知识产权保护强度，积极进行知识产权保护国际合作，增强创新投入、提高行业出口竞争力来化解贸易保护主义压力。

第三部分基于贸易质量型视角，探究全球生产网络与知识产权保护下提升中国出口质量。该部分包括第七章至第十章。

一是基于企业出口技术含量，揭示出全球生产网络下省级知识产权保护对中国企业出口技术含量提升的影响。理论机制分析和计量证实，加强省级知识产权保护（IPP）通过上游行业对企业出口技术含量产生促进作用，而通过水平、下游行业产生抑制作用。具体地，加强省级—上游行业 IPP 通过进口投入品技术渠道提升企业出口技术含量，而通过上游议价能力渠道会削弱技术含量；加强省级—水平行业 IPP 通过创新渠道提升企业出口技术含量，但通过阻碍溢出渠道会抑制技术依赖大的企业提升技术含量；加强省级—下游行业 IPP 通过强的下游议价能力抑制技术含量，而通过知识吸收能力渠道能提升企业出口技术含量。据此，需要区分上下游和水平行业，充分增强进口投入品技术、创新渠道和知识吸收渠道来发挥对企业出口技术含量的提升作用。

二是基于企业出口产品质量，揭示出全球生产网络下中间品和资本品进口对中国企业出口产品质量提升的影响。Tobit 模型证实，中间品进口会促进中国企业出口产品质量提升，而资本品进口产生抑制作用，两者交互项产生不利的调节效应。同质、异质中间品进口都对企业出口产品质量产生显著的促进效应，而异质资本品进口产生抑制效应。同质中间品与异质资本品进口交互项产生显著的抑制效应，而异质中间品与异质资本品进口交互项的影响不显著。中间品进口对国有、民营和外资企业出口产品质量都产生促进效应，而资本品进口产生抑制作用。据此，需要平衡好中间品与资本品进口的结构平衡，协调好异质资本品进口，形成中国制造对接全球生产以提升企业出口产品质量。

三是基于省级行业一般贸易出口产品质量，揭示出省级行业知识产权保护对我国一般贸易出口产品质量提升的影响。统计比较和 Tobit 模型证实，加强省级行业知识产权保护会促进省级行业一般贸易出口产品质量提升。加强省级行业知识产权保护对中、西部省级行业一般贸易出口产品质量能产生显著的促进作用，但对东部省级行业的影响不显著。区分省份行业保护、行业要素后，加强省级行业知识产权保护对东部省级行业影响不显著，而对中、西部省级劳动密集型行业一般贸易出口产品质量产生显著的促进作用。据此，需要区分省份行业特征，实施差别性的知识产权保护措施，加强保护和完善反垄断法需要相向而行，来提升省级行业一般贸易出口产品质量。

四是基于企业新出口联系，揭示出伙伴国知识产权保护对提升中国本土企业新出口联系的影响。条件 logit 模型证实，伙伴国加强知识产权保护对提升中国本土企业在伙伴国形成新出口联系有着显著的促进作用。对于模仿能力越强的伙伴国，加强其知识产权保护对中国本土企业形成新出口联系有着更强的促进效应。结果各国以保护本国市场为目的来加强知识产权保护有助于提升中国本土企业更多的新出口联系。据此，需要打造国际一流的营商环境，加大政策支持企业的研发投入和创新活动，增强新种类产品出口来提升外贸竞争力。

第四部分基于调查问卷、目标和路径分析，揭示出全球生产网络与知识产权保护下中国外贸竞争力提升的目标和实施路径。该部分包括第十一章和第十二章。一是基于统计比较和调查问卷分析，揭示出知识产权保护是企业创新决策的重要因素，但全球生产网络下更需匹配于经济发展水平。中国企业申请知识产权保护的主要目的是保护自身技术、抢占市场，以获取技术创新收益。全球生产网络和知识产权保护下更多的中国企业已将企业自身产品质量和技术水平作为发展目标。据此，需要加大知识产权保护执行力度，促进企业走上依靠研发创新、提升外贸竞争力的发展路径。微观上需要培育企业创新能力，宏观上需要实施分层制定、协调实施的政策举措。二是聚焦目标和实施路径，归纳与规范分析表明，全球生产网络是中国外贸竞争力提升依托的重要平台，通过跨国公司战略调整发生。知识产权保护制度是中国外贸竞争力提升依赖的制度保障，随一国经济发展水平、模仿能力而动态调整。中国外贸竞争力提升的目标是扩大中国出口强度、提升中国出口质量。中国外贸竞争力提升取决于融入全球生产网络的广度和深度，需要加强知识产权保护来优化营商环境。据此，本著作提出动态的多元战略协调配合实施路径，具体是：分层制定、协调实施；超越模仿、立足自主创新；打造营商环境、提升全球价值链嵌入度；使用反垄断法、遏制市场控制力；实施品牌战略和市场战略。

目 录

MULU

第一部分 导 论

第二部分　全球生产网络与知识产权保护下扩大中国出口强度（贸易数量型）

第四部分 调查问卷、目标和实施路径分析

第一部分

导　　论

第一部分为导论部分，共分为两章：第一章为引言，聚焦研究的背景和主题，精炼出研究的主要内容、方法和边际创新之处。第二章为文献综述，首先对全球生产网络、知识产权保护和外贸竞争力做出相关界定和测度研究；其次围绕研究主题进行了有关贸易数量型研究综述、贸易质量型研究综述，以及收敛到全球生产网络与知识产权保护下中国外贸竞争力提升的目标和路径研究综述；最后做出文献评述。在这里，需要特别说明的是，鉴于中国是最大的发展中国家、人口大国和工业制造品生产大国，以及贸易最主要的卖方，为此，本著作将中国外贸竞争力提升界定为扩大中国出口强度（贸易数量型）、提升中国出口质量（贸易质量型），并据此展开研究，寻求中国外贸竞争力提升的目标和实施路径。

第一章 引 言[①]

本章首先从现实背景出发，围绕全球生产网络与知识产权保护下中国外贸竞争力提升主题涉及的几个主要问题，提出确立“全球生产网络与知识产权保护下中国外贸竞争力提升研究”作为研究选题的重要性和紧迫性。其次，围绕这些问题给出本著作研究的主要内容、基本思路框架和研究方法。最后，提炼出本著作研究的主要创新点，并给出对策建议。

第一节 研究的背景与主题

经过40多年的改革开放，中国已全面参与国际分工、深度融入全球生产网络和世界贸易体系之中。据《世界贸易统计报告》[②]统计，中国占世界商品出口份额已由2003年的5.9%增加到2018年的13.1%，中国占世界商品进口份额也由2003年的5.4%增加到2018年的11.0%。相比于2003年，2018年中国商品出口占世界份额已翻了1倍多，中国商品进口占世界份额也增加了1倍多。持续增长的贸易份额使得中国已全面融入进全球生产网络之中，同时全球生产网络也为中国深度融入全球经济、实现价值链地位的提升提供了契机。但是，2007年

① 本著作中的“中国”或者“华”是指中国大陆，不包括中国香港特区、澳门特区和台湾地区的数据统计。

② 《World Trade Statistical Review》2019年，第98-99页。

和2009年，美国和欧洲相继爆发了次贷危机和主权国家债务危机，使得中国最主要的两大外贸出口地市场遭遇了前所未有的危机，也使得传统的劳动密集型、低技术和中等技术制造品在世界贸易市场中的竞争日趋激烈。由于东亚出口导向型生产国严重依赖于西方国家的消费市场，由此，美欧金融危机对东亚生产网络的影响远大于对其他地区的影响（Kuroiwa 和 Kuwamori，2011）。而且，2017年美国特朗普政府执政后，推行“美国利益优先”的战略，开始对外不断挑起贸易保护摩擦。特别地，特朗普政府更是以美中贸易逆差问题和结构性问题为由，不断加大对中国施以贸易摩擦和技术遏制。例如2018年3月22日，美国贸易代表办公室（USTR）以技术转让、知识产权争端为由，启动对中国“301条款”调查，开启了中美贸易摩擦。此后，中美贸易摩擦升级愈演愈烈。

第一阶段对500亿美元中国输美商品加征关税。2018年7月6日，美方对第一批价值340亿美元的中国商品加征25%的进口关税，中国做出同等规模的反制。8月23日，美方又对第二批价值160亿美元的中国商品加征进口关税。同日，中方做出反制。第二阶段对2000亿美元中国输美商品加征关税。9月24日，美方对中方价值2000亿美元商品加征10%的进口关税。同日，中方对美方价值600亿美元商品加征10%与5%的关税。2019年5月10日，特朗普政府对中国输美的2000亿美元商品加征关税提高至25%。5月13日，中方决定自6月1日起对美国约600亿美元商品提高加征关税。[①] 第三阶段对另3000亿美元中国输美商品加征10%关税。2019年8月15日，特朗普政府对中国约3000亿美元输美商品加征10%关税，分别在9月1日、12月15日起实施。8月23日，中方对美国约750亿美元输华商品加征10%、5%不等关税，同期实施反制。这些直接破坏了中美两国元首于2018年12月1日达成的阿根廷会晤共识和2019年6月29日达成的大阪会晤共识，致使中美经贸摩擦进一步升级。值得欣慰的是，2019年12月13日，中美就第一阶段经贸协议文本达成了一致。2020年1月15日，中美在华盛顿正式签署了《中华人民共和国政府和美利坚合众国政府经济贸易协议》。但是，在具体落实经贸协议过程中，对同一问题执行的争议仍将会使得中美经贸关系不确定性增大。

面对国际贸易保护主义盛行的新形势，为了更好地应对中美经贸摩擦的变局，在全球生产网络下我国早已调整其产业政策和对外贸易政策。2017年，中共十九大报告明确提出“推动形成全面开放新格局”“推进贸易强国建设”的外

① 沈国兵：“中美贸易摩擦的焦点和新动向”，《国际商务研究》2019年第3期，第6－7页；转载于人大复印报刊《世界经济导刊》2019年第7期。

贸发展战略。同时，提出“强化知识产权创造、保护、运用”。2019 年 6 月 28 日，习近平主席在 20 国集团（G20）大阪峰会上作《携手共进，合力打造高质量世界经济》演讲中提出，“营造有利市场环境，尊重、保护、鼓励创新”“引入侵权惩罚性赔偿制度，增强民事司法保护和刑事保护力度，提高知识产权保护水平”。2019 年 7 月 17 日，李克强总理主持召开国务院常务会议，部署进一步加强知识产权保护工作，切实保护各类市场主体合法权益。2019 年 10 月 31 日，中共十九届四中全会指出“健全以公平为原则的产权保护制度，建立知识产权侵权惩罚性赔偿制度，加强企业商业秘密保护”“推动经济高质量发展”。11 月 19 日，《中共中央国务院关于推进贸易高质量发展的指导意见》提出“加强质量管理，积极采用先进技术和标准，提高产品质量”“优化升级传统产业，提高竞争力”。2019 年 11 月 24 日，中共中央办公厅、国务院办公厅印发《关于强化知识产权保护的意见》指出“加强知识产权保护，是完善产权保护制度最重要的内容，也是提高我国经济竞争力的最大激励”。在当前成本上升、供应趋紧和市场需求疲乏的多重压力下，中国需要突破市场约束。据此，需要加强知识产权保护、强化自主创新，在深度参与全球生产网络中提升中国外贸竞争力来拓展我国的外贸市场。为此，本著作以“全球生产网络与知识产权保护下中国外贸竞争力提升研究”作为主题，就具有很强的时代紧迫性和现实政策价值。

本著作紧扣研究主题，从三个联动的问题视角进行研究展开：一是基于贸易数量型视角，探究全球生产网络与知识产权保护下扩大中国出口强度，包括提高中国增加值出口份额和提升中国在伙伴国出口市场渗透率；二是基于贸易质量型视角，探究全球生产网络与知识产权保护下提升中国出口质量，包括提高中国企业出口技术含量、出口产品质量和企业新出口联系；三是聚焦目标和实施路径，深入阐述全球生产网络与知识产权保护下提升中国外贸竞争力的目标和实施路径问题。据此，期望为全球生产网络与知识产权保护下提升中国外贸竞争力、应对国际经贸摩擦提供可靠的理论和实证依据。

本著作研究意义在于：面对美欧金融危机引致的西方发达国家消费市场的阶段性疲乏，使得国际贸易市场的竞争更加激烈，叠加特朗普政府实施“美国利益优先”战略引发的国际贸易保护主义盛行、中美经贸摩擦升级的新形势，中国作为全球制造业大国和主要出口国，在国际贸易中扮演着两难角色：一是与发达、发展中国家一些同类产品竞争导致贸易摩擦加剧；二是缺乏技术创新和品牌，又不具备与发达国家产品展开全面竞争的实力。在当前劳动力、原材料、能源、土地、环境等要素面临成本上升、供应趋紧和需求市场疲乏的多重压力下，中国需要加强知识产权保护、突破市场约束，在深度参与全球生产网络进程中由资源依赖型转向创新驱动型，谋求提升中国外贸竞争力的目标和实施路径就具有重要的理论和应用价值。

第二节 研究的主要内容与具体思路

本节概要地描述了本著作研究的主要内容，并精炼出研究的具体思路框架图。

一、研究的主要内容

本著作围绕“全球生产网络与知识产权保护下中国外贸竞争力提升研究”这一主题，分为导论部分和三大主体部分共十二章进行研究展开，主要研究内容如下：

第一部分导论部分分为两章：第一章为引言，从研究背景出发，基于全球生产网络、知识产权保护和中国外贸竞争力为切入点，围绕全球生产网络与知识产权保护下中国外贸竞争力提升研究这一主题涉及的几个主要问题，提出该研究选题。并且，给出研究的主要内容和研究方法，以及边际创新点。第二章为文献综述，围绕本著作研究的主题从四个角度做出文献综述。在文献研究的基础上，给出文献评述，引出该项目研究主题及几个关联性问题。

第二部分从贸易数量型角度出发，探究全球生产网络与知识产权保护下扩大中国出口强度，包括提高中国增加值出口份额和提升中国在伙伴国出口市场渗透率。这部分包括第三章、第四章、第五章和第六章。第三章全球生产网络下国家间贸易强度演进及其主导因素分析，第四章全球生产网络下中国增加值出口竞争力提升及其成因，第五章全球生产网络下知识产权保护与增加值外贸竞争力提升：国际比较，第六章全球生产网络下行业知识产权保护与中国增加值出口竞争力提升。

第三部分从贸易质量型角度出发，探究全球生产网络与知识产权保护下提升中国出口质量，包括提高中国企业出口技术含量、出口产品质量和企业新出口联系。这部分包括第七章、第八章、第九章和第十章。第七章全球生产网络下省级知识产权保护与中国企业出口技术含量提升，第八章全球生产网络下中间品和资本品进口与中国企业出口产品质量提升，第九章省级行业知识产权保护与我国一般贸易出口产品质量提升，第十章伙伴国知识产权保护与中国本土企业新出口联系提升。

第四部分从调查问卷分析、目标和实施路径分析角度出发，深入微观企业调查问卷并结合理论分析，提炼出全球生产网络与知识产权保护下中国外贸竞争力提升的目标和实施路径。这部分包括第十一章和第十二章。第十一章全球生产网络与知识产权保护下中国企业外贸竞争力提升目标和路径：调查问卷分析，第十二章全球生产网络与知识产权保护下中国外贸竞争力提升的目标和实施路径。

二、研究的具体思路

具体地，本著作的基本研究思路框架示意如图 1 - 1 所示。

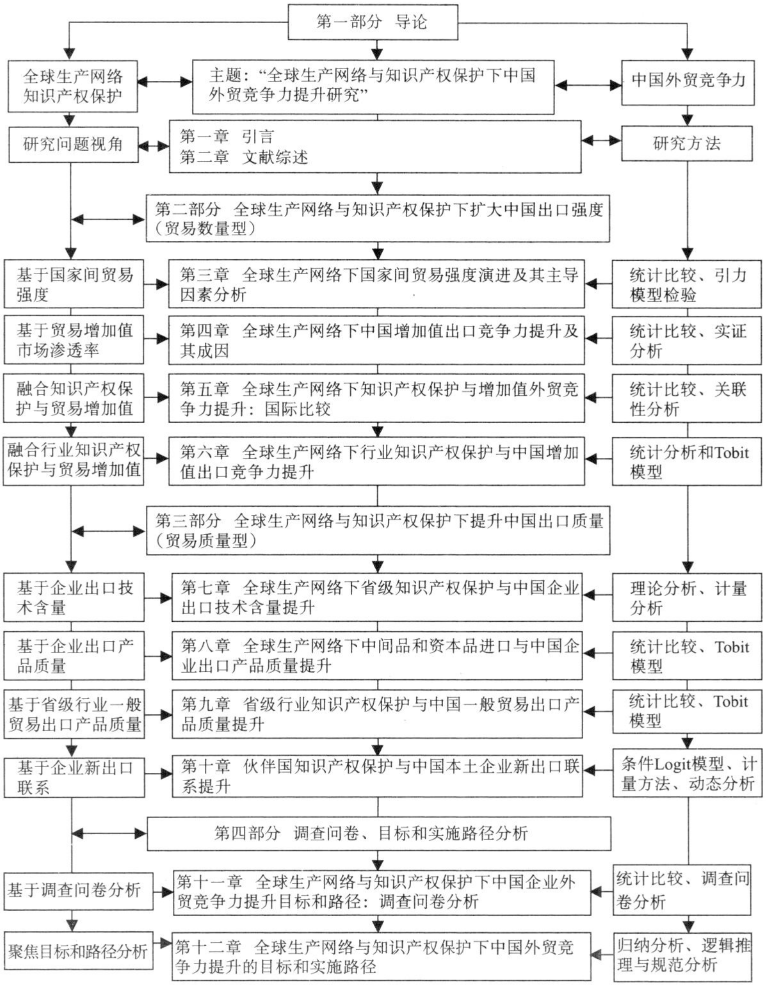

图 1 - 1　"全球生产网络与知识产权保护下中国外贸竞争力提升研究"框架示意图

第三节 研究的方法

本著作研究中实际使用到的经济学研究方法主要有：

1. 历史分析与逻辑推理相结合。第一章从历史背景视角引出“全球生产网络与知识产权保护下中国外贸竞争力提升研究”作为主题，并紧扣研究主题，逻辑推理出三个联动的相关问题进行研究展开，期望为全球生产网络与知识产权保护下提升中国外贸竞争力、应对贸易摩擦决策提供可靠的理论和实证依据。第二章第六节文献评述中，使用了逻辑推理得出内在逻辑影响机制和几个关联性的研究问题。第五章第一节引言的文献评述及边际贡献部分采用了逻辑推理。第六章第一节引言、第二节文献综述，以及第七章第一节问题提出及文献综述、第二节影响机制分析，使用了历史分析和文献逻辑推理，得出知识产权保护通过行业生产网络对企业出口技术含量的内在影响机制。第八章第一节问题提出及文献综述、第二节影响机制分析，使用了历史分析与逻辑推理。第九章第一节引言、第二节理论机制分析及模型构建说明，采用了历史分析与逻辑推理提炼。第十章第一节问题提出及文献综述、第二节影响机制，使用了历史分析与逻辑推理提炼。第十二章第一节引言、第二节全球生产网络下知识产权保护对中国外贸竞争力的多重影响渠道，使用了历史分析与逻辑推理。

2. 规范分析与实证分析相结合。第二章第二节贸易数量型研究综述；第三节贸易质量型研究综述；第四节目标和路径研究综述，聚焦做大中国出口贸易数量、做强中国出口贸易质量研究，都采用了规范分析。第四章第二节文献综述使用了规范分析；第六节全球生产网络下中国增加值出口竞争力变化的主要成因，使用了规范和实证分析。第五章第五节全球生产网络下国家知识产权保护与其增加值外贸竞争力；第六节主要国家知识产权保护与行业增加值出口竞争力；第七节全球生产网络下国家知识产权保护与制造设备、服务行业出口竞争力，这些使用了规范分析与实证分析。第六章第三节对行业知识产权保护和贸易增加值市场渗透率使用了规范与实证分析。第九章第三节省级行业的出口产品质量和知识产权保护指标测度，使用了规范分析与实证分析。第十一章第四节全球生产网络与知识产权保护下中国企业外贸竞争力提升目标和路径举措，使用了规范分析与实证分析。第十二章第四节全球生产网络与知识产权保护下中国外贸竞争力提升的具体实施路径，使用了归纳和规范分析。

3. 数理模型与计量方法相结合。第三章第三节模型构建及变量说明至第五节全球生产网络下国家间贸易强度变化的主要影响因素：稳健性检验分析中使用了数理模型和计量检验方法。第六章第四节、第五节使用了模型与计量经验分析。第七章第三节模型构建及变量数据说明、第四节经验分析和第五节省级知识产权保护通过行业生产网络对企业出口技术含量的影响渠道检验，使用了数理模型与计量方法相结合。第八章第三节模型构建、第四节中间品和资本品视角分析、第五节异质性回归分析，使用了面板 Tobit 模型与计量方法分析。第九章第二节模型构建说明、第四节基准回归分析、第五节稳健性检验分析，使用了面板 Tobit 模型与计量方法。第十章第四节模型构建及变量说明、第五节经验结果分析，使用了条件 Logit 模型和计量方法分析。

4. 静态分析、比较静态分析与动态分析相结合。第二章第一节全球生产网络、知识产权保护和外贸竞争力的相关界定和测度研究，采用比较静态分析。第五章第二节全球生产网络下主要国家及地区增加值出口竞争力变化、第三节全球生产网络下主要国家行业增加值出口竞争力变化、第四节全球生产网络下国家知识产权保护的变化，都使用比较静态分析与动态分析。第十章第三节企业新出口数据处理和统计事实分析，使用了比较静态分析和动态分析。第十二章第三节多重影响渠道分析、第四节中国外贸竞争力提升的目标分析，分别使用了比较静态分析与动态分析。

5. 统计比较与调查问卷分析相结合。第三章第二节全球生产网络下国家间贸易强度演进使用了统计比较。第四章第四节全球生产网络下中国增加值出口竞争力及其变化，第五节中国外贸主要行业增加值出口竞争力及其变化，都使用了统计比较。第五章第二节全球生产网络下主要国家增加值出口竞争力及其变化、第三节全球生产网络下主要国家行业增加值出口竞争力及其变化、第四节全球生产网络下国家知识产权保护及其变化，以及第六章第三节指标构建及统计分析，都使用了统计比较。第八章第五节区分同质品和异质品比较、区分企业所有制比较，使用了统计比较分析。第十一章第二节全球生产网络与知识产权保护下中国企业外贸竞争力提升：横向比较、第三节纵向比较，使用了统计比较与调查问卷分析。

第四节 创新点及对策

本著作围绕“全球生产网络与知识产权保护下中国外贸竞争力提升研究”，以全球生产网络和知识产权保护为切入点，聚焦中国外贸竞争力提升问题，从扩大中国出口强度（贸易数量型）、提升中国出口质量（贸易质量型）出发，紧扣全球生产网络与知识产权保护下中国外贸竞争力提升研究这一条逻辑主线，使用规范分析和实证分析、数理模型和计量方法、比较分析和调查问卷分析等，系统探究了全球生产网络与知识产权保护下中国外贸竞争力提升的目标和实施路径问题。基于系统研究，本著作的创新点及对策是：

第一，基于历史和文献综述，明确界定了全球生产网络，精炼出知识产权保护和中国外贸竞争力的测度方法，并揭示出内在的逻辑机制。全球生产网络是一国主要从国外进口零部件等中间品、机器设备等资本品，再使用国内中间投入、资本和劳动等要素，进行生产或加工组装，最终运往国外进行销售，形成一个跨国界生产、贸易和消费的网路体系。在国家层面测度基础上，省级行业知识产权实际保护强度采用省级知识产权实际保护强度与行业研发密度相乘的值来测度。外贸竞争力提升包括扩大出口强度、提升出口质量，既使用增加值出口份额和进口国市场渗透率测算的贸易数量型出口竞争力，也使用企业出口技术含量、产品质量和新出口联系测度的贸易质量型出口竞争力。全球生产网络是中国外贸竞争力提升依托的平台，知识产权保护是提升依赖的制度保障，中国外贸竞争力提升取决于融入全球生产网络程度，以及加强知识产权保护带来的提升效应。对策是：需要深度融入全球生产网络，通过构建完善的创新保护体系来提升营商环境，将碎片化的生产在全球范围内进行一体化生产布局，提升中国出口竞争力。

第二，基于国家间贸易强度，揭示出以零部件贸易为代表的全球生产网络提高了各国间双边贸易强度，且双边出口偏好强度呈现出较强的区域性。引力模型证实，地理距离是阻碍双边贸易偏好强度的主要因素，文化差异性也是阻碍因素，尽管对新兴市场国家间影响不显著；过大的技术差距会导致新兴市场国家面临被发达国家主导的零部件生产网络排斥在外的风险；贸易摩擦是提升区域间、发达国家间样本中双边贸易偏好强度的影响因素；经济趋同性因区域和经济发展水平影响相异。这体现了全球生产网络下零部件贸易的多边分工性质。对策是：

需要注重与日韩建立起有效的贸易摩擦磋商解决机制，提升双边贸易偏好强度；需要不断缩小技术差距来提升中国与贸易伙伴间双边贸易偏好强度；需要加强双边贸易协定，进一步提高中国与东盟、韩国、日本等基于零部件贸易的双边贸易偏好强度。

第三，基于贸易增加值市场渗透率，揭示出全球生产网络下中国增加值出口竞争力提升及其成因。统计比较和实证发现，一是中国总体出口竞争力保持着稳步上升态势，但其增速已减弱；中国大多数行业增加值出口竞争力都有明显上升。二是中国在增强先进制造业、先进服务业增加值出口竞争力的同时，并没有放弃传统制造业、传统服务业的竞争优势。三是中国增加值出口竞争力上升的主要因素是来自出口的行业内效应，而非来自行业间效应。四是中国行业增加值出口竞争力上升主要不是来自出口行业本身的直接增加值效应，而是来自其他上游行业的间接增加值效应。对策是：一是不应单纯追求贸易量的增长，也不能忽视贸易增加值较低的行业，需要细分国家和行业市场来推动企业拓展市场空间、提高出口竞争力。二是需要加大对企业创新的支持，打造自主品牌、营销、专利等竞争优势，提升企业在全球价值链中的地位。三是大力发展生产性服务业，为出口部门提供协同配套支持。

第四，融合知识产权保护与贸易增加值，揭示出全球生产网络下主要国家和行业增加值出口竞争力提升与知识产权保护之间关联性。统计比较和关联性分析表明，世界主要国家增加值出口竞争力已演变为中国、美国和德国前三名，跨国企业投资转移至中国，提升了中国出口竞争力。中国已成为增加值行业出口竞争力大幅上升及明显上升的行业最多的国家。美国商会高估了美国自身，总是将美国分类为知识产权保护很强的国别之首。主要国家和行业的增加值出口竞争力都与其知识产权保护总体上呈明显的正相关，尽管并非对每个国家或行业都成立。对策是：需要加强全球范围内生产和贸易网络联系和合作，拓展中国外贸竞争力提升的市场空间；根据增加值出口竞争力行业特征，施以差别化的知识产权保护，必要时诉诸反垄断法来遏制知识产权滥用。

第五，融合行业知识产权保护与贸易增加值，揭示出全球生产网络下中国行业知识产权保护对其增加值出口竞争力提升的影响。统计分析和 Tobit 模型证实，中国行业知识产权保护与其增加值出口竞争力之间存在显著的倒“U 型”关系，即中国适度加强行业保护会提高行业出口竞争力，而太强的行业保护反而产生不利影响。考虑进口国保护强度后，中国的食品、饮料和烟草行业，木材与软木制品业，纸制品与出版业，贱金属行业以及机械与设备制造业的知识产权保护与其出口竞争力之间仍存在倒“U 型”关系。中国与进口国知识产权保护相对程度已通过对中国行业知识产权保护强度的影响，间接提升了中国行业出口竞争力，但细分行业后其影响是不明确的。对策是：应弹性地加强一些行业知识产权保护强度，但谨防保护过度；积极进行知识产权保护国际合作，把握好中国与进口国知识产权保护的相对程度，不断增进创新投入来提高行业出口竞争力，化解贸易保护主义压力。

第六，基于企业出口技术含量，揭示出省级知识产权保护通过行业生产网络对中国企业出口技术含量提升的影响。理论机制分析和计量证实，加强省级知识产权保护（IPP）通过上游行业对企业出口技术含量产生促进作用，而通过水平、下游行业产生抑制作用。具体地，加强省级—上游行业 IPP 通过进口投入品技术渠道提升企业出口技术含量，而通过上游议价能力渠道会削弱技术含量；加强省级—水平行业 IPP 通过创新渠道提升企业出口技术含量，但通过阻碍溢出渠道会抑制技术依赖大的企业提升技术含量；加强省级—下游行业 IPP 通过强的下游议价能力抑制企业出口技术含量，而通过知识吸收能力渠道能提升企业出口技术含量。对策是：需要区分上下游和水平行业，充分增强进口投入品技术渠道、创新渠道和知识吸收渠道对企业出口技术含量的提升作用，配合以行业企业研发支持、税收减免和反垄断政策等，以推动中国企业技术升级。

第七，基于企业出口产品质量，揭示出全球生产网络下中间品和资本品进口对中国企业出口产品质量的提升效应。数理推导和 Tobit 模型证实，中间品进口会促进中国企业出口产品质量提升，而资本品进口产生抑制作用。中间品与资本品进口的结构不平衡使得两者交互项产生不利的调节效应。同质、异质中间品进口都对中国企业出口产品质量产生显著的促进效应，而异质资本品进口产生显著的抑制效应。同质中间品与异质资本品进口交互项对中国企业出口产品质量产生显著的抑制效应，而异质中间品与异质资本品进口交互项的影响不显著。中间品进口对国有、民营和外资企业出口产品质量都产生显著促进效应，而资本品进口产生显著的抑制作用。三种类型企业中间品与资本品进口的交互作用对企业出口产品质量都产生显著不利的调节效应。对策是：一是提高企业自身吸收资本品进口带来的技术溢出能力，平衡好中间品与资本品进口之间的结构平衡；二是协调好异质资本品进口，重点消减资本品进口对民营企业和国有企业出口产品质量的抑制效应，形成“中国制造”对接全球生产。

第八，基于省级行业一般贸易出口产品质量，揭示出省级行业知识产权保护对我国一般贸易出口产品质量的提升效应。统计比较和 Tobit 模型证实，加强省级行业知识产权实际保护会促进省级行业一般贸易出口产品质量提升，但未区分行业的省级整体知识产权保护增强反而会降低一般贸易出口产品质量。加强省级行业知识产权实际保护对中、西部省级行业一般贸易出口产品质量能产生显著的促进作用，但对东部省级行业的影响不显著。区分省份行业保护、行业要素后，加强省级行业知识产权实际保护对东部省级行业（劳动、资本和技术密集型行业）影响不显著，而对中、西部省级行业，特别是对中、西部省份劳动密集型行业一般贸易出口产品质量产生显著的促进作用。对策是：需要区分省份行业特征，实施差别性的知识产权保护措施去拓展行业市场空间，同时加强保护和完善反垄断法需要相向而行，来提升省级行业一般贸易出口产品质量。

第九，基于企业新出口联系，揭示出伙伴国知识产权保护对提升中国本土企业新出口联系的影响。条件 Logit 模型证实，伙伴国加强知识产权保护对提升中国本土企业在伙伴国形成新出口联系有着显著的促进作用。对于模仿能力越强的伙伴国，加强知识产权保护对中国本土企业形成新出口联系有着更强的提升效应。结果各国以保护本国市场为目的来加强知识产权保护有助于提升中国本土企业更多的新出口联系。考虑逆向因果的稳健性检验证实，伙伴国上期加强知识产权保护对中国本土企业新出口联系有着显著的提升作用，且模仿能力越强的伙伴国，加强其知识产权保护对提升中国本土企业新出口联系的促进效应越大。对策是：需要加强和支持《与贸易有关的知识产权协议》（TRIPS）的保护标准，塑造出国际一流的营商环境。在中美经贸摩擦升级形势下，中国本土企业需要加大政策支持企业的研发投入和创新活动，增强向伙伴国不断增加新种类产品出口来提升外贸竞争力。

第十，基于调查问卷分析，揭示出全球生产网络与知识产权保护下中国企业外贸竞争力提升的目标和路径举措。统计比较和调查问卷表明，知识产权保护是企业创新决策的重要因素，但全球生产网络下更需匹配于经济发展水平。中国企业申请知识产权保护的主要目的是保护自身技术、抢占市场，以获取技术创新收益。知识产权维权结果能否得到有效执行是企业考虑的主要因素。全球生产网络和知识产权保护下更多的中国企业已将企业自身产品质量和技术水平作为发展目标。由于在创造就业、发挥劳动力优势上起到了独特作用，现阶段我国仍需要发展加工贸易，这对提升中国企业外贸竞争力是十分重要的。对策是：需要加大知识产权保护执行力度，促进企业走上依靠研发创新、提升外贸竞争力的发展路径。要提升中国外贸竞争力，需要多方经济主体的合力，微观上需要培育企业创新能力，按照超越模仿、立足自主创新、实施品牌战略和市场战略的举措；宏观上需要实施分层制定、协调实施的政策举措。

第十一，聚焦目标和路径分析，揭示出全球生产网络与知识产权保护下中国外贸竞争力提升的目标和实施路径。归纳与规范分析表明，全球生产网络是中国外贸竞争力提升依托的重要平台，通过跨国公司战略调整发生。知识产权保护制度是中国外贸竞争力提升依赖的制度保障，随一国经济发展水平、模仿能力而动态调整。中国外贸竞争力提升的目标是扩大中国出口强度、提升中国出口质量，服务于中国经济增长。中国外贸竞争力提升取决于融入全球生产网络的广度和深度，需要加强知识产权保护来不断优化中国的营商环境，需要协调多方因素来扩大中国出口强度、提升中国出口质量。对策是：本著作研究提出动态的多元战略协调配合实施路径。具体是：分层制定、协调实施；超越模仿、立足自主创新；打造营商环境、提升全球价值链嵌入度；使用反垄断法、遏制市场控制力；实施品牌战略和市场战略。

第二章

文献综述

随着国际分工细化和产品生产工序的碎片化，一项产品的标准化、批量生产愈发离不开成熟的全球生产网络和良好的知识产权保护制度保障。现如今，整个世界贸易市场基本上都是买方市场，也就是生产商或企业需要绞尽脑汁去开拓或赢得国际贸易市场。由此，在全球生产网络与知识产权保护下提升中国外贸竞争力就是旨在提升中国出口竞争力。本书中，提升外贸竞争力包括扩大出口强度（贸易数量型）、提升出口质量（贸易质量型），既使用增加值出口份额和进口国增加值市场渗透率测算的贸易数量型出口竞争力，也使用企业出口技术含量、企业出口产品质量和企业新出口联系测度的贸易质量型出口竞争力来衡量。在此基础上，探寻中国外贸竞争力提升的目标和实施路径。

第一节 全球生产网络、知识产权保护和外贸竞争力：相关界定和测度研究

一、聚焦全球生产网络（GPN）的界定研究

第一，主张全球生产网络是一个多重维度构成的经济全球化关系框架。ESRC Project Team（2001）认为，全球生产网络是一个概念框架，由全球、区域和本地经济与社会过程的多重维度构成，涉及多种形式的经济全球化。全球生产网络体现出货物和服务生产和销售相互关联的功能和操作的关系，不仅将企业及其

部门融入该网络结构，而且将国家经济也融合起来。Coe、Dicken 和 Hess（2008）认为，全球商品链和全球价值链基本上是线性结构，而 GPN 超越线性结构，融合所有种类的网络构造。据此，GPN 是一个广义关系框架，其核心是通过跨国界特定产品或服务的生产、销售和消费以形成相互连接的功能、运作和交易的关系。全球生产网络下生产的不同阶段发生在不同的国家和地区，产生大量的中间投入跨国界流动或零部件贸易（称之为垂直贸易），并逐渐超过最终品贸易在世界贸易中占据主导地位（Jones 等，2005）。这种产品内国际分工方式大大改变了国际贸易和生产合作方式，虽然生产国际化现象已经发展了数十年，但是在国际经济学领域内分析这一现象仍是一个新的研究领域。

随着全球化的发展，全球经济已进入了生产过程碎片化和市场一体化时代（Feenstra，1998），产品内分工的深入发展将生产过程国际碎片化（Jones 等，2005）。知识产权保护在国际贸易和国际生产分工中有着越来越重要的作用，特别地，知识产权保护对北方国家向南方国家的技术溢出和技术转移有着重要的影响。自 2001 年中国加入世界贸易组织（WTO）之后，其对外贸易取得了快速的发展，到 2009 年中国出口规模已经成为世界第一，同时中国进口规模也位居世界第二。由此，中国已高度地融入全球生产网络体系和全球贸易价值链之中。

第二，基于贸易增加值和中间品贸易理论从区域、国家、行业、企业和产品五个层级研究全球生产网络。以贸易增加值理论（Johnson 和 Noguera，2012）和中间品贸易理论（Makishima，2011）为主要研究热点的全球生产网络，又被聚焦于“垂直专业化”“外包”“中间品进口”“零散化生产”等研究。如表 2 - 1 所示，我们拟从区域、国家、行业、企业和产品五个层级来探究全球生产网络。具体是：（1）从区域来看，Ikeda 等（2015）认为 G7 国家间商品贸易往来及经济联系形成了复杂的区域生产网络。Helble 和 Ngiang（2016）以东亚“三角贸易”为例，阐释了全球生产网络的本质内涵。东亚复杂的零部件由日本、韩国等发达国家生产并出口，再由发展中国家组装这类中间产品，最终运往发达的欧盟和美国，由此形成了东亚区域生产网络。沈国兵和王琳璨（2014）以 ICT（中国电信针对大客户所提供的重要转型业务）行业为例，探究了东亚区域生产网络对中美贸易再平衡的影响。（2）从国家来看，Lee 等（2013）认为，产品内部的专业化分工使得生产环节位于不同的国家，这种不同国家间和上下游之间的组装生产被称为全球生产网络。Tewari 和 Veeramani（2016）认为，以零部件组装为基础的各国或地区碎片化的增加值生产活动促成了全球生产网络的形成。（3）从行业来看，Chen 和 Xue（2010）

认为，全球生产网络是各国各行业优势互补、共同生产组装的一个生产过程。Johnson 和 Noguera（2012）从增加值角度出发，认为以中间品贸易为基础的跨国界生产网络会由于采用传统的贸易总值而出现“重复计算”问题。Prasad 和 Martens（2013）、Pickles 等（2015）分别以信息技术行业和服装行业为切入点，探究影响该行业融入全球生产网络的因素。（4）从企业来看，Lindic（2015）认为，全球生产网络是跨国公司用来增加自身利润价值的战略定位策略——离岸外包所驱动的。Magerman 等（2015）认为，由于在碎片化生产过程中，企业某一生产环节对上游生产环节的需求而产生的生产链条组成了全球生产网络。（5）从产品来看，Yang 和 Coe（2009）认为，全球生产网络是以跨国公司为代表的有组织的互联关系产品，该产品生产和分配方式会因内外环境或组织、地理上的变化而变化。

简要言之，我们将上述关于全球生产网络的界定研究归纳如表 2－1 所示。

表 2－1　　全球生产网络的相关界定比较

分析维度	切入角度	相关文献	研究对象	研究问题	主要结论
区域层面	区域生产网络	Ikeda 等（2015）	G7 国家生产网络	探究 1998 年 1 月—2015 年 1 月期间 G7 生产指数分布	G7 国家的生产网络在全球经济中占有重要地位
		Helble 和 Ngiang（2016）	东亚区域生产网络	探究 1992—2012 年东亚区域出口商品结构的变化趋势	东亚出口的中间品占比非常显著，消费品出口额在逐步降低
		沈国兵和王琳璨（2014）		聚焦 ICT 行业来考察东亚区域生产网络对中美贸易再平衡的影响	将中美行业贸易不平衡置于东亚生产网络视角去分解各自承担的贸易差额
国家层面	中间品进口	Makishima（2011）	日本中间品贸易	探究日本与东亚尤其是中国之间的中间品贸易情况	日本应发挥“mother plant sysetem”优势，给海外子公司提供技术支持
	零部件贸易	Lee 等（2013）	中国零部件贸易	探究 1992—2009 年中国零部件贸易的格局和趋势	中国零部件贸易出口远远高于世界平均水平，且区域集中度较高
	垂直分工	Tewari 和 Veeramani（2016）	印度的垂直贸易	探究印度在东亚区域生产网络的垂直贸易情况	印度对进口的依赖等导致印度在东亚区域中垂直贸易的深入程度在逐渐降低

续表

分析维度	切入角度	相关文献	研究对象	研究问题	主要结论
行业层面	行业生产网络	Chen 和 Xue (2010)	中国集成电路行业	中国集成电路行业在全球生产网络中所面临的内、外部环境	中国的集成电路行业不能遵循东亚传统的高科技产业政策模式
		Pickles 等 (2015)	服装行业生产网络	分析各国服装业出口和增长，以及贸易政策对服装业的影响	贸易协定和规则对服装行业的工人、就业、企业和参与国都产生了复杂的影响
	贸易增加值	Johnson 和 Noguera (2012)	全球各行业的贸易增加值	计算全球双边贸易增加值，并进行分国家分区域分行业的比较分析	制造业的增加值相对服务业较低，在双边合作伙伴中，增加值的差异非常大
	外包	Prasad 和 Martens (2013)	IT 行业的离岸外包	IT 行业活动由欧洲国家设计，而工厂却设立在亚洲，这一现象背后的原因是什么？	IT 行业中具有高度战略资源的核心技术不应该外包，基于资源型且不为核心技术做贡献的应该外包
企业层面		Lindic (2015)	企业离岸外包	探究斯洛文尼亚企业离岸外包对其技术结构的影响	离岸外包对企业技能份额有正面影响，而外包业绩则不常见
	企业上下游	Magerman 等 (2015)	比利时企业上下游生产贸易	探究在全球生产网络中比利时上下游企业数目和贸易情况	行业内外和区域内的异质性对企业上下游位置及生产贸易情况产生严重影响
	跨国公司	Ramstetter 和 Nguyen (2016)	跨国公司	探究 1995—2014 年跨国公司对越南出口的贡献	跨国公司对越南当地的出口贡献显著，且占全球跨国公司比率很高
产品层面	单个产品	Yang 和 Coe (2009)	笔记本电脑组装	基于全球生产网络的角度探究台湾地区笔记本电脑的生产	本地的制度环境对于理解全球台湾地区笔记本电脑生产网络的形成至关重要

资料来源：作者基于文献资料整理而得。

参考 Lee 等（2013）、Helble 和 Ngiang（2016）对全球生产网络在区域、国家、行业、企业和产品五个方面的相关研究，我们将全球生产网络的内涵界定为：一国主要从国外进口零部件等中间品、机器设备等资本品，再使用国内中间投入、资本和劳动等要素，进行生产或加工组装，最终运往国外进行销售，从而形成一个跨国界生产、贸易或销售和消费的网络体系，具体如图 2－1 所示。

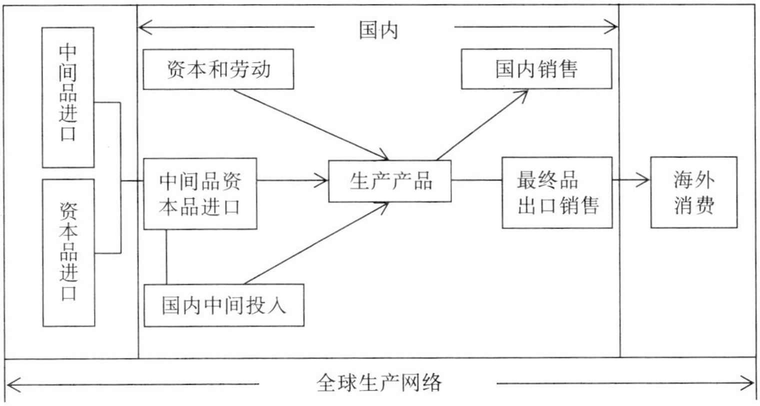

图 2－1 全球生产网络的示意

资料来源：作者基于文献资料整理绘制。

二、聚焦知识产权保护（IPP）的界定和测度研究

（一）国家层面知识产权保护的测度研究

国家层面上知识产权保护分为国家知识产权名义保护和知识产权实际保护。国家知识产权名义保护体现在国家立法水平上，知识产权实际保护更强调国家执法水平。Rapp 和 Rozek（1990）以美国商务部 1987 年编制的专利法最低标准为基础，最早对知识产权保护进行量化分析，创建了 RRI 指标。该指标数值在 0—5，代表不同国家知识产权名义保护水平。这一指标只考虑了专利而没有包含商标和版权等其他知识产权内容，更准确地说衡量的是专利保护水平，同时该指标也没有考虑有些发展中国家和落后国家的法律执行力度。Ginarte 和 Park（1997）建立基于国家专利法的 GP 指数，该指数从 0—5，考虑了专利法的五项内容，通过分指标评价方法测算出国家知识产权名义保护水平。其缺陷是仅从立法内容上评估不同国家的知识产权名义保护水平，未能体现国家知识产权名义保护水平与实际保护强度的差异。Park（2008）将 GP 指数更新到了 2005 年，国家也扩充到 122 个，成为研究知识产权保护的重要指标。但是，该指标建立在国家法律制度和执法水平完善的基础上，对于发展中国家执法水平与立法水平存在较大差距的情况下并不符合实际。

鉴于发展中国家执法水平与立法水平的差距，有关知识产权保护执法力度的研究兴盛起来。韩玉雄和李怀祖（2005）基于 GP 方法从立法层面测算出 1984—2002 年中国知识产权名义保护水平，并基于不完善的法律制度，提出中国知识产权保护强度是立法水平和执法力度的乘积，由此得到经执法力度调整后的中国知识产权实际保护强度。许春明和陈敏（2008）使用司法保护水平、行政保护水平、经济发展水平、社会公众意识以及国际监督制衡等来测度知识产权执法力度，再相乘国家立法水平，以此构建出知识产权实际保护强度指标。沈国兵和刘佳（2009）认为，依据 GP 方法测算出的中国知识产权名义保护水平过高，为此提出以经济发展水平、法治水平和知识产权执法水平来改进知识产权保护的测度，发现中国知识产权实际保护强度年平均比名义保护水平低了 1.45，两者都呈稳定增长的态势。董雪兵等（2012）区分知识产权保护的立法强度和执法强度指数，在立法层面考虑了中国的专利权、版权和商标权三个方面，在执法层面借鉴许春明和陈敏（2008）方法，测算出实际保护强度。Hu 和 Png（2013）、尹志锋等（2013）、Maskus 和 Yang（2013）、杨珍增（2016）将 Fraser 指数作为执法力度，[①] 与 GP 指数相乘得到知识产权实际保护强度。

世界经济论坛（WEF）每年 9 月份发布的全球竞争力指数（GCI）从基础条件、效能提升和创新成熟度来衡量一国的竞争力，其中的法律和行政架构维度包含国家知识产权保护水平的得分。Allred 和 Park（2007）对 GP 指数回归的结果做了稳健性检验。国际知识产权联盟（IPRA）每年发布的国际产权保护指数（IPRI）从法律政治环境（LP）、物质产权（PPR）和知识产权（IPR）三个方面度量一个国家的产权保护水平，并将三者按照同等权重取平均数得到 IPRI。这些指标很好地涵盖了立法和实际执法情况，是做跨国比较分析较好的指标。

（二）省级层面知识产权保护的测度研究

前述文献聚焦国家层面知识产权保护的测度研究，但是由于中国各省份之间在执法力度上存在差异，由此，关于省级知识产权保护的测度研究受到关注。许春明和陈敏（2008）在韩玉雄和李怀祖（2005）方法的基础上，考虑省级差异，测算出中国省级知识产权保护水平，发现不同省份由于经济发展水平、律师人数等差异导致省级知识产权实际保护强度不同。史宇鹏和顾全林（2013）使用各省份知识产权保护侵权案件数占知识产权授权数的比值、知识产权结案数与知识产权立案数的比值来度量各省份知识产权实际保护水平。代中强（2014）发现，各省份执法水平年度变化较大，直接测度知识产权执法案件与知识产权授权数的比值并不能准确反应各省份的实际知识产权变动情况。在此基础上，该文利用显

---

① Fraser 指数是由 Fraser Institution 构建的法律体系及产权保护指数，包含多个国家和地区的相关信息，是综合比较不同国家执法环境较好的指标。

性比较优势理论重新进行了测度。吴超鹏和唐药（2016）从行政执法、司法保护和执法效果三个方面测度出中国各省份知识产权保护水平。

（三）行业层面知识产权保护的测度研究

虽然对国家和省级层面知识产权实际保护强度多有研究，但是由于不同行业对于知识产权保护的依赖程度不同，因而需要进一步考虑行业知识产权保护的差异性。在考虑行业特征时，Vichyanond（2009）提出用行业专利密度（即行业专利授权数除以行业产值）来度量行业对知识产权保护的依赖，将行业专利密度乘以 GP 指数得到行业知识产权保护水平。Hu 和 Png（2013）使用行业研发密度（即行业专利授权数除以行业销售额）表示行业对知识产权依赖程度，但是其使用美国行业数据测度行业研发密度，并假定世界各国相同行业的研发密度是一样的就明显过于严格。尹志锋等（2013）发现样本企业研发密度与美国的行业研发密度相关性很低，因而采用世界银行企业调查数据，用每个国家行业组中企业研发密度（研发投入除以销售额）均值来表示该国不同行业对知识产权保护的依赖程度，并将其与 GP 指数相乘作为行业知识产权保护程度。余长林（2016）利用中国行业大中型企业研发活动内部支出经费占销售收入比值作为行业研发密度，利用各行业发明专利授权数与行业年平均人员数的比值作为行业专利密集度，以此来测度行业知识产权保护水平。但是，其测度的是整体行业水平，并没有考虑中国省份间差异性。而且，以行业研发投入与国家知识产权保护程度相乘得出的行业知识产权保护水平存在一个缺陷是行业研发投入不一定都能转化为成果，也就不能真实反映行业知识产权保护强度。

将上述国家层面、省级层面和行业层面知识产权保护的测度研究扼要地归纳如表 2－2 所示。

表 2－2　　知识产权保护的主要测度方法比较

文献	测度层面	测度方法	具体指标	待改进方面
Ginarte 和 Park（1997）	知识产权名义保护水平	从保护覆盖范围、国际条约成员、权利丧失保护、执法措施和保护期限测度	各子指标之和，介于 0—5，得分越高表明知识产权保护越强	从立法层面评估，不能体现执法力度情况
韩玉雄和李怀祖（2005）	知识产权实际保护水平	在 GP 方法基础上引入四个方面的执法力度因素	GP 指数与执法力度乘积	未考虑中国知识产权保护地区差异
沈国兵和刘佳（2009）	知识产权实际保护水平	在 GP 方法基础上引入三个方面执法力度因素	GP 指数与执法强度乘积	未考虑中国知识产权保护地区差异

续表

文献	测度层面	测度方法	具体指标	待改进方面
许春明和单晓光（2008）	省级知识产权实际保护水平	增加社会公众意识、国际监督来测度；选取地区的人均 GDP、成人识字率、律师比率、立法时间以及 WTO 成员等进行省级测度	国家知识产权名义保护水平与地区知识产权保护执法强度乘积	未考虑不同行业对知识产权保护敏感度的差异
Vichyanond（2009）	知识产权名义保护水平和产业敏感度差异	考虑不同产业研发密度差异	GP 指数与专利密度乘积	未考虑一国不同地区知识产权实际保护强度差异
Hu 和 Png（2013）	知识产权实际保护水平和产业敏感度差异	把 GP 指数与 Fraser 指数结合，且考虑不同产业研发密度差异	有效专利指数（即 GP 指数 +0.5Fraser 指数）与研发密度乘积	未考虑一国不同地区知识产权实际保护强度差异
史宇鹏和顾全林（2013）	不同地区知识产权保护强度	使用国家知识产权局对不同地区专利侵权案件统计	专利侵权纠纷立案数除以专利拥有数；假冒他人专利行为立案数除以专利拥有数；专利侵权纠纷案件结案比率	侵权案件数和知识产权保护水平双向因果关系

资料来源：作者基于文献资料整理而得。

三、聚焦外贸竞争力的界定和测度研究

作为发展中国家、制造业出口大国，本著作聚焦关注外贸出口竞争力研究。外贸出口竞争力不仅包括一国出口市场份额和出口增速的提升，还包括出口结构、出口技术水平、出口质量、价格等多个方面（鲁晓东，2014）。关于出口竞争力的界定和测度，我们从两个角度进行梳理（如图 2－2 所示）：一是从贸易市场份额角度提出贸易数量型指标——以在进口市场的增加值市场渗透率来测度；二是从技术提升角度提出贸易质量型指标——以出口结构优化、出口多样化、出口技术复杂度和出口产品质量来衡量。

（一）基于贸易市场份额梳理的贸易数量型出口竞争力指标测度研究

传统的出口竞争力指标是从贸易市场份额角度来测度，主要基于国家或行业层面，忽视了企业的异质性。该类贸易数量型出口竞争力指标主要有九种：一是世界市场占有率，用来测度一国国际竞争力，该指数上升表示国际竞争力改善

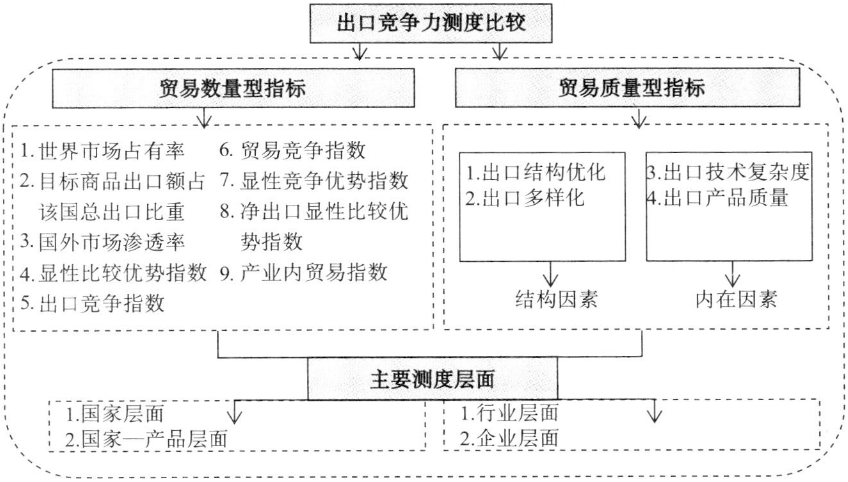

图 2-2 出口竞争力指标的测度方法

资料来源：作者基于文献资料整理绘制。

(Tandon, 2015)。二是商品出口占该国总出口比重。Lall 等（2006）采用目标商品出口占该国总出口比重来衡量一国产品出口竞争力。三是使用贸易额或增加值测算市场渗透率。茅锐和张斌（2013）采用市场渗透率指数，测算了中国—产品—进口市场三维的出口竞争力。沈国兵和李韵（2017）使用增加值市场渗透率测度了中国出口竞争力。但是，缺陷是没有考虑国家之间的规模差异。四是使用贸易额或增加值测算显性比较优势。余东华和孙婷（2017）采用传统的贸易额来测算显性比较优势。Koopman 等（2014）使用增加值修正了显性比较优势，用来衡量出口竞争力。五是出口竞争力指标。文东伟等（2009）、陈媛媛（2013）利用出口竞争力指数测算了中国主要出口行业、各省产业竞争力。六是贸易竞争指数。刘容欣（2002）采用贸易竞争指数，衡量一国的出口竞争力。七是显性竞争优势。Vollrath 和 Vo（1988）整合了显性比较优势和贸易竞争指数，提出了显性竞争优势指数。八是净出口显性比较优势。Balassa（1989）将进口考虑在内，提出了该指标。九是产业内贸易指数。杨丹辉和侯民军（2003）采用产业内贸易指数衡量出口竞争力。上述各贸易数量型出口竞争力指标精炼如表 2-3 所示。

表 2-3　　贸易数量型出口竞争力指标比较①

代表文献	指标	测度层面	指标计算	指标说明及优缺点评价
Tandon（2015）	世界市场占有率	出口国—产品	$EC_{ik}=\frac{X_{ik}}{X_{wk}}$	$EC_{ik}<0.05$ 表示出口竞争力很弱；$0.05<EC_{ik}<0.1$ 为有一定出口竞争力；$0.1<EC_{ik}<0.2$ 为出口竞争力较强；$EC_{ik}>0.2$ 表示出口竞争力十分强 （1）不能区分出口国在不同进口市场上的国际竞争力；（2）无法消除大国的规模效应，不能进行国别比较；（3）没有考虑进口因素，无法排除转口贸易影响；（4）没有考虑不同国家的出口产品结构，难以国别比较
Lall 等（2006）	出口占该国份额	出口国—产品	$EC_{ik}=\frac{X_{ik}}{X_i}$	数值越高，出口竞争力越强 （1）不能区分出口国在不同进口市场上的国际竞争；（2）无法消除大国规模效应；（3）没有考虑进口因素，无法排除转口贸易影响；（4）没有考虑不同国家的出口产品结构
沈国兵和李韵（2017）	出口市场渗透率	出口国—产品—目的国	$MPI_{ijk}=\frac{X_{ijk}}{M_{jk}}$ $MPIVA_{ijk}=\frac{DV_{ijk}}{M_{jk}}$	MPI_{ijk} 值越大，代表出口国产品在进口市场竞争力越强 能够区分一国在不同进口市场的出口竞争力，且考虑进口因素；虽然无法进行出口国本身国别比较，但是在进口国市场上份额是可比的；没有考虑不同国家出口产品结构
陈媛媛（2013）	出口竞争力	出口国—产品	$EC_{ik}=\frac{X_{ik}/X_i}{Y_{ik}/Y_i}$	（1）不能区分出口国在不同进口市场上的国际竞争力；（2）没有考虑进口因素，无法排除转口贸易影响；（3）没有考虑不同国家出口产品结构
Koopman 等（2014）	显性比较优势指数	出口国—产品	$RCA_{ik}=\frac{X_{ik}/X_i}{X_{wk}/X_w}$	$0.8\leqslant RCA_{ik}<2.5$ 表示中等比较优势；$RCA_{ik}\geqslant 2.5$ 表示很强出口竞争力；$0<RCA_{ik}<0.8$ 表示出口竞争力较弱 （1）消除大国规模效应，能进行国别比较；（2）不能区分出口国在不同进口市场上的国际竞争；（3）没有考虑进口，无法排除转口贸易影响；（4）没有考虑不同国家的出口产品结构

① 表中的 X 代表出口；M 代表进口；Y 表示出口国的总产出；i 代表出口国；l 代表第二个出口国；j 代表进口市场；k 代表产品；w 代表世界；DV 表示出口的国内增加值。

续表

代表文献	指标	测度层面	指标计算	指标说明及优缺点评价
刘容欣（2002）	贸易竞争指数	出口国—产品	$TCI_{ik}=\frac{(X_{ik}-M_{ik})}{(X_{ik}+M_{ik})}$	$TCI_{ik}<-0.8$ 竞争力很低；$-0.8<TCI_{ik}<-0.5$ 竞争力较低；$-0.5<TCI_{ik}<0$ 竞争力略低；$0<TCI_{ik}<0.5$ 竞争力略高；$0.5<TCI_{ik}<0.8$ 竞争力较高；$0.8<TCI_{ik}$ 竞争力高
				（1）考虑进口因素，消除本国规模效应；（2）不能区分出口国在不同进口市场上的国际竞争力；（3）没有与世界水平对比，不能进行国别比较；（4）没有考虑不同国家的出口产品结构
Vollrath 和 Vo（1988）	显性竞争优势指数	出口国—产品	$CA_{ik}=\frac{X_{ik}/X_i}{X_{wk}/X_w}-\frac{M_{ik}/M_i}{M_{wk}/M_w}$	$CA_{ik}<0$ 表示该国该产品存在竞争优势，数值越小，进口竞争优势越大；$CA_{ik}>0$ 表示该国该产品存在出口竞争优势，数值越大，出口竞争优势越大
				（1）考虑进口因素，消除本国规模效应；（2）不能区分出口国在不同进口市场上的国际竞争力；（3）没有考虑不同国家出口产品结构；（4）很难分辨进、出口单方面对指数的贡献
Balassa（1989）	净出口显性比较优势指数	出口国—产品	$NXRCA_{ik}=\frac{X_{ik}}{X_i}-\frac{M_{ik}}{M_i}$	$NXRCA_{ik}>0$ 值越大，出口竞争力越强；$NXRCA_{ik}<0$ 值越小，出口竞争劣势越大
				（1）考虑进口因素，剔除了产业内贸易和产业链跨国分布影响；（2）不能区分出口国在不同进口市场上的国际竞争力；（3）无法消除大国规模效应；（4）没有考虑不同国家出口产品结构
杨丹辉和侯民军（2003）	产业内贸易指数	出口国—产品	$IIT_{ik}=1-\frac{\lvert X_{ik}-M_{ik}\rvert}{X_{ik}+M_{ik}}$	该指数越大，产业内贸易规模越大
				（1）考虑进口因素，消除了本国规模效应；（2）不能区分出口国在不同进口市场上的国际竞争力；（3）没有与世界水平对比，不能进行国别比较；（4）没有考虑不同国家出口产品结构

资料来源：作者基于文献资料整理而得。

（二）基于技术提升角度梳理的贸易质量型出口竞争力指标测度研究

从技术提升角度测度出口竞争力常用的指标主要有四种：出口结构优化、出口多样化提高、出口技术复杂度提高和出口产品质量提升。出口技术提升既能从宏观国家、区域层面来测度，也能从微观企业、产品层面来测度。

第一，聚焦出口结构优化、出口多样化提高和出口技术复杂度提高研究。(1) 关于出口结构优化研究。文献多采用 Lall（2000）分类方法简单地估计出口技术结构，认为高技术水平产品出口比重增加，则出口结构就在优化（Cui 和 Syed，2007；沈国兵和黄铄珺，2017）。不过，该方法缺乏产品分类的精确性。(2) 关于出口多样化研究。鲁晓东（2014）、刘修岩和吴燕（2013）均认为出口多样化可以作为衡量出口技术竞争力的指标。(3) 关于出口技术复杂度研究。一是采用 Hausmann 等（2007）方法测度出口技术复杂度。Hausman 等（2007）基于显示性比较优势指数（RCA）和比较优势理论提出出口复杂度计算公式，后续学者多利用该方法进行相关研究。朱诗娥和杨汝岱（2009）测算了产品出口技术复杂度。Poncet 和 de Waldemar（2013）、Maggioni 等（2016）计算了企业出口技术复杂度指标。刘英基（2016）测算了中国制造业各行业出口技术复杂度。刘树林等（2017）、陈维涛等（2014）分别测算了中国省份和城市水平的出口技术复杂度。Rodrik（2006）测算了各国的出口技术复杂度。二是对 Hausmann 等（2007）指标进行标准化处理改进。齐俊妍等（2011）、杨连星和刘晓光（2016）均对 Hausmann 等（2007）方法测算的结果进行标准化处理，测算了国家和行业出口技术复杂度。三是关于权重和表征技术水平指标的不同选择或改进。Jarreau 和 Poncet（2012）采用产品进口占一国总进口来替代 Hausmann 计算方法中的权重。许治和王思卉（2013）采用各行业具体劳动生产率数据来表征每个行业技术水平。四是采用增加值方法、剔除进口中间品来测算出口技术复杂度。Gangnes 等（2014）认为发展中国家高端产品出口多以外资或加工贸易形式，容易造成“统计假象”。李惠娟和蔡伟宏（2017）基于世界投入产出数据库（WIOD），测算了中国制造业各行业净出口技术复杂度。熊俊和于津平（2012）剔除加工贸易进口，对中国东中西部地区出口技术含量进行了测算。

第二，聚焦出口产品质量提升研究。根据出口产品质量的测算方法，分为四类：(1) 用价格来表征质量。董敏杰等（2011）采用中国制造业出口价格指数来衡量各行业的出口竞争力。Auer 和 Chaney（2009）、Bastos 和 Silva（2010）、Manova 和 Zhang（2012）、Manova 和 Yu（2017）均采用价格来测算企业出口产品质量。（2）特定产品特征法。Goldberg 和 Verboven（2001）发现，除了成本和折扣的差异外，还有对本地汽车品牌的歧视、对汇率变动不敏感等因素都会造成各国汽车销售价格的差异。Crozet 等（2012）依据相关评级标准，对 6500 种香槟进行打分，分值越高则质量越高。Chen 和 Juvenal（2016）除了采用类似的评分方法外，依据商品本身的物理属性（储藏年限、品牌、浓度等）测算了 209 个企业出口的 6720 种香槟的质量，并依据商品的社会属性（盲人品尝打分、消费者意见和投票）等测算了 181 个企业出口的 3969 种香槟的质量。（3）需求信息回归推断法。其一，给定出口价格，消费者需求量的多少就代表一种产品的质量高低。Khandelwal 等（2013）利用需求信息推断法，估计了中国纺织和服装行业的出口产品质量。王雅琦等（2015）将产品的替代弹性精确到 Broda 和 Weinstein（2006）估计的 HS2 位数行业层面上。Fan 等（2015）采用企业所在地区的平均工资作为价格工具变量，解决了质量回归中的内生性问题。王永进和施炳展（2014）加入出口企业所在省份的市场规模变量，控制了产品多样化对企业出口产品质量的影响。其二，给定出口价格，净出口越高，质量就越高。Amiti 和 Khandelwal（2013）基于嵌套 Logit 需求模型，提出了测算出口产品质量的方法。Hallak 和 Schott（2011）证实，对于具有相同出口价格的两个国家来说，净出口越多的国家，其出口产品质量相对更高。（4）供给需求信息加总测算法。Feenstra 和 Romalis（2014）在需求信息回归推断法的基础上，从供给和需求两个角度，测算了 1984—2011 年 185 个国家的出口质量。该方法虽然考虑了供需两方面因素，所得质量能进行跨国比较，但该方法主要适用于宏观层面的数据。余淼杰和张睿（2015、2017）对 Feenstra 和 Romalis（2014）方法进行了改进，并基于 2000—2006 年中国微观企业数据，测算了中国制造业企业的出口产品质量。

将上述各贸易质量型出口竞争力指标精炼出来，如表 2-4 所示。

表 2-4 贸易质量型出口竞争力指标研究

类别	代表文献	指标	对象	指标计算	指标说明	优缺点
出口技术结构	Lall（2000）	出口技术结构	企业	各类技术水平的产品出口份额	分为初级品、资源制成品、低技术、中等技术、高技术制造品、其他交易品，一国出口高技术产品所占比重越高，其出口技术水平越高	一种静态分类，无法反应国际贸易中产品相对技术的变化；主观性较强，其分类也存在一定的重合

续表

类别	代表文献	指标	对象	指标计算	指标说明	优缺点
出口技术复杂度	Hausmann等（2007）	基本模式	产品	$PRODY_k = \sum_i \frac{X_{ik}/X_i}{\sum_i X_{ik}/X_i} \times Y_i$	i代表国家；k为产品；X代表出口额；Y代表人均GDP	考虑国家规模的影响，保证一些贫穷小国的出口被赋予足够的权重，但没有剔除进口中间品技术含量
	杨连星和刘晓光（2016）	标准化处理	产品	$lPRODY_k = 100 \times \frac{PRODY_k - PRODY_{min}}{PRODY_{max} - PRODY_{min}}$		
	杜修立和王维国（2007）	不同权重	产品	$PRODY_k = \sum_i \frac{X_{ik}}{\sum_i X_{ik}} \times Y_i$ $PRODY_k = \frac{1}{C_k} \sum_i \frac{X_{ik}}{X_i} \times Y_i$	i代表国家；k为产品；C_k代表一国规范性系数，总和为1；X代表出口额；Y代表人均国民收入	基于市场占有率或其他指标的出口复杂度，忽视了各国经济和出口规模不同的问题
			产品	$lPRODY_k = 100 \times \frac{PRODY_k - PRODY_{min}}{PRODY_{max} - PRODY_{min}}$		
	许治和王思卉（2013）	GDP改进	产品	$PRODY_{ip} = q_{ic}^{\theta} \times \sum_i \frac{(X_{ik}/X_i)}{\sum_i (X_{ik}/X_i)} \times Y_i$	i代表产品；p代表省份；X代表出口额；q_{ic}^{θ}为质量调整因子	根据研究的问题，用其他指标来代替人均GDP
	熊俊和于津平（2012）	增加值视角	产品	$PRODY_k = \sum_i \frac{\frac{(1-\theta_{ik})X_{ik}}{\sum_k (1-\theta_{ik})X_{ik}}}{\sum_i \frac{(1-\theta_{ik})X_{ik}}{\sum_k (1-\theta_{ik})X_{ik}}} Y_i$	θ为进料加工和来料加工的进口与出口比重，剔除了进口加工贸易带来的影响；i代表各省，其他变量同上	基于世界银行的WDI数据库和联合国UNCTAD数据库
			行业	$ESI_i = \sum_k \frac{(1-\theta_{ik})X_{ik}}{(1-\theta_{ik})X_i} PRODY_k$		
出口产品质量	Bastos和Silva（2010）	价格测算	产品	质量＝价格	uv_{ijkt}为企业i出口到目的国j产品k单位价值，$avg(uv_{ijkt})$、$sd(uv_{ijkt})$分别为产品—出口地—年份组合中，所有企业平均单位价值和其标准差	简洁方便，但将价格差异完全归因于质量差异，无法将质量与价格分离
	Auer和Chaney（2009）		企业—产品	$Q_{ijkt} = (uv_{ijkt} - avg(uv_{ijkt}))/sd(uv_{ijkt})$		
	Manova和Yu（2017）		企业—产品	$Q_{ijkt} = uv_{ijkt} - avg(uv_{ijkt})$		

续表

类别	代表文献	指标	对象	指标计算	指标说明	优缺点
出口产品质量	Chen 和 Juvenal (2016)	特定产品打分	产品	对特定产品构造质量指标	利用产品具体特征进行打分	只适合特定产品，难以推广
	Fan 等 (2015)	需求信息回归推断法	企业—产品	$lnx_{ijkt} = \sigma lnp_{ijkt} + \varphi_k + \varphi_{jt} + \varepsilon_{ijkt}$ $ln\lambda_{ihmt} = \frac{\hat{\varepsilon}_{ihmt}}{\theta - 1}$	i 代表企业；j 代表出口目的地；k 代表产品；x 代表出口数量；p 代表出口价格；φ_k、φ_{jt}分别代表产品 k 和国家—时间固定效应；ε_{ijkt}为残差；σ 为产品替代弹性	仅考虑需求因素；利用出口离岸价代表出口目的地消费者面对价格，会导致对价格测量误差；测算结果跨时跨国不可比
	余淼杰和张睿 (2015；2017)	供给需求信息加总测算法	企业—产品	$lnz_{ijgt} = \theta_g(ln\epsilon_{1jg} + lnp^*_{ijgt} + ln\varphi_{it} - ln\omega_t)$ $\epsilon_{1jg} = a_{jg}\theta_g(\sigma_g - 1)/[1 + a_{jg}\theta_g(\sigma_g - 1)]$	z_{ijgt}为企业 i 销往 j 国产品 g 质量；a_{jg}反映 j 国消费者对产品 g 的质量偏好度；θ_g 为衡量成本递增效应参数；σ_g 为产品替代弹性；p^*_{ijgt} 为离岸出口价格；φ_{it} 为企业生产率；ω_t 为投入品成本	同时考虑了供给和需求两方面因素，较为全面

资料来源：作者基于文献资料整理而得。

在厘清了全球生产网络、知识产权保护和外贸竞争力等相关界定和测度之后，我们聚焦全球生产网络、知识产权保护下中国外贸竞争力提升问题这一主题，将从不同角度对其进行系统地研究综述。具体地，我们将从贸易数量型、贸易质量型、贸易目标和路径等视角来对全球生产网络与知识产权保护下中国外贸竞争力提升问题做出研究综述。

第二节 全球生产网络与知识产权保护下扩大中国出口强度：贸易数量型研究

在这里，我们从扩大中国出口强度视角，对全球生产网络与知识产权保护下中国外贸竞争力提升问题做出研究综述。

一、聚焦全球生产网络下国家间贸易强度及其影响因素研究

基于国家间贸易强度，探究扩大出口强度。随着国际化的生产分工，生产的不同阶段发生在不同的国家和地区，由此产生了大量的中间投入品跨国界流动或零部件贸易（Jones 等，2005）。Brooks 和 Ferrarini（2014）发现，修正的引力模型对网络贸易指数有着良好的解释力，它可以更好地阐述国家间生产网络贸易强度的决定因素。但是，Iapadre 和 Tajoli（2014）认为，贸易强度指数应当具有数学性质标准，不过，该文中用来衡量贸易强度的网络贸易指数有着较大的缺陷。沈国兵和张勋（2016）参考 Brooks 和 Ferrarini（2014）、罗来军等（2014）的做法，使用扩展的引力模型分析揭示了全球生产网络下决定国家间零部件贸易强度变化的主要影响因素。相较于罗来军等（2014）基于重新推导的引力模型仅仅对双边国际贸易流量进行的检验，本著作在扩展引力模型中不仅使用了国家固定效应，而且考虑了全球生产网络下国家间贸易强度演进在区域间与区域内、发达与新兴市场国家间的不同表现，以及不同影响因素对国家间生产网络贸易强度作用的差异性。

二、聚焦全球生产网络下中国增加值出口竞争力研究

基于贸易增加值，探究扩大出口强度。Koopman 等（2008）估算表明：中国制造品出口中的外国成分接近 50%。据此，按照传统的最终出口品贸易统计方法，极易夸大以贸易量见长的中国出口竞争力。贸易增加值核算（TiVA）已变成在全球生产网络下核算一国真实贸易收益和贸易竞争力的有效方法。基于增加值的出口竞争力分析（Hummels 等，2001；Koopman 等，2008；Koopman 等，2010；Johnson 和 Noguera，2012；Timmer 等，2014；Koopman 等，2014；王直等，2015），已用增加值核算修正了传统的显性比较优势（RCA）指数（Koopman 等，2014；王直等，2015），构成代表出口竞争力的指标。但是，尚缺乏考虑全

球生产网络下增加值在经由中间品贸易在不同国家、不同产业间渗透传递的特征。沈国兵和李韵（2017）将 TiVA 方法与衡量产业贸易竞争力的市场渗透率（MPI）指标相结合，构造出基于最终品进口市场的增加值市场渗透率（MPIVA）指标，测度、分析了全球生产网络下中国增加值出口竞争力及其变化态势。据此，为中国谋求拓展外贸发展市场空间和行业空间提供可资借鉴的指向标。

三、聚焦全球生产网络下知识产权保护对增加值外贸竞争力的影响研究

融合知识产权保护与贸易增加值，探究扩大出口强度。在以全球生产网络为组织形式的国际分工中，专利权保护的影响是非单调的，在门槛以下出口会随专利保护加强而增加，但是超过门槛之外，出口则随专利保护加强而下降（Hu 和 Png，2013）。知识产权保护水平提高会吸引跨国公司将更多复杂生产环节移入，促进本国增加值在出口中比重上升，垂直专业化比率下降；对于那些对知识产权保护依赖度较高的行业，更是如此（杨珍增，2016）。Woo、Jang 和 Kim（2015）认为，以专利知识测度的知识产权的双边作用是用来区分行业的不同特征，以及知识产权对创新的积极和消极影响。实证表明，知识产权保护总体上提高了行业增加值，但随着知识产权执法力度的加大，其积极作用有所减弱。Nugent、Woodhead 和 He（2016）指出，像保险一样，知识产权也是管理风险的工具。大多数企业将在知识产权保护范围和成本之间取得平衡，这意味着要考虑企业当前业务活动以及未来扩展、许可和出口的计划。销售大宗商品或偶尔向个人家庭运送海外订单的企业几乎不需要商标。相比之下，品牌包装产品的出口很可能需要在不同国家注册几个商标。

第三节 全球生产网络与知识产权保护下提升中国出口质量：贸易质量型研究

在这里，我们从提升中国出口质量（包括企业出口技术含量、企业出口产品质量和企业新出口联系）视角，对全球生产网络与知识产权保护下中国外贸竞争力提升做出研究综述。

一、聚焦全球生产网络下（省级）知识产权保护对中国企业出口技术含量影响研究

基于企业出口技术含量，探究提升出口质量。从现实来看，发展中国家加入TRIPS协定的主要目的是为了促进与发达国家之间的贸易，特别是促进跨国企业在发展中国家开展经营活动。王姝怡和武止戈（2013）发现，由于知识产权保护的南北差异，产品生产周期短的企业由于受到的模仿威胁较低，越倾向于向南方国家垂直专业化分工。Canals 和Şener（2014）构造了一个双重差分模型，探究了美国外包对16个国家知识产权保护政策改革的反应，发现知识产权保护政策改革之后，高技术（专利敏感型）行业显著扩张了其行业内外包活动，而低技术（专利不敏感型）行业统计上不显著。Ivus（2010）和余长林（2011）均发现，加强知识产权保护后，发展中国家能够从发达国家进口更多的技术密集型产品。知识产权保护能够降低合同执行成本，促使北方国家对南方国家进行技术转移（Yang 和 Maskus，2009）。但同时，知识产权保护提高了企业市场势力（Vichyanond，2009），降低了技术溢出效应，可能对出口技术含量产生不利的影响。

具体到中国省级层面，代中强（2014）认为，中国省级知识产权保护实际执行力度与省级出口技术复杂度呈倒“U型”关系，超过临界值后太强的知识产权保护产生垄断而不利于技术提升。柒江艺、许和连（2012）研究表明，中国知识产权保护制度完善对出口技术提升起到加速器作用，不同行业的知识属性差异使得知识产权保护的出口技术进步效应在研发强度大、技术水平高、外资渗透率高的行业中更加显著。沈国兵、张学建（2018）发现，中国行业知识产权保护强度与出口竞争力之间存在显著的倒“U型”关系，表明太强的知识产权保护强度不利于竞争力的提升。Amiti 和 Konings（2007）认为，下游企业能够从进口中间品包含的技术中获得技术溢出和生产率增长。

二、聚焦全球生产网络下中间品进口对中国企业出口产品质量影响研究

基于企业出口产品质量，探究提升出口质量。Bas 和 Strauss - Kahn（2015）采用中国企业微观数据，证实中间品贸易自由化尤其是来自发达国家的中间品进口，会显著提升中国企业出口产品质量。Manova 和 Yu（2017）使用中国海关数据，认为多产品企业因使用进口品的质量不同，使得产出质量不同。王维薇、李荣林（2014）证实，零部件的大量进口，尤其是来自发达国家的中间品进口可以促进中国最终资本品的出口；相对于进口规模的扩张，零部件进口种类的增加

发挥了更大的促进作用。马述忠和吴国杰（2016）采用中国企业微观数据，将中间品进口区分为不同的贸易方式，认为一般贸易中间品进口对中国企业出口产品质量不具有促进作用，进料加工中间品进口促进作用更加显著和稳健。李志远、沈国兵和汤学良（2018）认为，中国存在大量的制造性行业企业，每一个产业都需要进口中间品。中间品（包括资本品）进口对于“中国制造”崛起和中国经济发展具有重要的推动作用。为此，中国要以进口博览会为舞台，增强与国际上游企业之间的交流合作，拓展全球生产链的多重收益。

三、聚焦全球生产网络下知识产权保护对中国（省级行业）出口产品质量影响研究

基于省级行业一般贸易出口产品质量，探究提升出口质量。Maskus 和 Yang（2013）证实，更强专利保护的国家向美国出口了更多专利密度高的产品，对于发展中国家，这种出口扩张效应更加明显。林秀梅和孙海波（2016）分组估计发现，资本密集型行业和劳动密集型行业中知识产权保护强度与出口产品质量之间存在倒“U 型”关系，但在技术密集型行业中则表现出严格的知识产权保护促进出口产品质量升级。刘岩、王健和杨伟（2017）研究发现，发展中经济体知识产权实际保护水平提升显著地促进了其高质量产品出口的增长。考虑到中国特殊的贸易结构，需要分为一般贸易和加工贸易来研究。戴觅等（2014）发现，在剔除加工贸易企业后，中国一般贸易出口企业的生产率是高于非出口企业的。知识产权保护作为一项激励企业创新的制度安排，对于只从事简单加工贸易、研发投入较少的企业，在理论上没有影响。沈国兵、储灿（2019）研究表明，加强省级行业知识产权实际保护会促进一般贸易出口产品质量的提升，但未区分行业的整体知识产权保护增强反而会降低一般贸易出口产品质量；加强行业知识产权实际保护对中、西部地区的一般贸易出口产品质量能产生显著的促进作用，但对东部地区的影响不显著。

四、聚焦知识产权保护对中国本土企业新出口联系的影响研究

基于企业新出口联系，探究提升出口质量。Yang 和 Huang（2009）研究表明，进口国加强知识产权保护将引发中国台湾地区更多的贸易，且台湾地区高科技出口比非高科技出口对知识产权保护更加敏感的。Álvarez 和 Fuentes（2011）将新出口者定义为首次出口的企业或向新市场销售产品的既定出口商，将新出口联系界定为企业出口产品向一个新市场的状况；有证据支持，具有高质量产品的出口对于新出口商来说将更为重要。Branstetter 等（2011）认为，知识产权改革

后工业活动的全面扩张，高度细化的贸易数据显示出新产品出口的增加。李坤望等（2014）认为，理论上新出口关系进入市场后，将从出口过程中学习到出口技巧与知识，进而提高新出口的品质。但实证发现，中国新进入出口关系的产品品质却显著低于市场平均水平。原因是民营企业与东部地区中大量低品质企业在中国入世后大举进入出口市场造成的。因此，应选择以品质提升为核心的竞争策略。Palangkaraya 等（2017）认为，对模仿的预期降低了出口商向专利制度“薄弱”的司法管辖区出口货物的动力；目的地国家阻碍专利的存在对国际贸易有着较大的负面影响。沈国兵、张勋（2019）证实，伙伴国加强知识产权保护会提升中国本土企业的新出口联系，且模仿能力越强的伙伴国加强知识产权保护对中国本土企业新出口联系的作用越大。据此，增加企业新种类产品出口更为重要。

第四节 全球生产网络与知识产权保护下中国外贸竞争力提升：目标和路径研究

在深度融入全球生产网络中，一国既要跨国间协调其知识产权保护制度，又要根据自身经济发展水平及行业优势，采取有偏重的知识产权保护政策，以提升其外贸竞争力。在这里，我们从贸易目标和实施路径等视角出发，对全球生产网络与知识产权保护下中国外贸竞争力提升问题做出研究综述。

一、聚焦全球生产网络、知识产权保护下提升中国外贸竞争力的目标研究

第一，全球生产网络受到经济发展水平制约，通过跨国公司战略调整发生。Bowen（2007）认为，波音和空客相互竞争，已外包更多业务给亚洲的日本、韩国、中国和新加坡，以赢得销售和设计出新型客机来满足亚洲客户的需要，没有哪个主要飞机制造商能够承受起将中国市场排除在飞机生产网络之外。Yeung（2007）发现亚洲新兴工业经济体中电子生产龙头企业开始融入全球生产网络，并在细分市场、拥有一席之地。黄先海和杨高举（2010）发现劳动生产率的明显进步是中国高技术产业国际分工地位快速提高的原因。华晓红等（2013）认为，跨国企业将其价值链上生产环节进行分割，在全球寻找每个生产环节最适当的生产区位，促生了错综复杂的全球生产网络并影响其变迁。李宏和刘珅（2014）发现跨国公司的外商直接投资（FDI）使得中国产业分工从价值链的低

端向高端转移，中国参与国际垂直专业化分工的地位随着 FDI 的不断流入而提高。

第二，知识产权保护制度是随一国经济发展而动态调整的，对创新的影响是复杂的。Ginarte 和 Park（1997）构建 GP 指数发现，经济发展水平制约着知识产权保护，知识产权保护是动态发展的。Hudson 和 Minea（2013）认为，强的知识产权保护对创新的影响是复杂的，它受到初始知识产权保护水平及经济发展水平的影响。对每个国家而言，并不存在单一的最优知识产权保护制度。

第三，外贸竞争力提升目标取决于一国经济、贸易发展水平，是动态发展的。Anand 等（2012）认为，现代服务业越来越重要，制成品贸易及服务贸易的技术水平都呈上升趋势，但低收入国家出口成分变化却相对缓慢，制成品及服务出口占比低、出口技术水平没有呈现上升趋势。Ma 等（2014）发现，企业变成出口企业后生产率提高而资本密集度下降。由此，呈现劳动力密集型产品占优势地位的外贸竞争力。但是，Caporale 等（2015）研究表明，中国正逐步由劳动密集型出口向技术密集型出口转变。姚洋和章林峰（2008）显示，中国本土企业在高技术制成品领域内仍显示弱竞争优势，而在其他高技术类产品上的竞争优势下滑。沈国兵、黄铄珺（2017）认为，2007 年前加工贸易夸大了中国对美国制造品出口技术程度，2007 年后中国对美国一般贸易品出口技术结构有了明显地提升。

第四，中国外贸竞争力提升的目标是做大中国出口贸易数量、做强中国出口贸易质量。余长林（2015）证实，知识产权保护对中国出口扩展边际的影响显著为正，对集约边际的影响显著为负，知识产权保护主要通过扩展边际（即新增出口产品种类）促进了中国的出口增长。沈国兵（2018）提出，中国推进"中国组装""中国制造"对接"全球生产"，提升自身外贸竞争力变得尤为重要。沈国兵、李韵（2017）认为，中国过去的贸易大发展因"加工贸易"使得中国的产业结构陷于全球价值链的中低端，中国需要更主动地参与到全球生产网络的塑造中去。本著作认为，一国通过融入全球生产网络，可获得与先进技术、资本等要素对接的机遇，进而提升外贸竞争力，但也可能陷进低端"锁定效应"，这其中知识产权保护是一个重要的影响因素。韩会朝、徐康宁（2014）认为，中国在人均收入水平相对较低、国内需求条件不利于产品质量提升的背景下，发展对外贸易尤其是对高收入国家的贸易，是提升中国产品质量水平的重要路径。郑长云（2017）研究发现，知识产权保护水平的提高，对高、中品质出口产品种类数的影响显著为正，且对前者的促进作用更大，而对低品质产品的影响不显著。据此，加强知识产权保护能够显著地改善出口品质结构。在此基础上，本著作提出，中国外贸竞争力提升的目标是做大中国出口贸易数量或出口能力、做强中国出口贸易质量。

二、聚焦全球生产网络、知识产权保护下提升中国外贸竞争力的实施路径研究

第一，分层制定、协调实施。易先忠和张亚斌（2006）提出，适度的知识产权保护要求根据各区域内产业技术水平和模仿能力在鼓励自主创新和对国外技术模仿的两难中做出权衡。Kim 等（2012）发现，专利保护对发达国家创新及经济增长有着显著的正向效应，但是这一效应对发展中国家不存在；而实用新型保护对发展中国家创新及经济增长有着显著的作用。Obstergard（2003）指出，政治及经济发展水平会影响到一国的知识产权保护政策。Hudson 和 Minea（2013）认为，强的知识产权保护对创新的影响是复杂的。对每个国家而言，最优的政策是既考虑到未来经济发展水平决定的最优知识产权保护强度，又兼顾现有经济发展水平决定的最优演变路径。Chu 等（2014）主张，知识产权保护制度具有阶段性。在发展初期，施加较弱的知识产权保护以促进模仿；而在发展后期，施加较强的知识产权保护以鼓励本土创新。Fink 和 Maskus（2005）、Cao（2014）提出，单靠严格的知识产权保护制度不足以支撑一国科技发展和经济增长，其他政策措施协调也是至关重要的。

第二，超越模仿、立足自主创新和实施品牌战略。Ernst 和 Kim（2002）提出，发展中国家应当以外源性知识作为本国学习效应和创新能力形成的催化剂。唐晓云（2009）认为，世界上绝大多数国家基本上都是按照由低水平模仿、技术引进到自主研发的路径实现本国的技术提升。在经济发展水平较低时，模仿发达国家产品对发展中国家是最优的选择（Grossman 和 Helpman，1991；Helpman，1993）。林毅夫和张鹏飞（2006）主张，发展中国家要以最快的速度来提升自身技术水平，就必须在自主研发的同时向发达国家引进技术，按照本国资源禀赋比较优势选择研发和引进自己最适宜的技术。郭春野和庄子银（2012）研究发现，当南方技能劳动充裕时，适度的知识产权保护会激励南方自主创新，并在长期对南北双方都有利。Lorenczik 和 Newiak（2012）研究表明，当一国研发能力和效率达到一定水平时，加强知识产权保护使得南方国家将资源从模仿转移到自主创新，提升南方国家创新能力和福利。Chung 和 Tan（2017）提出，中国独特的创新路径是“引进——调整——创新”。“引进”主要应用现有的知识和技术生产产品，“调整”主要使用新知识、新技能获取改进新的创新，“创新”指创新新产品。进一步地，当企业具备自主研发，并向市场投放新产品后，实施品牌战略

获取核心竞争力孕育而生。韩中和等（2010）认为，企业品牌国际化多采取渐进性的发展模式，采取贴牌生产是手段之一，但是贴牌生产方式不会自动提升为自主品牌，企业需要不断强化品牌意识，加强研发和提升国际营销能力才能加快从贴牌转向自主品牌生产。

第五节 文献评述

基于上述关于全球生产网络、知识产权保护和外贸竞争力的相关内涵界定和测度研究，以及从贸易数量型、贸易质量型、贸易目标和路径等视角对全球生产网络与知识产权保护下中国外贸竞争力提升问题的研究综述，我们可得出如下内在逻辑影响机制和几个关联性的研究问题。

一、对全球生产网络、知识产权保护和外贸竞争力相关界定和测度的评述

关于全球生产网络，参照 Ernst（2000）、Ernst 和 Kim（2002），全球生产网络是由领导厂商将旗下的独资公司、合资公司等实体企业，与外部的独立供应商、独立承包商、独立分销商及战略伙伴联盟等联结在一起，通过分工和有机结合，在不同国家和地区生产过程之间建立起以价值链为纽带的高度依存的网络关系。本著作认为，全球生产网络是中国外贸竞争力提升依托的平台，是以市场机制为基础运作传导的平台，是将碎片化的生产在全球范围内进行一体化生产的布局。

关于知识产权保护，本著作借鉴 GP 方法进行立法层面的测度，并对国际条约测度的范围进行更新，把世界知识产权组织公约、布达佩斯条约、斯特拉堡协定、布达佩斯条约和 TRIPS 协定等考虑在内。本著作研究认为，中国需要通过加强执法力度来增强中国知识产权实际保护强度，并且超越国家层面探究中国省级行业知识产权保护对其出口竞争力的影响。Hu 和 Png（2013）、杨珍增（2016）假定世界各国相同行业的研发密度是一样的，这是明显地过于严格。据此，一方面我们采用省级知识产权实际保护强度与行业研发密度相乘的值来测度中国省级行业知识产权实际保护强度；另一方面认为不同发展水平的国家其行业研发密度存在很大的差异，我们也采用中国省级知识产权实际保护强度与行业专利竞争力（以行业专利授权量占申请量之比与国家专利授权量占申请量之比的

比值来衡量）相乘的值来测度中国省级行业知识产权实际保护强度。

关于外贸出口竞争力，本著作认为，中国“粗放型”发展方式已面临一系列现实约束，这种贸易模式将变得不可持续，且受限于测算指标的方法和数据缺陷。该方法难以反映一国企业在国际中的地位和获取贸易利益分配的能力。用出口结构及多样化指标来衡量一国出口竞争力，但是该方法无法反应国际贸易中各种产品相对技术水平和质量的动态变化。实际上，出口高质量的产品是出口成功和经济发展的前提条件，是维持一国出口竞争力的关键所在（Amiti 和 Khandelwal，2013）。大量研究主要采用出口技术复杂度来衡量，用 GDP 表征技术水平比较粗糙。用中国人均 GDP 来测算出口复杂度，更是由于经济发展不平衡及各地区贫富差距而存在较大的误差。为此，本著作主张将外贸竞争力提升界定为扩大出口强度、提升出口质量，前者使用中国增加值出口份额和在伙伴国市场渗透率测算，后者使用中国企业出口产品质量测度。现有文献中，基于产品质量来衡量出口竞争力的有四种方法：单位价值法、特定产品特征法、需求信息回归推断法、供给需求信息加总法。相比来看，单位价值法虽然简便，但比较粗糙；特定产品特征法由于个体差异较大，该方法难以推广；需求信息回归推断法仅从需求角度考虑质量因素，忽略了企业内生决定质量因素；供给需求信息加总法由于在计算成本率时，需要用到应付工资总额和应付福利总额，而 2008—2013 年中国工业企业数据库中缺少这两个数据，由此只能测算出 1998—2007 年企业一般贸易的出口产品质量。据此，本著作采用需求信息回归推断法来测算中国企业出口产品质量。本著作还使用中国企业出口技术含量、企业新出口联系来衡量中国企业出口质量。

二、全球生产网络、知识产权保护与中国外贸竞争力提升：内在逻辑影响机制

全球生产网络是以市场机制为基础运作传导的平台，它将碎片化的生产形成系统一体化的生产布局。知识产权保护是构建出来用于保护生产和自主创新动力的制度和游戏规则，属于政府层面设计，是政府供给与国际协调和企业互动的结果。中国外贸竞争力提升是目标结果，聚焦中国货物外贸竞争力的提升，包括扩大中国出口强度（贸易数量型）、提升中国出口质量（贸易质量型）。如图 2－3 所示，这三者之间内在逻辑影响关系为：一是全球生产网络是中国外贸竞争力提升依托的平台，是动态发展变化的。它受到全球经济体要素禀赋、经济发展水平以及技术发展水平的影响，通过跨国公司战略调整发生的。二是知识产权保护制度是中国外贸竞争力提升依赖的制度保障，是随一国经济发展而动态调整的，并

通过贸易和投资受到国际趋势和贸易伙伴的影响。三是中国外贸竞争力是动态发展变化的，其提升取决于中国经济和贸易融入全球生产网络的分工程度，以及加强知识产权保护带来的提升效应。一般而言，扩大对外开放、健全完善适合本国经济发展水平的知识产权保护制度更有利于一国参与全球生产网络，促进其外贸竞争力的提升。

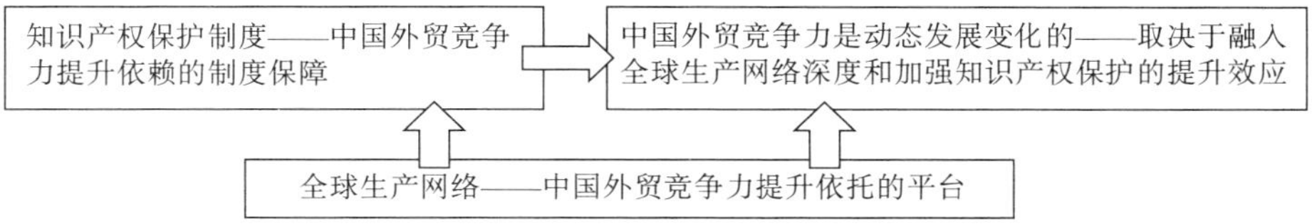

图 2－3 全球生产网络、知识产权保护与中国外贸竞争力提升的内在逻辑影响关系图

资料来源：作者基于文献资料整理绘制。

三、全球生产网络、知识产权保护与中国外贸竞争力提升：几个关联性问题

第一，有关全球生产网络与知识产权保护下扩大中国出口强度问题研究。已有的文献研究已聚焦全球生产网络下国家间贸易强度及其影响因素研究、全球生产网络下中国增加值出口竞争力研究，以及全球生产网络下知识产权保护与增加值外贸竞争力研究。据此，本书拟从贸易大国视角出发，使用扩大中国出口强度的贸易数量型指标，即使用增加值出口份额和进口国增加值市场渗透率来衡量中国外贸出口竞争力，进而探究全球生产网络下国家间贸易强度演进及其主导因素、分析比较全球生产网络下中国增加值出口竞争力及其变化态势，以及全球生产网络下知识产权保护与中国增加值外贸出口竞争力及其变化。这将为中国谋求拓展外贸发展市场空间和行业空间提供可资借鉴的指向标。

第二，有关全球生产网络与知识产权保护下提升中国出口质量问题研究。已有的文献研究初步涉及全球生产网络下（省级）知识产权保护与中国企业出口技术含量研究、全球生产网络下中间品进口与中国企业出口产品质量研究，以及省级行业知识产权保护对我国一般贸易出口产品质量的影响研究等。据此，本著作拟从贸易强国视角出发，使用提升中国出口质量的贸易质量型指标，即使用企业出口技术含量、出口产品质量和企业新出口联系来衡量我国外贸出口竞争力，进而探究全球生产网络下省级知识产权保护如何提升中国企业出口技术含量、全球生产网络下中间品与资本品进口对中国企业出口产品质量提升的影响、省级行业知识产权保护对我国一般贸易出口产品质量提升的影响，以及伙伴国知识产权保护对提升中国本土企业新出口联系的影响。这些研究将大大丰富了全球生产网络与知识产权保护下做强中国出口贸易质量研究。

第三，有关全球生产网络与知识产权保护下中国外贸竞争力提升的目标和路径问题研究。相关研究表明，全球生产网络受到经济发展水平制约，通过跨国公司战略调整发生；知识产权保护制度是随一国经济发展而动态调整的，对创新的影响是复杂的；外贸竞争力提升目标取决于一国经济、贸易发展水平，取决于一国参与或融入全球生产网络深度和对创新的保护强度，是动态发展变化的。本著作提出，中国外贸竞争力提升的目标是扩大中国出口强度（贸易数量型）、提升中国出口质量（贸易质量型）。至于全球生产网络与知识产权保护下如何提升中国外贸竞争力呢？通过加强知识产权保护，促进中国企业积极参与垂直分工，深度融入全球生产网络，获得与先进技术、资本等要素对接的机遇，进而提升外贸竞争力。由此，针对扩大中国出口强度、提升中国出口质量的目标，本著作研究提出了动态的多元战略协调配合实施路径。具体是：分层制定、协调实施；超越模仿、立足自主创新；打造营商环境、提升全球价值链嵌入度；使用反垄断法、遏制市场控制力；实施品牌战略和市场战略。

第二部分

全球生产网络与知识产权保护下扩大中国出口强度（贸易数量型）

第二部分基于贸易数量型视角，探究全球生产网络与知识产权保护下扩大中国出口强度。该部分包括第三章至第六章。

第三章

全球生产网络下国家间贸易强度演进及其主导因素分析[①]

本章使用 CEPII－BACI 数据库中 72 个发达与新兴市场国家（地区）2000—2010 年零部件贸易数据，通过统计测度和扩展引力模型揭示出全球生产网络下国家间贸易强度演进趋势及其主要影响因素。统计显示，超过地理中性的双边显性贸易偏好指数的个数逐年增加，且形成一个相对较为均衡的网络结构。以双边显性出口偏好指数来衡量的贸易强度体现出了非常明显的区域性，区域内有较强显性出口偏好强度的双边国家对的数目随时间逐渐增加。计量证实，地理距离、文化差异性对双边贸易偏好强度有着显著的不利影响；过大的技术差距会导致新兴市场国家面临被发达国家主导的生产网络排斥在外的风险；贸易摩擦对发达国家间、新兴市场国家间的双边贸易偏好强度有着相反的影响；不同经济趋同性对贸易偏好强度的影响取决于生产网络的区域性和国家经济发展水平。

第一节 引言

全球经济一体化发展导致同一产品生产过程在不同国家之间碎片化，国际生

① 本章主要内容参见：沈国兵、张勋（2016）：“全球生产网络下国家间零部件贸易强度演进及其主要影响因素分析”，《世界经济研究》第 7 期；转载于中国人民大学复印报刊《国际贸易研究》2016 年第 10 期。

产碎片化是全球生产网络体系呈现出来的一种经济现象。在全球生产网络下，生产的不同阶段发生在不同的国家和地区，由此产生了大量的中间投入品跨国界流动或零部件贸易（也称之为垂直贸易或供应链贸易），并逐渐超过最终品贸易在世界贸易中占据主导地位（Jones 等，2005）。于是，在经济学领域内分析生产的国际化现象成为一个新的研究领域。本章旨在分析国际间的生产过程碎片化是如何影响国家间贸易强度的演进，以及国家间以中间品贸易（零部件贸易）为基础的全球生产网络贸易强度变化及其主要影响因素是什么？

一般来说，分析国家间贸易时经常使用的引力模型理论基础有两个：一是标准引力方程是从消费者支出方程和一般均衡约束条件推导出来的（Anderson，1979；Bergstrand，1985，1989）；二是标准引力方程被建立用来解释生产者—消费者贸易（Baldwin 和 Taglioni，2011）。但是，本章是研究全球生产网络下生产者—生产者贸易，因而我们需要注意使用传统贸易引力模型来解释垂直贸易时面临的局限性。Baldwin 和 Taglioni（2011）指出，引力模型中设定的核心质量项——两个国家的 GDP，在消费者需求占主导地位的环境下是合适的，但是当中间品贸易在两个国家贸易中占据主导地位时，决定一国零部件贸易需求的是该国的总产出，因而使用两国 GDP 来解释零部件供给和需求是“糟糕”的变量。这是因为对于生产网络日益兴起的地区，一国的进口成分占本国产出的比重有不断增大趋势，因而在估计国家间的双边中间品贸易流量问题时使用两国 GDP 代表两国总产出是一个“糟糕”的指示变量。

相关文献沿着三个方向展开：第一，采用相同的传统引力模型来检验最终品贸易和零部件贸易，进而判定两者是否有相同的影响因素。Kimura 等（2007）使用引力模型估计最终品和零部件双边贸易，发现这两组回归产生了不同的结果。但是其模型设定被 Baldwin 和 Taglioni（2011）所质疑，因为在垂直贸易下其研究未考虑到质量变量的误设。第二，Athukorala 和 Yamashita（2006）坚持相反的观点，认为在引力模型下分析零部件的跨国贸易时使用两个经济质量变量是合理的。其理由有两个：（1）与国际生产碎片化理论相一致，碎片化程度取决于市场规模（Jones 等，2005），由于经济规模限制了生产规模，因而能够决定劳动分工和生产碎片化程度。（2）GDP 被视为一个有效变量，因为贸易国的经济深度与该国吸引外包活动行为直接相关。因此，在使用经济质量变量和国家固定效应孰优孰劣的问题上，应当根据分析的具体问题来确定。第三，Miroudout 等（2009）考虑到了 Baldwin 和 Taglioni（2011）的批判，以 Hummels 等（2001）的方法来计算垂直贸易，并采用固定效应来控制质量变量的模型误设。结果发现，两类贸易有着相同的引力模型决定因素。以上研究均是对贸易规模进行的实证研究，还有部分文献是关于贸易强度的检验。Brooks 和 Ferrarini（2014）使用包括两国固定效应的引力模型来解释一个被设立来测度垂直贸易的网络贸易指数，发现修正的引力模型对网络贸易指数有良好的解释力，修正的引力模型可以更好地阐述国家间生产网络贸易强度的决定因素。但是，Iapadre 和 Tajoli（2014）认为，贸易强度指数应当具有数学性质标准，该文中用来衡量贸易强度的网络贸易指数有着极大的缺陷，既不利于国家间比较，也不满足计量和统计分析要求。

基于以上文献研究，我们认为传统的贸易引力模型在解释全球生产网络下零部件贸易时面临着局限性，存在着质量变量的误设问题。参考 Baldwin 和 Taglioni（2011）、Brooks 和 Ferrarini（2014），我们将引力模型中的两个经济质量变量设为国家固定效应，并借鉴罗来军等（2014）将引力模型的其他解释变量分解为地理距离、文化差异性、技术差距、贸易摩擦和经济趋同性等，来分析揭示全球生产网络下决定国家间贸易强度变化的主要影响因素。本章边际贡献在于：第一，聚焦国家间零部件贸易强度。一国的总产出才是决定该国零部件需求的因素，但是在现实中我们难以掌握一国的总产出数据。在标准引力模型中，一国与其贸易伙伴的经济规模是该国双边贸易流量地理分布的最重要决定因素，但是不同贸易伙伴的双边零部件贸易规模与双边 GDP 的关系并不确定。本章考察的贸易强度旨在给出一个相对独立于贸易规模的衡量双边贸易联系的指标。第二，尽管全球生产网络条件下使用传统引力模型分析垂直贸易时存在局限性，但是我们认为引力模型仍是目前研究双边最终品贸易和中间品贸易最合适的实证模型。为克服标准引力模型在解释垂直贸易时面临的局限性，我们使用扩展的引力模型。第三，相较于罗来军等（2014）基于重新推导的引力模型仅仅对双边国际贸易流量进行检验，我们在扩展引力方程设定中不仅使用了国家固定效应，而且考虑了在全球生产网络下国家间贸易强度演进在区域间与区域内、发达与新兴市场国家间的不同表现，并对不同分类样本进行了实证检验，以揭示出不同区域和国家发展水平的分类样本下，不同影响因素对国家间生产网络贸易强度作用的差异性。

第二节

全球生产网络下国家间贸易强度演进：统计比较

这里对国家间贸易强度指标进行分析比较，从中找出全球生产网络下最合适的国家间贸易强度测算指标，然后使用该指标对全球生产网络下国家间贸易强度进行统计比较，以期做好统计事实支撑。

一、国家间贸易强度指标的测度：比较选择

对国家间贸易强度的衡量一般是通过双边实际贸易流量和潜在水平贸易流量之比来确定。Kunimoto（1977）将贸易强度衡量中的潜在水平贸易流量设定为两个国家在地理中性条件下应达到的贸易量。地理中性定义是一国与某一个贸易伙伴国的地理距离和该国与其他贸易伙伴国之间的地理距离平均值之比。后续文献对地理中性进行了扩展，Anderson 和 Norheim（1993）将地理中性解释为一个国家在双边贸易中的重要性等于其在世界 GDP 的比重。但是，Baldwin 和 Taglioni（2011）认为，在当前全球生产网络下存在大量的零部件贸易，不同国家的贸易量和 GDP 不存在确定的比例关系，因而不符合引力模型的逻辑。本章中使用一个特定的贸易强度指标来捕捉两个贸易伙伴之间的相互偏好程度，并分析地理接近性和其他因素对两个贸易伙伴间贸易强度的影响作用。双边贸易强度指标围绕中性基准的变动可被视为是相对距离和其他阻碍（或有利）双边贸易因素综合效应的衡量（Iapadre 和 Tajoli，2014）。有关贸易强度指标研究一直在不断地完善，主要有：

第一，对贸易强度最常见的测度是 Balassa（1965）界定的显性比较优势指数（RCA）。该贸易强度指数为 1 时，则一国贸易流量的地理分布与其贸易伙伴的贸易规模成比例（地理中性状况）。但是，Iapadre 和 Tajoli（2014）认为，Balassa（1965）的贸易强度指标至少存在有三个问题，限制了其有用性：指数范围变化是不均匀的；相对于地理中性，其范围是不对称的；指数随时间变化难以解释，即动态意义不明确（Iapadre，2006）。这三个不良性质不但不利于在统计分析中解释贸易强度的经济含义，而且在实证分析时会产生异方差等计量问题。

第二，Anderson 和 Norheim（1993）提出一个“同质”双边贸易强度指数（HI_{ij}）来解决上述范围变化不均匀性问题。其定义为一国 i 与其贸易伙伴国 j 的贸易（T_{ij}）在 i 国总贸易（T_{iw}）中的份额 S_{ij} 与伙伴国 j 与世界其他地区贸易（T_{oj}）在除 i 国之外的世界总贸易（T_{ow}）的份额 V_{ij} 之比。

$$HI_{ij}=\frac{S_{ij}}{V_{ij}}=\frac{T_{ij}/T_{iw}}{T_{oj}/T_{ow}}$$

与 Balassa 指数相比，HI_{ij} 改进之处体现在其最大值不再取决于贸易伙伴国的贸易规模。但是，HI_{ij} 指数仍未能解决相对于地理中性值变化范围不对称性问题（0 到某一最大有限值）。地理中性值（等于 1）之下的范围（0—1）比之上的可

能范围（1至正无穷）要小得多，这一缺陷在进行计量检验时容易导致有偏估计。Brooks 和 Ferrarini（2014）基于测算零部件贸易强度提出的网络贸易指数同样无法克服变化范围不对称的问题。

第三，Iapadre 和 Tironi（2009）给出了一个可以解决上述范围不对称和动态无意义问题的方法。考虑HI_{ij}和HE_{ij}的差与和比率作为相对双边贸易强度的指标，这一指标被定义为显性贸易偏好指数：

$$RTP_{ij}=\frac{HI_{ij}-HE_{ij}}{HI_{ij}+HE_{ij}}$$

其中，$HE_{ij}=\frac{1-S_{ij}}{1-V_{ij}}$。$HE_{ij}$称为“双边外”贸易强度指数（Iapadre，2006），可以衡量 i 国和所有除 j 国之外所有国家贸易强度关系。双边显性贸易偏好指数RTP_{ij}的变化范围是 -1（无双边贸易）到 1（完全只有双边贸易），0 值是地理中性。双边显性贸易偏好指数在避免上述三个缺陷的同时，还有两个额外的优良性质，即对称性和方向性（Iapadre 和 Tajoli，2014）。与已有的指数不同，双边显性贸易偏好指数的对称性体现为：$RTP_{ij}=RTP_{ji}$，且独立于国家规模。另一个性质体现在进口或出口的方向上，通过如下具体公式表示出来。

$RMP_{ij}=\frac{HMI_{ij}-HME_{ij}}{HMI_{ij}+HME_{ij}}$，表示进口方向上的双边显性贸易偏好指数，称之为双边显性进口偏好强度；

$RXP_{ij}=\frac{HXI_{ij}-HXE_{ij}}{HXI_{ij}+HXE_{ij}}$，表示出口方向上的双边显性贸易偏好指数，称之为双边显性出口偏好强度。

其中，$(RMP_{ij}\equiv RXP_{ji})\neq(RMP_{ji}\equiv RXP_{ij})$

本章采用上述双边显性贸易偏好指数和双边显性出口偏好指数作为两个贸易伙伴国贸易强度的度量，其中双边显性贸易偏好指数可以捕捉两个国家在零部件总贸易流量中超出地理中性的程度，而双边显性出口偏好指数则可以说明两个贸易伙伴国之间出口方向上的贸易强度。

二、国家间贸易强度的描述性分析：统计比较

（一）基于双边显性贸易偏好指数的贸易强度：比较分析

参照沈国兵（2007）做法，我们这里以 0 和 0.8 作为双边显性贸易偏好指数的参考分类标准。当RTP_{ij}处于 -1—0，意味着两国有低于地理中性的贸易强度；

当RTP_{ij}处于 0—0.8，意味着两国具有较为显著的贸易强度；当RTP_{ij}大于等于 0.8 时，意味着两国具有很高的双边贸易强度。下面还从全球生产网络整体、区域和国家发展水平等角度来进行统计分析。

第一，对图 3－1 中超出地理中性的双边贸易强度值形成的全球生产网络进行整体网络分析。比较图 3－1 上半部分的三个网络图我们可以发现，超过地理中性的双边显性贸易偏好指数值（RTP_{ij}大于等于 0）个数逐渐增加，国家间的贸易强度越来越密集，形成了一个相对较为均衡的网络结构。根据网络分析发现，图 3－1 中超出地理中性，且具有三角贸易特征的双边显性贸易偏好指数值的各个国家参与总数从 2000 年的 4635 个上升到 2010 年的 4896 个。这充分说明了在以零部件贸易为代表的全球生产网络在不同国家之间不断融合和发展，国际生产碎片化的发展不仅仅促进了全球各国贸易量的迅速提高，而且在相当程度上提高了各国之间的双边贸易强度。

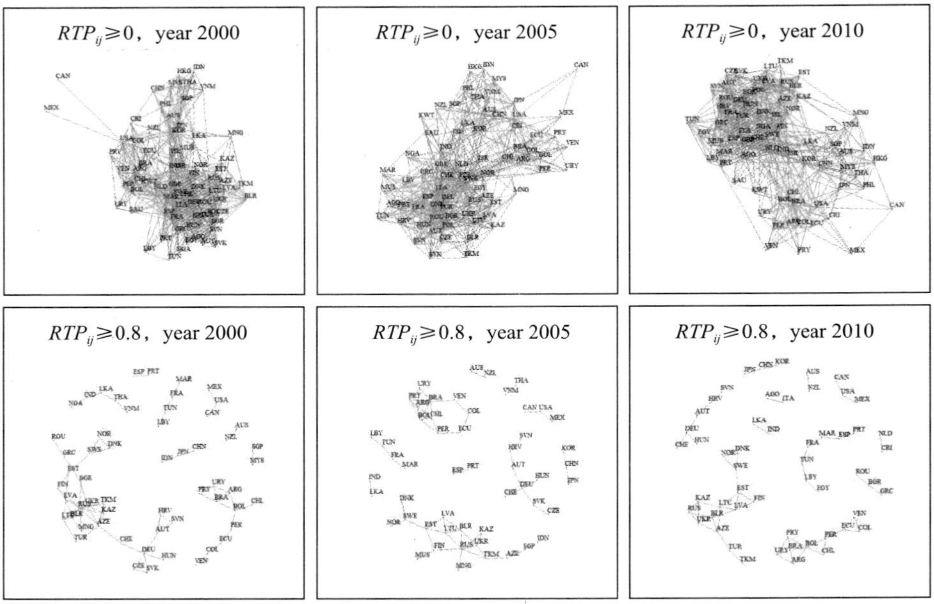

图 3－1 国家间贸易强度——双边显性贸易偏好指数比较

图 3－1 下半部分的三个网络图展示了双边显性贸易偏好指数值大于等于 0.8 的情况，以此来对比分析双边贸易强度高的双边国家。可以发现从 2000—2005 年和 2010 年，双边显性贸易偏好指数大于等于 0.8 的国家变得相对稀疏，这说明随着全球生产网络的不断演进，双边国家之间的相互依赖关系变弱，且一国逐渐与更

多的国家保持了超过地理中性的贸易强度。因此，一国过于依赖于特定某一国家零部件贸易的现象越来越少。举例来说，2000 年欧洲国家之间有较为密切的网状结构，到 2005 年和 2010 年逐渐演化为以俄罗斯为核心的 CIS 贸易集团、北欧国家集团、以德国为核心的中东欧贸易集团和以法国为核心的贸易集团等几大次级生产网络体系。这说明随着全球生产网络的不断发展，国家之间贸易的“核心—外围”依赖关系逐渐被多国间较为显著的双边贸易强度的次级网络关系取代。

第二，根据图 3－1 中展示的数据信息，我们可以进一步从区域和国家发展水平这两个角度来分析双边显性贸易强度的演变趋势（如表 3－1 所示）。

表 3－1　不同显性贸易强度在区域和国家发展水平层面上双边国家（地区）对的数目演变

RTP	全样本			区域内			区域间		
	2000 年	2005 年	2010 年	2000 年	2005 年	2010 年	2000 年	2005 年	2010 年
－1—0	324	331	334	79	72	70	245	259	264
0—0. 8	132	137	140	95	92	106	37	35	34
0. 8—1	20	18	14	16	16	14	4	2	0
RTP	发达国家间			发达国家与新兴市场国家（地区）			新兴市场国家（地区）间		
	2000 年	2005 年	2010 年	2000 年	2005 年	2010 年	2000 年	2005 年	2010 年
－1—0	36	35	34	166	168	172	122	128	128
0—0. 8	28	29	30	65	65	61	39	43	49
0. 8—1	2	2	2	8	7	6	10	9	6

注：参照 Miroudout 等（2009）的标准分为撒哈拉以南的非洲、中东与北非、欧洲、独联体国家、亚洲、大洋洲、北美和拉丁美洲等八个区域。发达国家指美国、加拿大、英国、法国、德国、意大利、瑞士、奥地利、荷兰、西班牙、葡萄牙、丹麦、瑞典、挪威、芬兰、冰岛、希腊、澳大利亚、新西兰、日本等；新兴市场国家（地区）指毛里求斯、尼日利亚、利比亚、阿尔及利亚、摩洛哥、突尼斯、埃及、沙特阿拉伯、保加利亚、罗马尼亚、克罗地亚、斯洛伐克、匈牙利、捷克、波兰、立陶宛、拉脱维亚、爱沙尼亚、土耳其、斯洛文尼亚、俄罗斯、白俄罗斯、哈萨克斯坦、乌克兰、阿塞拜疆、土库曼斯坦、以色列、科威特、斯里兰卡、印度、泰国、越南、新加坡、马来西亚、菲律宾、印度尼西亚、蒙古国、中国香港特区、中国、韩国、墨西哥、委内瑞拉、哥伦比亚、厄瓜多尔、秘鲁、巴拉圭、巴西、玻利维亚、智利、阿根廷、哥斯达黎加、乌拉圭。

从全样本和各子样本的比较分析来看，全样本、区域间样本、发达国家与新兴市场国家（地区）样本，以及新兴市场国家（地区）间样本中，低于地理中性双边显性贸易偏好指数的国家个数随时间略微增加。但是，在区域内样本和发达国家间样本的这一贸易强度的双边国家个数逐渐减少。这说明区域内的相关接近性因素，例如地理距离和文化语言等和具有较高技术水平的发达国家之间更有可能形成超过地理中性的贸易强度。有较显著的双边显性贸易偏好强度（0—0.8）的国家个数仅在区域间样本和发达国家与新兴市场国家（地区）样本中逐渐减少，其中区域间样本个数从37个下降到34个，发达国家与新兴市场国家（地区）间样本个数从65个较少到61个。其他的样本中较显著的双边贸易强度个数均有增加，其中区域内样本增加最多，从95个增加到106个，其次是新兴市场国家（地区）间从39个增加到49个。有很高的双边贸易强度的国家个数在各样本中均存在不断减少的趋势（除了发达国家保持不变）。这进一步说明区域因素和国家发展水平差异等因素影响双边贸易强度的演进，同时生产网络的形成使得过高的双边贸易强度现象逐渐减少，一国不再过于依赖于特定国家，出现了与生产网络内多个国家保持较高贸易强度的趋势。

（二）基于双边显性出口偏好指数的贸易强度：比较分析

相对于双边显性贸易偏好指数只能进行无方向性的双边总贸易上的贸易强度测算，双边显性出口偏好指数的优点在于可以区分出一国出口方向上的贸易强度。此外，相对于其他测算进口或出口贸易强度的指标，它又具有变化范围均匀性、对称性和动态意义明确等三个数学性质上的优点。因此，使用这一指标进行统计分析，我们揭示出全球生产网络下有关双边贸易强度演变的更为具体和准确的信息。图3-2排列了72个国家（地区）① 分别在2000年、2005年和2010年的双边显性出口指数衡量的出口贸易强度情况。其中，横轴国家 i 是出口国（地区），纵轴国家 j 是进口国（地区）。图中的参考线是进行区域划分的界线。区域的选择标准参考 Miroudout 等（2009）分析商品和服务的中间品贸易时采用的分类方法。

从区域内角度来看，全球生产网络下双边显性出口偏好指数体现出明显的区域性。因为有参考线作为区域的划分，同一区域集中在对角线附近，对角线本身没

① 其中1—3国是分别指撒哈拉以南的三个非洲国家（毛里求斯、尼日利亚和利比亚），4—8是中东和北非国家（分别是阿尔及利亚、摩洛哥、突尼斯、埃及和沙特阿拉伯），9—35是欧洲国家，按南欧、中东欧、西欧和北欧的顺序排列（希腊、保加利亚、罗马尼亚、克罗地亚、斯洛伐克、奥地利、匈牙利、捷克、波兰、立陶宛、拉脱维亚、爱沙尼亚、法国、德国、荷兰、瑞士、意大利、英国、冰岛、西班牙、葡萄牙、瑞典、丹麦、芬兰、挪威、土耳其和斯洛文尼亚），36—40是指独联体国家（俄罗斯、白俄罗斯、哈萨克斯坦、乌克兰和阿塞拜疆），41—56是指亚洲国家（地区），按照南亚、东南亚到东亚的顺序排列（土库曼斯坦、以色列、科威特、斯里兰卡、印度、泰国、越南、新加坡、马来西亚、菲律宾、印度尼西亚、蒙古国、中国香港特区、中国、日本和韩国），57—58是大洋洲的澳大利亚和新西兰，59—61是北美三国（加拿大、美国和墨西哥），62—72是拉丁美洲国家（委内瑞拉、哥伦比亚、厄瓜多尔、秘鲁、巴拉圭、巴西、玻利维亚、智利、阿根廷、哥斯达黎加、乌拉圭）。

有定义。根据图 3 -2 所示，我们发现最显著的共同点是 2000 年、2005 年和 2010 年显性出口偏好强度较为显著的双边国家集中在同一区域内。这说明全球生产网络的演变进程中双边出口偏好强度具有较强的区域性。欧洲区域内的双边显性出口指数普遍较为显著的（大于 0），这展示了欧洲国家间具有高度发达的零部件分工和区域内贸易。其中，西欧和北欧国家对大多数的样本国家都有较为显著的双边显性出口偏好指数，但是相比较而言，欧洲区域内部这一指数值更高。这说明西欧和北欧国家形成了在以零部件贸易为基础的全球生产网络中发挥了核心作用。独联体国家、东南亚和东亚地区，北美三国以及南美国家等区域内也存在同样的现象。

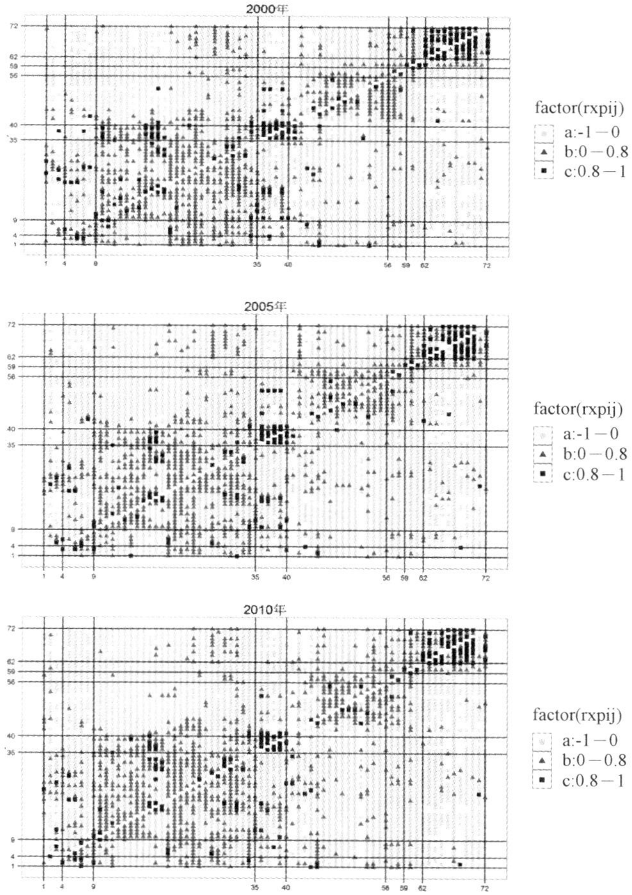

图 3 -2 国家间贸易强度——双边显性出口偏好指数比较

注：图中 factor 表示双边显性出口偏好强度。

从区域间角度来看，区域间的双边显性出口偏好指数相对较低。但是，欧洲国家对独联体国家有较为显著的双边显性出口偏好指数，东亚和东南亚国家（地区）对大洋洲国家和北美三国有较为显著的双边显性出口偏好指数，北美三国对拉丁美洲国家有着较为显著的双边显性出口偏好指数。换句话说，在全球生产网络下，西欧和北欧国家能够向全球主要国家提供零部件，东亚和东南亚国家（地区）能够向除欧洲和独联体国家之外北半球国家输出零部件，北美三国能够向拉丁美洲供给零部件，由此形成了一个动态的区域间生产网络。

我们保持与前文中分析双边显性贸易偏好指数的思路相一致，进一步从区域和国家发展水平两个角度来分析全球生产网络下各国的显性出口偏好强度演变的时间趋势。

表 3－2　　不同显性出口强度在区域和国家发展水平层面上双边国家（地区）对的数目演变

RXP	全样本			区域内			区域间		
	2000 年	2005 年	2010 年	2000 年	2005 年	2010 年	2000 年	2005 年	2010 年
－1—0	647	667	649	140	151	132	507	516	517
0—0. 8	259	269	293	203	201	223	56	68	70
0. 8—1	41	35	30	31	28	25	10	7	5
RXP	发达国家间			发达国家与新兴市场国家（地区）			新兴市场国家（地区）间		
	2000 年	2005 年	2010 年	2000 年	2005 年	2010 年	2000 年	2005 年	2010 年
－1—0	77	76	71	336	339	331	234	252	247
0—0. 8	52	53	57	126	133	142	81	83	94
0. 8—1	3	3	4	12	7	6	26	25	20

注：分类标准如表 3－1 所示。

由表 3－2 可知，在全样本和各个子样本中，有较为显著的双边显性出口强度指数（0—0. 8）的国家对的数目随时间逐渐增加，其中从 2000—2010 年，区域内样本增加数目最大，为 20 个；区域间样本增加 14 个；发达国家与新兴市场样本增加 16 个；新兴市场国家（地区）间样本增加 13 个；发达国家间样本增加 5 个。这说明全球生产网络形成和演变主要集中在同一区域内和发达国家。虽然区域间较强双边出口指数的个数增加了 14 个，但是在区域间有数目更多的低于地理中性显性出口偏好指数的双边国家。发达国家之间的双边显性出口偏好的个数增加较慢，但是发达国家通过 FDI 等方式将新兴市场国家（地区）融入全球生产网络，不仅促进了发达国家与新兴市场国家（地区）之间，而且促进了新兴市场国家（地区）间显性出口偏好指数双边国家对的数目分别增加16个和13个。

具有较高的双边显性出口强度指数（0.8—1）的双边国家对的个数在各样本均有减少的趋势，这是全球生产网络形成和不断深化发展的必然趋势。因为，在参与全球生产网络之前只能依赖于特定国家的零部件供给，但是在加入全球生产网络之后可以通过与不同国家保持相对显著的双边显性出口偏好强度值来最大化其经济利益。此外，低于地理中性的显性出口偏好指数（小于0）的双边国家对的数目变化没有明显的趋势。

第三节 模型构建及变量说明

一、模型构建

这里采用的扩展引力模型需要满足三个条件：一是要克服Baldwin和Taglioni（2011）指出的两国GDP不能指代总产出变量这一缺陷；二是能够对贸易强度指标进行检验；三是能够进行无方向性的贸易规模和出口方向上贸易流量的检验。据此，在引力模型设定上，我们综合Brooks和Ferrarini（2014）、罗来军等（2014）的做法来满足上述三个条件。遵循Baldwin和Taglioni（2011）、Brooks和Ferrarini（2014）的思路，我们将传统引力模型中的国家规模变量设为虚拟变量，但是Brooks和Ferrarini（2014）的模型设定无法满足有方向性的实证检验。因此，我们将引力模型解释变量分解为地理距离、文化相似性、技术类似性、贸易摩擦和经济趋同性变量的同时，借鉴罗来军等（2014）的有方向性引力模型设定。通过以上模型处理，可以全面地衡量贸易强度的影响因素。

首先，根据传统的引力模型，得出推导的需求表达式为：

$$e_{ij}=\left(\frac{p_{ij}}{P_j}\right)^{1-\varepsilon}E_j$$

其中，e_{ij}是指j国对从i国进口某一类商品的支出；E_j指j国的总支出；P_j是指j国所有商品的CES价格；ε为替代弹性；$\varepsilon>1$；p_{ij}是i国商品在j国的消费者价格；$p_{ij}=\mu_i m_i \tau_{ij}$，$\mu_i$是指$i$国商品的价格加成；$m_i$为边际成本；$\tau_{ij}$为双边贸易成本因素，假设$p_{ii}=\mu_i m_i$为$i$国商品的国内价格，且$p_{ij}=p_{ii}\tau_{ij}$，则有$j$国从$i$国进

口所有种类（n_i）商品的总支出表达式为：

$$E_{ij} = n_i p_{ii}^{1-\varepsilon} \frac{\tau_{ij}^{1-\varepsilon}}{P_j^{1-\varepsilon}} E_j$$

市场出清条件：$Y_i = n_i p_{ii}^{1-\varepsilon} \sum_j \tau_{ij}^{1-\varepsilon} P_j^{1-\varepsilon} E_j$，$Y_i$表示 i 国的 GDP。假设 $\cap_i = \sum_j \tau_{ij}^{1-\varepsilon} P_j^{\varepsilon-1} E_j$表示 i 国的市场潜力，则有$n_i p_{ii}^{1-\varepsilon} = \frac{Y_i}{\cap_i}$，得到传统引力模型的表达式为：

$$E_{ij} = \tau_{ij}^{1-\varepsilon} \frac{Y_i}{\cap_i} \frac{E_j}{P_j^{1-\varepsilon}}$$

在传统引力模型下，以E_{ij}表示两国之间的贸易规模，是消费引致的总支出。一般假设$E_j = \alpha(Y_j)$，Y_j为 j 国的 GDP；α 为固定参数。

在考虑中间品贸易的条件下，E_j将不再与进口国的 GDP 保持固定比例的关系，它是总需求的变量，因而应将进口国对中间产品的生产性需求包括进来。

$$E_{ij} = n_i p_{ii}^{1-\varepsilon} \frac{\tau_{ij}^{1-\varepsilon}}{P_j^{1-\varepsilon}} E_j, \quad E_j = \alpha(Y_j + n_j c_j)$$

其中，α 为固定参数；c_j为 j 国某一种类产品进口国外中间品的成本；n_j为 j 国的商品种类；Y_j为 j 国的 GDP。

市场出清条件为：$Y_i = n_i p_{ii}^{1-\varepsilon} \sum_j \tau_{ij}^{1-\varepsilon} P_j^{1-\varepsilon} E_j$

将上式代入考虑中间品贸易的引力方程，得到：

$$E_{ij} = \tau_{ij}^{1-\varepsilon} E_j Y_i \frac{1}{P_j^{1-\varepsilon}} \frac{1}{\cap_i}, \quad \cap_i = \sum_j \tau_{ij}^{1-\varepsilon} P_j^{\varepsilon-1} E_j$$

取对数得到：

$$lnE_{ijt} = \alpha_0 + \alpha_1 \ln\left(\frac{Y_{it}}{\cap_{it}} \frac{E_{jt}}{P_{jt}^{1-\varepsilon}}\right) + \alpha_2 ln\tau_{ijt} + \in_{ijt}$$

其中，$E_{jt} = \alpha(Y_{jt} + n_{jt} c_{jt})$，$Y_{it} = n_{it} p_{iit}^{1-\varepsilon} \sum_j \tau_{ijt}^{1-\varepsilon} P_{jt}^{1-\varepsilon} E_{jt}$

在有中间品贸易的情况下，上式的$\cap_{it}$和E_{jt}无法进行准确的统计测算，因而根据相关文献的做法和我们分析的需要，将其设为 i 国和 j 国两个国家固定效应，并进一步将贸易成本τ_{ijt}分解为地理和文化因素、技术差距、贸易摩擦和相关自由贸易协定等因素。

$\tau_{ij}(D_{ij}, CU_{ij}, TE_{ij}, TB_{ij}, EC_{ij}, EC_i^O, EC_j^O)$

下面给出基于双边显性贸易偏好指数的引力模型检验方程为：

$RTP_{ijt} = \alpha_0 + \lambda_i + \lambda_j + \alpha_1 D_{ij} + \alpha_2 CU_{ij} + \alpha_3 TE_{ijt} + \alpha_4 TB_{ijt} + \alpha_5 EC_{ijt} + \alpha_6 EC_{it}^O + \alpha_7 EC_{jt}^O + \mu_t + \zeta_{ijt}$

其中，$CU_{ij}=ln(2-CL_{ij})$，$TE_{ijt}=ln\{1+|m(RD_{it})-m(RD_{jt})|\}$，$TB_{ijt}=ln(1+AD_{ijt})$

$EC_{ijt}=ln(1+FTA_{ijt})$，$EC^O_{it}=ln(1+FTA_{it})$，$EC^O_{jt}=ln(1+FTA_{jt})$

其中，RTP_{ijt}指 i 国和 j 国在 t 时期的双边显性贸易偏好指数；λ_i和λ_j表示 i 国和 j 国的国家固定效应；μ_t为时间效应。在这里，需要说明一下使用两个国家固定效应的理由：一是遵循 Baldwin 和 Taglioni（2011）的批判；二是双边显性贸易偏好指数是独立于贸易规模的贸易强度指数，因而使用国家固定效应可以避免因为经济质量变量带来的模型误设。D_{ij}指 i 国和 j 国的地理距离，以两国首都距离表示，预期符号为负。CU_{ij}表示两国文化差异性，其中CL_{ij}表示两国是否使用同一种语言，若使用同一语言，则取值为 1，否则取 0，预期CU_{ij}符号为负。TE_{ijt}表示技术差异性，以两个国家百万居民的研发人数（$m(RD_{it})$和 $m(RD_{jt})$）之差表示。因为，在生产网络内各国参与垂直专业化分工情况具有复杂性，发达国家之间的技术差异性越小，可能存在更高的双边贸易强度。但是，发达国家与发展中国家之间技术差异性越大，两个国家之间可能会在同一生产过程的不同环节之间依据本国的比较优势进行分工，所以也可能形成高的贸易强度，该变量预期符号不确定。TB_{ijt}表示贸易摩擦，以两国在 t 年的反倾销数量AD_{ijt}表示贸易冲突频率。一般来说，两个贸易伙伴国贸易冲突越频繁，意味着两国有更高的贸易强度，这一变量的预期符号为正。经济趋同性以两类自贸区指标来表示：一是EC_{ijt}，用来衡量两个国家是否属于同一个自贸区，若是，则FTA_{ijt}为 1，否则为 0，预期符号为负。二是EC^O_{it}和EC^O_{jt}衡量 i 国和 j 国分别与 j 国之外和 i 国之外其他国家签订自由贸易协定的数量为FTA_{it}、FTA_{jt}，两者的某一个变量值越大，说明该国更深入地参与到了全球生产网络，因而 i 国和 j 国与其他贸易伙伴国可能会有更强的双边进、出口贸易强度，预期符号均为正。ζ_{ijt}是随机误差项。

当进行有方向性的双边显性贸易偏好指数的引力模型检验时，参照罗来军等（2014）设定的贸易流向方程进行调整：

$$\overrightarrow{TE}_{ijt}=\{1+[m(RD_{it})-m(RD_{jt})]\}$$

类似地，出口方向上的双边显性贸易偏好指数的引力模型检验如下方程式所示：

$$RXP_{ijt}=\beta_0+\eta_i+\eta_j+\beta_1 D_{ij}+\beta_2 CU_{ij}+\beta_3\overrightarrow{TE}_{ijt}+\beta_4 TB_{ijt}+\beta_5 EC_{ijt}+\beta_6 EC^O_{it}+\beta_7 EC^O_{jt}+\nu_t+\varepsilon_{ijt}$$

其中，η_i、η_j分别指出口国固定效应和进口国固定效应；ν_t为时间效应；ε_{ijt}是随机误差项，其他变量定义如上文所述。

二、变量数据来源说明

本章聚焦全球生产网络下的中间品贸易或零部件贸易，我们参照 Brooks 和 Ferrarini（2014）选定的发达国家和新兴市场国家（地区）中的 72 个[①]，并且参照 Athukorala（2011）选定的 HS 6 分位的零部件产品目录将其加总成 525 种零部件产品来计算出一国与贸易伙伴国的贸易总量，基于 CEPII－BACI 数据库来计算出RTP_{ij}指数和RXP_{ij}指数。

解释变量的数据来源：地理距离和文化差异性数据来自 CEPII－Gravity 数据库，贸易摩擦变量使用的反倾销数据来自世界银行（World Bank）的反倾销数据库，技术差异变量采用两个国家每百万居民的研发人数之差，数据来自 World Bank 的 Popular indicators 数据库。经济趋同性变量中的自由贸易协定数目来自 WTO 的自由贸易区统计。数据处理均参照前文模型构建的设定并进行相关计算。

第四节 全球生产网络下国家间贸易强度变化的主要影响因素：基准回归分析

根据前文设定的扩展引力模型和贸易强度指标——双边显性贸易偏好指数、双边显性出口偏好指数，本章根据相关数据进行实证检验。首先，从全球生产网络的相关文献来看，样本的分类主要体现在三个层面上，对全球范围内生产网络的研究，对特定区域生产网络演进的分析，以及对发达国家和新兴市场国家在参与全球生产网络分工问题的研究。其次，考虑到采用异方差最小二乘法回归分析在本书扩展引力模型中可能存在的局限性，我们采用 PPML 回归来做稳健性检验，得出可靠的经验回归结果。最后对实证结果进行分析说明。

一、基于双边显性贸易偏好指数来衡量的贸易强度检验

表 3－3 对双边显性贸易偏好指数进行了异方差稳健最小二乘法回归估计，发现在全样本中地理距离、文化差异性、技术差异性、贸易摩擦和以双边自由贸易协定代表的三个经济趋同性中的两个变量都对双边显性贸易偏好指数产生统计

① 因为在数据收集过程中缺少马其顿（Macedonia）的相关数据，所以本章只采用了 72 个国家（地区）的数据，这一处理不会对本书分析产生系统性影响。

上显著的影响，这说明我们采用的扩展引力模型可以用来解释以零部件贸易为基础的全球生产网络的贸易强度。

表 3 - 3 双边显性贸易偏好指数（RTP_{ijt}）的回归结果

因变量 RTP_{ijt}	全样本	区域间样本	区域内样本	发达国家（地区）间样本	发达与新兴市场国家（地区）间样本	新兴市场国家（地区）间样本
地理距离	-0.552***	-0.682***	-0.580***	-0.457***	-0.548***	-0.585***
	(-79.93)	(-31.14)	(-47.23)	(-25.42)	(-54.32)	(-54.73)
文化差异性	-0.310***	-0.240***	0.171**	-0.706***	-0.255***	-0.066
	(-10.47)	(-7.87)	(2.30)	(-10.33)	(-6.16)	(-0.99)
技术差异性	0.022***	0.019***	0.029***	0.002	-0.033***	-0.003
	(6.25)	(4.42)	(5.35)	(0.18)	(-4.80)	(-0.56)
贸易摩擦	0.062***	0.091***	0.027	0.153**	0.046*	0.045
	(3.06)	(4.91)	(1.12)	(2.51)	(1.71)	(1.37)
经济趋同性 EC_{ijt}	-0.488***	-0.061	-0.456***		-0.261	-0.716***
	(-3.99)	(-0.20)	(-3.10)		(-1.47)	(-4.17)
经济趋同性 EC_{it}^{O}	0.036	-0.027	0.043*		-0.027	0.129***
	(1.57)	(-0.56)	(1.70)		(-0.97)	(3.42)
经济趋同性 EC_{jt}^{O}	0.073***	0.027	0.075***		0.064**	0.045**
	(4.21)	(0.74)	(3.33)		(2.14)	(2.41)
常数项	5.264***	5.610***	5.147***	3.858***	4.851***	5.502***
	(85.24)	(26.00)	(43.53)	(22.62)	(42.08)	(69.65)
i 国固定效应	是	是	是	是	是	是
j 国固定效应	是	是	是	是	是	是
时间效应	是	是	是	是	是	是
样本数	5297	3218	2079	726	2627	1944

注：圆括号里面是 t 统计量，***、**、* 分别表示在 1%、5% 和 10% 统计水平下显著。

第一，全样本对全球范围内生产网络的贸易强度检验结果。如表 3 - 3 所示，地理距离和文化差异越大，两个贸易伙伴国之间的贸易强度越低；技术差距和贸易摩擦越大，则两国的双边贸易强度越高；代表经济趋同性的两个贸易伙伴国之间签订的贸易协定不利于双边贸易强度的提高，而一国与其他贸易伙伴国签订贸易协定可能会提高这两个贸易伙伴国的双边贸易强度，但也可能没有显著的作用。这说明相对于零部件贸易，单一的双边贸易协定关系更可能促进最终品的双边贸易，但对产品内分工的零部件贸易没有充分的解释力。从全球生产网络来看合理的解释是，因为多边国家贸易关系在这一网络中发挥着越来越重要的作用，基于零部件的全球生产网络更加依赖于多边国家的分工协作。此外，因为双边显性贸易偏好指数不能进行有方向性的检验，在这里我们不能进一步分析经济趋同性EC_{it}^{O}和经济趋同性EC_{jt}^{O}所能表示的不同经济含义，紧接着将以双边显性出口偏好指数的实证检验来解决这一问题。

第二，区域样本对特定区域生产网络的贸易强度检验结果。如表 3 – 3 所示，在区域间样本中，地理距离、文化差异性、技术差异性和贸易摩擦等均对区域间双边显性贸易偏好指数产生统计上显著的影响，但是经济趋同性对区域间样本的显性贸易偏好强度指数影响不显著。在区域内样本中，文化差异性变量表现出与预期相反的影响，但是后面的稳健性检验支持了预期的负向影响。可能的原因是，在同一区域内，相对于有相似文化的国家之间，区域内国家之间文化的多样性更有利于促进以同一产品内零部件的分工和国际贸易，刺激区域内生产网络的形成和发展。例如，欧盟成员国之间的文化差异较大，但是这种文化差异因素在一定程度上推动了欧洲共同体的形成和不断演进。此外，在区域内样本中地理距离和技术差异性也有显著的解释作用，而贸易摩擦影响不显著。例如，中国和日本存在较多的贸易冲突，但并未对中日双边贸易强度波动产生实质性影响。在区域内样本中，两个贸易伙伴国之间签订自由贸易协定并不能促进两国贸易强度的提高，但是某一个贸易伙伴国与其他国家签订自由贸易协定对这两个贸易伙伴国之间贸易强度的影响因国家的不同而存在差异。虽然双边显性贸易偏好指数在测度两个国家总贸易上的贸易强度时是很好的指标，但是这一贸易强度指标也存在一定的局限性，因其无方向性特征使得我们无法解释检验方程中两个贸易伙伴国家分别与其他国家的经济趋同性在实证结果上的差异性，下文分析中我们进一步利用双边显性出口偏好指数来克服这一问题。

第三，发达国家间样本对发达国家参与全球生产网络的贸易强度检验结果。使用发达国家间样本发现，地理距离、文化差异性和贸易摩擦有着统计上显著的影响，其他变量影响不显著。考虑到多重共线性和样本数量很有限等原因，我们在回归分析时删除了三个经济趋同性变量。考虑到欧盟作为一个统一性相当高的自由贸易区，且欧盟与其他发达国家签订了广泛的自由贸易协定，各国经济趋同性相对一致，这一处理不会影响到对这一样本分析的结论。考虑到发达国家主要集中在欧洲，从全球生产网络来看，欧盟之外发达国家更多的是与发展中国家保持更高的贸易强度关系。因此，这一样本的分析更适合于解释欧盟内部发达国家之间的贸易强度。

第四，发达与新兴市场国家（地区）间、新兴市场国家（地区）自身间对参与全球生产网络的贸易强度检验结果。比较发达与新兴市场国家（地区）间样本、新兴市场国家（地区）自身间样本的检验结果发现，地理距离对这些国家（地区）参与全球生产网络的贸易强度有着统计上显著的不利影响。文化差异性、技术差异性在发达与新兴市场国家（地区）样本中是显著的阻力因素，而对新兴市场国家（地区）间样本的贸易强度影响不显著。贸易摩擦对发达与新兴市场国家（地区）间的贸易强度有着显著的正向影响，而对新兴市场国家（地区）间样本的贸易强度影响不显著。与全样本估计结果不同，技术差异性在发达与新兴市场国家（地区）样本中表现出显著的不利影响，说明在全球生产网络下，逐渐扩大的技术差异可能使得新兴市场国家（地区）无法继续参与由发达国家主导的全球生产网络。至于经济趋同性，新兴市场国家（地区）之间签订双边自由贸易协定不利于提高双边贸易强度，但是某一个贸易伙伴与其他新兴市场国家（地区）签订自由贸易协定对于两国的贸易强度有显著的促进作用。在发达与新兴市场国家（地区）样本中，经济趋同性对双边贸易强度没有显著的作用，除了EC_{jt}^{O}变量有5%的显著性正向影响。通过对新兴市场国家（地区）间样本、发达与新兴市场国家（地区）间样本的比较分析，可以发现在全球生产网络下，地理距离、文化差异、技术差距和贸易摩擦决定着发达与新兴市场国家（地区）零部件分工和贸易，而在新兴市场国家（地区）之间地理距离和经济趋同性因素则是重要的影响因素。

二、基于双边显性出口偏好指数来衡量的贸易强度检验

表3-4对双边显性出口偏好指数进行了扩展的引力模型检验，发现在各样本中地理距离、文化差异性对双边显性出口偏好指数均产生统计上显著的负向影响，且系数符号与预期相符。据此，在同一地理区域内，文化差异越大的国家之间有着越低的显性出口偏好强度。贸易摩擦在发达国家间样本和新兴市场国家（地区）间样本表现出相反的显著性影响。这反映出一个重要的特征，在政治上的贸易冲突伴随着发达国家之间出口偏好强度在不断提高，但是在新兴市场国家（地区）间的贸易冲突却会降低贸易伙伴间的出口偏好强度。据此，发达国家（地区）之间构成了全球生产网络形成和演进的主导力量，但是在新兴市场国家（地区）之间生产网络联系因为恶性竞争反而可能会恶化。技术差异性上升会促进区域间样本中贸易伙伴间显性出口强度的提高，而导致区域内样本中贸易伙伴竞争过于激烈，不利于显性出口偏好强度的提升。

表 3-4 双边显性出口偏好指数（RXP_{ijt}）的回归结果

因变量 RXP_{ijt}	全样本	区域间样本	区域内样本	发达国家（地区）间样本	发达与新兴市场国家（地区）间样本	新兴市场国家（地区）间样本
地理距离	-0.538***	-0.710***	-0.563***	-0.452***	-0.544***	-0.585***
	(-111.82)	(-39.59)	(-61.14)	(-34.66)	(-75.14)	(-78.63)
文化差异性	-0.326***	-0.243***	-0.901***	-0.563***	-0.298***	-0.122**
	(-14.04)	(-9.21)	(-8.60)	(-12.79)	(-8.13)	(-2.41)
技术差异性	3.16E-06	1.73E-05**	-1.98E-05*	-6.61E-06	-2.31E-06	1.85E-05
	(0.43)	(2.15)	(-1.74)	(-0.46)	(-0.25)	(1.23)
贸易摩擦	0.007	0.016	0.061**	0.152***	0.028	-0.080***
	(0.48)	(1.11)	(1.97)	(3.40)	(1.50)	(-3.90)
经济趋同性EC_{ijt}	-0.514***	-0.156	-0.537***		-0.430**	-0.626***
	(-3.80)	(-0.45)	(-3.44)		(-2.34)	(-2.98)
经济趋同性EC_{it}^{O}	0.058**	0.008	0.049*		0.009	0.120**
	(2.29)	(0.15)	(1.81)		(0.31)	(2.53)
经济趋同性EC_{jt}^{O}	0.065***	0.014	0.093***		0.079**	0.048**
	(3.39)	(0.37)	(3.71)		(2.54)	(2.41)
常数项	5.119***	6.760***	5.436***	3.464***	5.016***	5.503***
	(97.19)	(37.88)	(57.93)	(26.27)	(55.86)	(75.45)
i 国固定效应	是	是	是	是	是	是
j 国固定效应	是	是	是	是	是	是
时间效应	是	是	是	是	是	是
样本数	10581	6426	4155	1452	5256	3873

注：圆括号里面是 t 统计量，***、**、* 分别表示在 1%、5% 和 10% 统计水平下显著。

从签订贸易协定衡量的三个经济趋同性来看：第一，两个贸易伙伴国间经济趋同性并未提升双边零部件贸易的出口偏好强度。直觉是两个国家如果签订了双边自由贸易协定，那么相对于没有签订自由贸易协定的其他国家，两国理论上应有更强的双边贸易强度。这里的实证结果与直觉相悖，究其原因是：从现实情况来看，中日之间没有签订自由贸易协定，但是中日之间的贸易强度远高于中国与签订了双边贸易协定的印度和越南等，这一现象产生的一个重要原因在于中美日三角贸易结构，日本向中国出口大量的零部件，中国向美国出口大量的最终品。而且，自由贸易协定往往意味着有利于双边最终品贸易的关税减免或关税取消，而与零部件贸易相关的加工贸易本身就是免关税的。因此，两国签订自由贸易协定对零部件贸易来说未必是一种有利的举措。

第二，出口国与其他贸易伙伴国经济趋同性有利于提高双边显性出口偏好强度，但是这一结论只在全样本、区域内样本和新兴市场国家间样本中表现出统计上显著的正向影响。一种可能解释是，在全球生产网络下，发达国家更多从事产品的设计研发和市场营销，而零部件生产和组装更多地被外包给不同的新兴市场国家，进而增强了新兴市场国家（地区）间的零部件贸易强度。具体来说，中国如果要实现对东南亚新兴市场国家有较高的显性出口偏好强度，就需要加强与发达国家签订尽可能多的贸易协定。因为最终品需求是由发达国家主导的，而不同生产阶段的零部件生产和供给分散在不同的新兴市场国家和区域内国家之中。例如，要使泰国增强对中国上游汽车零部件的需求，中国必须通过与泰国之外的相关区域内国家如日本之间签订贸易协定来融入由日本主导的汽车行业国际生产网络之中。

第三，进口国与其他贸易伙伴国经济趋同性有利于提高双边显性进口偏好强度，但这一结论在除了区域间样本之外的样本中都呈现出统计上显著的正向影响。全球生产网络的特征是多国多生产阶段，一国只有融入了全球生产网络下相关国家零部件供给和需求的生产营销网络关系之中，才能在真正意义上加强与其他贸易伙伴国之间的双边显性进口偏好强度。

第五节 稳健性检验分析

一、双边显性贸易偏好强度：基于 PPML 的稳健性检验

表 3-5 和表 3-6 分别对全样本和各分样本进行了稳健性检验。考虑到在前面进行回归分析时作为被解释变量的双边显性贸易偏好指数和双边显性出口偏好指数的变动范围是 -1—1，且作为解释变量的文化差异性、贸易摩擦和经济趋同性可能出现的零值问题，我们进一步采用 Poisson 伪极大似然估计（PPML）来进行稳健性分析。这样可以避免由于变量不符合正态分布可能带来的计量误差，以提高估计精度。因为，进行 PPML 回归时要求被解释变量为 0 或正值，所以我们在进行这一估计时将被解释变量的双边显性贸易偏好指数和双边显性出口偏好指

数进行以自然对数为底的指数化处理，这一数据处理不会产生计量上的系统性误差。需要指出的是，新近文献在估计有固定效应的引力模型时推荐使用 PPML 估计（Fally，2015）。

表 3－5　双边显性贸易偏好指数（RTP_{ijt}）：基于 PPML 稳健性检验结果

因变量 RTP_{ijt}	全样本	区域间样本	区域内样本	发达国家（地区）间样本	发达与新兴市场国家（地区）间样本	新兴市场国家（地区）间样本
地理距离	－0.550***	－0.724***	－0.568***	－0.435***	－0.545***	－0.611***
	(－80.74)	(－33.65)	(－51.28)	(－31.11)	(－57.89)	(－57.59)
文化差异性	－0.307***	－0.238***	－0.442***	－0.831***	－0.212***	－0.003
	(－8.73)	(－6.96)	(－5.33)	(－10.81)	(－4.33)	(－0.05)
技术差异性	0.030***	0.033***	0.028***	0.010	－0.039***	0.007
	(7.59)	(5.93)	(5.47)	(1.00)	(－5.80)	(1.19)
贸易摩擦	0.023	0.081***	0.005	0.160***	0.006	0.024
	(1.01)	(4.28)	(0.31)	(2.78)	(0.23)	(0.77)
经济趋同性 EC_{ijt}	－0.487***	0.0003	－0.376***		－0.267	－0.657***
	(－3.75)	(0.00)	(－2.79)		(－1.49)	(－3.99)
经济趋同性 EC^{O}_{it}	0.041*	－0.046	0.045*		－0.026	0.130***
	(1.70)	(－0.70)	(1.79)		(－0.85)	(3.36)
经济趋同性 EC^{O}_{jt}	0.070***	0.039	0.054***		0.058**	0.033*
	(3.73)	(0.89)	(2.80)		(2.07)	(1.93)
常数项	3.828***	5.697***	5.123***	3.152***	5.922***	4.147***
	(48.50)	(27.25)	(37.43)	(22.84)	(46.31)	(49.25)
i 国固定效应	是	是	是	是	是	是
j 国固定效应	是	是	是	是	是	是
时间效应	是	是	是	是	是	是
样本数	5297	3218	2079	726	2627	1944

注：圆括号里面是 z 统计量，***、**、* 分别表示在 1%、5% 和 10% 统计水平下显著。

从表 3－5 来看，基于扩展引力模型的双边显性贸易偏好强度的稳健性检验结果与表 3－3 进行的回归结果是基本一致的。但是，仍存在一些差异：一是在 PPML 稳健性检验中，全样本的贸易摩擦变量不再具有显著性，贸易摩擦只在区域间样本和发达国家间样本中保持统计上的显著性。二是文化差异性已取得了与

表 3-6 双边显性出口偏好指数（RXP_{ijt}）：基于 PPML 稳健性检验结果

因变量 RXP_{ijt}	全样本	区域间样本	区域内样本	发达国家（地区）间样本	发达与新兴市场国家（地区）间样本	新兴市场国家（地区）间样本
地理距离	-0.540***	-0.798***	-0.545***	-0.439***	-0.559***	-0.597***
	(-117.72)	(-42.25)	(-68.02)	(-42.39)	(-79.06)	(-82.66)
文化差异性	-0.323***	-0.208***	-0.659***	-0.669***	-0.263***	-0.096**
	(-13.22)	(-7.02)	(-7.14)	(-14.40)	(-6.54)	(-1.98)
技术差异性	5.09E-06	2.74E-05**	-1.61E-05	-7.13E-06	4.67E-06	1.18E-05
	(0.58)	(2.48)	(-1.52)	(-0.48)	(0.41)	(0.70)
贸易摩擦	0.010	0.028	0.028	0.156***	0.018	-0.084***
	(0.60)	(1.60)	(1.37)	(3.39)	(0.83)	(-3.40)
经济趋同性 EC_{ijt}	-0.520***	0.075	-0.532***		-0.414**	-0.657***
	(-3.73)	(0.17)	(-3.66)		(-2.18)	(-3.02)
经济趋同性 EC_{it}^{O}	0.073***	-0.010	0.072***		0.018	0.141***
	(2.69)	(-0.13)	(2.64)		(0.56)	(2.73)
经济趋同性 EC_{jt}^{O}	0.052***	-0.012	0.068***		0.061*	0.028
	(2.69)	(-0.23)	(3.16)		(1.91)	(1.48)
常数项	4.481***	6.423***	5.543***	3.999***	5.026***	5.352***
	(110.87)	(35.34)	(37.98)	(45.43)	(46.66)	(60.54)
i 国固定效应	是	是	是	是	是	是
j 国固定效应	是	是	是	是	是	是
时间效应	是	是	是	是	是	是
样本数	10581	6426	4155	1452	5256	3873

注：圆括号里面是 z 统计量，***、**、* 分别表示在 1%、5% 和 10% 统计水平下显著。

预期相一致的系数符号。尽管存在一些差异，但是稳健性检验结果进一步证实表 3-3 的回归结果是可靠的。地理距离仍是阻碍双边贸易偏好强度的主要影响因素，文化差异性也是阻碍双边贸易偏好强度的因素，尽管对新兴市场国家间样本的显性贸易偏好强度的影响仍旧不显著。在全样本中技术差异性越大，两个国家越有可能形成更高的显性贸易偏好强度，但是对于发达与新兴市场国家间样本的显性贸易偏好强度来说，技术差异性仍是一个显著的阻碍因素。经济趋同性对出口国、进口国与其他贸易伙伴国之间的显性贸易偏好强度的影响结果与表 3-3 的回归结果是基本一致的。

二、双边显性出口偏好强度：基于 PPML 的稳健性检验

从表 3－6 对双边显性出口偏好指数所做的稳健性检验结果来看：

第一，地理距离、文化差异性在各样本中都对双边显性出口偏好指数产生统计上显著的负向影响，也就是地理距离、文化差异性成为阻碍双边出口偏好强度提升的主导因素，这验证了表 3－4 的回归结果是稳健的。技术差异性仅在区域间样本中产生统计上显著的正向影响，这在一定程度上说明新兴市场国家参与全球生产网络的零部件生产分工更多是由于地理区位和其他要素的产品内比较优势分工决定的，技术差距因素仅在跨区域间转移条件下才有显著性作用。

第二，在全样本中，除了技术差异性和贸易摩擦之外的变量对双边出口偏好强度都有着统计上显著的影响。贸易摩擦在发达国家间样本、新兴市场国家间样本中产生显著的相反的影响，这验证了表 3－4 得出的贸易摩擦有利于促进发达国家间出口偏好强度，但是不利于新兴市场国家间出口偏好强度的结论。这种现象出现反映出发达国家之间和新兴市场国家之间对于解决贸易争端问题机制有效性的差异，新兴市场国家间需要学习发达国家间解决贸易争端的有效措施才能促进新兴市场国家之间的出口偏好强度提升。

第三，两个贸易伙伴国间经济趋同性上升并没有提高双边零部件出口偏好强度，而出口国与其他贸易伙伴国经济趋同性上升将提高全样本、区域内样本和新兴市场国家间样本中双边出口偏好强度；进口国与其他贸易伙伴国经济趋同性上升将提高全样本、区域内样本和发达与新兴市场国家间样本中双边进口偏好强度。这验证了表 3－4 关于经济趋同性的回归结果是稳健的。由此表明在生产网络从区域性向全球性演进过程中，以发达国家为主导，以区域内的新兴市场国家（地区）间生产和贸易网络为基础正成为一种新态势。

因此，本章采用扩展引力模型研究发现，在全球生产网络下，随着垂直贸易日益兴起，地理距离、文化差异性仍旧是决定两个国家之间贸易强度的主导因素，其差距越大，越不利于双边贸易偏好强度的提升。并且，技术差异性、贸易摩擦和经济趋同性等因素也发挥着不可或缺的作用，且对不同区域层面和不同经济发展水平的国家间双边贸易强度存在差异性影响。

第六节 主要结论及政策建议

本章测算出 72 个发达和新兴市场国家（地区）基于零部件贸易的双边显性贸易偏好指数和双边显性出口偏好指数来衡量全球生产网络下国家间双边贸易强度，并据此探究了全球生产网络下国家间贸易强度演进及其主要影响因素。研究发现：

第一，以零部件贸易为代表的全球生产网络提高了各国间双边贸易强度，超过地理中性的双边贸易偏好强度的个数逐渐增加，且形成一个较为均衡的网络结构。随着全球生产网络的发展，国家间“核心—外围”依赖关系逐渐被较为显著的双边贸易强度的次级网络关系所取代，并且双边出口偏好强度呈现出较强的区域性。西欧和北欧国家向全球主要国家提供零部件，东亚和东南亚国家（地区）向除欧洲和独联体之外北半球国家输出零部件，北美三国向拉美供给零部件，由此形成一个动态的区域间生产网络。

第二，基准回归和稳健性检验表明，地理距离在全样本和各个分样本中都是阻碍双边贸易偏好强度的主要影响因素，文化差异性也是阻碍双边贸易偏好强度的影响因素，尽管对新兴市场国家（地区）间样本的显性贸易偏好强度的影响不显著。技术差距在全样本、区域间样本和区域内样本中都提升了双边贸易偏好强度，但是对于发达与新兴市场国家（地区）间样本来说，技术差距是阻碍双边贸易偏好强度的另一个因素。由此，过大的技术差距会导致新兴市场国家（地区）面临被发达国家主导的零部件生产网络排斥在外的风险。贸易摩擦是提升区域间样本、发达国家间样本中双边贸易偏好强度的影响因素。

第三，两个贸易伙伴国间经济趋同性反而不利于全样本、区域内样本、新兴市场国家（地区）间样本中双边零部件贸易偏好强度的提升；出口国与其他贸易伙伴国经济趋同性将提升区域内样本、新兴市场国家（地区）间样本中双边贸易偏好强度；进口国与其他贸易伙伴国经济趋同性也将提高全样本、区域内样本、发达与新兴市场国家（地区）间样本、新兴市场国家（地区）间样本中的双边贸易偏好强度。

第四，基准回归和稳健性检验显示，地理距离、文化差异性是阻碍各样本中双边出口偏好强度的重要因素。技术差异性是提高区域间样本中双边出口偏好强度的重要因素。贸易摩擦是提升发达国家（地区）间样本中双边出口偏好强度的重要因素，也是阻碍新兴市场国家（地区）间样本中双边出口偏好强度的重要因素。因为发达国家间有较好的贸易争端解决机制，贸易冲突的解决反而会提高双边出口偏好强度。两国间经济趋同性是阻碍双边零部件出口偏好强度的重要因素，而出口国与其他贸易伙伴经济趋同性上升将提高全样本、区域内样本和新兴市场国家（地区）间样本中双边出口偏好强度，进口国与其他贸易伙伴经济趋同性上升将提高全样本、区域内样本和发达与新兴市场国家（地区）间样本中双边进口偏好强度。这体现了全球生产网络下零部件贸易的多边分工性质。

针对本章的研究发现，我们认为中国在形成与各国密切的贸易强度关系时要充分注意到地理距离、文化差异性、技术差异性、贸易摩擦，以及三类经济趋同性等变量产生的不同作用。

首先，明确了有效解决贸易摩擦的重要性。目前中国已经与东亚的日本和韩国形成了较高水平的贸易强度关系（双边显性贸易偏好指数超过0.8），但是仍需要注重与日韩建立起有效的贸易摩擦磋商解决机制。只有出现的贸易摩擦能够得到有效解决，才能进一步促进双边贸易偏好强度的提升。

其次，明确了技术提升的重要性。中国通过发达国家的技术转移和本土技术创新来不断缩小自身与发达国家的技术差距，避免因发展中国家技术水平太低无法参与到由发达国家主导的零部件全球生产网络之中，也避免因为过大的技术差距而被发达国家主导的零部件生产网络排斥在外的风险。并且，技术差距不断缩小来提升全球生产网络下中国与贸易伙伴国之间的双边贸易强度，也是未来中国深度参与，甚至主导某些行业生产和贸易网络的基础条件。

最后，明确了经济趋同的重要性。未来需要进一步深化中国与东盟国家间的自由贸易协定，进一步提高中国与东盟、韩国和日本等国家基于零部件贸易的双边贸易偏好强度。中国已经与技术差距较大的欧盟形成了较高的双边贸易强度，但还有较大的上升空间，仍可以通过缔结多个双边自由贸易协定来促进中国与欧盟成员国之间的双边贸易强度关系。

第四章

全球生产网络下中国增加值出口竞争力提升及其成因[①]

中国深度融入全球生产网络会对其出口竞争力产生怎样的影响？本章使用贸易增加值市场渗透率指标，从最终品进口市场角度研究表明：一是全球生产网络下中国增加值总体出口竞争力呈稳步上升态势，但其增速已减弱；二是中国增加值出口竞争力上升主要源自出口的行业内效应，而非出口的行业间效应；三是中国行业增加值出口竞争力上升主要不是来自出口行业本身直接增加值效应，而是来自上游行业间接增加值效应，中国制造业出口本身处在全球价值链的低端、有着很大的上升空间。

第一节 引言

随着世界各主要经济体之间的联系越发紧密，国际贸易已不仅仅反映国家和地区之间商品与服务的交换，更是反映不断深化的国际分工。这使得国际生产组织形式日益呈现出“全球生产网络（GPN）”特征。参照 Ernst（2000）、Ernst 和 Kim（2002），全球生产网络是由领导厂商将旗下的独资公司、合资公司等实体

① 本章主要内容参见：沈国兵、李韵（2017）：“全球生产网络下中国出口竞争力的变化及其成因——基于增加值市场渗透率的分析”，《财经研究》第 3 期。

企业，与外部的独立供应商、独立承包商、独立分销商及战略伙伴联盟等联结在一起，通过分工和有机结合，在不同国家和地区生产过程之间建立起以价值链为纽带的高度依存的网络关系。以 GPN 为组织形式的全球化大生产的一个重要特征是垂直专业化分工，这对传统贸易核算提出了巨大挑战，尤其是对分工参与国的产业国际贸易竞争力及其价值链定位提出了重新认识的需求。

作为后起的发展中国家，中国在加入世界贸易组织之后取得的巨大成绩是与对全球生产网络的深度参与密不可分的。然而，中国过去的贸易大发展也因“加工贸易”使得中国的产业结构陷于全球价值链的中低端。美欧金融危机以来，世界经济在深度调整中增长乏力，国际贸易环境因全球贸易保护主义势力抬头而走向恶化。疲软的国际市场需求又加剧了国际贸易保护主义。这些外生地侵蚀着中国的外贸竞争力。中国“十三五”规划纲要中提出：“世界经济在深度调整中增长乏力；中国经济传统的比较优势减弱，创新能力不强，经济下行压力加大。”与此同时，主要发达国家不断强化知识产权保护，加大高技术产品出口管制，拒绝向发展中经济进行技术转让。在这些外在压力下，中国推进“中国组装”“中国制造”对接“全球生产”，更主动地参与到全球生产网络的塑造中去，提升自身外贸竞争力就变得尤为重要。由此，我们构建出一个基于增加值市场渗透率的出口竞争力指标，测算出全球生产网络下中国在主要国家及地区、主要行业增加值的出口竞争力及其变化。

贸易增加值核算（TiVA）变成在全球生产网络下核算一国真实贸易收益和竞争力水平的有效方法。该方法从跨国投入产出表的分解入手，追溯价值链各个环节在最终产品中创造的增加值份额。已有文献中基于增加值的出口竞争力分析（Hummels 等，2001；Koopman 等，2008；Koopman 等，2010；Johnson 和 Noguera，2012；Timmer 等，2014；罗长远和张军，2014；Koopman 等，2014；王直等，2015），已经从出口的角度完成了增加值分解，并且已用增加值核算修正了传统的显性比较优势（RCA）（Koopman 等，2014；王直等，2015），构成代表出口竞争力的指标。然而，这些研究在出口竞争力的核算方面还有两大问题：第一，只有总量指标，不能刻画一国出口在不同市场上的差异化表现；第二，只从出口角度进行增加值分解，缺乏考虑全球生产网络下增加值在经由中间品贸易在不同国家、不同产业间渗透传递的特征。我们将 TiVA 方法与衡量产业贸易竞争力的市场渗透率（MPI）指标相结合，构造出基于最终品进口市场的增加值市场渗透率（MPIVA）指标，进而测度、分析全球生产网络下中国增加值出口竞争力变化及其成因。

第二节 文献综述

在全球生产网络下，聚焦讨论一国出口竞争力的文献研究，主要集中在以下几个方面：

第一，主张全球生产网络对一国出口竞争力变化的影响是把“双刃剑”。通过融入 GPN，一国可以获得与先进技术、资本等要素对接的机遇，得到提升外贸竞争力的机会，但也可能经由“锁定效应”而陷入国际价值链的低端（Ernst, 2000；Ernst, 2002）。一个经济体深度融入 GPN，并不意味着该国贸易竞争力实现了同等程度的提升。由此，融入 GPN 程度并不能作为衡量一国或地区贸易竞争力的指标，全球生产网络下出口竞争力的核算，需要同时兼顾“质”和“量”两个方面。

第二，全球生产网络下单纯从贸易量入手进行核算，易于高估中国的出口竞争力。根据世界银行发布的《世界贸易报告》显示，2014 年中国的进口和出口额分别占到世界总额的 10.55% 和 12.71%，中国作为世界“贸易大国”的地位毋庸置疑，但这并不意味着中国的出口竞争力也上升到相应的程度。Koopman 等（2008）指出，“重要的不是出口了多少，而是出口了什么”。次贷危机前，中国、东亚其他国家和美国之间形成了一个“三角”生产和贸易格局（Ng 和 Yeats, 2003；Ahn, 2004）。Koopman 等（2008）估算表明，中国制造品出口中的外国成分接近 50%。因此，按照传统的最终出口品贸易统计方法，极易夸大以贸易量见长的中国出口竞争力。

第三，全球生产网络下使用贸易增加值方法是测度出口竞争力的有效方法。Hummels 等（2001）利用投入产出表，把一国出口分解为国内和外国贸易增加值，以出口中进口中间品所占比重作为衡量垂直专业化的指标，即 HIY 方法。该方法假定出口品只作为最终品，忽略了中间品在全球生产网络中的传递。在此基础上，一系列改进增加值测度的方法被相继提出。Daudin 等（2011）提出 DRS 方法，测算进口品中包含的增值折返部分。Koopman 等（2010）提出把贸易增加值拆分成最终品出口、中间品间接出口，构建出衡量贸易增加值的框架，即 KPWW 方法。Johnson 和 Noguera（2012）基于全球贸易分析数据库（GTAP）提出一个利用跨国投入产出表来计算出口国内增加值的分析框架，被称为“JN

框架”。Stehrer 等（2012）基于 KPWW 方法，在世界投入产出表（WIOD）基础上提出一个关于一国进出口增加值属地及行业分解的统一框架。Timmer 等（2014）展示了应用 WIOD 进行出口增加值分解的具体过程。Koopman 等（2014）、王直等（2015）从增加值视角修正显性比较优势指数，作为出口竞争力的指标，并系统总结出基于跨国投入产出表的贸易增加值核算方法的基本框架。

第四，基于增加值核算的中国出口竞争力研究，从总量上揭示出中国当前正处在从“加工车间”向“生产基地”升级的进程中。关于中国增加值贸易，罗长远和张军（2014）通过“JN 框架”，描述了全球生产网络背景下，中国出口中本地增加值水平在行业内部和跨行业间的演化路径。Koopman 等（2008）估算表明，中国制造品出口中的外国成分接近 50%。黎峰（2014）核算了中国出口的属地、属权贸易收益，指出中国的世界第一出口所实现的属地收益大部分归属于日本、韩国以及中国台湾地区的东亚生产网络。唐海燕（2013）基于产品内国际分工理论和价值链分解技术，指出中国在全球生产网络中的角色已从加工贸易、三角贸易模式下的“加工车间”逐步演进为“生产基地”。

基于以上文献研究，我们认为，第一，在以全球生产网络为组织形式的国际分工体系中，呈现垂直专业化分工的特征，但是关于出口竞争力的核算，则需要综合考虑贸易的“质”和“量”。第二，对融入 GPN 的中国，因为加工贸易盛行，因而基于贸易增加值分解来评估出口竞争力是一种有效的方法。借助贸易增加值核算，可以有效地排除加工贸易模式对中国出口竞争力造成的夸大偏估。该方法已成为测度中国出口竞争力的重要方法（Koopman 等，2008；罗长远和张军，2014；唐海燕，2013；黎峰，2014）。本章边际贡献是：（1）我们沿用 Koopman 等（2010）方法，在 WIOD 数据基础上建立进出口增加值核算（Stehrer 等，2012；Timmer 等，2014），从最终品进口市场做出增加值分解，再结合贸易竞争力指标——市场渗透率（波特，2007；茅锐和张斌，2013），构建出贸易增加值的市场渗透率（MPIVA），将全球生产网络与出口竞争力测度连接起来，揭示出中国增加值出口竞争力的变化及其成因。（2）基于 MPIVA 测度的中国在主要国家及地区和主要行业市场上的出口竞争力，为中国下一步谋求拓展外贸发展市场空间和行业空间提供了可资借鉴的指向标。（3）基于对中国出口增加值的市场渗透率做直接、间接和行业内、行业间效应的分解，揭示出中国增加值出口竞争力上升的成因是出口的行业内增加值上升和出口向国内增加值高的行业转移，且主要来自出口的行业内效应。

第三节 测度方法和数据说明

一、出口竞争力的测度方法比较

通过对进出口贸易量及其他辅助指标的深度处理，我们构造出反映国家贸易竞争力水平的指标。常用的指标主要有：显性比较优势指数（RCA）及其扩展型、贸易竞争指数（TCI）、显性竞争优势（CA）、市场渗透率（MPI）、出口复杂度指数（ESI），以及增加值显性比较优势等，具体如表 4－1 所示。

表 4－1　　出口竞争力指标

指数名称	计算公式	文献出处
市场渗透率（MPI）	$MPI_{ijk} = X_{ijk}/M_{jk}$	茅锐和张斌（2013）
显性比较优势（RCA）	$RCA_{ij} = \frac{X_{ij}}{X_{nj}} \Big/ \frac{X_{it}}{X_{nt}}$	Balassa（1965，1989）
贸易竞争指数（TCI）	$TCI_{ik} = \frac{X_{ik} - M_{ik}}{X_{ik} + M_{ik}}$	Amighini（2005）
显性竞争优势（CA）	$CA_{ijk} = RCA_{ijk} - \frac{M_{ik}}{M_i} / \frac{M_{wk}}{M_w}$	陈佳贵和张金昌（2002）
出口复杂度指数（ESI）	$ESI_{jk} = \sum_k \frac{X_{jk}}{X_j} PRODY_k$、$PRODY_k = \sum_j \frac{(X_{jk}/X_j)}{\sum_j (X_{jk}/X_j)} Y_j$	Hausmann 等（2007）
增加值显性比较优势（RCAVA）	$RCA\_ValueAdded_i^r = \frac{(vax\_f_i^r + rdv\_f_i^r) \Big/ \sum_i^n (vax\_f_i^r + rdv\_f_i^r)}{\sum_r^G (vax\_f_i^r + rdv\_f_i^r) \Big/ \sum_r^G \sum_i^n (vax\_f_i^r + rdv\_f_i^r)}$	王直等（2015）

资料来源：作者根据相关文献整理。

注：表中 X 表示出口；M 表示进口；Y 表示产出。下标 i 表示出口来源地；j 表示出口目的地；k 表示行业分类；n 或 w 表示区域或世界总量。X_{ijk} 表示国家 i 向国家 j 第 k 种行业产品出口；M_{jk} 表示国家 j 第 k 种行业产品总进口。$vax\_f_i^r$ 表示国家 r 行业 i 前向增加值出口；$rdv\_f_i^r$ 表示国家 r 行业 i 出口折返增加值。

市场渗透率（*MPI*）是衡量行业竞争力的传统指标。波特（2007）评价了产业国际竞争力的市场份额法，并计算出美、日、德等主要国家各行业国际市场渗透率。茅锐和张斌（2013）使用市场渗透率（MPI）测度中国制造业出口的国际竞争力水平。该指数计算简单，且能够针对不同市场进行计算。Balassa（1965）提出的显性比较优势（RCA）指数被广泛应用于国家出口竞争力的测算，该指数能有效比较不同国家在特定产品市场中的出口竞争力，但它没有考虑进口的影响。Amighini（2005）提出兼顾进口和出口的净贸易指数。对 RCA 指数改进的还有显性竞争优势指数（CA），它整合了显性比较优势和净贸易指数。陈佳贵和张金昌（2002）使用显性竞争优势指数来度量中国的贸易竞争力水平。不过，RCA 改进型指数并不能区分不同市场上的贸易竞争力。Hausmann 等（2007）提出出口复杂度（ESI）指数，该指数对具体产品行业以各出口国人均 GDP 为权重，对各国在该产品出口上显性比较优势做加权平均，得到产品技术复杂度 *PRODY*，在此基础上核算国家 j 行业 k 的出口复杂度。出口复杂度指数综合考虑了贸易比重的不同侧面，缺点是使用人均 GDP 的加权均值来度量技术复杂度并无足够的理论和现实依据。

以上传统的竞争力指标都是基于贸易量构造的，并不能很好地刻画全球生产网络下垂直专业化分工。TiVA 方法对此提供了很好的补充。王直等（2015）提出了增加值修正的显性比较优势指标（RCAVA），即行业增加值占该国出口中总国内增加值的比重相对于所有国家出口中该部门创造的增加值占全球总出口国内增加值比重的比值。该指数完成了 RCA 指数与垂直专业化分工特征的结合，但是该指数测度的仅仅是行业出口增加值的相对能力。作为考察国家出口竞争力的指标，RCAVA 至少还可以在两个方面加以补充：第一，国内上游行业的中间品配套能力是国家综合出口竞争力的一部分，需要在竞争力核算中加以反映；第二，测度核算工作应细分到具体地区、具体行业市场。为此，综合出口竞争力的测算方式，我们使用出口方在进口市场上贸易增加值的市场渗透率（MPIVA）来测度该出口方的综合出口竞争力。MPIVA 指标既保留了 MPI 指数多层面多角度测度的灵活性，能够区分出口方在不同地区、不同行业最终品进口市场上的出口竞争力，也能够经由 TiVA 核算来克服如下缺陷：经济规模对贸易竞争力的遮蔽，以及没有考虑全球生产网络下垂直分工引致的中间品贸易对出口竞争力的影响。而且，MPIVA 指标还有一大优势，即可以深入行业出口的直接增加值和间接增加值层面，探讨出口行业在全球价值链上的地位。

二、基于贸易增加值的市场渗透率

由贸易增加值的市场渗透率来核算出口竞争力。这个方法与传统的市场渗透率核算方法的差异，可以通过图 4－1 进行展示。

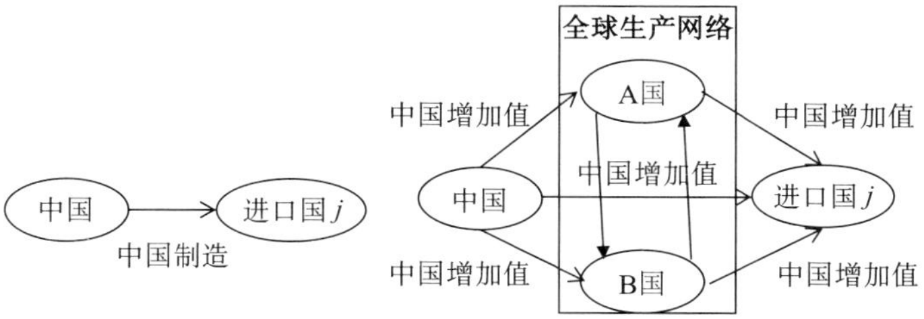

A 传统的市场渗透率核算　　B 全球生产网络下中国贸易增加值的市场渗透率核算

图 4－1　贸易增加值的市场渗透率与传统市场渗透率的核算方法对比

相比来看，传统的市场渗透率 $MPI_{ijk} = X_{ijk}/M_{jk}$，核算的是第 i 国在第 j 国第 k 类产品市场上的出口份额，其中只涉及双边贸易的计算，并不包括第 i 国出口中的增加值比重信息。我们提出贸易增加值的市场渗透率指标（MPIVA）是在多边贸易框架下计算的，是将第 j 国第 k 类产品市场上从全球所有贸易伙伴进口中的中国增加值进行加总，得到中国在第 j 国第 k 类产品最终品进口市场上提供的增加值份额。MPIVA 核算的完全是来自中国的贸易增加值，也就更能体现出中国通过全球生产网络传递到任何一个最终品进口市场的增加值比重，进而说明中国在 GPN 下真正的出口竞争力。

理论上，MPIVA 核算需要对世界投入产出表内每一个国家、每一个行业最终品进口额做增加值来源的分解，在来源地和行业两个维度上定位增加值的归属。这个过程借助 TiVA 方法来实现的。根据 Stehrer 等（2012）对 KPWW 核算方法（Koopman 等，2010）的整理，这里以 N 个国家、S 个行业部门为例：$V = [V^1, \cdots, V^N]$ 表示总产出中增加值；里昂惕夫矩阵 $L = (I - A)^{-1}$，A 为中间投入矩阵；VM_{ij} 表示第 j 国吸收的来自第 i 国的进口增加值。这样，对第 j 国贸易增加值 $VT_j = (VX_j, VM_j)$ 做分解：（1）出口的增加值（$VX_j = \sum VX_{jP}$），表示第 j 国对其他所有伙伴出口的增加值，包含出口的国内增加值（DVX）和出口的国外增加值（FVX）。（2）进口的增加值（$VM_j = \sum VM_{ij}$），表示第 j 国进口的增加值，包含双边进口的国外增加值、进口包含的国内转进口和进口的外国多边增加值。

贸易增加值的市场渗透率指标的测算，需要对目标市场的贸易增加值做上述分解，然后加总计算出该市场 j 进口的来自中国 C 的增加值（分行业 k 向量）：$VA_{Cjk}=\sum_{i\neq j}V_{Ck}L_{Cik}VM_{ijk}$。这里的各项为第 j 国从其他国家或地区 i 第 k 行业产品的最终进口中包含的中国增加值。由此，可以计算出中国在第 j 国或地区第 k 行业市场上贸易增加值的市场渗透率：

$$MPIVA_{Cjk}=\frac{VA_{Cjk}}{M_{jk}}$$

其中，M_{jk}表示第 j 国在第 k 行业上进口额；VA_{Cjk}是根据 TiVA 方法计算的第 j 国在第 k 行业上进口中吸收的中国增加值。将它在行业 k 维度上加总，得到中国在国家 j 的出口竞争力；将它在国家 j 维度上加总，得到中国在行业 k 市场上的出口竞争力；将它在国家 j 和行业 k 两个维度上加总，就得到中国的总体出口竞争力。具体来看，在行业产品 k 维度上加总时，我们选取国家 j 在第 k 行业的进口量占国家 j 所有最终品进口的比重（M_{jk}/M_j）作为权重。在国家 j 维度上加总时，则选取国家 j 在第 k 行业的进口量占扣除中国的世界市场在第 k 行业的进口量的比重（M_{jk}/M_{OWk}）作为权重。

上述变量都是相应分行业增加值组成的向量，从中可以区分出行业直接增加值和上游行业提供的间接增加值，进而对 *MPIVA* 指标构建行业内效应和行业间效应的分解，展示其变化背后的行业结构因素；也可以通过直接增加值对间接增加值的比重来展示具体某国某行业本身增加值的出口能力。

三、数据说明

这里选取 WIOD 数据库于 2016 年 11 月发布的世界投入产出数据表中 43 个国家及地区（包括 28 个欧盟国家含脱欧的英国和 15 个其他国家及地区，不考虑数据库里世界其他地区）作为考察对象，[①] 时间从 2000—2014 年。56 个部门数据是按照国际标准工业分类（ISIC）Rev. 4 进行分类的，IO 表使用的是国民经济账户体系 2008 年版本。据此，来考察 2000—2014 年 GPN 下主要国家和地区出口竞争力变化的格局。需要指出的是，WIOD 数据库有一个“比例假设”，即假定在对进口中间品的使用上，出口产品和内销产品的生产技术是一样的。该假设并不能完美地刻画“加工贸易”盛行的中国情况。尽管如此，WIOD 数据库的

① 这 43 个国家及地区包括澳大利亚、奥地利、比利时、保加利亚、巴西、加拿大、瑞士、中国、塞浦路斯、捷克、德国、丹麦、西班牙、爱沙尼亚、芬兰、法国、英国、希腊、克罗地亚、匈牙利、印度尼西亚、印度、爱尔兰、意大利、日本、韩国、立陶宛、卢森堡、拉脱维亚、墨西哥、马耳他、荷兰、挪威、波兰、葡萄牙、罗马尼亚、俄罗斯、斯洛伐克、斯洛文尼亚、瑞典、土耳其、中国台湾地区和美国。

时间跨度和覆盖面仍然是其他数据库不能比拟的，并且 WIOD 数据库为国际贸易一般均衡模型研究和贸易增加值研究提供了很大的便利。

与仅仅中国自身的投入产出表相比，依托跨国投入产出表开发的数据库，既可以区分出口的国内增加值和国外增加值，也可以跟踪国外增加值的具体来源地。因为，这一数据覆盖了世界上的代表性国家和地区，可做国际比较，并可从行业层面对产出增加值属地做出分解，可以追踪到价值链上的每一个环节。我们采用 WIOD 数据，基于贸易增加值测算出 43 个国家和地区、56 个行业在进口市场渗透率，来刻画 2000—2014 年全球生产网络下中国增加值出口竞争力变化及其成因，以及中国外贸主要行业增加值出口竞争力及其变化。

第四节
全球生产网络下中国增加值出口竞争力提升：统计比较

根据 WIOD 数据库和 TiVA 测算方法，我们测算出中国各行业在各个市场上增加值的市场渗透率指数。据此，分别从增加值的中国总体出口竞争力、主要国家和地区出口竞争力（国家和行业两个维度加总）、中国在主要国家和地区市场上出口竞争力（行业加总）、中国在主要国家及地区行业市场上出口竞争力，以及中国对外行业增加值出口竞争力（国家或地区加总），来考察全球生产网络下中国增加值出口竞争力的变化及其国际地位。

一、基于增加值的中国总体出口竞争力：纵向比较

图 4－2 中的线性实线是 2000—2014 年由增加值的市场渗透率在国家和行业产品两个维度上加总得到的中国总体出口竞争力指标。柱状图为该指标的年度变化率。

如图 4－2 所示，2000—2014 年，基于增加值的市场渗透率测度的中国总体出口竞争力保持着稳步上升态势。2001 年中国加入世界贸易组织后，稳定的世界贸易组织（WTO）成员方的市场预期，使得基于增加值的中国总体出口竞争力进入平稳的增长期，从 2001 年的 4.07% 增长到 2004 年的 5.70%。2005 年汇率改革后，中国总体出口竞争力仍保持着持续上升态势，从 2005 年的 6.38% 上升至 2014 年的 12.00%。但是，这一期间内中国总体出口竞争力变化已出现较大的变化起伏，2005 年增速为 0.68%，2011 年增速仅为 0.35%。一种解释是，

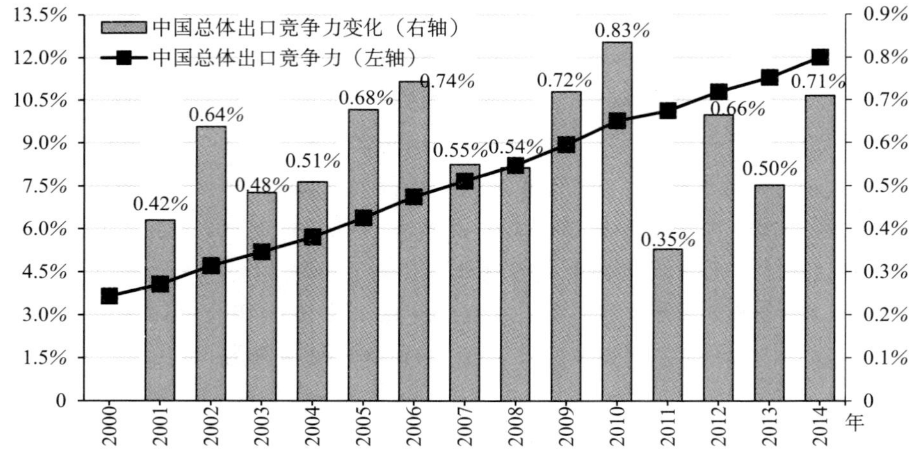

图 4-2　基于增加值的市场渗透率测度的中国总体出口竞争力指标及其变化

数据来源：作者根据 WIOD 数据库计算得出。

2009 年中国开启了大规模的刺激计划，以及“产业结构升级”的政策导向，通过全球生产网络回转进入最终产品的进口市场，成为推升中国总体出口竞争力的动力，但其推升效应已出现减弱。相比来看，2001—2014 年基于增加值的中国总体出口竞争力保持着持续上升态势，尽管其增速已减弱。

二、中国在主要国家和地区市场上增加值的出口竞争力：统计比较

由增加值的市场渗透率在行业维度上加总，得到中国在主要国家和地区市场上增加值的出口竞争力。如表 4-2 列示了根据 WIOD 数据测算出的 2001—2014 年中国在主要国家和地区市场上增加值的出口竞争力水平。具体比较阐述如下：

表 4-2　　中国在主要国家和地区市场上增加值的出口竞争力

类别	2001 年	2002 年	2003 年	2004 年	2005 年	2006 年	2007 年	2008 年	2009 年	2010 年	2011 年	2012 年	2013 年	2014 年
美国	4.31	5.24	6.13	6.92	8.04	8.89	9.67	9.89	11.29	11.82	11.78	12.63	13.18	14.10
德国	2.13	2.40	2.86	3.27	3.81	4.39	4.83	5.14	5.58	6.25	6.21	6.15	6.62	6.92
日本	10.08	11.10	12.66	13.39	14.03	14.02	14.35	13.90	15.97	15.93	15.75	15.92	17.29	18.31
英国	2.40	2.57	2.79	3.24	3.78	4.05	4.47	5.29	5.32	6.40	6.35	6.65	8.36	7.36
法国	1.76	1.90	2.41	2.77	3.15	3.55	4.11	4.35	4.71	5.42	5.43	5.41	5.47	5.87
意大利	1.75	2.05	2.32	2.73	3.10	3.67	4.03	4.62	4.69	6.01	5.97	5.50	5.79	6.41
荷兰	1.77	1.81	1.98	2.29	2.54	2.86	3.60	3.75	4.44	5.42	5.58	5.47	7.71	8.25

续表

类别	2001年	2002年	2003年	2004年	2005年	2006年	2007年	2008年	2009年	2010年	2011年	2012年	2013年	2014年
加拿大	2.33	2.97	3.47	4.28	4.92	5.65	6.32	6.80	7.17	7.34	7.85	8.32	8.72	9.30
澳大利亚	5.02	5.91	6.60	7.55	8.46	9.32	10.11	10.66	12.10	13.04	13.63	13.78	14.50	15.89
中国台湾地区	3.77	4.84	6.08	7.12	7.49	8.82	8.87	9.49	9.94	10.17	10.60	11.47	12.42	14.73
韩国	7.41	8.68	9.36	9.99	10.56	11.31	12.05	13.21	13.12	13.12	14.21	14.11	15.52	16.35
俄罗斯	5.26	5.96	7.01	7.43	8.69	9.40	11.93	11.50	13.26	15.64	14.91	15.06	16.48	17.52
印度	3.62	4.30	4.40	5.18	5.79	6.17	7.12	7.19	8.43	8.53	9.88	9.66	10.17	11.99
巴西	2.41	3.07	4.01	4.84	5.21	6.28	6.59	7.94	8.42	9.63	10.00	10.66	11.34	12.29
墨西哥	1.89	2.69	3.22	3.96	4.36	5.70	6.10	7.00	7.60	8.68	9.27	9.49	9.97	10.78
爱尔兰	0.83	1.03	1.41	1.60	2.14	2.61	2.44	2.45	2.01	1.95	2.01	2.20	2.40	2.38
印度尼西亚	5.80	6.86	7.28	7.69	7.88	9.34	9.34	11.40	11.87	12.54	12.65	13.91	15.35	16.71

资料来源：作者根据 WIOD 数据库计算得出，单位（%）。

比较来看，2001 年中国加入 WTO，是中国在主要出口市场上增加值的市场渗透率上升的第一波；2007 年美国次贷危机后，特别是 2009 年中国推出经济刺激计划和“产业升级”政策，这些构成了推升中国在主要国家和地区市场上出口增加值上升的第二波动力。主要表现为中国对 17 个主要发达和新兴市场经济体的出口竞争力均有着明显地增加趋势。其中，（1）中国在日本市场上增加值的出口竞争力最高，且呈明显上升趋势，只是在 2007—2008 年美国次贷危机冲击、2010—2011 年中日钓鱼岛争端冲击后出现暂时性下降，2013—2014 年又呈明显增长。（2）中国在韩国市场上增加值的出口竞争力次之，且呈显著上升趋势，只是在 2008—2010 年美欧金融危机冲击后出现了暂时性下降，2013—2014 年又呈增长态势。（3）中国在俄罗斯市场上增加值的出口竞争力排在第三位，且呈上升态势，只是在 2011—2012 年受原油、石油产品、煤炭价格下行冲击后出现暂时性下降，2013—2014 年又呈明显增长。（4）中国在印度尼西亚的增加值出口竞争力排在第四位，且呈明显上升趋势，只是在 2007 年受美国次贷危机冲击出现下挫。（5）中国在澳大利亚的增加值出口竞争力排在第五位，2001—2014 年一直呈持续上升趋势。（6）中国在美国市场上增加值的出口竞争力排在第六位，除了 2008 年受美国次贷危机、2011 年受美国“2011 年货币汇率监督改革法案”冲击下挫后，一直呈持续上升趋势。（7）中国在“金砖国家”暨新兴市场巴西和印度市场上增加值的出口竞争力排在第8位和第9位，且都呈现出持续增长的趋势（除了2012年在印度市场出现暂时性下降之外）。这表明在“金砖”加新兴经济体市场上中国仍有进一步拓展其增加值的出口市场空间。2013年，中国提出了“一带一路”倡议，旨在实现“互联互通、共谋发展”，将更大地拓展中国对外贸易市场。由此，基于增加值市场渗透率测度的中国在主要国家和地区市场上出口竞争力，可以构成“一带一路”下中国提升贸易增加值、拓展外贸地域空间的参考依据。

三、中国在主要国家及地区行业市场上增加值的出口竞争力：统计比较

在WIOD数据库中，除了中国自身之外，还有43个国家和地区［包括其他世界（ROW）］的56个行业贸易增加值数据。这56个行业包括3个农牧林渔业、1个采矿业、19个制造业、3个电力与燃气及水生产和供应业、1个建筑业、29个服务业（3个批发与零售业、5个运输与仓储和邮政业、1个住宿与餐饮业、2个出版与音像业、2个信息技术服务业、3个金融业、1个房地产业、5个科技服务业、2个行政与社保业、1个教育业、3个卫生与社会工作，以及1个国际组织活动）。如图4－3反映了中国在除自身之外的43个国家及地区共计2408个行业市场上增加值的出口竞争力变化。我们再分别考察中国在加入世界贸易组织前后（2000年，2002年）、美欧金融危机前后（2006年，2012年），以及2014年分别同中国入世当年（2001年）、同美国次贷危机当年（2007年）基于增加值的出口竞争力在行业市场上的表现进行直观刻画比较。

如图4－3a所示，其数据观察点的趋势线斜率略小于1，意味着2002年相比于2000年，中国对外出口总体行业的MPIVA稍微下降。具体是，与加入世界贸易组织前的2000年相比，2002年中国在43个国家和地区交互56个行业的2408个行业市场上增加值的出口竞争力总体上呈现下降。在全部2408个行业市场上，中国增加值出口竞争力上升的有1151个行业，占比47.8%。其中，出口增加值市场渗透率增长较快的地区行业主要集中在中国对土耳其的贱金属制造业、木材与软木制品和秸秆及编织业、广告与市场研究业、科学研究与发展，对印度的焦炭与精炼石油品制造业，对塞浦路斯、罗马尼亚、葡萄牙和中国台湾地区的其他运输设备制造业，对日本的邮递活动业、记录媒体的印刷与复制业，对保加利亚的木材与软木制品和秸秆及编织业，对加拿大和法国的人类健康与社会工作活动，对芬兰的其他服务活动等。同期，在2408个行业市场上，中国增加值出口竞争力下降的有1215个行业，占比50.5%。其中，出口增加值市场渗透率明显

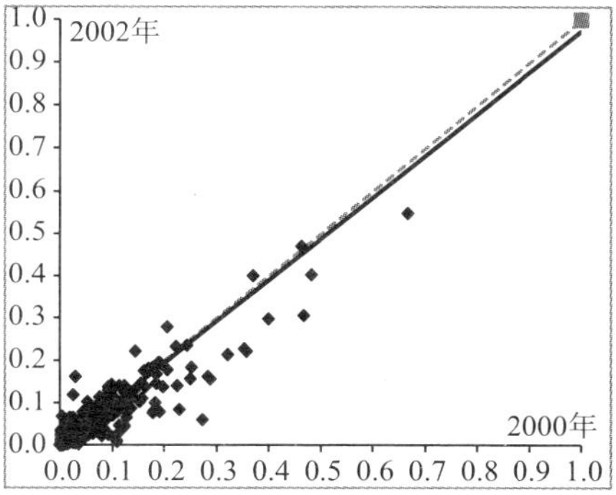

图4-3a　2002年与2000年对比

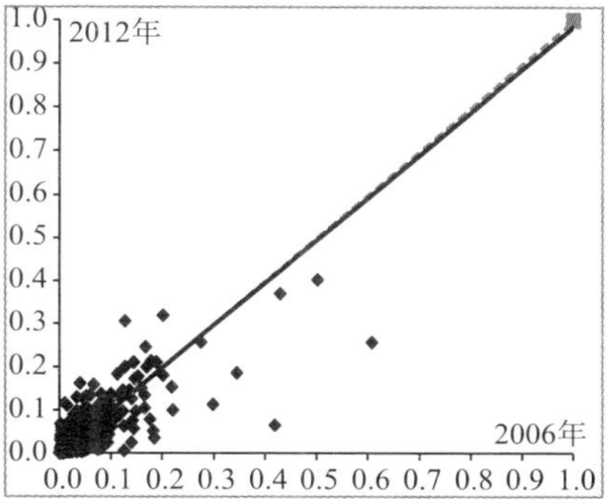

图4-3b　2012年与2006年对比

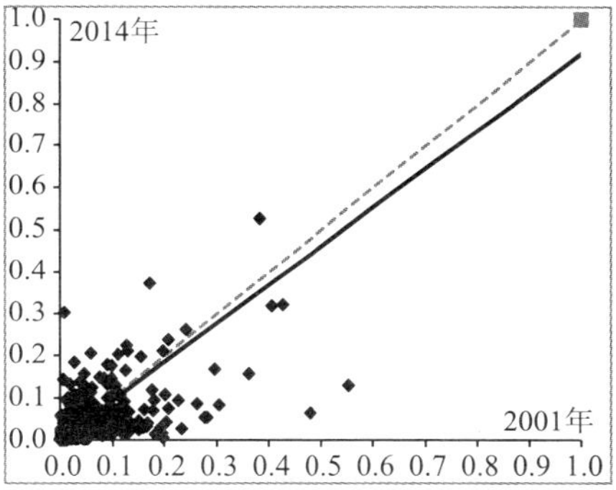

图4-3c　2014年与2001年对比

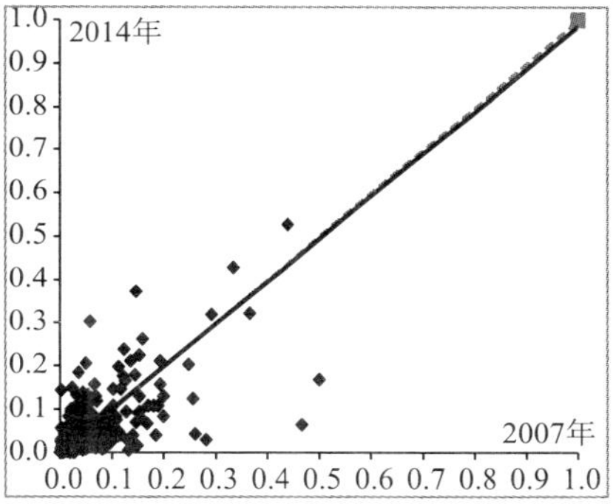

图4-3d　2014年与2007年对比

图4－3　中国在主要国家及地区行业市场上增加值出口竞争力对比

（43个地区交互56个行业）

注：散点图中的每个点代表一个国家或地区、具体行业的最终品进口市场上中国增加值的市场渗透率（MPIVA）；横轴与纵轴分别是两个对比年度，虚线是对角线，斜率为1，落在对角线上代表MPIVA没有发生变化，落在之上部分表示MPIVA上升，落在之下部分为下降。实线是所有数据点的趋势线，其斜率大于1，表示MPIVA上升，反之则下降。

资料来源：作者根据WIOD数据库计算得出。

下降的地区行业主要是：中国对印度的贱金属制造业，对立陶宛的食物制品与饮料和烟草业，对英国的采矿与采石业，对芬兰、葡萄牙、英国、爱尔兰、韩国、法国的保险与再保险和养老，对澳大利亚、日本和世界其他地区的家庭作为雇主与家庭自用产品与服务业，对挪威的计算机程序与咨询及信息服务业，对卢森堡的其他运输设备制造业、计算机与电子及光学品制造业，对奥地利的林业与伐木业，对俄罗斯的法律与会计和管理咨询业，对斯洛文尼亚的除保险与养老金外的金融服务、邮递活动等。在这些地区行业市场上，中国增加值出口竞争力都发生了下降。两相相比，在全部2408个国家——行业市场上，

2002 年相比于 2000 年中国增加值出口竞争力下降的行业占据更大的数量和更高的比重。

如图 4－3b 所示，该样本数据观察点的趋势线斜率近乎与 1 重叠，意味着 2012 年相比于 2006 年，中国对外出口总体行业的 MPIVA 几乎未变。与美国次贷危机前的 2006 年相比，美欧金融危机后的 2012 年中国在 43 个国家和地区交互 56 个行业的 2408 个行业市场上增加值的出口竞争力已恢复到危机前的水平，因而中国对外出口总体行业的 MPIVA 表现出几乎不变。尽管如此，在全部 2408 个细分市场上，中国增加值出口竞争力上升的有 1355 个行业，占比 56.3%。其中，出口增加值市场渗透率增长较快的地区行业主要是：中国对墨西哥、克罗地亚的邮递活动业，对爱尔兰、罗马尼亚的出版活动业，对爱尔兰的人类健康与社会工作活动，对印度尼西亚的集水与处理和供水，对卢森堡的科学研究与发展，对挪威的其他运输设备制造业，对印度的贱金属制造业，对克罗地亚的住宿与餐饮服务业、电力与燃气和蒸汽及空调供应、教育、法律与会计和管理咨询、陆路运输与管道运输，对日本的其他服务活动等。同期，在这些国家行业市场上，中国增加值出口竞争力下降的有 1011 个行业，占比 42%。其中，出口增加值市场渗透率明显下降的地区行业主要是：中国对马耳他、土耳其的贱金属制造业，对墨西哥、葡萄牙的法律与会计和管理咨询，对土耳其、罗马尼亚的木材与软木制品和秸秆及编织业，对俄罗斯、韩国、捷克和澳大利亚的集水与处理和供水，对丹麦的教育、人类健康与社会工作活动，对捷克的邮递活动，对澳大利亚的广告与市场研究，对葡萄牙的批发业，对爱尔兰的电力与燃气和蒸汽及空调供应，对墨西哥的记录媒体的印刷与复制业。两相相比，在全部 2408 个国家—行业市场上，2012 年相比于 2006 年中国增加值出口竞争力上升的行业占据明显更大的数量和更高的比重。

如图 4－3c 所示，此样本数据观察点的趋势线斜率明显小于 1，意味着 2014 年相比于 2001 年，中国对外出口总体行业的 MPIVA 明显下降。具体是，与加入世界贸易组织时的 2001 年相比，2014 年中国在 43 个国家和地区交互 56 个行业的 2408 个行业市场上增加值的出口竞争力总体上呈现出明显的下降。在全部 2408 个行业市场上，中国增加值出口竞争力上升的有 1055 个行业，占比 43.8%。其中，出口增加值市场渗透率增长较快的地区行业主要是：中国对奥地利、爱尔兰、加拿大的人类健康与社会工作活动，对加拿大、波兰、斯洛伐克、澳大利亚、爱沙尼亚、立陶宛、保加利亚的教育，对墨西哥的邮递活动，对印度尼西亚的集水与处理和供水，对韩国的记录媒体的印刷与复制业，对爱尔兰的出版活动，对俄罗斯的其他服务活动，对加拿大、西班牙和中国台湾地区的科学研究与发展等。同期，在这些国家（地区）行业市场上，中国增加值出口竞争力下降的有 1311 个行业，占比 54.4%。其中，出口增加值市场渗透率明显下降的地区行业主要是：中国对墨西哥、葡萄牙的法律与会计和管理咨询业，对立陶宛的零售业，对塞浦路斯的作物与动物生产和狩猎及相关服务，对日本、意大利、瑞典的邮递活动，对马耳他的贱金属制造业，对捷克的集水与处理和供水，对奥地利的其他服务活动，对澳大利亚的除保险与养老金外的金融服务，对葡萄牙的批发业，对澳大利亚、克罗地亚、希腊、塞浦路斯、瑞士、加拿大和英国的家庭自用产品与服务业。两相相比，在全部 2408 个国家—行业市场上，2014 年相比于 2001 年中国增加值出口竞争力下降的行业占据明显更大的数量和更高的比重。

如图 4-3d 所示，该样本数据观察点的趋势线斜率几乎与 1 重叠，意味着 2014 年相比于 2007 年，中国对外出口总体行业的 MPIVA 几乎未变。具体是，与美国爆发次贷危机的当年相比，2014 年中国在 2408 个行业市场上增加值的出口竞争力总体上已恢复到次贷危机前的水平，因而中国对外出口总体行业的 MPIVA 表现出几乎不变。不过，在全部 2408 个细分行业市场上，中国增加值出口竞争力上升的有 1245 个行业，占比 51.7%。其中，出口增加值市场渗透率增长较快的地区行业主要是：中国对爱尔兰、奥地利的人类健康与社会工作活动，对印度尼西亚的集水与处理和供水，对墨西哥的邮递活动，对爱尔兰、罗马尼亚的出版活动，对挪威、爱尔兰的公共行政与国防及强制性社保，对俄罗斯的其他服务活动，对印度的贱金属制造，对荷兰的陆路运输与管道运输，对芬兰的其他运输设备制造，对波兰的保险与再保险和养老金，对韩国的记录媒体的印刷与复制，对爱沙尼亚的电力与燃气和蒸汽及空调供应，对日本的科学研究与发展等。同期，在这些国家行业市场上，中国增加值出口竞争力下降的有 1121 个行业，占比 46.6%。其中，出口增加值市场渗透率下降的地区行业主要是：中国对丹麦的教育，对巴西的焦炭与精炼石油品制造，对加拿大、墨西哥的记录媒体的印刷与复制，对葡萄牙的法律与会计和管理咨询，对丹麦的人类健康与社会工作活动，对塞浦路斯、爱尔兰的邮递活动，对俄罗斯、韩国、澳大利亚的集水与处理和供水，对葡萄牙的批发业，对马耳他的贱金属制造，对土耳其、罗马尼亚的木材与软木制品和秸秆及编织业等。两相相比，在全部 2408 个国家—行业市场上，2014 年相比于 2007 年中国增加值出口竞争力上升的行业占据更大的数量和更高的比重。

四、基于国家和地区市场加总的中国对外行业增加值出口竞争力：统计比较

从国家和地区市场加总的中国对外行业增加值出口竞争力来看，在56个行业市场上，我们发现：第一，尽管图4－3a中从43个国家和地区交互56个行业的2408个行业市场来看，2002年相比于2000年中国增加值出口竞争力下降的行业数量更多、比重更高，但是如图4－4a所示，基于国家和地区市场加总的中国对外56个行业增加值出口竞争力来看，2002年相比于2000年中国在大多数行业增加值出口竞争力却呈上升态势。具体表现为该样本数据观察点的趋势线斜率大于1，意味着在加入世界贸易组织前的2000年相比，2002年中国对外56个行业增加值的出口竞争力表现为上升状态。

第二，如图4－3b中从全部2408个行业市场来看，2012年相比于2006年中国增加值出口竞争力上升的行业数量明显更多，比重更高。并且，如图4－4b所示，基于国家和地区市场加总的中国对外56个行业增加值出口竞争力来看，2012年相比于2006年中国增加值行业出口竞争力呈明显上升态势。具体表现为该样本数据观察点的趋势线斜率明显大于1，意味着与美国次贷危机前的2006年相比，危机后的2012年中国对外行业增加值出口竞争力表现为明显的上升状态。据此，2012年相比于2006年，无论是细分国家行业市场，还是中国在国家和地区市场加总的对外行业贸易上，绝大多数行业增加值的出口竞争力都有了明显地上升。

第三，如图4－3c中从全部2408个行业市场来看，2014年相比于2001年中国增加值出口竞争力下降的行业数量明显更多、比重更高。但是，如图4－4c所示，从国家和地区市场加总的中国对外56个行业增加值出口竞争力来看，2014年相比于2001年中国增加值行业出口竞争力却呈明显上升趋势，表现为该样本数据观察点的趋势线斜率明显大于1。据此，相比于2001年中国加入世界贸易组织时在2408个行业市场上增加值出口竞争力是不平衡的，下降的行业数量更多，而2014年按照国家和地区市场加总的56个行业里中国绝大多数行业增加值的出口竞争力已呈明显上升趋势。

第四，如图4－3d中从全部2408个行业市场来看，2014年相比于2007年中国增加值出口竞争力上升的行业数量更多，比重更高。并且，如图4－4d所示，从国家和地区市场加总的中国对外56个行业增加值出口竞争力来看，2014年相比于2007年中国增加值的行业出口竞争力呈明显上升态势，表现为该样本数据观察点的趋势线斜率明显大于1。据此，2014年相比于美国次贷危机爆发的2007年，无论是细分国家行业市场，还是中国在国家和地区市场加总的对外行

业贸易上，大多数行业增加值的出口竞争力都有明显地上升。

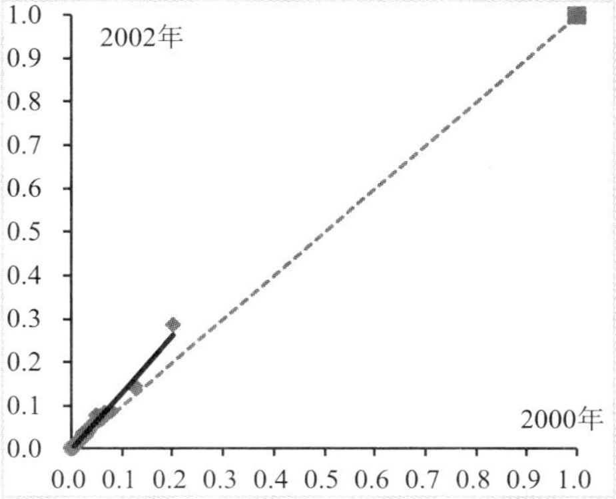

图4-4a 2002年与2000年对比

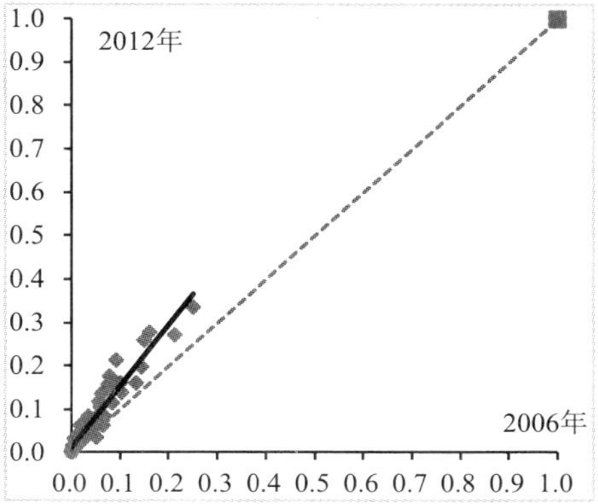

图4-4b 2012年与2006年对比

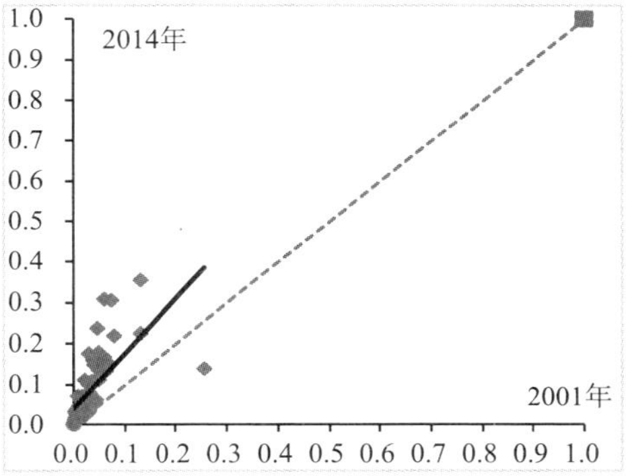

图4-4c 2014年与2001年对比

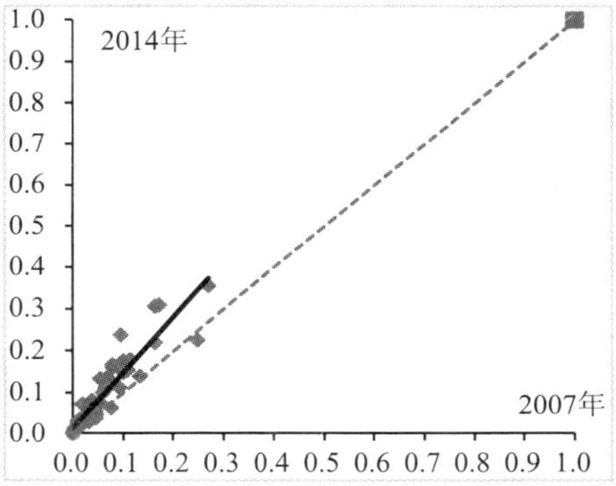

图4-4d 2014年与2007年对比

图 4－4 中国在国家和地区市场加总的对外 56 个行业增加值出口竞争力：不同年度对比

注：散点图中的每个点代表一个具体行业的最终品进口市场上中国增加值的市场渗透率（MPIVA）。横轴与纵轴分别是两个对比年度，虚线是对角线，斜率为 1，落在对角线上代表 MPIVA 没有发生变化；落在对角线之上部分表示 MPIVA 上升，落在之下部分表示下降。实线是所有数据点的趋势线，其斜率大于 1，表示 MPIVA 上升，反之则下降。

资料来源：作者根据 WIOD 数据库计算得出。

第五节

中国外贸主要行业增加值出口竞争力提升：统计比较

我们再基于国家和地区市场加总的中国对外 56 个行业增加值的出口竞争力

指标，测算出2000—2014年各个行业跨年度的均值，然后选取均值的中位数及以上的行业作为统计比较参照行业。如表4－3所示，中国行业增加值的出口竞争力（以各个行业跨年度的均值衡量）处于中位数及以上的28个行业分类型、按照增加值出口竞争力大小排序分别是：（1）属于先进制造业的行业有：计算机与电子及光学品制造、电气设备制造、机械设备制造、其他运输设备制造、化工产品制造、汽车与挂车及半挂车制造、基本药物与药物制剂业；（2）属于传统制造业的行业有：纺织与服装及皮革制造、家具制造业、其他非金属矿物制品、金属制品（机械设备除外）、橡胶与塑料制品业、除家具外木材与软木制品和秸秆及编织业、记录媒体的印刷与复制、贱金属制造、食物制品与饮料和烟草业、纸与纸制品制造；（3）属于先进服务业的行业有：法律与会计和管理咨询、其他服务活动、航空运输；（4）属于传统服务业的行业有：零售业（除汽车与摩托车外）、水上运输、批发业（除汽车与摩托车外）、住宿与餐饮服务、陆路运输与管道运输；（5）属于建筑业的有：建筑；（6）属于传统农牧渔林业的有：作物与动物生产和狩猎及相关服务、渔业与水产养殖。相比来看，中国行业增加值具有出口竞争力相对优势的行业主要集中在10个传统制造业行业、7个先进制造业行业、5个传统服务业行业，以及3个先进服务业行业。据此，中国在增强先进制造业、先进服务业行业产品增加值出口竞争力的同时，并没有放弃传统制造业、传统服务业行业产品增加值出口的竞争优势。

表4－3　中国外贸主要行业增加值的出口竞争力及其变化（年份略减）

类别	2000年	2002年	2003年	2004年	2005年	2006年	2011年	2012年	2013年	2014年
纺织与服装及皮革制造	0.123	0.144	0.165	0.185	0.222	0.251	0.325	0.334	0.349	0.355
法律与会计和管理咨询	0.124	0.145	0.144	0.156	0.189	0.211	0.276	0.272	0.213	0.226
计算机与电子及光学品制造	0.049	0.077	0.098	0.118	0.143	0.162	0.251	0.276	0.291	0.307
其他服务活动	0.202	0.285	0.227	0.164	0.151	0.135	0.152	0.160	0.157	0.140
电气设备制造	0.067	0.085	0.097	0.110	0.130	0.149	0.234	0.259	0.278	0.304
家具制造业	0.079	0.086	0.095	0.092	0.120	0.144	0.150	0.197	0.208	0.220
其他非金属矿物制品	0.044	0.056	0.062	0.069	0.082	0.093	0.173	0.214	0.236	0.236
金属制品（机械设备除外）	0.045	0.059	0.066	0.077	0.090	0.101	0.144	0.161	0.170	0.180
零售业（除汽车与摩托车外）	0.055	0.075	0.070	0.068	0.071	0.078	0.151	0.175	0.162	0.168
橡胶与塑料制品业	0.061	0.071	0.073	0.079	0.092	0.103	0.125	0.140	0.149	0.154
机械设备制造	0.024	0.038	0.046	0.057	0.065	0.079	0.155	0.153	0.165	0.176
建筑	0.036	0.046	0.054	0.070	0.066	0.080	0.154	0.159	0.154	0.148

续表

类别	2000 年	2002 年	2003 年	2004 年	2005 年	2006 年	2011 年	2012 年	2013 年	2014 年
除家具外木材与软木制品和秸秆及编织业	0.031	0.043	0.047	0.057	0.065	0.077	0.135	0.156	0.157	0.161
航空运输	0.041	0.056	0.061	0.069	0.072	0.085	0.119	0.116	0.115	0.112
水上运输	0.041	0.054	0.056	0.062	0.068	0.084	0.116	0.113	0.117	0.116
批发业（除汽车与摩托车外）	0.042	0.060	0.056	0.055	0.058	0.062	0.122	0.136	0.129	0.137
记录媒体的印刷与复制	0.059	0.068	0.066	0.063	0.058	0.059	0.094	0.107	0.120	0.133
其他运输设备制造	0.020	0.025	0.035	0.040	0.046	0.057	0.122	0.118	0.113	0.113
贱金属制造	0.037	0.044	0.056	0.068	0.060	0.068	0.080	0.085	0.094	0.109
住宿与餐饮服务	0.039	0.051	0.050	0.057	0.062	0.066	0.065	0.063	0.063	0.063
化工产品制造	0.026	0.035	0.039	0.042	0.049	0.054	0.086	0.085	0.090	0.100
食物制品与饮料和烟草业	0.032	0.037	0.039	0.042	0.048	0.054	0.067	0.068	0.072	0.074
陆路运输与管道运输	0.026	0.033	0.032	0.034	0.033	0.036	0.074	0.084	0.083	0.082
作物与动物生产狩猎及相关服务	0.034	0.040	0.048	0.037	0.046	0.044	0.044	0.043	0.045	0.047
渔业与水产养殖	0.026	0.037	0.045	0.052	0.048	0.053	0.039	0.037	0.033	0.038
汽车与挂车及半挂车制造	0.008	0.011	0.013	0.018	0.022	0.028	0.060	0.064	0.069	0.073
基本药物与药物制剂业	0.015	0.016	0.019	0.021	0.025	0.030	0.052	0.056	0.061	0.062
纸与纸制品制造	0.014	0.018	0.018	0.017	0.018	0.019	0.048	0.062	0.067	0.072
计算机程序与咨询及信息服务	0.011	0.014	0.015	0.018	0.021	0.024	0.045	0.049	0.052	0.047
焦炭与精炼石油品制造	0.023	0.033	0.032	0.030	0.024	0.020	0.032	0.033	0.037	0.041
电力与燃气和蒸汽及空调供应	0.017	0.023	0.022	0.024	0.024	0.026	0.038	0.041	0.042	0.047
邮递活动	0.025	0.027	0.025	0.026	0.024	0.026	0.033	0.032	0.031	0.028
集水与处理和供水	0.027	0.029	0.034	0.036	0.031	0.025	0.027	0.031	0.032	0.035
电信	0.022	0.023	0.021	0.022	0.021	0.022	0.034	0.034	0.035	0.033
人类健康与社会工作活动	0.006	0.008	0.009	0.009	0.010	0.012	0.038	0.038	0.041	0.039
采矿与采石	0.017	0.023	0.021	0.019	0.018	0.016	0.019	0.020	0.021	0.023
教育	0.009	0.013	0.013	0.015	0.013	0.015	0.021	0.022	0.024	0.023
公共行政与国防及强制性社保	0.009	0.014	0.014	0.015	0.013	0.014	0.021	0.023	0.024	0.023
保险与再保险和养老金（强制性社保除外）	0.004	0.006	0.006	0.007	0.009	0.011	0.029	0.031	0.030	0.035

续表

类别	2000 年	2002 年	2003 年	2004 年	2005 年	2006 年	2011 年	2012 年	2013 年	2014 年
运输仓储及支撑活动	0.003	0.004	0.004	0.004	0.004	0.005	0.030	0.033	0.033	0.033
机械设备修理与安装	0.006	0.007	0.009	0.011	0.012	0.015	0.023	0.023	0.024	0.026
污水与废物收集处理和废料回收及其他管理	0.007	0.007	0.007	0.008	0.007	0.009	0.014	0.026	0.026	0.028
其他专业性科技活动及兽医活动	0.004	0.006	0.007	0.008	0.010	0.011	0.015	0.017	0.016	0.018
林业与伐木	0.006	0.008	0.007	0.006	0.007	0.009	0.015	0.016	0.017	0.020
科学研究与发展	0.002	0.002	0.003	0.003	0.003	0.004	0.016	0.015	0.015	0.017
汽车与摩托车批发零售及修理	0.004	0.005	0.006	0.007	0.008	0.009	0.010	0.011	0.012	0.013
行政与支持服务活动	0.002	0.003	0.003	0.004	0.004	0.005	0.008	0.015	0.015	0.016
除保险与养老金外的金融服务	0.003	0.002	0.003	0.003	0.004	0.004	0.011	0.013	0.012	0.012
出版活动	0.002	0.003	0.003	0.003	0.004	0.005	0.009	0.012	0.012	0.013
域外组织与机构活动	0.002	0.002	0.003	0.004	0.004	0.006	0.010	0.010	0.010	0.012
建筑与工程及技术试验分析	0.002	0.003	0.003	0.003	0.004	0.005	0.009	0.009	0.009	0.010
电影与音像和广播业	0.002	0.003	0.003	0.003	0.004	0.004	0.006	0.007	0.008	0.009
广告与市场研究	0.001	0.002	0.002	0.003	0.003	0.002	0.006	0.006	0.007	0.007
金融与保险服务辅助活动	0.001	0.001	0.001	0.002	0.002	0.002	0.004	0.004	0.004	0.004
房地产活动	0.001	0.001	0.001	0.002	0.003	0.003	0.003	0.003	0.003	0.003
家庭作为雇主与家庭自用产品与服务	0.000	0.000	0.001	0.001	0.001	0.001	0.001	0.001	0.001	0.001

注：按照 2000—2014 年各个行业跨年度的均值大小排序的行业。

资料来源：作者根据 WIOD 数据库计算整理得出。

具体地，从 2000—2014 年中国对外 56 个行业增加值的出口竞争力发展变化来看：

第一，在先进制造业行业市场上，一是计算机与电子及光学品制造、电气设备制造、机械设备制造、化工产品制造、汽车与挂车及半挂车制造等行业，中国行业增加值的出口竞争力呈明显上升趋势；二是其他运输设备制造行业，中国行业增加值的出口竞争力长期内呈上升、近年来出现下降态势；三是记录媒体的印刷与复制行业，中国行业增加值的出口竞争力呈先平缓下降、后明显上升态势；四是基本药物与药物制剂业，中国行业增加值的出口竞争力呈平缓上升趋势。

第二，在传统制造业行业市场上，一是纺织与服装及皮革制造、其他非金属矿物制品、金属制品（机械设备除外）、除家具外木材与软木制品和秸秆及编织业等行业，中国行业增加值的出口竞争力呈一直上升态势；二是家具制造、焦炭与精炼石油品制造行业，中国行业增加值的出口竞争力在波动中呈先上升后下降、再上升态势；三是橡胶与塑料制品、食物制品与饮料和烟草业、出版活动，中国行业增加值的出口竞争力呈平缓上升态势；四是贱金属制造业，中国行业增加值的出口竞争力在波动中呈上升态势；五是纸与纸制品制造业，中国行业增加值的出口竞争力呈先平稳、后明显上升态势。

第三，在先进服务业行业市场上，一是法律与会计和管理咨询、航空运输、计算机程序与咨询及信息服务行业，中国行业增加值的出口竞争力呈先平缓上升、近年来下降态势；二是其他服务活动行业，中国行业增加值的出口竞争力呈先短暂上升后显著下降态势；三是电信、教育、公共行政与国防及强制性社保、机械设备修理与安装、其他专业性科技活动及兽医活动、行政与支持服务活动、除保险与养老金外的金融服务、建筑与工程及技术试验分析、域外组织与机构活动、电影与音像和广播业、广告与市场研究、金融与保险服务辅助活动等行业，中国行业增加值的出口竞争力在小幅波动中呈平缓上升态势；四是人类健康与社会工作活动行业，中国行业增加值的出口竞争力先小幅平缓上升、2007 年出现跳跃性攀升后再呈现小幅波动态势；五是保险与再保险和养老金（强制性社保除外）、科学研究与发展，中国行业增加值的出口竞争力呈先平缓上升、后波动中上升态势；六是运输仓储及支撑活动，中国行业增加值的出口竞争力呈先平缓上升、后明显上升态势；七是汽车与摩托车批发零售及修理，中国行业增加值的出口竞争力在除了美欧金融危机低谷外呈平缓上升态势；八是房地产活动、家庭作为雇主与家庭自用产品与服务，中国行业增加值的出口竞争力呈先上升后下降、再上升态势。

第四，在传统服务业行业市场上，一是零售业（除汽车与摩托车外）、批发业（除汽车与摩托车外）行业，中国行业增加值的出口竞争力在波动中呈上升态势；二是水上运输、住宿与餐饮服务、陆路运输与管道运输等行业，中国行业增加值的出口竞争力呈平缓上升，近年来下降态势；三是邮递活动行业，中国行业增加值的出口竞争力在波动中呈平缓上升，近年来下降态势。

第五，在电力与燃气及水生产和供应业市场上，一是电力与燃气和蒸汽及空调供应行业，中国行业增加值的出口竞争力在波动中呈平缓上升态势；二是污水与废物收集处理和废料回收及其他管理，中国行业增加值的出口竞争力在小幅波动中呈平缓上升态势；三是集水与处理和供水行业，中国行业增加值的出口竞争力在波动中呈先上升后下降，再上升态势。

第六，在建筑行业市场上，中国行业增加值的出口竞争力呈平缓上升，近年来下降态势。

第七，在传统农牧渔林业市场上，一是作物与动物生产和狩猎及相关服务行业，中国行业增加值的出口竞争力呈波动变化之中；二是渔业与水产养殖业，中国行业增加值的出口竞争力呈先上升后下降态势；三是林业与伐木，中国行业增加值的出口竞争力先上升后下降，再平缓上升趋势；

第八，在采矿和采石业市场上，中国行业增加值的出口竞争力呈先上升后下降，再小幅平缓上升。

相比来看，一是在国际先进制造业市场上，中国在 7 个先进制造业行业上（计算机与电子及光学品制造、电气设备制造、机械设备制造、化工产品制造、汽车与挂车及半挂车制造、记录媒体的印刷与复制、基本药物与药物制剂业），中国行业增加值的出口竞争力呈上升趋势。这与中国在这一期间内大力推进先进制造业、信息技术行业的激励政策相一致。二是在国际先进服务业市场上，中国在 19 个先进服务业行业上［电信、教育、公共行政与国防及强制性社保、机械设备修理与安装、其他专业性科技活动及兽医活动、行政与支持服务活动、除保险与养老金外的金融服务、建筑与工程及技术试验分析、域外组织与机构活动、电影与音像和广播业、广告与市场研究、金融与保险服务辅助活动、人类健康与社会工作活动、保险与再保险和养老金（强制性社保除外）、科学研究与发展、运输仓储及支撑活动、汽车与摩托车批发零售及修理、房地产活动、家庭作为雇主与家庭自用产品与服务］，中国行业增加值的出口竞争力呈上升趋势。这表明在后工业化时代，中国已经在 19 个现代先进服务业上取得了行业增加值出口竞争力的长足发展，这是下一阶段中国新的增长动力。

第六节 全球生产网络下中国增加值出口竞争力变化的主要成因

一、中国增加值出口竞争力变化的行业贸易结构因素

罗长远、张军（2014）提出一个核算框架，用来计算出口本地增加值变化中的产业内效应和产业间效应。本章借鉴这一方法，从行业贸易结构入手解释中

国增加值出口竞争力的变化，分为行业内效应和行业间效应，来揭示中国增加值的出口竞争力指标（MPIVA）变化的行业贸易结构因素。根据这一思路，我们把中国增加值的出口竞争力指标变化做如下分解：一是设定行业 k 从基年到当年在国际市场上行业进口比重不变，聚焦考察该行业 k 内中国增加值的市场渗透率变化带来的效应，称之为行业内效应；二是设定该行业 k 的中国增加值的市场渗透率不变，聚焦考察该行业 k 从基年到当年在国际市场上行业进口比重变化带来的效应，称之为行业间效应。具体如下：

$$\mathrm{MPIVA}_t(imsh_0) - \mathrm{MPIVA}_0 = \sum_k (\mathrm{MPIVA}_{kt} - \mathrm{MPIVA}_{k0}) \times imsh_{k0} \qquad (4-1)$$

$$\mathrm{MPIVA}_t - \mathrm{MPIVA}_t(imsh_0) = \sum_k \mathrm{MPIVA}_{kt} \times (imsh_{kt} - imsh_{k0}) \qquad (4-2)$$

其中，$MPIVA_t$ 是当年 t 时中国增加值的市场渗透率；$MPIVA_0$ 是基年中国增加值的市场渗透率。式（4－1）、式（4－2）分别捕捉的是行业内效应和行业间效应，把它们加起来就是中国增加值出口竞争力变化的总效应（$MPIVA_t - MPIVA_0$）。这里，$imsh_0$ 表示基年在国际市场上行业进口比重，$\mathrm{MPIVA}_t(imsh_0)$ 是以基年在国际市场上行业进口的比重计算的当年 t 时 MPIVA 指标。

据此，对中国在样本期内增加值的市场渗透率指标（MPIVA）变化，以及其中的直接增加值市场渗透率（DMPIVA）和间接增加值市场渗透率（IMPIVA）指标做出分解，以期揭示中国在样本期内增加值的出口竞争力变化背后的行业贸易结构因素。相关分解结果如表 4－4 所示。

表 4－4　中国增加值出口竞争力变化的行业内效应和行业间效应分解

类别		1995 年为基年			2002 年为基年		2007 年为基年
		2002 年对 1995 年	2007 年对 1995 年	2011 年对 1995 年	2007 年对 2002 年	2011 年对 2002 年	2011 年对 2007 年
总体效应	加总	4.92	9.75	13.66	4.83	8.74	3.90
	行业内	4.50	9.00	13.07	5.42	9.48	3.89
	行业间	0.42	0.75	0.59	-0.58	-0.74	0.02
直接效应	加总	2.04	3.45	4.84	1.40	2.80	1.39
	行业内	1.94	3.36	4.91	1.62	3.02	1.34
	行业间	0.10	0.09	-0.07	-0.21	-0.22	0.05
间接效应	加总	2.88	6.31	8.82	3.43	5.94	2.51
	行业内	2.56	5.64	8.16	3.80	6.46	2.54
	行业间	0.32	0.67	0.66	-0.37	-0.52	-0.03

资料来源：作者根据 WIOD 数据库计算得出。

注：单位（%）。

根据表 4-4，第一，从总体效应来看，以 1995 年为基年，无论 2002 年、2007 年还是 2011 年，MPIVA 变化的行业内效应和行业间效应都为正。这表明中国出口行业内增加值上升和出口向国内增加值高的行业转移，共同构成了整个出口增加值市场渗透率上升的原因，但发挥主导作用的是出口的行业内效应，即各出口行业本身的增加值比重上升。以 2002 年为基年，MPIVA 指标变化的行业间效应为负，说明中国出口竞争力的增长出现行业贸易结构向全球价值链低端移动的现象。以 2007 年为基年，这一向增加值比重低转移的不利态势得到了遏制。因为这一期间内行业间效应已回到正效应。

第二，从直接增加值效应来看，无论以哪一年为基年考察，推动指标随时间增长的主要因素都来自出口的行业内效应，而非来自行业间效应。这表明我国出口竞争力的上升主要来自出口行业本身出口国内增加值的上升，而非出口向国内增加值高的行业间转移。特别是以 2002 年为基年，行业间效应对中国出口直接增加值的市场渗透率（DMPIVA）指标增长的贡献都为负数，表明就出口直接增加值的能力来说，中国外贸结构发生了恶化。不过以 2007 年为基年，这种不利态势已逆转。

第三，从间接增加值效应来看，同样，推动指标增长的主要因素都来自出口的行业内效应，而非来自行业间效应。若以 2002 年为基年，行业间效应对我国行业间接增加值的市场渗透率（IMPIVA）指标增长的贡献也为负数，说明就出口间接增加值的能力而言，中国外贸结构也在向增加值出口能力低的行业转移。但是以 2007 年为基年，行业间效应的下降已减弱，说明中国行业贸易结构沿着全球价值链向低端产业移动的态势已得到有效地控制。

二、中国行业出口增加值的能力及其在全球价值链上地位提升

贸易增加值对 WIOD 数据进行分解，得到的是第 j 国或地区第 k 行业进口中吸收的中国增加值。通过整理，可以核算出其中的直接增加值市场渗透率（DMPIVA）和间接增加值市场渗透率（IMPIVA）。DMPIVA 和 IMPIVA 分别测度最终品进口市场上吸收的来自出口国（中国）行业 k 的增加值，以及来自中国行业 k 的上游行业创造的增加值。前者反映中国在国际市场上本行业 k 出口增加值的能力；后者反映在国际市场上中国其他所有行业通过对行业 k 的中间品供应而对最终产品出口增加值的能力。DMPIVA 和 IMPIVA 都是一国综合出口竞争力的一部分，其中 DMPIVA 更是直接反映出口行业自身在全球生产网络中的地位。对于垂直专业化分工程度很高的制造业而言，DMPIVA 是反映行业价值链地位的重要指标。DMPIVA 和 IMPIVA 指标可参见表 4-4 中直接效应和间接效应的加总

指标。从加总视角来看，中国的 DMPIVA 和 IMPIVA 指标在样本期内保持增长，其中 IMPIVA 比 DMPIVA 增长得更快，这表明中国出口竞争力提升更多来自国内完备的工业体系所提供的上游配套能力，而较少来自行业本身增加值出口能力的提高。

在这里，本章将直接增加值市场渗透率（DMPIVA）除以间接增加值市场渗透率（IMPIVA）的比值，记为 DI 值（$DI = \frac{DMPIVA}{IMPIVA}$）。DI 值反映的是中国出口增加值中由出口行业直接贡献的部分与其他中国上游行业通过中间品供应而对最终产品出口增加值贡献的部分之比。DI 值大于 1，意味着中国在该行业国际市场上创造的增加值中，有超过一半来自中国该行业的生产部门。该指标数值本身反映行业特征，其数值变化可以反映中国行业出口增加值的能力及其在全球生产网络中的地位变迁。如果 DI 值上升，说明中国该行业自身实现了价值链上的地位提升。从 DMPIVA 和 IMPIVA 指标本身的变化中，可以较好地反映中国出口部门在全球生产网络中的行业地位，同时可以揭示出中国寻求产业升级的空间和行业方向。

依据表 4 - 5 所示，第一，从原材料行业（农牧林渔业、采矿业等）和非贸易的服务业来看，这些行业自身的属性决定了它们是没有深度参与垂直专业化分工的行业，其 DI 值相对更高。这表明中国这些行业出口竞争力提升更多来自行业本身增加值出口能力的提高。尽管如此，随着中国对外开放的深化，这些行业 DI 指标数值出现下降，部分反映出上游中间投入的增加，可以认为这些行业开始参与全球生产网络化程度提高。第二，从初级工业原料制造业和能源行业（如木材及木制品、纸浆造纸和印刷业、炼焦石油及核燃料业、化工及化学制品、橡胶与塑料工业、非金属矿物制造业，以及金属冶炼及金属制品业等）来看，其 DI 值都小于 1，说明中国在这些行业的全球价值链上的地位都处在较低的水平，虽然深度参与全球生产网络，但是更多是来自中国国内完备的工业体系所提供的上游配套能力，而较少来自这些行业本身增加值出口能力的提高。第三，从食品饮料烟草、纺织品、皮革与制鞋业来看，这些轻工业消费品行业的 DI 值都小于 1，说明我国轻工业消费品行业本身尚未建立起强有力的增加值出口竞争优势，仍处在全球价值链的低端，尚需要在品牌建设、营销创新等方面加强提升。第四，从制造业出口竞争力增速亮点的装备制造业（如机械设备、电子与光学设备制造业等）来看，这些行业本身生产链条较长、垂直专业化分工更细，DI 指标数值较低是该类行业属性的真实反映，但其演化趋势可反映该行业自身的品牌、管理、知识产权等出口竞争力优势。中国的机械设备、电子与光学设备制造业出口的DI值不断走低，交通设备制造业的DI值略微上升但仍小于0.3，说明我国这些行业增加值的出口竞争力主要不是来自出口行业本身直接增加值效应，而是来自其他上游行业协同贡献的间接增加值效应，出口行业本身还需谋求在全球生产网络中更高增加值比重的环节。

表4-5　1995—2011年中国35个行业出口增加值的DI值统计比较

类别	1995年	1998年	2002年	2007年	2011年
农业、狩猎业、林业与渔业	3.54	2.65	2.16	2.06	2.23
采矿业与采石工程	1.47	1.34	0.62	1.3	1.48
食物生产、饮料与烟草	0.46	0.49	0.53	0.44	0.44
纺织品及纺织制品	0.8	0.97	0.86	0.69	0.73
皮革与制鞋业	0.48	0.5	0.53	0.46	0.47
木材及木制品	0.78	0.85	0.8	0.76	0.73
纸浆、造纸、纸制品、印刷和出版业	0.78	0.82	0.76	0.5	0.37
炼焦、石油及核燃料加工业	0.28	0.24	0.22	0.13	0.16
化工及化学制品	0.63	0.6	0.56	0.49	0.48
橡胶与塑料工业	0.54	0.55	0.6	0.45	0.44
非金属矿物制造业	0.76	0.73	0.75	0.62	0.61
金属冶炼及金属制品业	0.77	0.67	0.72	0.69	0.68
机械设备制造业	0.53	0.53	0.51	0.49	0.48
电子与光学设备制造业	0.61	0.59	0.69	0.53	0.52
交通设备	0.26	0.25	0.26	0.28	0.29
其他制造业、资源回收业	0.51	0.61	0.71	0.61	0.59
电力、气体与水供给	1.09	0.89	0.87	0.6	0.59
建筑业	0.47	0.37	0.33	0.37	0.37
机动车维护与销售、汽油销售	—	—	—	—	—
批发与经济贸易（除机动车贸易外）	0.05	1.37	1.47	1.67	1.56
零售贸易（除机动车贸易外）	0.01	1.25	1.42	1.77	1.72
酒店与饭店业	0.8	0.75	0.72	0.65	0.66
陆路运输业	1.68	1.46	1.69	1.29	1.26
水路运输业	0.44	0.41	0.84	1.18	1.2
航空运输业	0.74	0.67	0.7	0.44	0.44
其他方式的运输业	1.21	0.91	0.55	0.53	0.49
邮电与通信	1.8	1.43	1.4	1.7	1.64

续表

类别	1995 年	1998 年	2002 年	2007 年	2011 年
金融中介	1.42	0.79	0.33	0.55	0.6
房地产	0.02	0.01	0.01	0.01	0.02
租赁和商务服务业	0.54	0.73	0.92	0.85	0.77
公共管理和国防社会安全	0.82	0.56	0.88	0.87	0.81
教育	1.6	1.25	1.42	1.15	1.03
医疗保健与社会工作	0.73	0.62	0	0.59	0.59
其他社区、社会和个人服务业	1.14	1.05	1.13	1.05	1.01
家政服务业	—	—	—	—	—

资料来源：作者根据 WIOD 数据库计算得出。

鉴于制造业是中国出口的重心，同时也是真正深入参与到全球生产网络的部门，考察中国制造业的 DMPIVA、IMPIVA 以及 DI 值比其他行业更加重要。而且，制造业 DI 值的增长更能反映出口行业本身的价值链地位变化。为此，图 4－5中左图呈现出中国制造业出口的直接增加值市场渗透率和间接增加值市场渗透率指标，图 4－5 右图呈现出两者的比值 DI 指标。

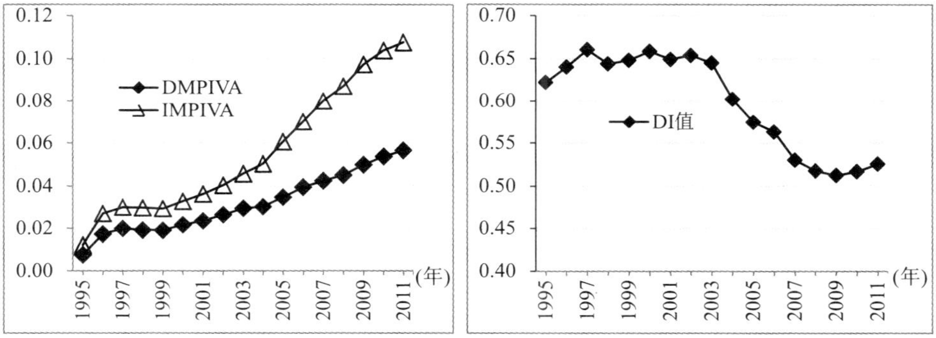

图 4－5　中国制造业出口增加值的 DMPIVA、IMPIVA 以及 DI 值

资料来源：作者根据 WIOD 数据库计算得出。

对比发现：第一，1997—1998 年亚洲金融危机后，中国制造业出口的直接增加值、间接增加值市场渗透率都有了明显上升，并且 IMPIVA 比 DMPIVA 显著上升得更快，特别是 2003 年之后，IMPIVA 指标的增速明显提升，使得中国制造业出口的 DI 值显著下降。第二，中国制造业出口的 DI 值一直小于 1，处于较低水平，并在 2003—2009 年发生持续下滑；2003 年之前，该指标约在 0.65，具体是中国制造业出口增加值中约 39.3% 是直接增加值，60.7% 是间接增加值；

2009年该DI值跌至谷底0.51，此时中国制造业出口直接增加值占33.9%、间接增加值占66.1%；2009年后，中国制造业出口的DI值进入止跌回升通道。比较来看，中国制造业出口到国际市场上增加值中，占主导份额的是间接增加值。1995—2003年中国制造业出口间接增加值占60.7%，2004—2011年上升至64.8%，而1995—2003年中国制造业出口直接增加值占39.3%，2004—2011年下降至35.2%。因此，在中国制造业出口创造的国内增加值中，超过60%归因于国内的上游行业，制造业总体上还处在“微笑曲线”的底部，行业本身创造出口直接增加值的能力有限。这符合中国在这段时期内以加工贸易、三角贸易为特征的对外贸易产业结构。美欧金融危机后，中国开始实施转型发展、创新驱动战略，以期提升行业出口本身的增加值，在全球价值链上力求向“U型”曲线两端地位提升。从中国制造业出口的DI值统计来看，这一“转型发展、创新驱动”战略的实施是卓有成效的，表现为2009年后中国制造业的DI值已经止跌回升。

第七节 主要结论及政策建议

本章基于WIOD数据库，从最终品进口市场角度，使用贸易增加值的市场渗透率（MPIVA）指标，对全球生产网络下中国增加值出口竞争力变化及其成因做出分析揭示，得出以下主要结论：

第一，2001—2014年基于增加值市场渗透率测度的中国总体出口竞争力保持着稳步上升态势，但其增速已减弱。加入WTO是中国在主要出口市场上增加值市场渗透率上升的第一波；为应对美欧金融危机，中国推出经济刺激计划和“产业升级”政策，构成推升中国在主要国家和地区市场上出口增加值上升的第二波动力。由此，基于增加值市场渗透率测度的中国在国家及地区市场上出口竞争力，可以构成“一带一路”倡议下中国提升贸易增加值、拓展外贸市场空间的参考依据。

第二，在全部2408个国家—行业市场上，2014年相比于2001年中国增加值出口竞争力下降的行业占据明显更大的数量和更高的比重，但是加总的56个行业里中国绝大多数行业增加值的出口竞争力已呈明显上升趋势，说明加入世界贸易组织后中国的出口行业结构发生了明显变化；2014年相比于2007年，无论是细分国家行业市场，还是中国在国家及地区加总的行业贸易上，中国大多数行业增加值出口竞争力都有明显地上升，说明美欧金融危机后中国的出口行业结构也有改善提升。

第三，中国行业增加值具有出口竞争力相对优势的行业主要集中在10个传统制造业行业、7个先进制造业行业、5个传统服务业行业，以及3个先进服务业行业。据此，中国在增强先进制造业、先进服务业行业增加值出口竞争力的同时，并没有放弃传统制造业、传统服务业行业增加值出口的竞争优势。相比来看，中国在7个先进制造业行业增加值的出口竞争力呈上升趋势，在19个先进服务业行业增加值的出口竞争力也呈上升趋势。这与中国在这一期间大力推进先进制造业、信息技术行业的激励政策相一致。同时表明在后工业化时代，发展现代先进服务业将是下一阶段中国新的增长动力。

第四，中国出口的行业内增加值上升和出口向国内增加值高的行业转移，共同构成了中国出口增加值市场渗透率上升的原因，但中国增加值出口竞争力上升的主要因素是来自出口的行业内效应，而非来自行业间效应。

第五，中国行业增加值的出口竞争力主要不是来自出口行业本身的直接增加值效应，而是来自其他上游行业协同贡献的间接增加值效应。也就是说，在中国制造业出口创造的国内增加值中，占主导份额的是来自国内上游行业的间接增加值。由此，中国出口竞争力提升更多来自国内完备的工业体系所提供的上游配套能力，而较少来自行业本身增加值出口能力的提高。

据此，为提升中国行业增加值出口在全球价值链上的地位，优化中国行业出口贸易结构已成为当务之急。基于本章的研究结论，相关政策建议有：

一是明确了从贸易增加值视角拓展外贸市场空间。中国增加值出口竞争力的未来增长空间是有限的，给定资源环境约束下，中国增加值总体出口竞争力保持稳定上升态势实属不易。据此，中国外贸发展的重点不应是单纯追求贸易量的增长，更应深入挖掘细分国家和行业市场，依据增加值市场渗透率测算的中国在主要国家和地区市场、主要国家及地区的行业市场、主要行业市场上增加值出口竞争力，来推动中国在主要国家市场、主要行业市场上提升贸易增加值、拓展外贸发展市场空间。

二是明确了未来提升中国出口在全球价值链中的地位必须要优化行业出口结构，大力发展生产性服务业，为提升出口部门竞争力提供协同配套支持。一方面，针对中国制造业出口的国内增加值中，行业本身创造的出口直接增加值能力有限，因而需要加大对企业创新的支持，向出口高品质的部门倾斜；另一方面，在制造业与服务业之间，需要大力发展生产性服务业部门，为出口部门提供更高增加值的现代先进服务业协同配套服务。

三是明确了企业创新对提升制造业企业在全球价值链中地位的重要性。中国制造业仍处在全球价值链的中低端，需要加大对企业创新的支持力度，打造自主品牌、营销、专利等竞争优势，提高制造业部门出口本身的直接增加值比重，提升其在全球价值链中的地位。所幸的是，美欧金融危机后中国开始实施转型发展、创新驱动战略，降低对加工贸易的过度依赖，努力从“微笑曲线”的底部走向两端，提升其在全球价值链中的地位。尽管如此，我们也不能忽视贸易增加值较低的行业本身，而应看到其通过进口中间品对其他部门产生的溢出效应（即间接增加值效应）也是很重要的。

第五章

全球生产网络下知识产权保护与增加值外贸竞争力提升：国际比较①

美欧金融危机后，世界经济复苏乏力，国际贸易保护主义势力抬头。一方面，各种关税和非关税壁垒措施直接损害了国家和地区外贸竞争力。另一方面，各主要发达国家日益强化知识产权保护力度，旨在遏制其贸易对手的外贸竞争力。本章聚焦全球生产网络下国家和地区知识产权保护与其增加值外贸竞争力提升问题，融合知识产权保护与外贸竞争力来探究增强出口竞争力，拟对全球生产网络下主要国家和行业增加值出口竞争力、知识产权保护，以及两者的关联性做出国际比较分析，揭示出全球生产网络下国家间知识产权保护与增加值出口竞争力提升及其关联性。

第一节 引言

美国次贷危机、欧洲债务危机以来，世界经济在深度调整中增长乏力，国际贸易环境因特朗普政府单边贸易保护行为走向恶化。疲软的国际市场需求又加剧

① 本章部分内容参见：沈国兵："美国商会发布的国际知识产权指数可信吗"，《当代经济研究》2019 年第 1 期。沈国兵："对接'全球生产'，提升外贸竞争力尤为重要"，《社会科学报》第 1625 期第 1 版，2018 年 9 月 20 日；转载《中国社会科学网》，2018 年 10 月 20 日，http：//www. cssn. cn/jjx_ lljjx_ 1/lljjx_ gd/201810/t20181020_ 4720533. html。

了国际贸易保护主义。这些外生地侵蚀着中国的外贸竞争力。现实中，美国长期对华采取高技术产品出口管制政策，大大削弱了美国产品在中国市场的出口竞争力，也遏制了中国企业获取技术溢出和“干中学”的能力。更为严峻的是发生的中兴通讯事件，直接暴露出中国在进口关键核心中间品上的软肋。2018 年 8 月 24 日，美国商务部部长罗斯（Wilbur L. Ross, Jr.）宣布将任命霍华德（Roscoe C. Howard, Jr.）为驻中兴通讯（ZTE）特别合规协调员（Special Compliance Coordinator），其职能是协调、监测、评估和报告中兴公司、其附属公司和世界各地的子公司遵守美国出口管制法律的情况。由此，在主要发达国家不断强化知识产权保护，加大高技术产品出口管制，拒绝向发展中经济进行技术转让的形势下，中国推进“中国组装”“中国制造”对接“全球生产”，提升自身增加值外贸出口竞争力就变得尤为重要。为此，本章构建出一个基于增加值市场渗透率的出口竞争力指标，对全球生产网络（GPN）下国家和地区知识产权保护与其增加值出口竞争力，以及与行业增加值出口竞争力之间关联性做出国际比较。

一、聚焦外贸（出口）竞争力测度研究

外贸竞争力是指一个国家或地区可贸易品、产业和企业在向本国开放的外国市场上具有的开拓、占据其市场并以此获得利润的能力（贾继锋等，2001）。就现有文献来看，有关外贸（出口）竞争力问题研究分为两种：宏观数量型指标和微观质量型指标研究。

第一，使用宏观数量型指标测算。数量型指标是通过确切的贸易额或市场占有率等来计算外贸竞争力。主要指标：一是显性比较优势指数（RCA），测算国家 i 第 k 行业出口竞争力（Balassa, 1965）；二是贸易竞争力指数（TC），测算一国贸易差额占其进出口贸易总额的比重（Grubel 和 Lloyd, 1971；金碚，1997）；三是显性竞争优势指数（CA），以出口显性比较优势指数减去进口显性比较优势指数测算（Vollrath 和 Vo, 1988）；四是出口复杂度指标（ES），测算世界各国出口到美国的商品相似程度或竞争程度（Finger 和 Kreinin, 1979；Schott, 2008）；五是产业内贸易指数（IIT），衡量相同产业内进出口贸易之间平衡贸易程度或重叠程度（Grubel 和 Lloyd, 1975）；六是出口市场占有率（EMS）指标，测算一国在世界出口中的份额（张金昌，2001；秦臻和倪艳，2006）；七是出口市场渗透率指数（MPI），测算 i 国向 j 国行业 k 出口占 j 国行业 k 总进口的比重（茅锐和张斌，2013；沈国兵和李韵，2017）。这些指标都是使用传统的贸易流量进行统计，存在着统计失真的现象。2010 年，世界贸易组织呼吁从全球价值链角度改进国际贸易核算方法，关注各国在对外贸易中的增加值含量。于是，基于增加值

的外贸竞争力测度盛行起来（张杰等，2013；王直等，2015）。

第二，使用微观质量型指标测算。质量型指标关注的是产品质量本身或企业技术、品牌等带来的外贸竞争力。主要指标：一是从企业外贸技术水平考量（Rodrik，2006；杨汝岱和姚洋，2008；Wang 和 Wei，2008；鲁晓东，2014）。二是从外贸（出口）产品质量考量（Khandelwal，2010；Crozet 等，2012；Bas 和 Strauss－Kahn，2015；Manova 和 Yu，2017；施炳展等，2013；张杰等，2014；施炳展和邵文波，2014）。三是从企业自主品牌考量（Baldauf 等，2003；张建忠和刘志彪，2011）。四是从产品贸易成本考量，包括运输成本、关税壁垒、非关税壁垒等（Bernard 等，2003；Trefler，2004；陈勇兵等，2012）。五是构建综合外贸竞争力指标考量，王涛生（2013）基于出口产品的技术、品牌、质量和服务，开发了一个衡量出口竞争力的综合指标，发现中国 SITC 七大类各行业出口产品的技术含量、品牌价值和质量水平普遍较低，出口竞争力也较低，但呈小幅上升趋势。

二、聚焦全球生产网络下国家和行业知识产权保护水平测度研究

第一，国家层面上，Rapp 和 Rozek（1990）率先使用指标打分法测度知识产权保护（IPP）水平。Ginarte 和 Park（1997）在 Rapp 和 Rozek 方法基础上，把度量知识产权保护指标分为 5 大类：保护覆盖范围、国际条约成员、保护的损失条款、执法机制和专利保护期限。这 5 大类得分之和为 IPP 水平。Park（2008）指出，Ginarte 和 Park 测算的专利保护指数（GP 指数），无法反映专利制度的质量；新的指数考虑了 TRIPS 协定和涉及新兴技术的知识产权立法的影响。沿着 GP 指数方法，本章认为目前国际组织机构关于国家知识产权保护的测度主要有：国际知识产权联盟（IPRA）发布的知识产权保护指数（IPRI）、世界经济论坛（WEF）发布的知识产权保护指数（IPPI），以及美国商会发布的国际知识产权指数（GIPCIPI）。

第二，行业层面上，Hu 和 Png（2013）提出，GP 指数本质上是衡量专利法律法理上的完备性，并没有反映专利权的实际执行状况。Hu 和 Png 将代表专利法的 GP 指数和代表法律执行的 Fraser 指数相乘，得到有效专利权保护指数；将行业专利授权量除以该行业总销售，衡量行业专利密度。但是，Hu 和 Png 假设所有其他国家相同行业的专利密度是一样的并不合乎实际。杨珍增（2016）参照 Hu 和 Png（2013）方法，将 GP 指数与 Fraser 指数相乘，得到有效 IPP 指数；将行业专利授权量除以行业增加值，得到增加值层面上行业专利密度。研究表明，对于知识产权依赖度高的行业，完善知识产权保护会降低垂直专业化比率。

但是，该文假定同一行业的专利密度在不同国家是相同的也是不合实际的。

三、聚焦全球生产网络（GPN）下知识产权保护与外贸竞争力提升研究

第一，中国是以大规模参与加工贸易的方式融入全球生产网路，东亚区域生产网络具有很强的出口导向特征，美国对最终产品的需求是其重要的驱动力。随着中国崛起，东亚经济相互依赖关系正以日本为中心转向以中国为中心，并在中国、东亚其他国家和美国之间形成“三角”生产和贸易格局（Ahn，2004）。要准确衡量中国在 GPN 下真实的贸易收益和出口竞争力，需要排除加工贸易造成的偏误。为此，增加值核算构成一种有效的方法，文献中已建立起比较成熟的贸易增加值核算体系（Hummels 等，2001；Koopman 等，2008，2012；Koopman 等，2010；Johnson 和 Noguera，2012；Stehrer 等，2012）。评估一国出口竞争力，需要以增加值分解为基础，对中国这样深度融入 GPN 的国家更需如此。

第二，通过融入全球生产网络，一国可获得与先进技术、资本等要素对接的机遇，进而提升外贸竞争力，但也可能陷进“锁定效应”而被固定在国际价值链的低端，这其中知识产权保护是一个重要的影响因素。在以 GPN 为组织形式的国际分工中，专利权保护的影响是非单调的，在门槛以下出口会随专利保护加强而增加，但是超过门槛之外，出口则随专利保护加强而下降（Hu 和 Png，2013）。IPP 水平提高会吸引跨国公司将更多复杂生产环节移入，促进本国增加值在出口中比重上升，垂直专业化比率下降；对于那些对知识产权保护依赖度较高的行业，更是如此（杨珍增，2016）。

四、文献评述及边际贡献

第一，就外贸（出口）竞争力测度而言，传统的指标使用贸易流量进行统计，容易产生统计失真；引入增加值的测度多是基于出口增加值分解的，本章基于 WIOD 数据及贸易增加值方法，从最终品进口市场视角测度国家和行业增加值出口竞争力，将全球生产网络与增加值出口竞争力核算结合起来。

第二，从全球生产网络下行业知识产权保护与其增加值外贸竞争力来看，文献中多是基于行业研发密度和/或行业专利密度乘以国家 IPP 水平，得到行业 IPP 强度。然而，研发不一定能转化为成果，也就不能真实地反映行业 IPP 强度。文献多使用美国数据来测算行业专利密度，但是假设所有其他国家相同行业专利密度是一样的并不合乎实际的。

第三，全球生产网络的布局安排并不会在短期内发生改变，但并不意味着一国无法推动 GPN 的演化、向高增加值的产业配置资源。程大中（2014）认为，

要素禀赋结构是反映一国增加值贸易是否以及在多大程度上受到要素流向扭曲影响的基础；中国要促进增加值贸易的转型升级，提高中国在价值链上游行业的出口竞争力，需要先着眼于国内（相对于国外）的要素禀赋结构优化升级。

本章边际贡献在于：（1）考虑到全球生产网络下各国在对外贸易中真实的增加值含量，我们参考张杰等（2013）、王直等（2015）关于增加值测度，茅锐和张斌（2013）、沈国兵和李韵（2017）关于市场渗透率测度，构建出一个基于增加值市场渗透率的出口竞争力指标，揭示出 GPN 下主要国家及地区增加值外贸出口竞争力及其变化，以及行业增加值出口竞争力及其变化。（2）鉴于涉及众多国家知识产权保护强度比较，我们不得不采用国家层面知识产权指数来代表，一是比较揭示出美国商会发布的国际知识产权指数存在高估自身，缺乏可靠性；二是探究了国别知识产权保护与其行业增加值出口竞争力的关联性。（3）通过比较跨国间增加值外贸竞争力及其变化、行业增加值出口竞争力及其变化，为破局国际贸易保护主义，我们需要增强与贸易伙伴间经贸磋商和合作，提升与这些国家间投资便利化和贸易便利化，以拓展中国外贸竞争力的市场空间。中国要成长为世界贸易强国，需要强化对战略性新兴产业的支持，一要在加强知识产权保护的同时诉诸反垄断法来遏制知识产权滥用，增强知识吸收能力；二要根据行业特征，施以差别化的创新保护，推动中国深度融入全球生产网络之中。

第二节
全球生产网络下主要国家及地区增加值出口竞争力及其变化：国际比较

为了真实地反映全球生产网络下国家及地区增加值出口竞争力的变化格局，本章采用贸易增加值市场渗透率指标来测算。因为牵涉到全球生产价值链上的很多国家和地区参与，据此贸易增加值市场渗透率测算分析就是在做全球生产网络下外贸竞争力的国际比较。

一、全球生产网络下出口竞争力的测度——基于贸易增加值的市场渗透率

在行业生产网络下，由于产品内贸易和工序贸易等新型贸易方式盛行，越来越多的学者指出，单纯使用“贸易流量”指标来衡量进出口情况和实际贸易利得是不准确的，需要使用贸易增加值方法来测算各国外贸和行业贸易情况（Koopman 等，2008；Koopman 等，2010；张杰等，2013；王直等，2015；Ma 等，2015）。因为

在全球生产网络中，每个生产商都购买投入品，加工成产品，又会被下游生产商购买成为投入品，以此类推，单纯的数量统计就存在重复计算问题。由于本书需要进行不同行业对比，因而使用行业贸易增加值市场渗透率指标来进行测算。现在国际机构多采用 Koopman 等（2012）方法，通过投入产出表进行增加值分解，我们也采用此方法，使用 OECD 的 TiVA 数据库 2000—2014 年贸易增加值数据，测算出国家和行业的市场渗透率来揭示出一国和行业的增加值出口竞争力。

具体地，我们借鉴王直等（2015）方法对增加值进行测算，在得到贸易增加值数据后，参照沈国兵和李韵（2017）将 TiVA 方法与衡量行业外贸竞争力的市场渗透率相结合，构造出基于最终品进口市场的增加值市场渗透率指标（$MPIVA$），揭示出全球生产网络下主要国家及地区增加值出口竞争力的变化格局。我们使用最终品进口市场渗透率指标，究其原因：一是能反映出口行业在进口国市场占有率情况；二是具有国别可比性，相比出口量来说，市场渗透率可以避免因国家规模差异而导致的出口量不同；三是使用贸易增加值数据测算市场渗透率能更加真实地反映出一国某行业在进口国的出口竞争力。由此，得到第 t 年 i 国第 k 行业在最终品进口市场 j 国的贸易增加值出口竞争力的计算公式为：

$$MPIVA_{ijkt}=\frac{XDVA_{ijkt}}{XDVA_{wjkt}}$$

其中，$MPIVA_{ijkt}$ 为第 t 年 i 国第 k 行业在 j 国进口增加值的市场渗透率；$XDVA_{ijkt}$ 为第 t 年 i 国向 j 国第 k 行业出口的国内增加值部分；$XDVA_{wjkt}$ 是第 t 年世界其他市场向 j 国第 k 行业出口的国内增加值总和。按照市场渗透率的定义，分母应为第 t 年 j 国第 k 行业从世界其他市场进口的外国增加值总和。由于 j 国第 k 行业从世界其他市场进口的外国增加值等于世界其他市场向 j 国第 k 行业出口的国内增加值，且增加值多是和出口一起使用，因而该计算上的处理变化并不会改变公式的内在含义。

将贸易增加值的进口市场渗透率指标（$MPIVA_{ijkt}$）在行业 k 维度上加总，得到第 t 年 i 国在 j 国或地区的出口竞争力（$MPIVA_{ijt}$）；将它在国家 j 维度上加总，得到第 t 年 i 国在行业 k 上的出口竞争力（$MPIVA_{ikt}$）；将它在行业 k 和国家 j 两个维度上加总，得到第 t 年 i 国的出口竞争力（$MPIVA_{it}$）。具体来说，一是在行业 k 维度上加总时，选取 j 国从 i 国第 k 行业的进口量占 j 国从 i 国所有行业最终品进口量的比重（M_{jikt}/M_{jit}）为权重；二是在国家 j 维度上加总时，选取 j 国从 i 国第 k 行业的进口量占样本世界市场从 i 国第 k 行业进口量的比重（M_{jikt}/M_{wikt}）为权重；三是使用这两种权重加总。$MPIVA$ 核算的是一国通过全球生产网络传递到任何一个最终品进口市场的贸易增加值比重，更能够说明该国在当前 GPN

分工格局下真实的出口竞争力。

二、全球生产网络下主要国家增加值外贸竞争力及其变化：统计比较

我们选取 WIOD 数据库于 2016 年 11 月发布的世界投入产出数据表中 43 个国家及地区（包括 28 个欧盟国家含脱欧的英国和 15 个其他国家/（地区），不考虑数据库里世界其他地区）作为考察对象，[①] 时间从 2000—2014 年。56 个部门数据是按照国际标准工业分类（ISIC）Rev. 4 进行分类的，IO 表使用的是国民经济账户体系 2008 版本。据此，来考察 2000—2014 年 GPN 下主要国家增加值出口竞争力变化格局。WIOD 数据库有一个所谓的“比例假设”，即假定在对进口中间品的使用上，出口产品和内销产品的生产技术是一样的。该假设并不能完美地刻画“加工贸易”盛行的中国情况。尽管如此，WIOD 数据库的时间跨度和覆盖面仍然是其他数据库不能比拟的，其提供的国际贸易一般均衡模型为研究提供了很大的便利。我们采用 WIOD 数据，基于贸易增加值测算出 43 个国家和地区在世界进口市场渗透率，来刻画 2000—2014 年全球生产网络下主要国家增加值外贸竞争力的变化格局，并做国际比较。

（一）主要国别纵向比较分析

将贸易增加值进口市场渗透率在行业 k 和国家 j 两个维度上加总，得到第 t 年 i 国增加值出口竞争力（$MPIVA_{it}$）。如表 5 - 1 所示，我们基于贸易增加值进口市场渗透率测算出 2000—2014 年 WIOD 数据库中 43 个国家和地区增加值出口竞争力。如图 5 - 1 所示，从跨年度纵向比较来看，基于贸易增加值测度的一国增加值出口竞争力大于 2% 的国家有 11 个，分别是加拿大、中国、德国、法国、英国、意大利、日本、韩国、荷兰、俄罗斯和美国。进一步地，我们按照出口竞争力大小排序来看：第一，2000 年增加值出口竞争力大于 2% 的国家有 10 个，排序是美国、日本、德国、英国、法国、中国、意大利、加拿大、荷兰和韩国，当年俄罗斯在 2% 以下。第二，美国次贷危机和欧洲主权债务危机之前的 2006 年，增加值出口竞争力大于 2% 的国家有 11 个，排序分别是美国、德国、中国、日本、英国、法国、意大利、俄罗斯、加拿大、荷兰和韩国。第三，美欧金融危机触底后，在美欧等主要国家经济复苏的 2010 年，增加值出口竞争力大于 2%

① 这 43 个国家及地区包括澳大利亚、奥地利、比利时、保加利亚、巴西、加拿大、瑞士、中国、塞浦路斯、捷克、德国、丹麦、西班牙、爱沙尼亚、芬兰、法国、英国、希腊、克罗地亚、匈牙利、印尼、印度、爱尔兰、意大利、日本、韩国、立陶宛、卢森堡、拉脱维亚、墨西哥、马耳他、荷兰、挪威、波兰、葡萄牙、罗马尼亚、俄罗斯、斯洛伐克、斯洛文尼亚、瑞典、土耳其、中国台湾地区和美国。

的国家有 11 个，排序分别是美国、中国、德国、日本、英国、法国、俄罗斯、意大利、加拿大、韩国和荷兰。第四，根据 WIOD 中新近的 2014 年数据，增加值出口竞争力大于 2% 的国家仍是 11 个，排序分别是中国、美国、德国、日本、英国、法国、俄罗斯、韩国、意大利、加拿大和荷兰。

将这最显著的 11 个国家增加值出口竞争力各自纵向考察来看：一是 2000—2014 年美国的增加值出口竞争力呈显著下滑，在次贷危机冲击后出现小幅回升迹象；二是中国的增加值出口竞争力呈线性式显著上升态势；三是德国的增加值出口竞争力呈先小幅上升，后小幅波动中持续下降，再尾部回升态势；四是日本的增加值出口竞争力呈现出显著下降态势；五是英国、法国和意大利的增加值出口竞争力呈先小幅上升，后小幅波动中持续下降态势；六是俄罗斯增加值出口竞争力呈先持续小幅上升，在遭受美欧金融危机冲击后波动，再下降态势；七是韩国增加值出口竞争力在次贷危机前呈小幅波动，在次贷危机后呈小幅上升态势；八是加拿大增加值出口竞争力在小幅波动中呈现出持续下降态势；九是荷兰增加值出口竞争力围绕着 2.4% 上下波动。

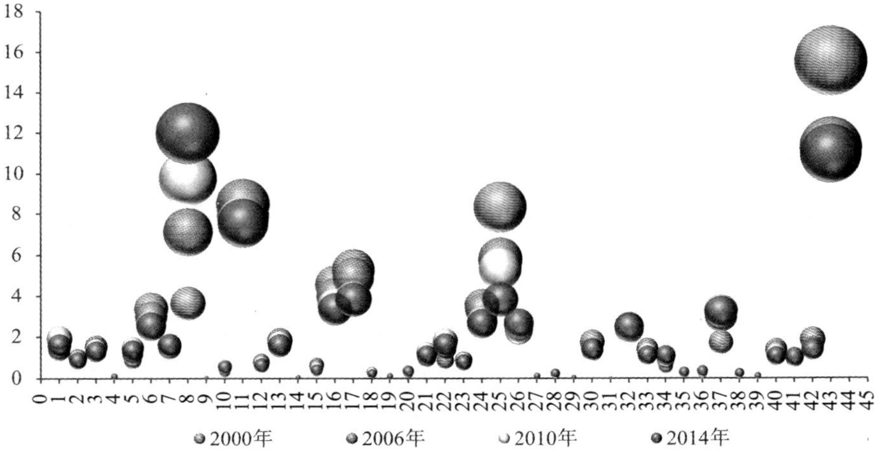

图 5－1　主要国别及地区增加值的外贸出口竞争力

资料来源：作者根据 2016 年 11 月 WIOD 数据库发布的世界投入产出数据表计算整理而得。

注：纵坐标代表国家及地区增加值外贸出口竞争力，基于贸易增加值的进口市场渗透率测算而得，以气泡大小衡量，单位：百分比。横坐标代表国家及地区，按国家及地区代码英文字母排序（从第 1 到第 43 个，分别代表澳大利亚、奥地利、比利时、保加利亚、巴西、加拿大第 6、瑞士、中国第 8、塞浦路斯、捷克、德国第 11、丹麦、西班牙、爱沙尼亚、芬兰、法国第 16、英国第 17、希腊、克罗地亚、匈牙利、印度尼西亚、印度、爱尔兰、意大利第 24、日本第 25、韩国第 26、立陶宛、卢森堡、拉脱维亚、墨西哥、马耳他、荷兰第 32、挪威、波兰、葡萄牙、罗马尼亚、俄罗斯第 37、斯洛伐克、斯洛文尼亚、瑞典、土耳其、中国台湾地区和美国第 43）。

（二）主要国别横向比较分析

如图5－2所示，将最显著的11个国家增加值出口竞争力横向比较来看：一是2000年美国拥有世界上最强优势地位的出口竞争力，是第二位日本的1.9倍，是第三位德国的2.0倍，是第四位英国的2.9倍，是第五位法国的3.4倍，更是第六位中国的4.2倍。二是次贷危机前的2006年，美国仍旧拥有世界上最强优势地位的出口竞争力，是第二位德国的1.3倍，是第三位中国的1.6倍，是第四位日本的1.9倍，是第五位英国的2.3倍，是第六位法国的2.8倍。三是美欧金融危机后复苏的2010年，美国出口竞争力仍是最强的，是第二位中国的1.1倍，是第三位德国的1.4倍，是第四位日本的2.1倍，是第五位英国的2.8倍，是第六位法国的3.1倍。四是经过十多年的持续发展，2012年开始，中国在世界的出口竞争力已超过美国，跃升第一位，美国排名第二位。2014年，中国的出口竞争力是第二位美国的1.1倍，是第三位德国的1.6倍，是第四位日本的3.1倍，是第五位英国的3.1倍，是第六位法国的3.6倍。据此，2000—2014年世界主要国别的增加值出口竞争力已发生很大的变化，由原先的美国、日本和德国前三名演变为中国、美国和德国前三名，日本下降最为显著，而英国和法国基本上保持在第五位和第六位。在全球生产网络下，中国已演变为世界的制造组装中心。相比来看，基于增加值的市场渗透率测度的中国出口竞争力在全球主要国家及地区出口竞争力中表现是最好的。

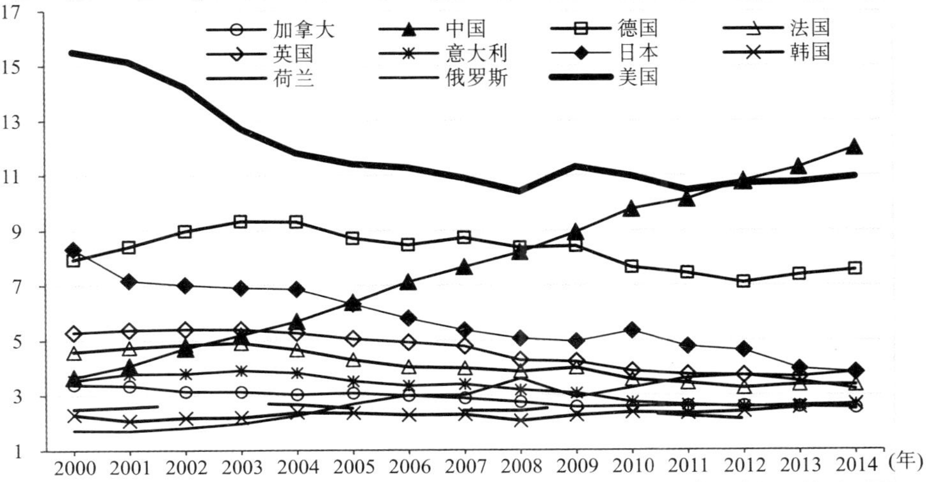

图5－2　11个国家增加值的外贸出口竞争力比较

资料来源：作者根据2016年11月WIOD数据库发布的世界投入产出数据表计算整理而得。

三、全球生产网络下国家及地区增加值外贸竞争力及其变化：区域分类比较

如表 5－1 所示，第一，从欧盟国家（含脱欧的英国）来看，一是 2000—2014 年德国的年均出口竞争力处于高水平（年均市场渗透率约 8.26%）；二是同期年均出口竞争力处于较高水平（大于 2%）的依次为：英国、法国、意大利、荷兰；三是同期年均出口竞争力处于中等水平（大于 1%），以及 2009—2014 年大于 1% 的国家依次为：西班牙、比利时、瑞典和波兰；四是同期年均出口竞争力处于中低水平（0.5%—1%）的国家依次为：奥地利、爱尔兰、丹麦、芬兰、捷克；五是同期年均出口竞争力处于低水平（小于 0.5%）的 14 个国家依次是：匈牙利、葡萄牙、希腊、罗马尼亚、卢森堡、斯洛伐克、斯洛文尼亚、克罗地亚、立陶宛、保加利亚、拉脱维亚、爱沙尼亚、塞浦路斯、马耳他。而且，从 2000—2014 年跨年度来看，一是德国在整个欧盟里出口竞争力以绝对优势稳居第一位，尽管期间有所波动下降。究其原因是：这可能与德国作为欧盟核心成员国的地位有关，背靠欧盟区域提供的广阔市场和产业纵深，使得德国出口竞争力能够保持其在世界市场上的份额，但是随着欧债危机的加深，德国的出口竞争力也被削弱，导致其增加值市场渗透率指标有所下降。二是英国、法国和意大利出口竞争力的相对地位没有发生变化，都呈先小幅上升，后小幅波动中持续地下降态势。三是荷兰出口竞争力一直维持在 2.48% 上下小幅波动。四是西班牙、比利时、瑞典在小幅波动中呈下降态势。五是奥地利、爱尔兰、丹麦、芬兰出口竞争力的相对地位没有变化，都呈小幅微升，再持续微降态势。六是波兰出口竞争力在小幅波动中呈持续上升态势，捷克出口竞争力呈持续地上升，遭受欧洲主权债务危机冲击后出现稍微下降态势。七是罗马尼亚、斯洛伐克出口竞争力在小幅波动中呈上升态势。八是匈牙利、葡萄牙、希腊、卢森堡、斯洛文尼亚、克罗地亚、立陶宛、保加利亚、拉脱维亚、爱沙尼亚、塞浦路斯、马耳他等 12 个国家出口竞争力呈小幅波动态势。

表 5－1　全球主要国家及地区外贸竞争力的变化：基于出口增加值比较

类别	2000年	2001年	2002年	2003年	2004年	2005年	2006年	2007年	2008年	2009年	2010年	2011年	2012年	2013年	2014年
澳大利亚	1.37	1.25	1.22	1.24	1.32	1.45	1.39	1.42	1.58	1.60	1.93	1.95	1.84	1.83	1.59
奥地利	0.94	0.99	1.04	1.08	1.05	1.03	1.00	1.02	1.00	1.03	0.92	0.89	0.85	0.87	0.88
比利时	1.54	1.58	1.67	1.73	1.70	1.57	1.46	1.48	1.43	1.53	1.40	1.32	1.26	1.28	1.30
保加利亚	0.02	0.02	0.03	0.04	0.05	0.06	0.06	0.09	0.10	0.10	0.11	0.12	0.11	0.12	0.12
巴西	0.89	0.93	0.97	0.96	1.04	1.14	1.18	1.19	1.29	1.30	1.47	1.62	1.51	1.45	1.34

续表

类别	2000年	2001年	2002年	2003年	2004年	2005年	2006年	2007年	2008年	2009年	2010年	2011年	2012年	2013年	2014年
加拿大	3.38	3.34	3.13	3.12	3.02	3.07	2.98	2.88	2.74	2.57	2.58	2.60	2.60	2.56	2.52
瑞士	1.59	1.63	1.68	1.66	1.61	1.52	1.47	1.50	1.52	1.72	1.62	1.61	1.56	1.55	1.59
中国	3.65	4.07	4.71	5.19	5.70	6.38	7.12	7.67	8.21	8.93	9.77	10.12	10.78	11.29	12.00
塞浦路斯	0.04	0.04	0.04	0.05	0.05	0.05	0.04	0.05	0.05	0.06	0.05	0.05	0.05	0.05	0.04
捷克	0.33	0.38	0.41	0.45	0.50	0.52	0.54	0.58	0.62	0.64	0.58	0.57	0.54	0.54	0.56
德国	7.95	8.42	8.98	9.34	9.32	8.72	8.48	8.74	8.38	8.44	7.66	7.45	7.10	7.38	7.57
丹麦	0.80	0.83	0.85	0.88	0.84	0.84	0.80	0.77	0.77	0.77	0.70	0.65	0.63	0.64	0.64
西班牙	1.77	1.93	2.02	2.15	2.07	1.92	1.83	1.92	1.86	1.98	1.71	1.64	1.53	1.57	1.59
爱沙尼亚	0.02	0.03	0.03	0.04	0.05	0.05	0.05	0.06	0.06	0.06	0.06	0.06	0.06	0.06	0.06
芬兰	0.65	0.67	0.69	0.69	0.68	0.61	0.59	0.62	0.60	0.56	0.48	0.44	0.41	0.42	0.41
法国	4.58	4.73	4.84	4.91	4.66	4.29	4.02	3.98	3.85	3.99	3.56	3.43	3.25	3.37	3.36
英国	5.29	5.38	5.41	5.40	5.27	5.06	4.92	4.78	4.27	4.22	3.87	3.75	3.72	3.67	3.82
希腊	0.25	0.24	0.24	0.30	0.36	0.34	0.32	0.35	0.37	0.34	0.29	0.26	0.22	0.23	0.24
克罗地亚	0.09	0.10	0.11	0.12	0.13	0.12	0.12	0.12	0.12	0.13	0.11	0.11	0.10	0.10	0.10
匈牙利	0.24	0.28	0.32	0.34	0.36	0.37	0.37	0.40	0.40	0.39	0.35	0.34	0.32	0.34	0.34
印度尼西亚	1.00	0.95	0.96	0.95	0.90	0.94	1.00	0.96	1.00	1.10	1.25	1.38	1.30	1.23	1.13
印度	0.87	0.91	1.01	1.03	1.19	1.34	1.43	1.50	1.38	1.51	1.81	1.71	1.64	1.70	1.62
爱尔兰	0.78	0.90	1.01	1.05	1.00	0.95	0.89	0.92	0.83	0.97	0.84	0.80	0.74	0.77	0.79
意大利	3.53	3.78	3.79	3.90	3.81	3.50	3.34	3.39	3.18	3.06	2.74	2.64	2.56	2.62	2.65
日本	8.34	7.17	7.01	6.91	6.86	6.32	5.80	5.37	5.06	4.95	5.35	4.77	4.64	3.95	3.82
韩国	2.29	2.07	2.17	2.19	2.37	2.35	2.28	2.29	2.06	2.26	2.37	2.33	2.40	2.54	2.66
立陶宛	0.04	0.05	0.07	0.08	0.08	0.09	0.09	0.10	0.11	0.10	0.10	0.11	0.12	0.13	0.13
卢森堡	0.20	0.21	0.22	0.23	0.23	0.22	0.23	0.25	0.25	0.26	0.25	0.24	0.22	0.24	0.25
拉脱维亚	0.03	0.03	0.04	0.04	0.04	0.05	0.05	0.06	0.07	0.06	0.06	0.06	0.06	0.06	0.06
墨西哥	1.75	1.71	1.67	1.44	1.33	1.41	1.42	1.36	1.28	1.20	1.31	1.38	1.40	1.41	1.39
马耳他	0.02	0.02	0.02	0.03	0.02	0.02	0.02	0.03	0.03	0.03	0.03	0.03	0.03	0.03	0.03
荷兰	2.49	2.56	2.66	2.72	2.66	2.53	2.41	2.44	2.43	2.61	2.35	2.22	2.12	2.53	2.48
挪威	1.27	1.28	1.23	1.22	1.23	1.38	1.42	1.31	1.53	1.25	1.20	1.29	1.30	1.21	1.11
波兰	0.58	0.68	0.70	0.73	0.75	0.81	0.84	0.89	0.96	1.03	1.02	1.01	0.99	1.07	1.12
葡萄牙	0.25	0.27	0.29	0.33	0.33	0.30	0.31	0.33	0.32	0.34	0.30	0.29	0.28	0.30	0.31
罗马尼亚	0.15	0.16	0.19	0.20	0.21	0.23	0.26	0.28	0.29	0.31	0.30	0.31	0.29	0.34	0.36

续表

类别	2000年	2001年	2002年	2003年	2004年	2005年	2006年	2007年	2008年	2009年	2010年	2011年	2012年	2013年	2014年
俄罗斯	1.73	1.70	1.81	1.98	2.26	2.68	2.98	3.00	3.59	2.92	3.26	3.62	3.72	3.50	3.20
斯洛伐克	0.08	0.10	0.11	0.15	0.18	0.19	0.20	0.24	0.26	0.25	0.24	0.23	0.25	0.26	0.26
斯洛文尼亚	0.08	0.09	0.11	0.12	0.13	0.12	0.13	0.14	0.14	0.14	0.12	0.12	0.11	0.12	0.12
瑞典	1.39	1.33	1.35	1.44	1.44	1.32	1.29	1.31	1.24	1.18	1.17	1.14	1.08	1.11	1.07
土耳其	0.94	0.99	0.93	0.91	0.96	0.97	0.94	0.95	1.00	1.07	0.94	0.92	0.99	0.99	1.03
中国台湾地区	1.85	1.69	1.76	1.65	1.59	1.53	1.46	1.39	1.20	1.30	1.38	1.27	1.28	1.30	1.38
美国	15.51	15.15	14.23	12.73	11.81	11.41	11.27	10.88	10.39	11.30	10.97	10.44	10.71	10.74	10.94

资料来源：作者根据2016年11月WIOD数据库发布的世界投入产出数据表计算而得。单位为（%）。

第二，从东亚国家及地区来看，一是2000—2014年年均出口竞争力处于高水平的是中国和日本（年均市场渗透率分别为7.71%、5.75%）；二是同期韩国年均出口竞争力处于较高水平（大于2%）；三是同期中国台湾地区、印度尼西亚的年均出口竞争力处于中等水平（大于1%）。在东亚经济中，由于中国自身独特的禀赋优势，已演变为东亚乃至世界的制造中心。相应地，跨国企业投资转移也将最终品出口市场份额转移到了中国，从而使得中国在世界进口市场的渗透率升高。这从日本企业转移向海外投资，日本最终品出口在世界进口市场渗透率呈现显著地下滑中得到了佐证。相比来看，韩国在动荡的国际形势中始终保持着稳中有升的出口竞争力态势；印度尼西亚呈现出先持续平缓上升，2011年后出现下降态势；中国台湾地区出口竞争力却呈现持续平缓下滑态势。同为东亚生产网络中的亚洲“四小龙”，韩国和中国台湾地区却呈现出口竞争力发展态势相反的格局，其中的经验教训值得我们警惕，因为以市场渗透率衡量的出口竞争力下降将会直接影响到一国或地区的企业就业，这对人口众多、就业压力巨大的中国来说是至关重要的。

第三，从“金砖国家”来看，一是2000—2014年中国的年均出口竞争力处于高水平（约7.71%）；二是同期俄罗斯的年均出口竞争力处于较高水平（大于2%）；三是同期印度和巴西的年均出口竞争力处于中等水平（大于1%）。而且，俄罗斯、印度和巴西的出口竞争力都呈现先持续缓慢上升，最后几年出现下降态势。这表明俄罗斯、印度和巴西在融入全球生产网络过程中，其出口竞争力得到了提升，但遭受美欧金融危机冲击后出现了下降。

第四，从其他新兴市场经济体来看，一是2000—2014年墨西哥、印度尼西亚的年均出口竞争力处于中等水平（大于1%），并且墨西哥出口竞争力在波动中呈下降态势，而印度尼西亚出口竞争力呈现缓慢上升，在遭受美欧金融危机冲击后出现下降态势。二是同期土耳其年均出口竞争力处于中等偏下水平（约0.97%），并围绕均值呈小幅波动态势。

第三节 全球生产网络下主要国家行业增加值出口竞争力及其变化：统计比较

将增加值进口市场渗透率在国家 j 维度上加总，得到第 t 年 i 国在行业 k 上出口竞争力（$MPIVA_{ikt}$）。基于$MPIVA_{ikt}$指标，我们测算出2000—2014年WIOD数据库中43个国家及地区56个行业增加值出口竞争力。这里就主要国家行业增加值出口竞争力变化做出比较。基于WIOD中新近的2014年数据，我们测算出增加值出口竞争力指标大于2%的国家是11个，排序为中国、美国、德国、日本、英国、法国、俄罗斯、韩国、意大利、加拿大和荷兰。将考察这11个国家56个行业在世界进口市场渗透率，分析其行业增加值出口竞争力的变化格局。囿于篇幅，如表5-2所示，我们仅对这11个主要国家56个行业出口竞争力做2014年与2001年（中国加入世界贸易组织）对比分析，以期反映变化的格局。

一、中国行业增加值出口竞争力及其变化

第一，从2014年中国行业增加值出口竞争力来看：一是在18个行业上具有绝对优势地位（指超过主要11国均值$MPIVA_{ikt}$在5%以上，以下类同），具体包括纺织与服装及皮革制造、除家具外木材与软木制品和秸秆及编织业、记录媒体的印刷与复制、橡胶与塑料制品业、其他非金属矿物制品、贱金属制造、金属制品、计算机与电子及光学制品、电气设备制品、机械与设备、家具制造业、建筑、批发业、零售业、水上运输、航空运输、法律与会计和管理咨询、其他服务等。二是在15个行业上中等偏上（指超过11国均值但超出不大，以下类同），具体是作物与动物生产和狩猎及相关服务、渔业与水产养殖、食物制品与饮料和烟草业、纸与纸制品制造、焦炭与精炼石油品制造、化工产品制造、基本药物与药物制剂业、汽车与挂车及半挂车制造、其他运输设备制造、电力与燃气和蒸汽及空调供应、集水与处理和供水、陆路运输与管道运输、住宿与餐饮服务、计算机程序与咨询及信息服务、人类健康与社会工作。三是在17个行业上中等偏下（指低于11国均值但差额不大，以下类同），具体是林业与伐木、采矿与采石、

表 5-2 2014 年主要国家行业增加值出口竞争力及相对 2001 年的变化

各出口竞争力行业数量	中国	美国	德国	日本	英国	法国	俄罗斯	韩国	意大利	加拿大	荷兰
绝对优势	18 个	32 个	14 个	1 个	8 个	1 个	2 个		1 个	2 个	3 个
中等偏上	15 个	16 个	24 个	8 个	13 个	13 个	3 个	4 个	5 个	8 个	6 个
中等偏下	17 个	7 个	16 个	38 个	35 个	38 个	35 个	41 个	44 个	39 个	40 个
竞争力差	6 个	1 个	2 个	9 个		4 个	16 个	11 个	6 个	7 个	7 个
各出口竞争力行业变化	中国	美国	德国	日本	英国	法国	俄罗斯	韩国	意大利	加拿大	荷兰
大幅上升	10 个										
明显上升	12 个	3 个	2 个		2 个	2 个		2 个			3 个
有所提升	33 个	8 个	25 个	4 个	14 个	16 个	54 个	49 个	11 个	19 个	18 个
有所下降		30 个	25 个	45 个	37 个	36 个	2 个	5 个	44 个	33 个	34 个
明显下降		11 个	1 个	6 个	2 个	1 个			1 个	3 个	1 个
大幅下降	1 个	4 个	3 个	1 个	1 个	1 个				1 个	

注：2014 年，行业出口竞争力绝对优势指超过 11 国均值在 5% 以上；中等偏上指超过 11 国均值但超出不大；中等偏下指低于 11 国均值但差额不大；竞争力差指低于 11 国均值在 5% 以上。2014 年相对 2001 年，大幅上升指超出在 10% 以上；明显上升指超出在 5%—10%；有所提升指超出在 0—5%；有所下降指低于 2001 年在 0—5%；明显下降指低于 2001 年在 5%—10%；大幅下降指低于 2001 年在 10% 以上。

机械设备的修理和安装、污水与废物收集处理和废料回收及其他管理、汽车与摩托车批发零售及修理、运输仓储及支撑活动、邮递活动、出版活动、电信、除保险与养老金外的金融服务、保险与再保险和养老金、房地产活动、其他专业性科技活动及兽医活动、行政与支持服务活动、公共行政与国防及强制性社保、教育、域外组织与机构活动。四是在 6 个行业上出口竞争力差（指低于 11 国均值在 5% 以上，以下类同），具体是电影与音像和广播业、金融与保险服务辅助活动、建筑与工程及技术试验分析、科学研究与发展、广告与市场研究、家庭作为雇主与家庭自用服务。

第二，2014 年与 2001 年相比，中国行业增加值出口竞争力的变化态势：一是在 10 个行业上出现大幅上升（指超过 2001 年 10% 以上，以下类同），具体是纺织与服装及皮革制造、除家具外木材与软木制品和秸秆及编织业、其他非金属矿物制品、金属制品、计算机与电子及光学制品、电气设备制品、机械与设备、家具制造业、建筑、零售业。二是在12个行业上有了明显上升（指超过2001年在5%—10%，以下类同），具体是纸与纸制品制造、记录媒体的印刷与复制、化工产品制造、橡胶与塑料制品业、贱金属制造、汽车与挂车及半挂车制造、其他运输设备制造、批发业、陆路运输与管道运输、水上运输、航空运输、法律与会计和管理咨询。三是在33个行业上有所提升（指超过2001年在0—5%，以下类同），具体行业省略。四是在其他服务活动上大幅下降（指低于2001年在10%以上，以下类同），2014年比2001年下降了11.52%。可见，中国在近乎所有行业上增加值出口竞争力都呈上升态势。

二、美国行业增加值出口竞争力及其变化

第一，从2014年美国行业增加值出口竞争力来看：一是在32个行业上具有绝对优势地位，具体是作物与动物生产和狩猎及相关服务、林业与伐木、食物制品与饮料和烟草业、纸与纸制品制造、记录媒体的印刷与复制、焦炭与精炼石油品制造、化工产品制造、基本药物与药物制剂业、其他运输设备制造、污水与废物收集处理和废料回收及其他管理、批发业、陆路运输与管道运输、航空运输、运输仓储及支撑活动、邮递活动、出版活动、电影与音像和广播业、电信、计算机程序与咨询及信息服务、除保险与养老金外的金融服务、保险与再保险和养老金、金融与保险服务辅助活动、房地产活动、法律与会计和管理咨询、建筑与工程及技术试验分析、科学研究与发展、广告与市场研究、行政与支持服务活动、公共行政与国防及强制性社保、教育、人类健康与社会工作活动、域外组织与机构活动。二是在16个行业上中等偏上，具体是渔业与水产养殖、采矿与采石、除家具外木材与软木制品和秸秆及编织业、橡胶与塑料制品业、其他非金属矿物制品、贱金属制造、金属制品、计算机与电子及光学制品、机械与设备、汽车与挂车及半挂车制造、家具制造业、电力与燃气和蒸汽及空调供应、水上运输、住宿与餐饮服务、其他专业性科技活动及兽医活动、其他服务活动。三是在7个行业上中等偏下，具体是纺织与服装及皮革制造、电气设备制品、机械设备的修理和安装、集水与处理和供水、建筑、汽车与摩托车批发零售及修理、零售业。四是在家庭作为雇主与家庭自用服务上出口竞争力差。

第二，2014年与2001年相比，美国行业增加值出口竞争力的变化态势：一是在3个行业上有了明显上升，具体是除保险与养老金外的金融服务、科学研究与发展、广告与市场研究。二是在8个行业上有所提升，具体是采矿与采石、焦炭与精炼石油品制造、污水与废物收集处理和废料回收及其他管理、保险与再保险和养老金、金融与保险服务辅助活动、公共行政与国防及强制性社保、教育、

域外组织与机构活动。三是在30个行业上有所下降（指低于2001年在0—5%，以下类同），具体行业省略。四是在11个行业上有了明显下降（指低于2001年在5%—10%，以下类同），具体是林业与伐木、基本药物与药物制剂业、其他非金属矿物制品、电气设备制品、机械与设备、汽车与挂车及半挂车制造、其他运输设备制造、家具制造业、邮递活动、法律与会计和管理咨询、行政与支持服务活动。五是在4个行业上出现了大幅下降，具体是计算机与电子及光学制品、批发业（除汽车与摩托车外）、出版活动、房地产活动。

三、德国行业增加值出口竞争力及其变化

第一，从2014年德国行业增加值出口竞争力来看：一是在14个行业上具有绝对优势地位，具体是纸与纸制品制造、基本药物与药物制剂业、橡胶与塑料制品业、金属制品、电气设备制品、机械与设备、汽车与挂车及半挂车制造、机械设备的修理和安装、电力与燃气和蒸汽及空调供应、集水与处理和供水、污水与废物收集处理和废料回收及其他管理、汽车与摩托车批发零售及修理、房地产活动、建筑与工程及技术试验分析。二是在24个行业上中等偏上，具体是作物与动物生产和狩猎及相关服务、食物制品与饮料和烟草业、除家具外木材与软木制品和秸秆及编织业、记录媒体的印刷与复制、化工产品制造、其他非金属矿物制品、贱金属制造、其他运输设备制造、家具制造业、建筑、批发业、水上运输、运输仓储及支撑活动、住宿与餐饮服务、出版活动、电影与音像和广播业、计算机程序与咨询及信息服务、除保险与养老金外的金融服务、保险与再保险和养老金、法律与会计和管理咨询、科学研究与发展、广告与市场研究、其他专业性科技活动及兽医活动、教育。三是在16个行业上中等偏下，具体是林业与伐木、渔业与水产养殖、采矿与采石、纺织与服装及皮革制造、焦炭与精炼石油品制造、计算机与电子及光学制品、零售业（除汽车与摩托车外）、陆路运输与管道运输、航空运输、邮递活动、电信、行政与支持服务活动、公共行政与国防及强制性社保、人类健康与社会工作活动、其他服务活动、域外组织与机构活动。四是在2个行业上出口竞争力差，具体是金融与保险服务辅助活动、家庭作为雇主与家庭自用服务。

第二，2014年与2001年相比，德国行业增加值出口竞争力的变化态势：一是在两个行业上有了明显上升，具体是污水与废物收集处理和废料回收及其他管理、汽车与摩托车批发零售及修理。二是在25个行业上有所提升，具体是作物与动物生产和狩猎及相关服务、林业与伐木、食物制品与饮料和烟草业、除家具外木材与软木制品和秸秆及编织业、纸与纸制品制造、记录媒体的印刷与复制、

基本药物与药物制剂业、汽车与挂车及半挂车制造、家具制造业、零售业、水上运输、运输仓储及支撑活动、邮递活动、电影与音像和广播业、计算机程序与咨询及信息服务、除保险与养老金外的金融服务、金融与保险服务辅助活动、建筑与工程及技术试验分析、广告与市场研究、其他专业性科技活动及兽医活动、行政与支持服务活动、教育、人类健康与社会工作活动、家庭作为雇主与家庭自用服务、域外组织与机构活动。三是在 25 个行业上有所下降，具体行业省略。四是在房地产行业上有了明显下降。五是在 3 个行业上出现大幅下降，具体是机械设备的修理和安装、电力与燃气和蒸汽及空调供应、集水与处理和供水。

四、日本行业增加值出口竞争力及其变化

第一，从 2014 年日本行业增加值出口竞争力来看：一是在家庭作为雇主与家庭自用服务上具有绝对优势地位。二是在 8 个行业上中等偏上，具体是橡胶与塑料制品业、贱金属制造、金属制品、计算机与电子及光学制品、电气设备制品、汽车与挂车及半挂车制造、水上运输、其他专业性科技活动及兽医活动。三是在 38 个行业上中等偏下，具体是作物与动物生产和狩猎及相关服务、林业与伐木、渔业与水产养殖、采矿与采石、食物制品与饮料和烟草业、纺织与服装及皮革制造、除家具外木材与软木制品和秸秆及编织业、纸与纸制品制造、记录媒体的印刷与复制、焦炭与精炼石油品制造、化工产品制造、基本药物与药物制剂业、其他非金属矿物制品、机械与设备、其他运输设备制造、家具制造业、机械设备的修理和安装、电力与燃气和蒸汽及空调供应、集水与处理和供水、建筑、汽车与摩托车批发零售及修理、批发业、零售业、陆路运输与管道运输、航空运输、运输仓储及支撑活动、住宿与餐饮服务、电信、计算机程序与咨询及信息服务、除保险与养老金外的金融服务、保险与再保险和养老金、房地产活动、行政与支持服务、公共行政与国防及强制性社保、教育、人类健康与社会工作、其他服务、域外组织与机构活动。四是在 9 个行业上出口竞争力差，具体是污水与废物收集处理和废料回收及其他管理、邮递活动、出版活动、电影与音像和广播业、金融与保险服务辅助活动、法律与会计和管理咨询、建筑与工程及技术试验分析、科学研究与发展、广告与市场研究。

第二，2014 年与 2001 年相比，日本行业增加值出口竞争力的变化态势：一是在 4 个行业上有所提升，具体是房地产活动、行政与支持服务活动、教育、域外组织与机构活动。二是在 45 个行业上有所下降，具体行业省略。三是在 6 个行业上有了明显下降，具体是金属制品、计算机与电子及光学制品、电气设备制品、汽车与挂车及半挂车制造、水上运输、航空运输。四是在家庭作为雇主与家

庭自用服务上出口竞争力出现大幅下降，2014 年比 2001 年下降了 19.46 %。尽管如此，日本在该行业上出口竞争力仍位居绝对优势地位。

五、英国行业增加值出口竞争力及其变化

第一，从 2014 年英国行业增加值出口竞争力来看：一是在 8 个行业上具有绝对优势地位，具体是汽车与摩托车批发零售及修理、电影与音像和广播业、除保险与养老金外的金融服务、保险与再保险和养老金、金融与保险服务辅助活动、其他专业性科技活动及兽医活动、教育、其他服务活动。二是在 13 个行业上中等偏上，具体是渔业与水产养殖、基本药物与药物制剂业、污水与废物收集处理和废料回收及其他管理、零售业、邮递活动、住宿与餐饮服务、出版活动、电信、计算机程序与咨询及信息服务、房地产活动、建筑与工程及技术试验分析、广告与市场研究、行政与支持服务活动。三是在 35 个行业上中等偏下，具体是作物与动物生产和狩猎及相关服务、林业与伐木、采矿与采石、食物制品与饮料和烟草业、纺织与服装及皮革制造、除家具外木材与软木制品和秸秆及编织业、纸与纸制品制造、记录媒体的印刷与复制、焦炭与精炼石油品制造、化工产品制造、橡胶与塑料制品业、其他非金属矿物制品、贱金属制造、金属制品、计算机与电子及光学制品、电气设备制品、机械与设备、汽车与挂车及半挂车制造、其他运输设备制造、家具制造业、机械设备的修理和安装、电力与燃气和蒸汽及空调供应、集水与处理和供水、建筑、批发业、陆路运输与管道运输、水上运输、航空运输、运输仓储及支撑活动、法律与会计和管理咨询、科学研究与发展、公共行政与国防及强制性社保、人类健康与社会工作活动、家庭作为雇主与家庭自用服务、域外组织与机构活动。

第二，2014 年与 2001 年相比，英国行业增加值出口竞争力的变化态势：一是在 2 个行业上有了明显上升，具体是汽车与摩托车批发零售及修理、教育。二是在 14 个行业上有所提升，具体是批发业、零售业、邮递活动、电影与音像和广播业、电信、房地产活动、广告与市场研究、其他专业性科技活动及兽医活动、行政与支持服务活动、公共行政与国防及强制性社保、人类健康与社会工作活动、其他服务活动、家庭作为雇主与家庭自用服务、域外组织与机构活动。三是在 37 个行业上有所下降，具体行业省略。四是在 2 个行业上有了明显下降，具体是记录媒体的印刷与复制、保险与再保险和养老金。五是在科学研究与发展行业上出现大幅下降，2014 年比 2001 年下降了 10.88%。

六、法国行业增加值出口竞争力及其变化

第一，从2014年法国行业增加值出口竞争力来看：一是在机械设备修理与安装上具有绝对优势地位。二是在13个行业上中等偏上，具体是作物与动物生产和狩猎及相关服务、食物制品与饮料和烟草业、基本药物与药物制剂业、其他运输设备制造、电力与燃气和蒸汽及空调供应、汽车与摩托车批发零售及修理、水上运输、建筑与工程及技术试验分析、科学研究与发展、广告与市场研究、行政与支持服务活动、人类健康与社会工作活动、其他服务活动。三是在38个行业上中等偏下，具体行业省略。四是在4个行业上出口竞争力差，具体是记录媒体的印刷与复制、金融与保险服务辅助活动、其他专业性科技活动及兽医活动、家庭作为雇主与家庭自用服务。

第二，2014年与2001年相比，法国行业增加值出口竞争力的变化态势：一是在2个行业上有了明显上升，具体是机械设备修理与安装、广告与市场研究。二是在16个行业上有所提升，具体是采矿与采石、记录媒体的印刷与复制、水上运输、邮递活动、出版活动、电信、计算机程序与咨询及信息服务、除保险与养老金外的金融服务、保险与再保险和养老金、金融与保险服务辅助活动、房地产活动、法律与会计和管理咨询、其他专业性科技活动及兽医活动、行政与支持服务活动、教育、其他服务活动。三是在36个行业上有所下降，具体行业省略。四是在汽车与摩托车批发零售及修理上有了明显下降。五是在零售业上出口竞争力出现大幅下降，2014年比2001年下降了17.88%。

七、俄罗斯行业增加值出口竞争力及其变化

第一，从2014年俄罗斯行业增加值出口竞争力来看：一是在2个行业上具有绝对优势地位，具体是采矿与采石、陆路运输与管道运输。二是在3个行业上中等偏上，具体是焦炭与精炼石油品制造、贱金属制造、电力与燃气和蒸汽及空调供应。三是在35个行业上中等偏下，具体行业省略。四是在16个行业上出口竞争力差，具体是记录媒体的印刷与复制、计算机与电子及光学制品、电气设备制品、其他运输设备制造、污水与废物收集处理和废料回收及其他管理、邮递活动、出版活动、电影与音像和广播业、除保险与养老金外的金融服务、金融与保险服务辅助活动、法律与会计和管理咨询、建筑与工程及技术试验分析、科学研究与发展、广告与市场研究、其他专业性科技活动及兽医活动、家庭作为雇主与家庭自用服务。

第二，2014年与2001年相比，俄罗斯行业增加值出口竞争力的变化态势：

一是在 54 个行业上有所提升，具体行业省略。二是在 2 个行业上有所下降，具体是公共行政与国防及强制性社保、教育。

八、韩国行业增加值出口竞争力及其变化

第一，从 2014 年韩国行业增加值出口竞争力来看：一是在 4 个行业上中等偏上，具体是计算机与电子及光学制品、集水与处理和供水、零售业（除汽车与摩托车外）、其他专业性科技活动及兽医活动。二是在 41 个行业上中等偏下，具体行业省略。三是在 11 个行业上出口竞争力差，具体是记录媒体的印刷与复制、污水与废物收集处理和废料回收及其他管理、批发业（除汽车与摩托车外）、邮递活动、出版活动、电影与音像和广播业、除保险与养老金外的金融服务、金融与保险服务辅助活动、法律与会计和管理咨询、公共行政与国防及强制性社保、家庭作为雇主与家庭自用服务。

第二，2014 年与 2001 年相比，韩国行业增加值出口竞争力的变化态势：一是在 2 个行业上有了明显上升，具体是集水与处理和供水、其他专业性科技活动及兽医活动。二是在 49 个行业上有所提升，囿于篇幅，具体行业省略。三是在 5 个行业上有所下降，具体是作物与动物生产和狩猎及相关服务、渔业与水产养殖、纺织与服装及皮革制造、焦炭与精炼石油品制造、家具制造业。

九、意大利行业增加值出口竞争力及其变化

第一，从 2014 年意大利行业增加值出口竞争力来看：一是在房地产行业上具有绝对优势地位。二是在 5 个行业上中等偏上，具体是纺织与服装及皮革制造、机械与设备、机械设备修理与安装、电信、人类健康与社会工作活动。三是在 44 个行业上中等偏下，囿于篇幅，具体行业省略。四是在 6 个行业上出口竞争力差，具体是计算机与电子及光学制品、电影与音像和广播业、金融与保险服务辅助活动、法律与会计和管理咨询、公共行政与国防及强制性社保、家庭作为雇主与家庭自用服务。

第二，2014 年与 2001 年相比，意大利行业增加值出口竞争力的变化态势：一是在 11 个行业上有所提升，具体是食物制品与饮料和烟草业、纸与纸制品制造、记录媒体的印刷与复制、基本药物与药物制剂业、机械设备修理与安装、电力与燃气和蒸汽及空调供应、集水与处理和供水、汽车与摩托车批发零售及修理、邮递活动、人类健康与社会工作活动、域外组织与机构活动。二是在 44 个行业上有所下降，具体行业省略。三是在污水与废物收集处理和废料回收及其他管理行业上有了明显下降。

十、加拿大行业增加值出口竞争力及其变化

第一，从 2014 年加拿大行业增加值出口竞争力来看：一是在 2 个行业上具有绝对优势地位，具体是记录媒体的印刷与复制、汽车与摩托车批发零售及修理。二是在 8 个行业上中等偏上，具体是作物与动物生产和狩猎及相关服务、林业与伐木、渔业与水产养殖、采矿与采石、除家具外木材与软木制品和秸秆及编织业、住宿与餐饮服务、教育、人类健康与社会工作活动。三是在 39 个行业上中等偏下，囿于篇幅，具体行业省略。四是在 7 个行业上出口竞争力差，具体是计算机与电子及光学制品、电气设备制品、电影与音像和广播业、金融与保险服务辅助活动、法律与会计和管理咨询、广告与市场研究、家庭作为雇主与家庭自用服务。

第二，2014 年与 2001 年相比，加拿大行业增加值出口竞争力的变化态势：一是在 19 个行业上有所提升，具体是基本药物与药物制剂业、机械设备修理与安装、电力与燃气和蒸汽及空调供应、集水与处理和供水、污水与废物收集处理和废料回收及其他管理、陆路运输与管道运输、水上运输、航空运输、邮递活动、电信、保险与再保险和养老金、金融服务与保险、科学研究与发展、广告与市场研究、其他专业性科技活动及兽医活动、公共行政与国防及强制性社保、教育、家庭作为雇主与家庭自用服务、域外组织与机构活动。二是在 33 个行业上有所下降，具体行业省略。三是在 3 个行业上有了明显下降，具体是林业与伐木、除家具外木材与软木制品和秸秆及编织业、纸与纸制品制造。四是在汽车与摩托车批发零售及修理上出现大幅下降，2014 年比 2001 年下降了 16.17%。

十一、荷兰行业增加值出口竞争力及其变化

第一，从 2014 年荷兰行业增加值出口竞争力来看：一是在 3 个行业上具有绝对优势地位，具体是建筑、法律与会计和管理咨询、公共行政与国防及强制性社保。二是在 6 个行业上中等偏上，具体是焦炭与精炼石油品制造、电力与燃气和蒸汽及空调供应、运输仓储及支撑活动、邮递活动、计算机程序与咨询及信息服务、行政与支持服务活动。三是在 40 个行业上中等偏下，具体行业省略。四是在 7 个行业上出口竞争力差，具体是计算机与电子及光学制品、电气设备制品、其他运输设备制造、电影与音像和广播业、金融与保险服务辅助活动、科学研究与发展、家庭作为雇主与家庭自用服务。

第二，2014 年与 2001 年相比，荷兰行业增加值出口竞争力的变化态势：

一是在3个行业上有了明显上升，具体是建筑、法律与会计和管理咨询、公共行政与国防及强制性社保。二是在18个行业上有所提升，具体是林业与伐木、焦炭与精炼石油品制造、机械与设备、电力与燃气和蒸汽及空调供应、集水与处理和供水、污水与废物收集处理和废料回收及其他管理、汽车与摩托车批发零售及修理、批发业、零售业、陆路运输与管道运输、水上运输、计算机程序与咨询及信息服务、保险与再保险和养老金、金融与保险服务辅助活动、行政与支持服务活动、教育、人类健康与社会工作活动、域外组织与机构活动。三是在34个行业上有所下降，具体行业省略。四是在机械设备修理与安装行业上有了明显下降。

十二、主要国家行业增加值出口竞争力及其变化：统计比较

据2014年WIOD数据测算的增加值出口竞争力大于2%的11个主要国家比较来看，如表5-2所示，第一，行业增加值出口竞争力具有绝对优势地位的是美国、中国和德国。美国在32个行业上增加值出口竞争力具有绝对优势地位，占到全部行业的57.1%；中国在18个行业上增加值出口竞争力具有绝对优势地位，占到全部行业的32.1%；德国在14个行业上增加值出口竞争力具有绝对优势地位，占到全部行业的25%。随后的国家分别是英国、荷兰、俄罗斯和加拿大、日本、法国和意大利。第二，行业增加值出口竞争力中等偏上的是德国、美国和中国。德国在24个行业上增加值出口竞争力中等偏上，占全部行业的42.9%；美国在16个行业上增加值出口竞争力中等偏上，占全部行业的28.6%；中国在15个行业上增加值出口竞争力中等偏上，占全部行业的26.8%。随后的国家分别是英国、法国、日本、加拿大、荷兰、意大利、韩国和俄罗斯。第三，行业增加值出口竞争力中等偏下的是意大利、韩国、荷兰、加拿大、日本、法国、英国和俄罗斯，分别有44个、41个、40个、39个、38个、38个、35个和35个行业，分别占全部行业的78.6%、73.2%、71.4%、69.6%、67.9%、67.9%、62.5%和62.5%。随后的国家分别是中国、德国和美国，分别有17个、16个和7个行业增加值的出口竞争力中等偏下。第四，行业增加值出口竞争力差的是俄罗斯、韩国、日本、加拿大、荷兰、中国、意大利和法国，分别有16个、11个、9个、7个、7个、6个、6个、4个行业，分别占全部行业的28.6%、19.6%、16.1%、12.5%、12.5%、10.7%、10.7%和7.1%。随后的国家分别是德国和美国，只有2个和1个行业增加值出口竞争力差。英国甚至没有竞争力差的行业。因此，首先，从2014年主要国家增加值行业出口竞争力相比来看，真正的强者是美国和德国，拥有增加值出口竞争力具有

绝对优势及中等偏上的行业位居第一、第二位，分别占全部行业的85.7%、67.9%；其次是中国和英国，拥有增加值出口竞争力具有绝对优势及中等偏上的行业位居第三、第四位，分别占全部行业的58.9%、37.5%。

再将2014年与2001年动态相比来看：第一，国家行业增加值出口竞争力上升幅度最大及明显上升行业最多的是中国。中国有10个行业增加值出口竞争力出现大幅上升，有12个行业增加值出口竞争力有了明显上升，有33个行业增加值出口竞争力有所提升。第二，国家行业增加值出口竞争力明显上升的行业，中国有12个、美国3个、荷兰3个、德国2个、英国2个、法国2个和韩国2个。第三，国家行业增加值出口竞争力有所提升的行业，俄罗斯有54个、韩国49个、中国33个、德国25个、加拿大19个、荷兰18个、法国16个、英国14个、意大利11个、美国8个、日本4个。第四，国家行业增加值出口竞争力有所下降的行业，日本有45个、意大利44个、英国37个、法国36个、荷兰34个、加拿大33个、美国30个、德国25个、韩国5个、俄罗斯2个。第五，国家行业增加值出口竞争力明显下降的行业，美国有11个、日本6个、加拿大3个、英国2个，德国、法国、意大利和荷兰各1个。第六，国家行业增加值出口竞争力大幅下降的行业，美国有4个、德国3个，中国、日本、英国、法国和加拿大各有1个。

相比而言，如表5－2所示，尽管从2014年主要国家行业增加值出口竞争力来看，真正的强者是美国和德国，拥有绝对优势及中等偏上的出口竞争力的行业位居第一、第二位，但是相对于2001年来说，中国是行业增加值出口竞争力大幅上升和明显上升的行业最多的国家，有22个；俄罗斯、韩国、中国和德国是行业增加值的出口竞争力有所提升的行业最多的4个国家；日本、意大利、英国、法国、荷兰、加拿大、美国、德国是行业增加值出口竞争力有所下降的行业最多的8个国家；美国和日本是行业增加值出口竞争力明显下降的行业最多的2个国家。

第四节

全球生产网络下国家知识产权保护及其变化：国际比较[①]

在对全球生产网络下主要国家和行业增加值出口竞争力进行国际比较之后，

① 本节主要内容参见：沈国兵："美国商会发布的国际知识产权指数可信吗"，《当代经济研究》2019年第1期。

我们再对这些国家知识产权保护做出比较分析，以进一步考察主要国家知识产权保护与其外贸竞争力的关联性。1995 年 1 月 1 日，世界贸易组织（WTO）建立后，通过谈判达成了《与贸易有关的知识产权协定》（TRIPS 协定），并将其纳入 WTO 协定之中，专门成立了“与贸易有关的知识产权理事会”，负责监督各国执行知识产权协定。由于 TRIPS 协定第一次在 WTO 框架下将知识产权保护与国际贸易联系起来，并将版权及邻接权、商标权、地理标识权、工业品外观设计权、专利权、集成电路布图设计权、商业秘密保护权等纳入保护之中。许多国家开始加强知识产权保护，以期达到 TRIPS 协定的标准（沈国兵，2011）。21 世纪前后，中国、罗马尼亚、斯洛伐克等相继加入了 WTO，并签署了 TRIPS 协定。由此，一大批 WTO 成员方签署了 TRIPS 协定，将国际知识产权研究推向了一个新高度。目前来看，世界范围内国际组织机构关于国家知识产权保护的测度主要有三个：一是国际知识产权联盟（IPRA）发布的国家及地区知识产权保护指数（IPRI）；二是世界经济论坛（WEF）发布的各国知识产权保护指数（IPPI）；三是美国商会 GIPC 发布的国际知识产权指数（GIPCIPI）。我们将对其做出国际比较。

一、国际知识产权联盟（IPRA）发布的国家及地区知识产权保护及其变化

参照 Balsmeier 和 Delanote（2015），我们基于 2017 年国际知识产权联盟数据对全球 127 个国家及地区中的 43 个国家与地区的知识产权保护强度进行比较分析。这里选取的是与 WIOD 数据库中相一致的主要 43 个国家及地区。国际知识产权联盟（IPRA，2017）发布的 IPRI 指数包括 3 个二级指标以及 10 个三级指标，具体是：（1）法律政治环境，包含司法独立、法治、政治稳定、控制腐败；（2）财产权，包含财产权保护、财产登记和贷款便利性；（3）知识产权，包含知识产权保护、专利保护和版权保护。据此，IPRI 指数取值范围为 0—10，数值越高代表该国知识产权保护力度越强。IPRI 指数在强调法律规范程度的同时，更看重法律的执行力度。因此，IPRI 指数更能衡量一国的知识产权实际保护强度。这样，基于 IPRI 指数，我们给出国际知识产权联盟数据库中与 WIOD 数据库中相一致的主要 43 个国家和地区的知识产权保护强度 IPRI 指数的得分，如表 5 -3 所示。

表 5-3　2007—2017 年 43 个国家和地区知识产权保护强度指数（IPRI）

序号	国家	2007 年	2008 年	2009 年	2010 年	2011 年	2012 年	2013 年	2014 年	2015 年	2016 年	2017 年
1	澳大利亚	8.07	8.10	8.19	8.19	8.00	7.80	7.90	7.80	7.71	7.93	8.24
2	奥地利	7.96	8.00	8.12	8.17	7.90	7.80	7.80	7.80	7.55	7.59	8.01
3	比利时	6.81	6.80	7.45	7.46	7.50	7.50	7.50	7.50	7.36	7.45	7.84
4	保加利亚	3.77	3.80	5.07	5.24	5.30	5.40	5.50	5.30	4.94	5.02	4.81
5	巴西	4.45	4.50	4.67	5.12	5.30	5.50	5.60	5.50	5.10	5.15	5.43
6	加拿大	7.40	7.40	7.91	8.01	8.00	8.00	8.00	8.00	7.93	8.02	8.18
7	瑞士	8.00	8.00	8.25	8.29	8.20	8.30	8.20	8.20	8.05	8.16	8.56
8	中国	4.42	4.40	4.68	5.09	5.50	5.50	5.50	5.50	5.39	5.41	5.71
9	塞浦路斯	—	6.40	6.30	6.56	6.90	6.80	6.60	6.40	6.05	6.12	5.45
10	捷克	4.72	4.70	6.06	6.23	6.50	6.40	6.50	6.50	6.27	6.53	6.86
11	德国	8.09	8.10	8.30	8.03	7.80	7.70	7.70	7.80	7.61	7.72	7.96
12	丹麦	8.14	8.10	8.49	8.50	8.10	8.30	8.00	7.90	7.89	7.94	8.16
13	西班牙	6.54	6.50	6.81	6.81	6.50	6.50	6.50	6.30	5.73	5.85	6.42
14	爱沙尼亚	—	6.60	6.59	6.67	6.70	6.70	6.70	—	6.62	6.80	7.20
15	芬兰	7.87	7.90	8.65	8.65	8.50	8.60	8.60	8.50	8.33	8.38	8.63
16	法国	6.67	6.70	7.21	7.18	7.30	7.40	7.30	7.30	7.21	7.26	7.34
17	英国	8.10	8.10	7.84	7.78	7.70	7.70	7.80	7.80	7.69	7.76	8.13
18	希腊	5.58	5.60	5.99	5.95	5.80	5.70	5.40	5.30	5.28	5.36	5.39
19	克罗地亚	—	4.90	4.95	4.90	5.30	5.20	5.20	—	4.87	4.94	4.75
20	匈牙利	5.50	5.50	6.40	6.46	6.40	6.40	6.30	6.10	5.83	5.67	5.99
21	印度尼西亚	4.15	4.20	4.10	4.13	5.00	4.80	4.90	5.00	4.90	5.02	5.17
22	印度	5.24	5.20	5.58	5.54	5.60	5.40	5.50	5.50	5.16	5.22	5.56
23	爱尔兰	7.42	7.40	7.96	7.98	7.60	7.60	7.50	7.50	7.43	7.58	7.87
24	意大利	5.67	5.70	6.07	6.02	6.00	6.10	6.10	6.00	5.59	5.66	5.98
25	日本	7.50	7.50	7.62	7.61	7.60	7.70	7.70	7.80	7.98	8.10	8.33
26	韩国	5.82	5.80	6.79	6.77	6.30	6.60	4.10	—	5.93	6.12	6.50
27	立陶宛	4.86	4.90	5.91	6.17	6.00	6.00	6.00	6.10	5.86	5.98	5.92
28	卢森堡	—	—	7.15	8.08	8.20	6.00	8.10	8.10	8.15	8.26	8.46
29	拉脱维亚	—	5.30	5.36	5.45	5.50	5.60	5.70	—	5.53	5.70	5.34
30	墨西哥	4.53	4.50	4.79	4.72	5.00	5.10	5.20	5.20	4.75	4.79	5.19

续表

序号	国家	2007 年	2008 年	2009 年	2010 年	2011 年	2012 年	2013 年	2014 年	2015 年	2016 年	2017 年
31	马耳他	—	6.50	6.58	6.63	6.80	7.00	7.00	7.00	6.72	6.73	6.88
32	荷兰	8.24	8.20	8.50	8.40	8.00	8.10	8.20	8.10	7.91	8.03	8.30
33	挪威	8.29	8.30	8.30	8.32	8.20	8.30	8.30	8.30	8.23	8.25	8.53
34	波兰	4.02	4.00	5.31	5.54	6.20	6.10	6.20	6.10	5.90	5.95	6.25
35	葡萄牙	6.12	6.10	7.12	7.01	6.90	6.80	6.80	6.80	6.56	6.60	6.85
36	罗马尼亚	3.47	3.50	4.80	5.38	5.50	5.40	5.30	5.30	5.29	5.45	5.04
37	俄罗斯	3.25	3.20	4.10	4.30	4.60	4.50	4.50	4.80	4.55	4.58	4.04
38	斯洛伐克	—	6.40	6.31	6.37	6.30	6.30	6.30	6.20	5.87	6.02	6.40
39	斯洛文尼亚	—	5.90	5.59	5.58	5.80	6.00	6.00	—	5.19	5.54	5.99
40	瑞典	8.13	8.10	8.34	8.50	8.50	8.50	8.40	8.30	7.99	8.10	8.61
41	土耳其	4.78	4.80	5.28	5.23	5.30	5.30	5.50	5.60	5.26	5.20	4.93
42	中国台湾地区	—	6.50	6.47	6.77	7.10	7.10	7.20	6.90	6.87	6.93	7.27
43	美国	7.39	7.40	7.81	7.92	7.50	7.50	7.60	7.70	7.61	7.74	8.07

资料来源：国际知识产权联盟：www.internationalpropertyrightsindex.org，2007—2017 年。

（一）横向比较

根据表 5-3 所示，我们计算出这 43 个国家及地区 2007—2017 年各自知识产权保护强度 IPRI 的均值，然后根据四分位数划分为四大类进行横向比较：一是知识产权保护弱的国家，即样本数值 IPRI 由小到大排列后的第 1 至第 11 个国家：俄罗斯、印度尼西亚、墨西哥、保加利亚、罗马尼亚、克罗地亚、巴西、中国、土耳其、印度、拉脱维亚。二是知识产权保护中等的国家，即样本数值 IPRI 由小到大排列后的第 12 至第 22 个国家：希腊、波兰、斯洛文尼亚、立陶宛、意大利、匈牙利、韩国、捷克、斯洛伐克、塞浦路斯、西班牙。三是知识产权保护强的国家，即样本数值 IPRI 由小到大排列后的第 23 至第 33 个国家和地区：葡萄牙、爱沙尼亚、马耳他、中国台湾地区、法国、比利时、爱尔兰、美国、日本、卢森堡、英国。四是知识产权保护很强的国家，即样本数值 IPRI 由小到大排列后的第 34 至第 43 个国家：奥地利、德国、加拿大、澳大利亚、丹麦、荷兰、瑞士、挪威、瑞典、芬兰。相比来看，俄罗斯的知识产权保护强度最弱，而芬兰的知识产权保护强度最强。

再根据世界银行分析分类法（analytical classifications），按照人均国民总收入（GNI）当期美元将国家和地区分类为：高收入（H）、中高收入（UM）、中低收入（LM）和低收入（L）四大类。继而，将上述43个国家和地区根据人均GNI水平归类进这四大类，考察经济发展水平与知识产权保护强度的直接关联性。从表5-4来看：第一，具有很强的知识产权保护，且高收入的国家有：奥地利、德国、加拿大、澳大利亚、丹麦、荷兰、瑞士、挪威、瑞典、芬兰。第二，具有强的知识产权保护，且高收入的国家和地区有：葡萄牙、爱沙尼亚、马耳他、中国台湾地区、法国、比利时、爱尔兰、美国、日本、卢森堡、英国。第三，具有中等的知识产权保护，且高收入的国家有：希腊、波兰、斯洛文尼亚、立陶宛、意大利、匈牙利、韩国、捷克、斯洛伐克、塞浦路斯、西班牙。第四，具有弱的知识产权保护，且高收入的国家有：克罗地亚、拉脱维亚。第五，具有弱的知识产权保护，且中高收入的国家有：俄罗斯、墨西哥、保加利亚、罗马尼亚、巴西、中国、土耳其。第六，具有弱的知识产权保护，且中低收入的国家有：印度尼西亚、印度。因此，根据这里的样本表明，具有强的知识产权保护的国家和地区都有一个共同的特征，即都是高收入的国家和地区。但是，具有高收入的国家和地区未必就有强的知识产权保护。

表5-4　　经济发展水平与知识产权保护强度

类别	高收入	中高收入	中低收入
知识产权保护弱	克罗地亚、拉脱维亚	俄罗斯、墨西哥、保加利亚、罗马尼亚、巴西、中国、土耳其	印度尼西亚、印度
知识产权保护中等	希腊、波兰、斯洛文尼亚、立陶宛、意大利、匈牙利、韩国、捷克、斯洛伐克、塞浦路斯、西班牙		
知识产权保护强	葡萄牙、爱沙尼亚、马耳他、中国台湾地区、法国、比利时、爱尔兰、美国、日本、卢森堡、英国		
知识产权保护很强	奥地利、德国、加拿大、澳大利亚、丹麦、荷兰、瑞士、挪威、瑞典、芬兰		

注：世界银行分析分类法下经济发展水平是以2017财年衡量，知识产权保护强度来自国际知识产权联盟（www.internationalpropertyrightsindex.org）。

（二）纵向比较

囿于2007年部分国家知识产权保护IPRI的得分缺损，这里我们考察2008—

2017 年上述 43 个国家和地区知识产权保护强度 IPRI 的纵向动态发展变化情况。以 2008—2017 年 IPRI 得分几何平均增长率来看：第一，知识产权保护强度上升，且明显增长的主要是知识产权保护弱的国家组，按上升大小排序，这一组 11 个国家中有罗马尼亚、中国、保加利亚、俄罗斯、印度尼西亚、巴西、墨西哥等 7 个国家知识产权保护有了明显地上升。知识产权保护中等的 3 个国家波兰、捷克、立陶宛的知识产权保护也有明显地上升，并且波兰、捷克上升的幅度最大。第二，知识产权保护强度上升，且小幅增长的主要是知识产权保护强的国家及地区组，按上升排序，这一组 11 个国家和地区中有比利时、葡萄牙、中国台湾地区、日本、法国、美国、爱沙尼亚等 7 个国家和地区的知识产权保护都有了小幅上升。第三，知识产权保护强度上升，且较小增长的主要是知识产权保护很强的国家组，按上升大小排序，这一组 10 个国家中有瑞士、瑞典、挪威、澳大利亚、荷兰等 5 个国家知识产权保护都有了较小的上升。第四，知识产权保护强度下降，且小幅降低的主要是知识产权保护中等的国家组，按下降大小排序，这一组 11 个国家中有塞浦路斯、希腊、西班牙、斯洛伐克等 4 个国家的知识产权保护都有了小幅下降。

二、世界经济论坛（WEF）发布的国家及地区知识产权保护及其变化

基于世界经济论坛（WEF, 2018）知识产权指数，我们给出世界经济论坛数据库中与 WIOD 数据库中相一致的 43 个国家及地区的知识产权保护指数（IPPI）的得分。如表 5-5 所示，我们计算出这 43 个国家及地区 2007—2017 年各自 IPPI 的均值，然后根据四分位数划分为四组进行横向比较：一是知识产权保护弱的国家，即样本数值 IPPI 由小到大排列后的第 1 至第 11 个国家：俄罗斯、保加利亚、土耳其、罗马尼亚、巴西、墨西哥、克罗地亚、波兰、印度尼西亚、拉脱维亚、立陶宛。二是知识产权保护中等的国家，即样本数值 IPPI 由小到大排列后的第 12 至第 22 个国家：斯洛伐克、中国、印度、匈牙利、希腊、意大利、捷克、西班牙、韩国、斯洛文尼亚、塞浦路斯。三是知识产权保护强的国家及地区，即第 23 至第 33 个国家和地区：马耳他、葡萄牙、爱沙尼亚、中国台湾地区、比利时、美国、加拿大、爱尔兰、澳大利亚、挪威、日本。四是知识产权保护很强的国家，即第 34 至第 43 个国家：丹麦、奥地利、法国、德国、瑞典、英国、卢森堡、荷兰、瑞士、芬兰。相比来看，俄罗斯的知识产权保护程度仍旧是最弱，而芬兰的知识产权保护强度仍旧是最强。

与国际知识产权联盟发布的 IPRI 指数相比，世界经济论坛发布的 IPPI 指数表明，一是俄罗斯、保加利亚、土耳其、罗马尼亚、巴西、墨西哥、克罗地亚、

表 5-5　　2007—2017 年 43 个国家和地区知识产权保护指数（IPPI）

序号	国家	2007 年	2008 年	2009 年	2010 年	2011 年	2012 年	2013 年	2014 年	2015 年	2016 年	2017 年
1	澳大利亚	5.81	5.90	5.92	5.79	5.32	5.34	5.33	5.49	5.79	5.80	5.81
2	奥地利	5.58	5.87	6.19	6.07	5.47	5.48	5.48	5.51	5.67	5.84	5.91
3	比利时	5.34	5.70	5.52	5.27	5.06	5.22	5.24	5.29	5.69	5.99	6.04
4	保加利亚	2.64	2.78	2.86	2.63	2.90	2.99	3.04	3.02	3.13	3.35	3.19
5	巴西	3.37	3.33	3.27	3.04	3.22	3.50	3.54	3.25	3.68	4.05	4.22
6	加拿大	5.59	5.66	5.55	5.47	5.44	5.44	5.57	5.65	5.84	5.86	5.81
7	瑞士	6.25	6.31	6.28	6.08	6.08	6.04	5.98	6.04	6.24	6.46	6.58
8	中国	3.24	3.42	3.88	4.02	4.01	3.94	3.94	3.95	3.97	4.25	4.50
9	塞浦路斯	4.32	4.38	4.69	4.75	4.40	4.23	4.38	4.35	4.38	4.29	4.52
10	捷克	3.82	3.88	3.93	4.02	3.72	3.82	3.82	3.92	4.59	4.89	5.00
11	德国	6.43	6.48	6.04	5.72	5.55	5.59	5.56	5.41	5.65	5.80	5.74
12	丹麦	6.16	6.31	6.22	5.99	5.85	5.28	5.01	5.28	5.59	5.63	5.65
13	西班牙	4.60	4.92	4.70	4.31	4.11	3.99	3.98	3.58	4.01	4.60	4.55
14	爱沙尼亚	4.45	4.66	4.76	4.61	4.80	4.75	4.81	4.94	5.23	5.45	5.42
15	芬兰	6.17	6.33	6.20	6.09	6.25	6.28	6.24	6.19	6.31	6.45	6.48
16	法国	5.83	5.91	6.01	5.81	5.84	5.63	5.68	5.60	5.77	6.01	5.82
17	英国	6.15	5.96	5.36	5.33	5.68	5.88	5.85	5.94	6.02	6.09	6.18
18	希腊	4.20	4.13	4.12	4.14	3.83	3.67	3.70	3.86	4.05	4.27	4.27
19	克罗地亚	3.44	3.75	3.67	3.51	3.52	3.48	3.53	3.61	3.62	3.78	3.81
20	匈牙利	4.36	4.44	4.09	3.88	4.08	4.03	3.85	3.69	3.70	3.80	4.03
21	印度尼西亚	3.39	3.11	2.90	3.54	3.63	3.73	3.90	4.12	4.26	4.35	4.54
22	印度	4.22	3.99	3.70	3.65	3.52	3.67	3.68	3.72	4.21	4.53	4.41
23	爱尔兰	5.47	5.51	5.63	5.57	5.72	5.50	5.45	5.60	5.90	6.04	5.85
24	意大利	4.23	4.31	4.33	3.91	3.72	3.70	3.72	3.69	4.08	4.33	4.43
25	日本	5.61	5.63	5.65	5.43	5.26	5.38	5.73	5.95	6.07	5.94	5.81
26	韩国	4.52	5.37	4.98	4.20	4.07	4.33	4.03	3.71	4.16	4.41	4.40
27	立陶宛	3.23	3.66	4.04	3.80	3.49	3.66	3.74	3.83	4.15	4.34	4.25
28	卢森堡	5.49	5.60	5.65	5.93	5.93	5.85	5.94	6.08	6.25	6.37	6.32
29	拉脱维亚	3.37	3.45	3.63	3.65	3.60	3.81	3.96	4.00	4.30	4.25	4.07
30	墨西哥	3.53	3.51	3.25	3.19	3.20	3.48	3.59	3.47	3.80	4.16	4.09
31	马耳他	4.06	4.32	4.31	4.39	4.60	4.69	4.88	4.52	4.63	4.87	5.03
32	荷兰	6.11	6.03	5.90	5.84	5.77	5.91	5.75	5.70	6.02	6.22	6.20
33	挪威	5.60	5.64	5.81	5.66	5.58	5.52	5.52	5.57	5.76	5.99	5.76

续表

序号	国家	2007 年	2008 年	2009 年	2010 年	2011 年	2012 年	2013 年	2014 年	2015 年	2016 年	2017 年
34	波兰	3.61	3.48	3.37	3.58	3.68	3.63	3.65	3.75	3.95	4.09	4.04
35	葡萄牙	5.07	4.92	4.90	4.61	4.16	4.31	4.50	4.57	4.74	4.77	4.98
36	罗马尼亚	3.07	3.29	3.53	3.38	2.98	2.86	2.90	3.35	3.88	4.13	4.59
37	俄罗斯	2.40	2.58	2.92	2.75	2.48	2.60	2.89	3.02	3.02	3.33	3.67
38	斯洛伐克	3.90	3.83	3.66	3.73	3.82	3.80	3.74	3.78	4.14	4.32	4.29
39	斯洛文尼亚	4.43	4.48	4.37	4.49	4.20	4.33	4.19	4.06	4.46	4.69	4.72
40	瑞典	5.89	6.01	5.95	6.11	6.03	5.58	5.52	5.46	5.76	6.09	5.84
41	土耳其	3.18	3.45	3.05	2.68	2.72	3.29	3.61	3.66	3.68	3.66	3.66
42	中国台湾地区	4.87	4.86	4.90	4.96	5.02	5.25	5.21	5.15	5.15	5.15	5.19
43	美国	5.95	5.42	5.58	5.44	5.03	4.97	5.18	5.41	5.77	5.86	5.83

资料来源：World Economic Forum, The Global Competitiveness Index Historical Dataset (2007 - 2017), http://www3.weforum.org/docs/GCR2017 - 2018/GCI_ Dataset_ 2007 - 2017.xlsx.

印度尼西亚、拉脱维亚等 9 国仍属于知识产权保护弱的国家，而中国、印度已升级至知识产权保护中等的国家；二是斯洛伐克、匈牙利、希腊、意大利、捷克、西班牙、韩国、斯洛文尼亚、塞浦路斯等 9 国仍属于知识产权保护中等的国家，而波兰、立陶宛已降为知识产权保护弱的国家；三是马耳他、葡萄牙、爱沙尼亚、中国台湾地区、比利时、美国、爱尔兰、日本等 8 国和地区仍属于知识产权保护强的，而法国、英国、卢森堡升级为知识产权保护很强的国家；四是丹麦、奥地利、德国、荷兰、瑞典、瑞士、芬兰等 7 国仍是知识产权保护很强的国家，而加拿大、澳大利亚、挪威已降至知识产权保护强的国家。

三、美国商会 GIPC 发布的国家及地区知识产权保护及其变化

2018 年 2 月 8 日，美国商会的全球创新政策中心（GIPC）发布了《2018 年国际知识产权指数报告》，该报告从专利及相关权利、版权及相关权利、商标及相关权利、商业秘密与市场准入、知识产权资产商业化、执法、系统效率、加入和批准的国际条约等 8 个方面，分为 40 个指标对 50 个经济体的知识产权保护进行评估。结果显示，美国以 37.98 分连续第 6 次位居全球首位（GIPC 总共公布 6 年），中国以 19.08 分值位居 50 个经济体的第 25 位，较 2017 年上升了 2 位。具体是，中国在专利和版权保护、强化知识产权意识方面取得了进步，但是在侵权数量、执法力度和市场准入等方面没有显著的改进。该报告触发了特朗普政府对新兴市场经济知识产权保护问题的特别关注。2018 年 3 月 22 日，美国贸易代表办公室（USTR，2018）发布对中国有关技术转让、知识产权问题的“特殊 301

条款”调查后，宣布将有可能对从中国进口的600亿美元商品加征关税。此举是触发中美经贸摩擦的导火索。那么，触发特朗普政府对外知识产权摩擦的美国商会GIPC发布的国际知识产权指数的可信度怎样呢？

我们再采用美国商会GIPC（U. S. Chamber of Commerce's GIPC, 2018）发布的国际知识产权指数（GIPCIPI）来做统计分析。如表5-6所示，为便于比较，我们将加重标识出美国商会GIPC知识产权指数数据库中与WIOD数据库中相一致的国家及地区的知识产权指数得分。美国商会公布的GIPCIPI指标是后起之秀，只公布了2012年、2014—2018年共6年主要国家的知识产权指数，与前述测算知识产权指数打分的分值很不一样。并且，GIPC公布的这6年知识产权指数使用的打分指标也是不一致的。为此，一是我们需要将GIPC在2012年、2014—2018年使用不同打分指标的得分按照大多数年份的30个指标进行折算一致化；二是根据不同年份里一致化、可比较的得分来计算出GIPCIPI的均值。

表5-6 美国商会公布的国家和地区知识产权指数折算后得分的均值排序

序号	国家	均值	序号	国家	均值	序号	国家	均值	序号	国家	均值
1	委内瑞拉	5.82	14	南非	11.27	27	墨西哥	14.38	40	澳大利亚	24.49
2	巴基斯坦	7.49	15	肯尼亚	11.37	28	马来西亚	14.43	41	日本	24.52
3	印度	7.54	16	乌克兰	11.54	29	哥斯达黎加	14.94	42	瑞士	25.08
4	埃及	7.81	17	文莱	11.62	30	中国台湾地区	16.23	43	新加坡	25.15
5	泰国	7.88	18	阿联酋	12.23	31	摩洛哥	16.46	44	荷兰	26.50
6	阿尔及利亚	7.90	19	秘鲁	12.39	32	加拿大	18.13	45	爱尔兰	26.99
7	越南	8.45	20	中国	12.44	33	波兰	19.46	46	法国	27.11
8	印度尼西亚	8.53	21	沙特	12.66	34	以色列	19.59	47	瑞典	27.15
9	厄瓜多尔	8.80	22	土耳其	12.77	35	新西兰	21.07	48	德国	27.35
10	阿根廷	8.97	23	约旦	13.04	36	匈牙利	22.21	49	英国	27.64
11	尼日利亚	9.54	24	智利	13.26	37	意大利	23.63	50	美国	28.43
12	菲律宾	10.22	25	俄罗斯	13.26	38	韩国	23.94			
13	巴西	11.12	26	哥伦比亚	13.57	39	西班牙	23.99			

注：这里将不同年份、不同打分指标的得分按照大多数年份的30个指标进行折算一致化，再计算出各自均值。

资料来源：https://www.theglobalipcenter.com/ipindex2018/. U. S. Chamber International IP Index (First - Sixth Edition).

如表 5－6 所示，我们计算出美国商会公布的 2012 年、2014—2018 年国家及地区知识产权指数得分的均值，然后根据四分位数划分成四组分类进行横向比较：一是知识产权保护弱的国家，即样本的知识产权指数 GIPCIPI 数值由小到大排列后的第 1 至第 13 个国家：委内瑞拉、巴基斯坦、印度、埃及、泰国、阿尔及利亚、越南、印度尼西亚、厄瓜多尔、阿根廷、尼日利亚、菲律宾、巴西。二是知识产权保护中等的国家，即样本数值 GIPCIPI 由小到大排列后的第 14 至第 26 个国家：南非、肯尼亚、乌克兰、文莱、阿联酋、秘鲁、中国、沙特阿拉伯、土耳其、约旦、智利、俄罗斯、哥伦比亚。三是知识产权保护强的国家及地区，即 GIPCIPI 数值从第 27 至第 39 个国家或地区：墨西哥、马来西亚、哥斯达黎加、中国台湾地区、摩洛哥、加拿大、波兰、以色列、新西兰、匈牙利、意大利、韩国、西班牙。四是知识产权保护很强的国家，即第 40 至第 50 个国家：澳大利亚、日本、瑞士、新加坡、荷兰、爱尔兰、法国、瑞典、德国、英国、美国。

四、全球生产网络下主要国家知识产权保护及其变化：三个国际机构测算结果比较

我们再通过比较国际知识产权联盟（IPRA）发布的 IPRI 指数、世界经济论坛（WEF）发布的 IPPI 指数，以及美国商会 GIPC 发布的 GIPCIPI 指数，根据三个国际机构计算出的国家及地区知识产权指数的均值所在的四分位数区间的排序，来做出比较分析。如表 5－7 所示，第二列是 IPRA 发布的各国及地区知识产权指数的四分位数分类排序，第三列是 WEF 发布的各国及地区知识产权指数的四分位数分类排序，第四列是美国商会 GIPC 发布的国家和地区知识产权指数的四分位数分类排序。

表 5－7　国际机构测算的国家及地区知识产权指数各自均值所在四分位数排序

知识产权保护指数四分位数排序	IPRA 的知识产权指数四分位数分类排序	WEF 的知识产权指数四分位数分类排序	美国商会 GIPC 知识产权指数四分位数分类排序
知识产权保护弱	俄罗斯、印度尼西亚、墨西哥、保加利亚、罗马尼亚、克罗地亚、巴西、中国、土耳其、印度、拉脱维亚	俄罗斯、保加利亚、土耳其、罗马尼亚、巴西、墨西哥、克罗地亚、波兰、印度尼西亚、拉脱维亚、立陶宛	委内瑞拉、巴基斯坦、印度、埃及、泰国、阿尔及利亚、越南、印度尼西亚、厄瓜多尔、阿根廷、尼日利亚、菲律宾、巴西

续表

知识产权保护指数四分位数排序	IPRA 的知识产权指数四分位数分类排序	WEF 的知识产权指数四分位数分类排序	美国商会 GIPC 知识产权指数四分位数分类排序
知识产权保护中等	希腊、波兰、斯洛文尼亚、立陶宛、意大利、匈牙利、韩国、捷克、斯洛伐克、塞浦路斯、西班牙	斯洛伐克、中国、印度、匈牙利、希腊、意大利、捷克、西班牙、韩国、斯洛文尼亚、塞浦路斯	南非、肯尼亚、乌克兰、文莱、阿联酋、秘鲁、中国、沙特阿拉伯、土耳其、约旦、智利、俄罗斯、哥伦比亚
知识产权保护强	葡萄牙、爱沙尼亚、马耳他、中国台湾地区、法国、比利时、爱尔兰、美国、日本、卢森堡、英国	马耳他、葡萄牙、爱沙尼亚、中国台湾地区、比利时、美国、加拿大、爱尔兰、澳大利亚、挪威、日本	墨西哥、马来西亚、哥斯达黎加、中国台湾地区、摩洛哥、加拿大、波兰、以色列、新西兰、匈牙利、意大利、韩国、西班牙
知识产权保护很强	奥地利、德国、加拿大、澳大利亚、丹麦、荷兰、瑞士、挪威、瑞典、芬兰	丹麦、奥地利、法国、德国、瑞典、英国、卢森堡、荷兰、瑞士、芬兰	澳大利亚、日本、瑞士、新加坡、荷兰、爱尔兰、法国、瑞典、德国、英国、美国

资料来源：作者自己整理。

相比来看，三种测算的国家及地区知识产权指数的四分位数分类排序的结果是：

第一，从知识产权保护弱的国家来看：一是三种测算得分都将印度尼西亚、巴西分类为知识产权保护弱的国家；二是 IPRA 和 WEF 测算得分将俄罗斯、墨西哥、土耳其、保加利亚、罗马尼亚、克罗地亚、拉脱维亚分类为知识产权保护弱的国家，而美国商会 GIPC 测算得分将土耳其和俄罗斯分类为知识产权保护中等，将墨西哥分类为知识产权保护强的国家，没有对保加利亚、罗马尼亚、克罗地亚、拉脱维亚进行评估；三是 IPRA 和 GIPC 测算得分将印度分类为知识产权保护弱的国家，而 WEF 测算得分将印度分类为知识产权保护中等的国家。据此，三种测算在墨西哥、俄罗斯和印度的知识产权保护上存在较大的差异。

第二，从知识产权保护中等的国家来看：一是 WEF 和 GIPC 测算得分将中国分类为知识产权保护中等的国家，而 IPRA 测算得分将中国分类为知识产权保护弱的国家；二是 IPRA 和 WEF 测算得分将匈牙利、意大利、韩国、西班牙、希腊、斯洛文尼亚、捷克、斯洛伐克、塞浦路斯分类为知识产权保护中等的国家，而美国 GIPC 测算得分将匈牙利、意大利、韩国、西班牙分类为知识产权保护强的国家，没有对希腊、斯洛文尼亚、捷克、斯洛伐克、塞浦路斯进行评估；

三是 IPRA 测算得分将波兰、立陶宛分类为知识产权保护中等，而 WEF 测算得分将波兰、立陶宛分类为知识产权保护弱的国家，但美国 GIPC 测算得分将波兰分类为知识产权保护强的国家。据此，三种测算在匈牙利、意大利、韩国、西班牙、波兰、立陶宛、中国的知识产权保护上存在着较大的差异。

第三，从知识产权保护强的国家和地区来看：一是三种测算得分都将中国台湾地区分类为知识产权保护强的类别；二是 IPRA 和 WEF 测算得分将葡萄牙、爱沙尼亚、马耳他、比利时、爱尔兰、美国、日本分类为知识产权保护强的国家，而美国 GIPC 测算得分将美国、日本、爱尔兰分类为知识产权保护很强的国家，且美国得分一直位居首位；三是 IPRA 测算得分将法国、英国、卢森堡分类为知识产权保护强的国家，而 WEF 测算得分将三国分类为知识产权保护很强的国家；GIPC 测算得分将法国、英国也分类为知识产权保护很强的国家。据此，三种测算在美国、日本、爱尔兰、法国、英国、卢森堡的知识产权保护上存在着较大的差异。

第四，从知识产权保护很强的国家来看：一是三种测算得分都将德国、荷兰、瑞士、瑞典分类为知识产权保护很强的国家；二是 IPRA 和 WEF 测算得分将奥地利、丹麦、芬兰分类为知识产权保护很强的国家，而 IPRA 和美国 GIPC 测算得分将澳大利亚分类为知识产权保护很强的国家。

比较来看，美国商会 GIPC 测算的知识产权指数得分存在着拔高美国、西班牙、韩国、意大利、匈牙利、波兰、墨西哥、俄罗斯、土耳其的知识产权保护强度之嫌。尤其严重的是，根据美国商会 GIPC 测算的知识产权指数得分，美国的知识产权保护强度总是高居榜首。而与之对比的是，根据国际知识产权联盟和世界经济论坛发布的国家及地区知识产权指数得分，两者都将美国分类为知识产权保护强的国家类别中，而非美国 GIPC 测算得分总是将美国分类为知识产权保护很强的国家类别之首。事实上，根据 IPRA、WEF 测算的得分，俄罗斯的知识产权保护强度是最弱，芬兰的知识产权保护强度是最强。据此，美国 GIPC 测算的知识产权指数得分一直存在着高估美国自身的知识产权保护强度，缺乏独立公正性、变得不可靠。相比之下，我们更倾向于采用国际知识产权联盟、世界经济论坛发布的国家及地区的知识产权保护指数，而非美国商会 GIPC 发布的国际知识产权指数。

第五节

全球生产网络下国家（地区）知识产权保护与其增加值外贸竞争力：关联性分析

在揭示全球视角下主要国家（地区）知识产权保护与其增加值外贸竞争力关系时，我们先直观地考察两者之间的关联性。如前所述，我们采用 2000—2014 年 WIOD 数据，基于贸易增加值测算出 43 个国家和地区在世界进口市场渗透率作为其国家的外贸竞争力；同时选取与 WIOD 数据库中相一致的 43 个国家及地区基于 IPRA、WEF 发布的 2007—2017 年知识产权保护指数。再选取时间交集，对这些国家及地区 2007—2014 年知识产权保护与其增加值外贸竞争力之间关联性进行分析。

如图 5－3 所示，我们基于贸易增加值测算的 43 个国家和地区的外贸竞争力与 IPRA 发布的这些国家和地区的知识产权保护指数作直观比较发现，虽然从单个年度、单个国家来看，增加值外贸竞争力与其知识产权保护之间关系并不明显，但是从 2007—2014 年 43 个国家和地区总的观察来看，增加值外贸竞争力与其知识产权保护之间还是呈现出明显的正向相关性。

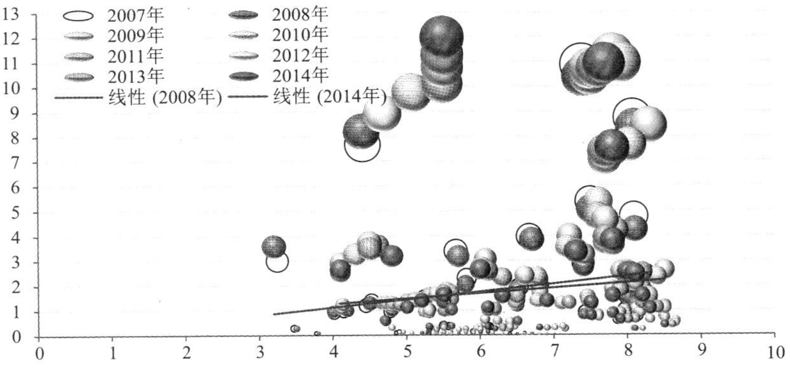

图 5－3　基于 IPRA 和 WIOD 发布的国家及地区知识产权保护与增加值外贸竞争力关联性

注：横坐标是 IPRA 发布的国家和地区知识产权保护强度，纵坐标代表依据 WIOD 数据测算的国家和地区外贸竞争力。

资料来源：外贸竞争力是作者根据 2016 年 11 月 WIOD 数据库发布的世界投入产出数据表计算整理而得，单位为（%）；知识产权保护强度是根据国际知识产权联盟：www.internationalpropertyrightsindex.org，2007—2017 年整理而得。

同理，如图5-4所示，我们基于贸易增加值测算的43个国家和地区的外贸竞争力与WEF发布的这些国家和地区的知识产权保护指数作直观图比较发现，除了个别年度、国家的异端值之外，从2007—2014年43个国家和地区总的观察来看，这些国家及地区增加值外贸竞争力与其知识产权保护之间同样呈现出明显的正向相关性。

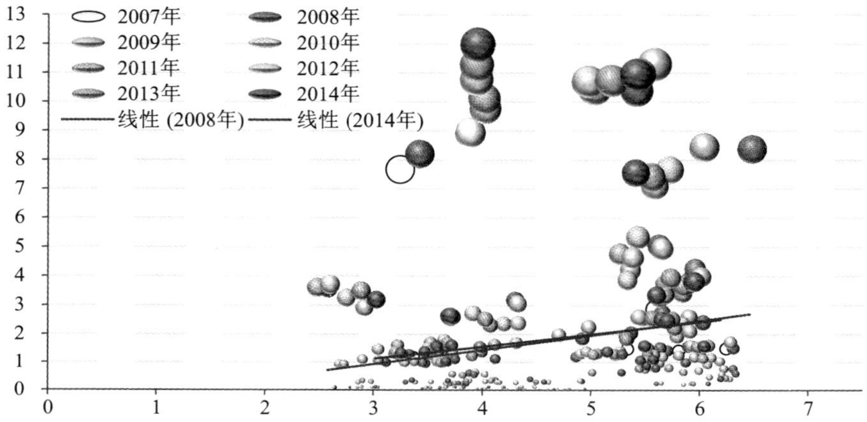

图5-4 基于WEF和WIOD发布的国家及地区知识产权保护与增加值外贸竞争力关联性

注：横坐标是WEF发布的国家和地区知识产权保护强度，纵坐标代表依据WIOD数据测算的国家和地区外贸竞争力。

资料来源：外贸竞争力是作者根据2016年11月WIOD数据库发布的世界投入产出数据表计算整理而得，单位为（%）；知识产权保护强度是根据World Economic Forum, *Global Competitiveness Index Historical Dataset* from 2007 to 2017整理而得。

第六节

全球生产网络下国家知识产权保护与行业增加值出口竞争力：关联性分析

我们再探究全球生产网络下主要国家知识产权保护与其行业增加值出口竞争力之间的关联性问题。首先，根据2000—2014年WIOD数据库发布的43个国家和地区56个行业投入产出数据，使用增加值的进口市场渗透率测算出其中15个主要国家56个行业增加值的出口竞争力指标。[①] 其次，基于IPRA、WEF发布的2007—2017年国家及地区知识产权指数得分进行匹配。最后，直观地给出2007—2014年全球生产网络下这15个主要国家知识产权保护与其行业增加值出口竞争力之间关联性的二维关系图。

如图5-5所示，从2007—2014年这15个主要国家知识产权指数IPRI与其行业增加值出口竞争力之间关联性来看，总体散点图分布呈现为向右上方斜率约30度的斜面，表明这些国家56个行业增加值出口竞争力与其知识产权保护强度之间总体上呈现出统计上正向相关性。但是，正像树木和森林关系一样，森林郁郁葱葱，并不意味着每一棵树都会郁郁葱葱。也就是说，虽然总体上这15个主要国家知识产权保护IPRI与其56个行业增加值出口竞争力之间成正向相关，但并非对每一个行业都是成立的。

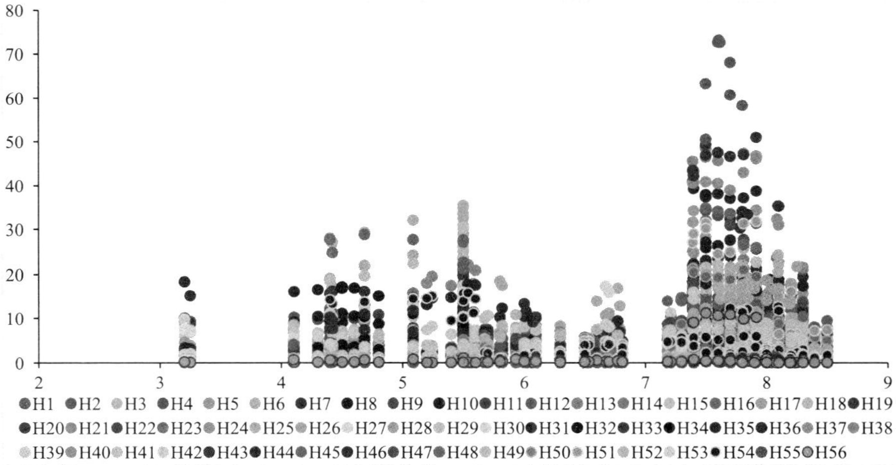

图5-5 主要国家知识产权保护IPRI与其行业增加值出口竞争力关联图

资料来源：横坐标是国际知识产权联盟IPRA发布的2007—2014年15个国家知识产权指数IPRI，纵坐标是依据WIOD数据测算的2007—2014年56个行业增加值出口竞争力，单位为（%）。

同样，如图5-6所示，从2007—2014年这15个主要国家知识产权指数IP-PI与其行业增加值出口竞争力之间的关联性来看，总体散点图分布呈现为向右上方斜率约40度的斜面，说明这些国家56个行业增加值出口竞争力与其知识产

① 基于WIOD的2014年数据，使用贸易增加值的进口市场渗透率测算出外贸出口竞争力大于1.5%的国家有15个，排序为中国、美国、德国、日本、英国、法国、俄罗斯、韩国、意大利、加拿大、荷兰、印度、瑞士、澳大利亚、西班牙。

权保护强度之间总体上也呈现为统计上正向相关性。也就是说，这15个主要国家56个行业更高的增加值出口竞争力是与其更强的知识产权保护程度相关的。但是，如上所述，这一统计结论并非对每一个行业都是成立的。

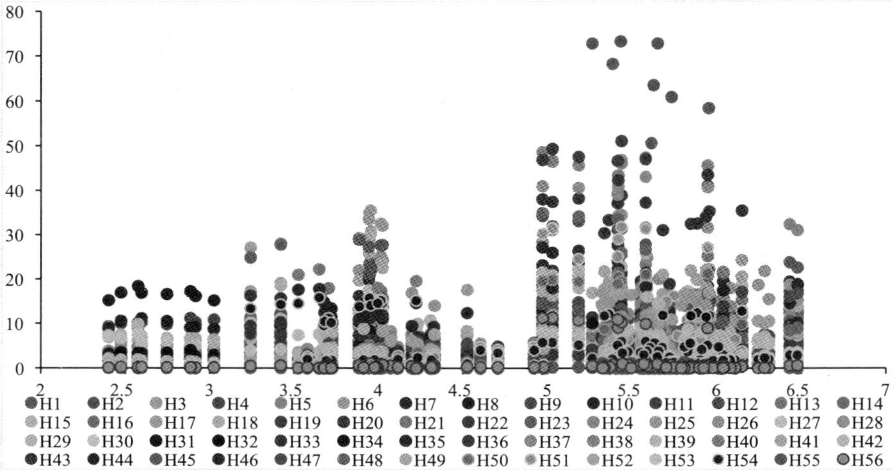

图5-6 主要国家知识产权保护IPPI与其行业增加值出口竞争力关联图

资料来源：横坐标是世界经济论坛WEF发布的2007—2014年15个国家知识产权指数IPPI，纵坐标是依据WIOD数据测算的2007—2014年56个行业出口竞争力，单位为（%）。

第七节

全球生产网络下国家知识产权保护与制造设备、服务行业出口竞争力

我们再分别基于IPRA、WEF发布的2007—2017年国家及地区知识产权指数得分，与2000—2014年WIOD数据库发布的43个国家和地区56个行业数据测算的行业增加值出口竞争力指标进行匹配。参照中国“十三五”规划纲要中提出，“推动高端装备出口，提高出口产品科技含量和附加值；扩大服务出口，健全售后保养维修等服务体系。实施严格的知识产权保护制度”。为此，我们将聚焦比较2007—2014年43个国家及地区知识产权保护与其制造设备行业、服务行业增加值出口竞争力关系问题。

依据WIOD数据库，这里的制造设备行业包括计算机与电子及光学制品、电气设备制品、机械与设备、汽车与挂车及半挂车制造、其他运输设备制造、电力

与燃气和蒸汽及空调供应；服务行业包括机械设备修理与安装、汽车与摩托车批发零售及修理、批发业（除汽车与摩托车外）、零售业（除汽车与摩托车外）、陆路运输与管道运输、水上运输、航空运输、运输仓储及支撑活动、邮递活动、住宿与餐饮服务、电影与音像和广播业、电信、计算机程序与咨询及信息服务、除保险与养老金外的金融服务、保险与再保险和养老金（强制性社保除外）、金融与保险服务辅助活动、房地产活动、法律与会计和管理咨询、建筑与工程及技术试验分析、科学研究与发展、广告与市场研究、行政与支持服务活动、公共行政与国防及强制性社保、教育、人类健康与社会工作活动、其他服务活动、家庭作为雇主与家庭自用服务、域外组织与机构活动等28个行业。为简化，我们选取了上述6个制造设备行业和17个具有可比性的重要服务行业（计算机与电子及光学制品、电气设备制品、机械与设备、汽车与挂车及半挂车制造、其他运输设备制造、电力与燃气和蒸汽及空调供应、机械设备修理与安装、汽车与摩托车批发零售及修理、批发业、零售业、航空运输、住宿与餐饮服务、电影与音像和广播业、电信、计算机程序与咨询及信息服务、除保险与养老金外的金融服务、保险与再保险和养老金、金融与保险服务辅助活动、房地产活动、法律与会计和管理咨询、建筑与工程及技术试验分析、科学研究与发展、教育）进行相关性分析。

如图5-7所示，从IPRA发布的2007—2014年43个国家及地区知识产权指数IPRI与其6个制造设备行业和17个重要服务行业增加值出口竞争力来看，总体散点图分布呈现为向右上方斜率约30度的斜面，说明43个国家及地区23个制造设备和服务行业增加值出口竞争力与其知识产权保护强度之间总体上呈现出统计上正向相关性。但是，这并不代表着对每一个国家及地区的知识产权保护与其23个制造设备和服务行业增加值的出口竞争力之间都存在着正向相关性。

如图5-8所示，从WEF发布的2007—2014年43个国家和地区知识产权指数IPPI与其23个制造设备及重要服务行业增加值出口竞争力来看，总体散点图分布呈现为向右上方斜率约45度的斜面，说明这43个国家及地区23个制造设备及服务行业增加值出口竞争力与其知识产权保护强度之间总体上呈统计上正向相关的。也就是说，更高的制造设备和服务行业增加值出口竞争力是与其更强的知识产权保护强度相关的。不过，这并不代表着对每一个国家及地区的知识产权保护与其23个制造设备和服务行业增加值出口竞争力之间都存在着正向相关的。

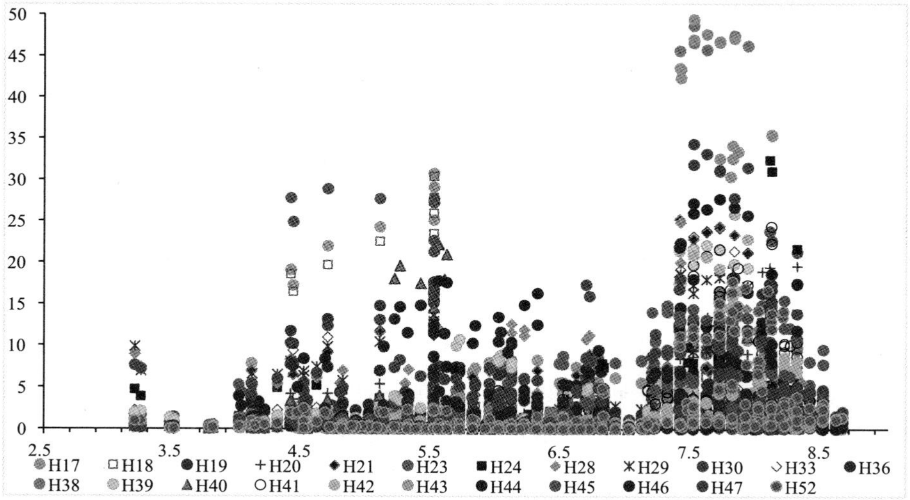

图 5-7　43 个国家及地区知识产权指数 IPRI 与 23 个行业增加值出口竞争力关联图

资料来源：横坐标是 IPRA 发布的 2007—2014 年 43 个国家知识产权指数 IPRI，纵坐标是依据 WIOD 数据测算的这些国家 2007—2014 年 6 个制造设备行业和 17 个重要服务行业的增加值出口竞争力，单位为（%）。

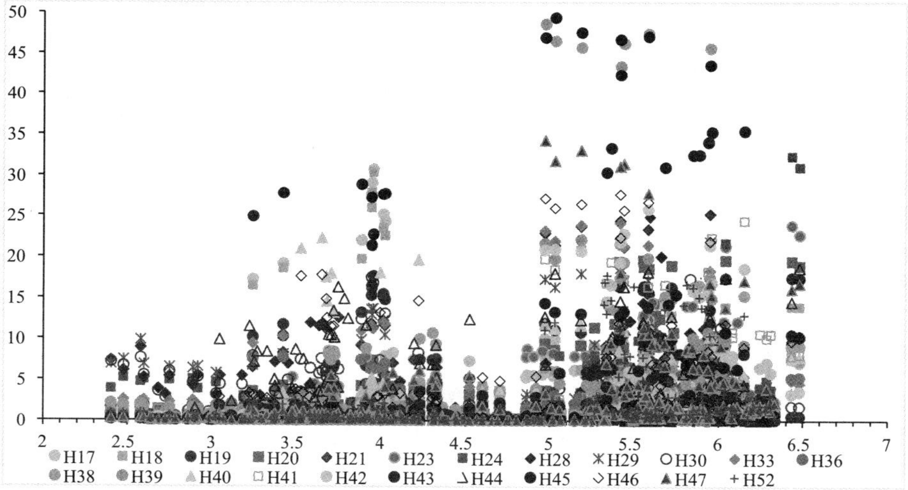

图 5-8　43 个国家及地区知识产权指数 IPPI 与 23 个行业增加值出口竞争力关联图

资料来源：横坐标是 WEF 发布的 2007—2014 年 43 个国家知识产权指数 IPPI，纵坐标类同图 5-7 所示，单位为（%）。

第八节 主要结论及政策建议

本章聚焦全球生产网络下国家和地区知识产权保护与其增加值外贸竞争力问题，通过对主要国家和行业增加值出口竞争力、主要国家知识产权保护，以及两者关联性的分析揭示，得出以下研究发现：

第一，2000—2014 年世界主要国家增加值出口竞争力发生了很大的变化，由原先的美国、日本和德国前三名演变为中国、美国和德国前三名，日本下降最为显著，英国和法国保持在第五、第六位。跨国企业投资转移将最终品出口市场份额转移到中国，促进了中国出口竞争力的提升。而俄罗斯、印度、印度尼西亚等在遭受美欧金融危机冲击后其出口竞争力都明显下降。据此，为打破国际贸易保护主义，我们提出亚洲基础设施投资银行和金砖国家新开发银行等投资需要倾向于关注与中国出口、行业出口竞争力互补的国家及地区，加强全球范围内国家及地区间生产网络和贸易网络联系和合作，进一步拓展提升中国外贸竞争力的市场空间。

第二，从主要国家行业增加值出口竞争力来看，首先真正的强者是美国和德国，拥有绝对优势及中等偏上增加值出口竞争力的行业位居第一、第二位，其次是中国，随后是意大利、韩国、荷兰、加拿大、日本、法国、英国和俄罗斯。从动态来看，中国是增加值行业出口竞争力大幅上升和明显上升的行业最多的国家，而日本、意大利、英国、法国、荷兰、加拿大、美国、德国是增加值行业出口竞争力下降行业最多的 8 个国家。据此，中国要从世界贸易大国成长为世界贸易强国，就得依靠更多行业出口竞争力的提升，使中国制造业完成从中国组装到中国制造，再到中国创造的华丽转变。

第三，根据国际知识产权联盟 IPRI 指数、世界经济论坛 IPPI 指数和美国商会 GIPC 国家知识产权指数得分，发现俄罗斯的知识产权保护强度最弱，而芬兰的保护强度最强，后两者都将中国分类为知识产权保护中等的国家；三种测算在墨西哥、俄罗斯和印度的知识产权保护上存在较大的差异。具有强的知识产权保护的国家有一个共同特征，属于高收入国家，但具有高收入的未必就有强的知识产权保护。依据国际知识产权联盟和世界经济论坛的评估得分，都将美国分类为知识产权保护强的国家类别，而非美国 GIPC 评估得分总是将美国分类为知识产权保护很强的国家类别之首。据此，通过对比分析，我们揭示出美国商会发布的国际知识产权指数存在高估自身，缺乏独立公正性，变得不可靠。

第四，从2007—2014年43个国家及地区来看，这些国家增加值外贸竞争力与其知识产权保护之间呈现出明显的正向相关性，尽管从单个年度、单个国家来看两者关系并不明显。进一步来看，15个主要国家56个行业增加值出口竞争力与其知识产权保护之间总体上也呈现出统计上正向相关性，但是并非对每一个行业都是成立的。聚焦到制造设备和服务业，43个国家及地区23个制造设备和重要服务行业增加值出口竞争力与其知识产权保护之间总体上呈现出统计上正向相关性，即更高的制造设备和服务行业增加值出口竞争力是与其更强的知识产权保护强度相关的。但是，这并不代表着对每一个国家及地区的制造设备和服务行业都成立。据此，国家及地区政府在遵守TRIPS协定的最低保护标准下，一要根据增加值出口竞争力行业特征，施以差别化的知识产权保护强度；二要基于国家及地区外贸发展实际和干中学知识吸收能力，在加强知识产权保护的同时诉诸于反垄断法来遏制知识产权滥用。

第六章

全球生产网络下行业知识产权保护与中国增加值出口竞争力提升①

加强知识产权保护是否能提升一国的出口竞争力？本章基于全球生产网络下行业知识产权保护来探究增强中国出口竞争力，构建出中国行业知识产权保护强度指标，并使用 TiVA 数据库测度出行业增加值市场渗透率作为其出口竞争力指标，进而揭示出中国行业知识产权保护强度对其增加值出口竞争力提升的影响。

第一节 引言

2007—2009 年美欧金融危机后，国际贸易保护主义盛行起来，美欧等试图通过贸易保护将危机压力转移到他国。在此形势下，美国积极推行量化宽松的货币政策，向世界征收铸币税，拒绝中国入世 15 年后自动获得市场经济地位。并且，美国通过知识产权保护政策等新型壁垒来遏制中国的出口。据统计，2002 年以来中国已连续 14 年成为遭受美国知识产权 “337 条款” 调查最多的国家

① 本章主要内容参见：沈国兵、张学建（2018）：“行业知识产权保护对中国出口竞争力的影响：基于行业增加值市场渗透率的分析”，《浙江学刊》第 2 期。

(如图 6-1 所示)。①

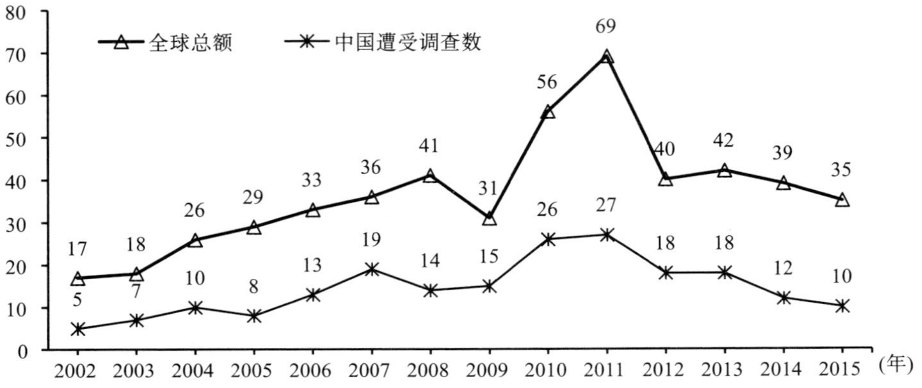

图 6-1 2002—2015 年美国知识产权“337 条款”调查年度走势

数据来源：作者根据中国贸易救济信息网数据整理绘制。

据《中国统计年鉴 2017》显示，2015 年中国 GDP 增长率跌破 7%，2016 年又降至 6.7%。中国经济增长放缓伴随有中国进、出口增速持续放缓，2015 年甚至出现进、出口同比“双降”的现象。如何提升中国的出口竞争力，实现外贸转型发展已成为当务之急。同时，中国经济增长放缓伴随有产能过剩、劳动力成本上涨、贸易环境保护趋向严峻等，这些推动了中国急需要转变外贸发展方式，提升外贸竞争力。中国“十三五”规划纲要中提出，“实施严格的知识产权保护制度。推动高端装备出口，提高出口产品科技含量和附加值；扩大服务出口，健全售后保养维修等服务体系”。由此，全球生产网络下通过加强中国知识产权保护、激励创新来提升中国外贸出口竞争力，特别是提升中国制造设备行业、服务行业出口竞争力的研究就凸显重要起来。

在当前国内外环境下，中国如何在美国和其他国家的更严格的知识产权保护政策下提升外贸竞争力，成功实现外贸转型发展就成为当前面临的一道难题。当今的世界经济是一个密切联系的整体，垂直专业化和国际分工使得生产网络已发展成为全球性的生产网络。本章在全球生产网络下工序贸易和外包盛行的背景

① “337 条款”源于 1930 年美国关税法第 337 条而得名。“337 条款”调查由美国国际贸易委员会（ITC）进行，经常涉及有关知识产权权利要求。“337 条款”将美国进口中不正当贸易分为两类：一般不正当贸易和有关知识产权的不正当贸易。有关知识产权的不正当贸易指所有人、进口商或承销商向美国进口，为进口而买卖或进口后在美国销售属于侵犯了美国法律保护的专利权、商标权、版权、集成电路布图设计权和设计方案权的产品的行为。只要美国存在与该产业相关的行业或正在建立该行业，有关知识产权的不正当贸易做法即构成非法，而不是以其对美国产业造成损害为要件。

下，通过构建行业层面知识产权保护强度指标和行业增加值的出口竞争力指标，进而考察两者之间关系和探究其作用机制，为提升中国外贸出口竞争力提供有益的借鉴。

第二节 文献综述

本章对目前已有的关于全球生产网络下知识产权保护、外贸竞争力指标，以及知识产权保护强度与外贸竞争力关系的文献进行整理综述，主要聚焦在以下几个角度：

一、聚焦国家和行业知识产权保护水平测度研究

第一，国家层面知识产权保护测度研究。Ginarte 和 Park（1997）在 Rapp 和 Rozek（1990）方法基础上，把度量知识产权保护的指标分为 5 大类：保护覆盖范围、国际条约成员、保护的损失条款、执法机制和专利保护期限。这 5 大类得分之和为知识产权保护（IPP）水平。Park（2008）指出，Ginarte 和 Park 测算的是 5 大类指标得分之和，无法反映专利制度的质量；新的指数考虑了 TRIPS 协定和涉及新兴技术的知识产权立法的影响。沈国兵和刘佳（2009）认为，GP 指数和 Park（2008）方法测算的 IPP 水平过高，可通过增加经济发展水平、法治水平和知识产权执法水平来改进 IPP 测度，但是赋予三者同样的权重来测算中国知识产权保护强度是有问题的。本章在执法层面上借鉴沈国兵、刘佳（2009）的方法进行测度，区别是给予三者不同的权重，并且对经济发展水平进行测度时使用中国人均 GNI 占世界银行中等收入上限值的比重作为经济发展水平的指标。

第二，行业层面知识产权保护测度研究。Hu 和 Png（2013）提出，GP 指数本质上是衡量专利法律法理上的完备性，并没有反映专利权的实际执行状况。Hu 和 Png 将代表专利法的 GP 指数与代表法律执行的 Fraser 指数相乘，得到有效专利权指数（effective patent rights index）；将行业专利授权量除以该行业总销售来衡量行业专利强度。研究认为，更强的专利权是与更高的专利密集型行业的快速增长相关的，也与增加值测算的更快的行业增长相关的。但是，Hu 和 Png 假设所有其他国家相同行业的专利强度与美国一样的是不合实际的。尹志锋等（2013）参考 Hu 和 Png 方法，采用算术平均测算出实际 IPP 指数，并构造出国

家—产业层面的名义与实际IPP指数。杨珍增（2016）参照Hu和Png方法，将GP指数与Fraser指数相乘，得到有效IPP指数；将行业专利授权量除以行业增加值，得到行业增加值的专利强度。但是，该文假定同一行业的专利强度在不同国家是相同的也是不合实际的。为此，我们拟使用行业专利授权量占申请量之比与国家层面专利授权量占申请量之比的比值来反映行业层面知识产权保护，既放弃了同一行业的专利强度在不同国家是相同的严格假定，也反映出行业相对保护强度。

二、聚焦行业外贸（出口）竞争力测度研究

行业外贸竞争力的测度分为质量型和数量型两类：第一，质量型指标关注的是产品质量本身或者企业的战略。从亚当·斯密的绝对成本论、大卫·李嘉图的比较优势理论到产品生命周期理论，这些都是基于产品质量比较来判断贸易竞争力的大小。从质量角度来考察外贸竞争力的研究有三个角度：一是外贸产品质量角度（Khandelwal，2010；Crozet等，2012；Manova和Zhang，2012；Bas和Strauss－Kahn，2015；殷德生，2011；施炳展等，2013；张杰等，2014；张杰等，2015）。二是产品贸易成本角度，这又包括运输成本、关税壁垒、非关税壁垒等（Bernard等，2003；Trefler，2004；陈勇兵等，2012）。三是从生产产品的企业自身构建自主品牌的角度（张建忠和刘志彪，2011）。质量型指标不易于量化处理，且较少用于不同行业的比较，因而本章主要采用数量型的测度方法。

第二，数量型指标通过具体的贸易额或者市场占有率等来比较国家间的外贸竞争力水平。具体有显性比较优势、贸易竞争力指数、显性竞争优势、出口复杂度、国际市场占有率、市场渗透率、增加值以及其他复合指标。Balassa（1965）提出显性比较优势指数（RCA），衡量国家 i 第 k 行业或产品对外出口竞争力。贸易竞争力指数是指一国贸易差额占其进出口贸易总额的比重（金碚，1997）。由于显性比较优势未考虑进口方面的因素，Vollrath和Vo（1988）设计了一个显性竞争优势指数（CA），表示为出口显性比较优势指数减去进口显性比较优势指数。出口复杂度始于Michaely（1984）提出的贸易专业化指数，假设某一种出口产品的技术含量与出口国的人均收入水平相关。另一种出口复杂度指标是出口相似度指标，由Finger和Kreinin（1979）提出，其后Schott（2008）研究世界各国出口到美国的商品和经济合作与发展组织（OECD）国家出口到美国的商品的相似程度。张金昌（2001）使用国际市场占有率指标来测度一国在世界出口中的份额，提出一国产品在某国市场的渗透率指标。茅锐和张斌（2013）使用出口目的地市场渗透率指数（MPI），衡量一国行业出口在目的地市场行业贸易竞

争力。

现有指标都是使用传统的贸易流量进行统计，存在着统计失真问题。2010年，世界贸易组织呼吁从全球价值链角度改进国际贸易核算方法，关注各国在对外贸易中的增加值含量。这样，基于增加值的外贸竞争力测度盛行起来（张杰等，2013；王直等，2015）。Ceglowski（2017）认为，一国的出口竞争力是以出口中所含的国内增加值来衡量，可能看起来与以出口总额来衡量是非常不同的。沈国兵和李韵（2017）将TiVA方法与衡量行业外贸竞争力的市场渗透率指标相结合，构造出基于最终品进口市场的增加值市场渗透率指标，来分析揭示全球生产网络（GPN）下中国行业出口竞争力的变化格局。

三、聚焦（行业）知识产权保护对一国贸易乃至出口竞争力的影响研究

第一，主张知识产权保护对一国贸易的影响是不确定的，但对高技术行业进口、出口的影响显著。Maskus和Penubarti（1995）率先在理论上提出知识产权保护对贸易具有市场势力效应和市场扩张效应。当知识产权保护加强时，市场势力效应会导致一国出口减少，而市场扩张效应会使得厂商选择扩大出口规模。结果，这两种效应使得知识产权保护对贸易的影响是不确定的。沈国兵和姚白羽（2010）研究认为，加强知识产权保护对中国高技术产品进口的作用具有显著的、国别性差异。Ivus（2010）发现加强发展中国家的专利权有助于提高发达国家的出口，其中对专利较敏感的高技术行业出口的影响较为显著。

第二，认为行业知识产权保护通过增加中间品进口，提升中国出口乃至出口竞争力。Fink和Maskus（2005）证实，更强的知识产权保护是许多国家经济增长的主要引擎，对发展中经济获取国外技术、吸引FDI和提升外贸竞争力都很重要。Awokuse和Yin（2010）实证发现，加强知识产权保护会显著地促进中国高技术产品的进口。余长林（2011）研究显示，加强知识产权保护总体上显著增加了中国技术密集型行业的进口贸易。通过增加从高收入国家技术密集型行业进口中间品，从而提升中国出口竞争力。郭小东和吴宗书（2014）认为，知识产权保护在创意产品贸易中的正效应大于在货物贸易中的正效应，因而创意行业产品贸易对知识产权保护更加敏感。沈国兵（2011）认为，美国国际贸易委员会对中国发起涉及知识产权争端的“337调查”案件最主要集中在机电产品、化工产品等行业上，意味着中国对美在机电、化工行业内贸易上竞争性程度在不断上升。

与文献相比，本章主要边际贡献在于：第一，不再强假设各行业的研发密度或对知识产权保护的依赖程度是一样的，而是根据中国经济发展情况，采用行业

专利授权量占申请量之比，与国家层面专利授权量占申请量之比的比值来刻画行业层面知识产权保护特征。

第二，使用行业贸易增加值数据来测度中国在世界各国的市场渗透率格局，以此来考察中国的行业出口竞争力。并且，证实中国部分行业知识产权保护强度与其出口竞争力之间存在着倒“U 型”关系。也就是，一定程度知识产权保护会促进中国行业出口竞争力提升，但过强的知识产权保护反而产生逆转效应，不利于中国行业出口竞争力提升。

第三节 行业知识产权保护和贸易增加值市场渗透率：指标构建及统计分析

一、行业知识产权保护强度指标构建

本章拟构建行业层面的知识产权保护强度指标。首先，借鉴 Ginarte 和 Park（1997）测算国家知识产权保护程度的方法，通过考察知识产权保护的范围、是否为国际条约成员、保护的损失、执法措施和专利权的保护期限五个方面来给予国家知识产权保护程度进行评分。表 6 -1 给出基于 GP 方法和参考沈国兵和刘佳（2009）方法，测度出的 2000—2014 年中国国家层面知识产权名义保护水平。

表 6 -1　基于 GP 方法测度的 2000—2014 年中国知识产权名义保护水平

年份	覆盖范围	国际条约成员	保护的损失	执法措施	专利保护期限	知识产权名义保护水平
2000	0. 86	0. 88	0. 33	0. 33	1	3. 40
2001	0. 86	1	0. 33	1	1	4. 19
2002	0. 86	1	0. 33	1	1	4. 19
2003	0. 86	1	0. 67	1	1	4. 53
2004	0. 86	1	0. 67	1	1	4. 53
2005	0. 86	1	0. 67	1	1	4. 53
2006	0. 86	1	0. 67	1	1	4. 53
2007	0. 86	1	0. 67	1	1	4. 53
2008	0. 86	1	0. 67	1	1	4. 53

续表

年份	覆盖范围	国际条约成员	保护的损失	执法措施	专利保护期限	知识产权名义保护水平
2009	0.86	1	0.67	1	1	4.53
2010	0.86	1	0.67	1	1	4.53
2011	0.86	1	0.67	1	1	4.53
2012	0.86	1	0.67	1	1	4.53
2013	0.86	1	0.67	1	1	4.53
2014	0.86	1	0.67	1	1	4.53

资料来源：作者基于 GP 方法及相关数据来源整理测算出来。

然后，本章参考韩玉雄和李怀祖（2005）和沈国兵和刘佳（2009）的方法，主要考虑经济发展水平、法律执行和社会意识三个层面来构建执法层面的因素，具体如下：

第一，经济发展水平。本章使用中国人均 GNI 占世界银行中等收入的上限值的比率作为经济发展水平的指标，之所以取上限值是考虑到下限值是进入中等收入的门槛，而上限值则是迈向高收入水平的必经之路。

第二，法律执行。本章使用国家知识产权局每年公布的知识产权违法侵权结案数与立案数之比作为法律执行的指标。

第三，社会意识。本章选用《中国统计年鉴》中公民完成九年制义务教育人口占比作为社会意识的指标，因为完成九年制义务教育的公民至少有基本的法律意识，知晓违法及其带来的后果。

在这里，我们使用 Matlab 对三者的权重进行测算，并将三者与其相应权重的乘积求和即可得出执法强度的指标。其中，经济发展水平的权重为 0.4154，法律执行的权重为 0.25，社会意识的权重为 0.3346。该执法强度指标乘以中国知识产权名义保护水平即可得出中国的知识产权实际保护强度。如表 6－2 所示，2000—2014 年中国知识产权实际保护强度呈现出逐步提高的态势。

表 6－2　　2000—2014 年中国知识产权实际保护强度

年份	名义保护水平	经济发展水平	法律执行	社会意识	执法强度	知识产权实际保护水平
2000	3.40	0.31	0.91	0.49	0.52	1.77
2001	4.19	0.34	0.91	0.49	0.53	2.22
2002	4.19	0.37	0.90	0.49	0.54	2.28
2003	4.53	0.42	0.85	0.49	0.55	2.49
2004	4.53	0.46	0.88	0.49	0.57	2.60

续表

年份	名义保护水平	经济发展水平	法律执行	社会意识	执法强度	知识产权实际保护水平
2005	4.53	0.51	0.88	0.49	0.59	2.69
2006	4.53	0.57	0.87	0.49	0.62	2.79
2007	4.53	0.67	0.85	0.49	0.65	2.96
2008	4.53	0.80	0.86	0.49	0.71	3.21
2009	4.53	0.93	0.87	0.49	0.76	3.46
2010	4.53	1	0.80	0.62	0.82	3.72
2011	4.53	1	0.91	0.62	0.85	3.85
2012	4.53	1	0.88	0.62	0.84	3.81
2013	4.53	1	0.93	0.62	0.85	3.87
2014	4.53	1	1.00	0.62	0.87	3.95

资料来源：作者根据国家知识产权局年度报告、《中国统计年鉴》和世界银行数据整理计算得出。

当把执法层面的因素考虑在内后，中国知识产权名义保护水平是显得偏高的，而且从2003年后名义保护水平表现平稳，体现不出中国不断加强知识产权保护水平的努力。但是，从中国知识产权实际保护强度可看出，中国知识产权实际保护强度是在不断增强的，这是符合中国的现实状况的（如图6－2所示）。

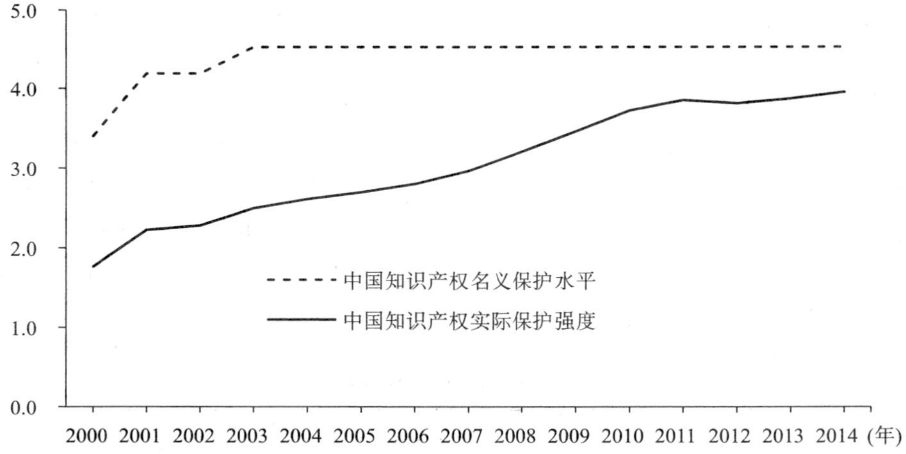

图6－2 2000—2014年中国知识产权保护水平

资料来源：作者根据世界银行、国家知识产权局数据整理绘制。

然而，对于不同的行业而言，知识产权保护的程度是不一样的。因此，就需要考虑行业层面知识产权保护强度，本章选用行业专利授权量占申请量之比与国家专利授权量占申请量之比的比值作为该行业知识产权相对保护特征来考察行业知识产权保护强度。一般认为，企业出于对自身知识产权保护会通过申请专利等方式来实现，行业专利申请量体现了该行业内所有企业期望得到的保护程度，然而只有经过国家知识产权局授权的专利才是真正实现了知识产权保护。为此，我们使用行业专利授权量占申请量之比就反映出该行业层面的知识产权保护，但是为了跨行业可比，再除以当年国家专利授权总量与申请总量之比，就可以得出该行业知识产权相对保护强度。然后，再使用中国国家层面知识产权实际保护水平乘以行业层面知识产权相对保护强度，就得到中国行业知识产权实际保护强度。用公式可以表示为：

$$IPR_{ijt} = IPR_{it} \times Ind_{ijt}$$

其中，IPR_{ijt}为第 t 年 i 国第 j 行业知识产权实际保护强度；IPR_{it}为第 t 年 i 国知识产权实际保护水平；Ind_{ijt}为第 t 年 i 国第 j 行业的专利授权量占申请量之比与国家专利授权量占申请量之比的比值。

表 6－3 给出采用行业特征后测度出的 2000—2014 年中国 16 个制造业行业知识产权实际保护强度：

表 6－3　　中国 2000—2014 年 16 个制造业行业知识产权保护强度

行业 年份	行业A	行业B	行业C	行业D	行业E	行业F	行业G	行业H	行业I	行业J	行业K	行业L	行业M	行业N	行业O	行业P	中国
2000	1.32	1.75	1.35	1.51	1.30	0.88	1.60	1.73	2.50	1.59	2.03	1.14	2.02	1.57	1.35	1.89	1.77
2001	2.03	2.25	2.71	1.96	1.17	1.40	2.71	1.46	2.84	1.98	2.38	1.45	2.68	2.61	3.24	2.89	2.22
2002	1.83	1.35	3.44	2.45	2.21	1.44	2.62	2.16	2.25	1.55	2.84	2.04	2.79	2.81	2.12	2.58	2.28
2003	1.80	2.47	3.20	2.43	3.23	2.34	2.95	2.23	2.59	1.96	3.12	2.38	3.05	2.68	2.76	3.16	2.49
2004	1.64	2.65	2.44	2.14	3.37	3.58	2.47	2.10	2.81	2.54	2.90	2.24	2.48	2.76	2.59	2.98	2.60
2005	2.21	2.60	2.88	2.97	2.59	2.77	2.55	2.16	2.91	2.90	2.86	2.45	2.47	3.01	2.97	3.08	2.69
2006	2.16	3.00	2.17	2.90	2.21	2.49	2.93	3.46	2.58	2.47	3.28	2.25	3.07	3.23	2.95	3.20	2.79
2007	1.67	3.20	3.52	3.14	2.32	2.23	2.98	3.45	2.33	2.12	3.31	2.56	3.48	3.42	3.04	3.54	2.96
2008	1.82	3.41	3.53	3.84	2.04	1.89	3.27	1.95	2.85	2.25	3.58	4.09	3.85	3.23	2.88	3.44	3.21
2009	1.95	3.65	3.73	4.09	3.00	2.40	4.00	3.12	3.80	3.94	3.79	4.55	3.67	4.14	3.81	4.06	3.46
2010	2.16	3.93	4.83	3.92	2.59	2.13	3.78	2.40	3.07	3.37	4.48	9.94	3.99	4.07	3.72	4.14	3.72
2011	2.10	4.18	3.84	4.04	2.95	3.11	3.63	3.13	3.59	4.01	4.07	4.26	4.11	4.37	3.37	4.15	3.85

续表

年份＼行业	行业A	行业B	行业C	行业D	行业E	行业F	行业G	行业H	行业I	行业J	行业K	行业L	行业M	行业N	行业O	行业P	中国
2012	2.67	3.76	3.42	3.92	3.22	2.82	3.78	4.46	3.52	3.76	4.07	4.41	4.08	3.93	3.65	4.13	3.81
2013	2.54	3.50	4.02	3.91	4.24	2.91	3.96	3.63	3.35	3.13	4.14	4.42	4.45	4.24	3.72	4.43	3.87
2014	1.73	3.56	4.17	4.10	4.33	2.81	4.02	3.83	3.27	3.52	4.47	4.67	4.89	4.69	4.34	4.84	3.95

资料来源：作者根据国家知识产权局年度报告及相关资料整理计算出来。

注：A为食品、饮料和烟草行业；B为纺织类、纺织品、皮革和鞋类行业；C为木材和软木制品行业；D为纸浆、纸、纸制品、印刷和出版行业；E为焦炭、精炼石油产品和核燃料行业；F为化学品和化工产品行业；G为橡胶和塑料制品行业；H为其他非金属矿产品行业；I为贱金属行业；J为金属制品（机械设备除外）行业；K为机械和设备制造行业；L为电脑、电子及光学产品行业；M为电气机械和设备行业；N为机动车辆、挂车和半挂车行业；O为其他运输设备行业；P为制造维护与修理及回收行业。

二、贸易增加值市场渗透率指标构建

表6-4对外贸竞争力的测度指标进行汇总比较。这些指标都是使用传统的贸易流量进行统计，存在着统计失真的现象，且部分指标在不同的行业间难以进行比较。据此，本章拟采用贸易增加值进行测算，由于需要进行不同行业的对比，因而使用行业贸易增加值的市场渗透率指标来进行测度。

表6-4　　外贸竞争力测度指标汇总

指标名称	公式	优缺点	相关文献
显性比较优势指数	显性比较优势指数 $= \frac{X_{ik}/X_i}{X_{wk}/X_w}$	剔除了国家间规模差别，但不能区分国家和地区	Balassa（1965）
贸易竞争力指数	贸易竞争力指数 $= \frac{X_{ik}-M_{ik}}{X_{ik}+M_{ik}}$	考虑了进口因素的影响，只能用于产品层面	金碚（1997）
显性竞争优势指数	显性竞争优势指数$_{ik} = \frac{X_{ik}/X_i}{X_{wk}/X_w} - \frac{M_{ik}/M_i}{M_{wk}/M_w}$	剔除国家间规模的影响，且考虑了进口因素的影响	Vollrath 和 Vo（1988）
出口复杂度	$PRODY_k = \sum_j \frac{X_{jk}/X_j}{\sum_j X_{jk}/X_j} Y_j$ $EXPY_j = \sum_k \frac{X_{jk}}{X_j} PRODY_k$	不能区分国家和地区的不同市场	Michaely（1984）；Hausmann 等（2005）；Xu（2010）

续表

指标名称	公式	优缺点	相关文献
国际市场占有率	国际市场占有率 $=X_{ik}/X_{wk}$	简单便利，不能区分不同市场	张金昌（2001）
市场渗透率	市场渗透率 $=X_{ijk}/M_{jk}$	能区分不同国家和市场	张金昌（2001）；茅锐和张斌（2013）

资料来源：作者根据相关文献整理归纳。

注：X 表示出口；M 表示进口；Y 表示产出；i 表示出口国；j 表示进口国；k 为行业或产品分类；w 为世界。

在行业生产网络下，由于产品内贸易和工序贸易等新型贸易方式的盛行，越来越多的学者指出，单纯使用“贸易流量”指标来衡量进出口情况和实际贸易利得是不准确的。因为在行业生产网络中，每个生产商都购买自己的投入品，并加工成产品，而这又被下游的生产商购买成为他们的投入品。以此类推，单纯的数量统计就存在重复计算的问题，因而需要使用贸易增加值方法来统计各国的贸易情况，以及测算世界各国基于贸易增加值的外贸竞争力（Koopman 等，2010；张杰等，2013；罗长远和张军，2014；Ma 等，2015）。

Hummels 等（2001）最早提出垂直专业化，并在此基础上计算国内增加值部分，但是 HIY 方法假定生产国内最终品和出口产品两者的进口投入比例相同，且使用的进口中间品是没有国内增加值的。之后，Koopman 等（2008）对 HIY 方法进行改进，将出口总额分解为最终产品出口、由进口国进口加工并消费的中间品、由进口国加工处理并出口至本国的中间品和由进口国加工处理并向第三国出口的中间品，由此来计算国内增加值等各部分。王直等（2015）对此进行扩展，根据贸易品的价值来源、最终吸收地和吸收渠道的不同，将其分为 16 个部分，并用来计算国内增加值。增加值方法能够更清晰地测算一国在国际贸易中的贡献，因而得到了广泛的应用。

现在国际机构较多地采用 Koopman 等（2012）的方法，通过投入产出表进行增加值分解，本章也采用此方法，并使用 OECD 的 TiVA 数据库 2000－2011 年的贸易增加值数据，来计算国家或者行业层面的市场渗透率指标，以此来表示一国或某行业的出口竞争力。市场渗透率指标，最初被用于测度产品在市场的渗透程度，后被发展为可以测度企业或行业层面的市场渗透率。茅锐、张斌（2013）使用市场渗透率来测度中国产品在世界市场的出口竞争力。

本章采用市场渗透率指标是基于几个方面的考量：一是能反映出口的行业在进口国的市场占有率情况；二是具有国别可比性，相比出口量来说，可以避免因国家规模差异而导致的出口量不同；三是使用贸易增加值数据来测算市场渗透率能更真实地反映出一国某行业在进口国的出口竞争力。由此，得出本章计算的中国行业贸易增加值的出口竞争力的公式为：

$$MPIVA_{ijt} = \frac{XDVA_{cijt}}{XDVA_{wijt}}$$

其中，$MPIVA_{ijt}$ 为第 t 年中国第 j 行业在 i 国贸易增加值的市场渗透率；$XDVA_{cijt}$ 为第 t 年中国向 i 国第 j 行业出口的国内增加值部分；$XDVA_{wijt}$ 是第 t 年世界各国向 i 国第 j 行业出口的国内增加值加总。按照市场渗透率的定义，分母应为第 t 年 i 国第 j 行业从世界进口的外国增加值总和，由于 i 国从世界进口的外国增加值等于世界向 i 国出口的国内增加值，且增加值多是和出口一起使用，因而本章使用此公式来测算，但其基本的含义没有发生变化。

第四节 模型构建及数据说明

知识产权保护对贸易流量的影响是不确定的。Maskus 和 Penubarti （1995）认为，知识产权保护通过市场控制力效应和市场扩张效应影响贸易流量，但由于方向相反，因而对于贸易流量的影响是不确定的。由此，知识产权保护对外贸竞争力的影响也存在分歧，本章通过考察行业层面的知识产权保护强度与行业贸易增加值的市场渗透率的关系，来探究行业层面知识产权保护对其出口竞争力是促进作用还是抑制作用。为此，参照 Maskus 和 Penubarti （1995）、Ivus （2010） 的模型，本章将模型设定为：

$$lnMPIVA_{ijt} = \beta_0 + \beta_1 lnIPP_{cjt} + \beta_2 (lnIPP_{cjt})^2 + \beta_3 \frac{IPP_{ct}}{IPP_{it}} \times lnIPP_{cjt} + \beta_4 lnYPC_{it} + \beta_5 TAR_{ijt} + \beta_6 lnIPP_{it} + \beta_7 Dum_t + \varepsilon_{ijt}$$

其中，因变量：$lnMPIVA_{ijt}$ 为第 t 年中国第 j 行业在 i 国贸易增加值的市场渗透率，用来反映中国行业 j 在 i 国真实的出口竞争力。

解释变量：$lnIPP_{cjt}$ 为第 t 年中国第 j 行业知识产权保护强度。理论上，存在二次项的负向影响。$\frac{IPP_{ct}}{IPP_{it}} \times lnIPP_{cjt}$ 为第 t 年中国知识产权保护强度与 i 国知识产权保护强度之比与第 t 年中国第 j 行业知识产权保护强度的交互项，用来反映中国与贸易伙伴国知识产权保护强期 i 国对第 j 行业进口征收的关税水平。$ln\ IPP_{it}$ 为第 t 年 i 国的知识产权保护强度。Dum_t 为时间哑变量，反映美欧金融危机带来的不利影响，本章把 2008 年之后设为 1，其他年份设为 0。ε_{ijt} 是随机扰动项。

本章使用 2013 年 1 月 OECD 和 WTO 联合发布的全球贸易增加值数据库的 2000—2011 年 59 个国家（不包括中国香港特区和中国台湾地区）16 个制造业的增加值数据。同时，使用本章测度的中国行业知识产权保护强度作为解释变量。人均实际 GDP 数据是基于世界银行的人均名义 GDP 除以 GDP 平减指数得到的。关税数据是根据世界银行的 WITS 数据库的关税数据，并且将其与海关编码的关税数据按大类进行行业匹配，得到 TiVA 数据库的 16 个制造业的关税水平数据，每个行业都是把 HS 编码的关税进行算术平均，然后考虑非零关税所占比例得到的数据，但是制造维护与修理、回收业的关税数据是缺失的。各国的知识产权保护程度是使用世界经济论坛每年发布的世界竞争力报告中的各国知识产权保护指数，其中包括 2008—2011 年的数据。根据 GP 方法测算出的知识产权保护水平，由于 GP 指数每 5 年测度一次，本章采用其 2000 年和 2005 年的数据。这样，进口国知识产权保护程度有着 6 年数据。

第五节
行业知识产权保护对其增加值出口竞争力的影响：经验分析

一、总的样本回归

从总的样本来看，由于因变量行业增加值的市场渗透率是取值在 0 和 1 之间的离散数据（非年度连续性数据），因而针对总的样本我们使用 Tobit 模型进行回归。由于是“短面板”数据，我们首先使用横截面的 Tobit 模型做总的样本回归，从总体层面来考察行业知识产权保护强度与其出口竞争力之间关系。然后，使用随机效应面板 Tobit 模型进行行业样本回归，来考察中国行业知识产权保护强度对其在 i 国出口竞争力的影响。

回归（1）是未控制进口国知识产权保护强度（$ln\ IPP_{it}$）下总的样本回归，聚焦考察中国行业 j 知识产权保护强度（$ln\ IPP_{cjt}$）对其在 i 国出口竞争力（$lnMPIVA_{ijt}$）的影响，并且考虑了可能的二次项的影响。

回归（2）是控制了进口国知识产权保护强度下总的样本回归，聚焦考察在

表 6-5　　　　总的样本估计：Tobit 模型回归结果

$lnMPIVA_{ijt}$	总的样本		
	(1)	(2)	(3)
$lnIPP_{cjt}$	2.005***	2.299***	1.878***
	(0.172)	(0.351)	(0.393)
$(lnIPP_{cjt})^2$	-0.175**	-0.320**	-0.354**
	(0.0829)	(0.137)	(0.138)
$lnYPC_{it}$	-0.184***	-0.352***	-0.359***
	(0.0204)	(0.0349)	(0.0350)
TAR_{ijt}	0.0293***	0.0414***	0.0416***
	(0.00443)	(0.0060)	(0.0060)
Dum_t	0.135***	-0.195***	-0.255***
	(0.0479)	(0.0555)	(0.0609)
$lnIPP_{it}$		0.638***	1.286***
		(0.138)	(0.304)
$\frac{IPP_{ct}}{IPP_{it}} \cdot lnIPP_{cjt}$			0.590**
			(0.246)
cons	-3.672***	-2.793***	-3.676***
	(0.223)	(0.357)	(0.513)
观察数	5011	3414	3414

注：***、**、* 分别表示在 1%、5% 和 10% 统计水平下显著。

数据来源：作者根据 TiVA 数据库、国家知识产权局、世界银行等相关资料数据整理得出。

控制了进口国知识产权保护强度后，中国行业 j 知识产权保护强度对其在 i 国出口竞争力的影响，也考虑了可能的二次项的影响。

回归（3）则是既控制了进口国知识产权保护强度，也控制了中国与进口国的国家知识产权保护强度相对值与中国行业知识产权保护强度的交互项，然后进行总的样本回归。聚焦考察中国行业 j 知识产权保护强度对其在 i 国出口竞争力的影响，以及二次项的影响。同时，也考察了该交互项是否通过对行业知识产权保护的影响，间接地影响到中国行业 j 在 i 国的出口竞争力。

如表 6-5 所示，从回归（1）至回归（3）比较来看，第一，在 1% 统计水平下，中国行业 j 知识产权保护强度（$lnIPP_{cjt}$）与其在 i 国的出口竞争力（$lnMPIVA_{ijt}$）之间存在显著的一次项正向影响，并且在 5% 统计水平下存在显著的二次项负向影响。这表明在中国行业知识产权保护强度与其在 i 国的出口竞争力之间存在倒“U型”关系，意味着中国适度地加强行业知识产权保护强度会促进该行业在 i 国的出口竞争力提升，但是太强的行业知识产权保护强度反而会不利于该行业在 i 国的出口竞争力上升。

第二，在引入进口国知识产权保护强度（$lnIPP_{it}$）后，发现在1%统计水平下，进口国 i 知识产权保护强度对中国行业在 i 国的出口竞争力有着显著的正向影响，意味着进口国 i 加强知识产权保护，会提升中国行业在 i 国的出口竞争力。这表明中国对外出口产品结构已发生了巨大的变化，由原先主要出口劳动与资源密集型产品转向主要出口机电产品、计算机与电子和光学设备等资本和技术密集型产品，后者对进口国知识产权保护强度敏感度要求在上升。

第三，在引入交互项（$\frac{IPP_{ct}}{IPP_{it}} \cdot lnIPP_{cjt}$）后，显示在5%统计水平下，该交互项对中国行业 j 在 i 国出口竞争力有着显著的正向影响，表明中国与进口国知识产权保护相对程度已通过对中国行业知识产权保护的影响，进而间接地提升了中国行业 j 在 i 国的出口竞争力。

第四，其他控制变量的影响是：一是进口国人均实际GDP对中国行业 j 在 i 国的出口竞争力有着显著的负向影响，意味着中国行业 j 在 i 国的出口竞争力并不因美欧金融危机后进口国 i 人均实际GDP下降而削弱，说明 i 国从中国进口的资本和技术密集型产品具有刚性。二是进口国关税水平对中国行业 j 在 i 国的出口竞争力有着统计上显著的正向影响，这说明 i 国从中国进口的资本和技术密集型产品确实具有刚性，即使进口国增加行业进口关税，也不会削减中国在 i 国的行业出口竞争力。三是在控制了进口国知识产权保护强度以及交互项之后，时间哑变量已变得统计上显著地负向影响，说明美欧金融危机确实对中国行业 j 在 i 国的出口竞争力产生了不利的冲击影响。

二、行业样本回归

对行业层面的回归共有两组：第一组回归是对未控制进口国知识产权保护强度以及交互项进行的随机效应面板Tobit模型回归；第二组回归是对控制了进口国知识产权保护强度以及交互项进行的面板Tobit模型回归。每个行业涉及中国在全球贸易增加值数据库中的58个进口国（不包括中国香港特区和中国台湾地区）、6年数据，以此来进行稳健性检验。

（一）未控制进口国知识产权保护强度和交互项进行的行业回归

未控制进口国知识产权保护强度，以及中国与进口国知识产权保护强度相对值与中国行业知识产权保护强度的交互项，我们对 16 个制造业中每一个行业进行随机效应面板 Tobit 模型回归，其回归结果如表 6－6 所示，具体分析如下：

第一，细分制造业来看，16 个制造业中 12 个制造业的行业知识产权保护强度（$lnIPP_{cjt}$）与中国行业 j 在 i 国的出口竞争力（$lnMPIVA_{ijt}$）之间存在显著的倒“U 型”关系。这表明在行业层面上加强中国行业知识产权保护强度能够促进中国行业 j 在 i 国的出口竞争力提升，但是在行业知识产权保护强度提高到一定强度后，太强的行业知识产权保护强度反而会造成中国行业 j 在 i 国的出口竞争力下降。

第二，进口国人均实际 GDP 水平对中国行业 j 在 i 国的出口竞争力的影响关系是存在差异的，其中有 6 个行业存在统计上显著的正向影响。其可能的理论机制是：进口国人均实际 GDP 水平提高会增加对一般产品的需求，也会增加对中国制造品需求，因而有可能会产生更多的外包、产品间贸易、产品内贸易和工序贸易等，从而促进部分中国行业产品在 i 国出口竞争力提升。同样，由于进口国人均实际 GDP 水平提高伴随着更严格的行业知识产权保护要求，使得其对从中国进口产品的知识产权保护要求也相应提高，结果有可能出于节约成本的考虑，中国将外包行为转到人力资本更低的东盟或非洲国家，或是在 i 国直接进行生产也有利可图。这些因素不利于中国制造业产品技术创新，也不利于中国在 i 国行业出口竞争力的上升。这两种效应相抵，使得不同行业中进口国人均实际 GDP 水平提高对其出口竞争力的效应是存在差异的，净效应可能为正，也可能为负。

第三，进口国关税水平对中国部分行业在 i 国的出口竞争力存在着负向影响，在表 6－6 中有 5 个行业存在统计上显著的负向影响。一般而言，进口国关税水平提高是不利于行业进口的，这既使得中国向 i 国行业出口的增加值减少，也可能使得世界向 i 国行业出口的增加值也减少，从而使得大多数行业表现出对其出口竞争力的影响不显著。

在这里，仅是未控制进口国知识产权保护强度和交互项进行的行业回归结果，我们仍需要加入重要的影响变量来进行进一步回归分析。

表 6－6　　行业回归的 Tobit 模型估计结果

$lnMPIVA_{ijt}$	行业 A	行业 B	行业 C	行业 D	行业 E	行业 F	行业 G	行业 H
$lnIPP_{cjt}$	6.82***	2.68***	2.61***	-0.66	0.07	2.02***	3.59***	8.92***
$(lnIPP_{cjt})^2$	-5.53***	-0.61**	-0.82***	1.85***	-0.07	-1.29***	-1.35***	-4.63***
$lnYPC_{it}$	-0.03	0.12	0.26***	0.10	-0.37*	0.21*	0.21***	0.75***
TAR_{ijt}	0.01**	0.002	-0.04***	-0.002	-0.04	0.01	-0.04***	-0.02***

续表

$lnMPIVA_{ijt}$	行业 A	行业 B	行业 C	行业 D	行业 E	行业 F	行业 G	行业 H
Dum_t	0.28***	−0.04	−0.01	0.03	0.31	0.26***	0.24***	0.15***
cons	−5.97***	−5.01***	−7.23***	−7.64***	−1.75	−6.49***	−7.14***	−13.61***
观察数	335	335	334	333	329	335	334	335
组数量	58	58	58	58	58	58	58	58
时间效应	是	是	是	是	是	是	是	是

$lnMPIVA_{ijt}$	行业 I	行业 J	行业 K	行业 L	行业 M	行业 N	行业 O	行业 P
$lnIPP_{cjt}$	33.93***	4.50***	8.08***	3.53***	12.19***	−3.66**	5.10***	−12.83***
$(lnIPP_{cjt})^2$	−14.03***	−2.17***	−2.53***	−0.92***	−4.47***	4.11***	−2.43***	7.91***
$lnYPC_{it}$	0.44***	0.89***	−0.02	−0.09	−0.16	−0.02	−0.08	−0.03
TAR_{ijt}	−0.01	−0.02***	−0.02*	−0.003	−0.02	0.01	−0.01	
Dum_t	−0.08	0.29***	0.02	0.19***	0.20***	−1.51***	0.90***	−1.22***
cons	−27.70***	−13.41***	−8.55***	−4.31***	−9.08***	−5.64***	−5.44***	1.97*
观察数	335	334	335	335	334	334	334	348
组数量	58	58	58	58	58	58	58	58
时间效应	是	是	是	是	是	是	是	是

注：***、**、* 分别表示在 1%、5% 和 10% 统计水平下显著。

其中，A 为食品、饮料和烟草行业；B 为纺织类、纺织品、皮革和鞋类行业；C 为木材和软木制品行业；D 为纸浆、纸、纸制品、印刷和出版行业；E 为焦炭、精炼石油产品和核燃料行业；F 为化学品和化工产品行业；G 为橡胶和塑料制品行业；H 为其他非金属矿产品行业；I 为贱金属行业；J 为金属制品（机械设备除外）行业；K 为机械和设备制造行业；L 为电脑、电子及光学产品行业；M 为电气机械和设备行业；N 为机动车辆、挂车和半挂车行业；O 为其他运输设备行业；P 为制造维护与修理及回收行业。这里的制造维护与修理及回收业的关税数据是缺失的。

（二）控制了进口国知识产权保护强度和交互项进行的行业回归

我们采用了世界经济论坛数据库中的中国和其他 58 个国家（不包括中国香港特区和中国台湾地区）的知识产权保护程度指标数据，来控制进口国知识产权保护强度对因变量的影响。同时，我们也控制了中国与进口国知识产权保护程度相对值与中国行业知识产权保护强度的交互项对因变量的影响。据此，我们使用行业层面面板 Tobit 模型进行回归。每个行业涉及中国在全球贸易增加值数据库中 58 个进口国（不包括中国香港特区和中国台湾地区）、6 年数据。表 6－7 展示了所有行业回归的估计结果，具体分析如下：

第一，在控制了进口国知识产权保护强度和交互项之后，16 个制造业中有 5

个制造业的行业知识产权保护强度（$lnIPP_{cjt}$）与中国行业 j 在 i 国的出口竞争力之间存在统计上显著的倒“U 型”关系。这里的 5 个制造业包括食品、饮料和烟草行业，木材和软木制品行业，纸浆、纸、纸制品、印刷和出版行业，贱金属行业，以及机械和设备制造行业。这些行业是技术要求相对较低的行业，其需要的行业知识产权保护强度相对较低，因而中国行业知识产权保护水平适当提升能够满足外包商所需的保护水平，进而通过增加这些行业对中国的外包行为，可以提升中国在这些行业上的出口竞争力。不过，对于这 5 个行业而言，太强的行业知识产权保护强度反而会造成中国这些行业在 i 国的出口竞争力下降。而对于技术要求高的行业，如化学品和化工产品行业，电脑、电子及光学产品行业，机动车辆、挂车和半挂车行业等，行业知识产权保护强度有着统计上显著的一次项负向影响，因而加强这些行业知识产权保护强度反而不利于中国行业在 i 国的出口竞争力提升。

第二，细分到每一个具体行业，就进口国知识产权保护强度（$lnIPP_{it}$）对因变量的影响来看，我们发现进口国知识产权保护强度对中国行业在 i 国的出口竞争力的影响都不显著。其中有 9 个行业是正相关，7 个行业是负相关，但是统计上都不显著。也就是说，进口国从中国进口产品可能并非单纯考虑中国的知识产权保护强度，也不会基于进口国自身的知识产权保护水平来决策进口，因而对中国行业在 i 国的出口竞争力的影响不显著。

第三，中国与进口国相对知识产权保护程度与中国行业知识产权保护强度的交互项对中国行业 j 在 i 国的出口竞争力的影响也是不明确的。其中有 7 个行业的影响为正，有 7 个行业的影响为负，但是统计上都不显著。这表明，中国与进口国相对知识产权保护程度通过对中国行业知识产权保护强度的间接影响并不能显著地影响到中国行业在 i 国的出口竞争力。也就是说，只要中国知识产权保护强度达到所预期的一定标准，进口国从中国进口产品就并不十分关注中国的行业知识产权保护强度，也不太关注中国与进口国的相对知识产权保护程度。

第四，进口国人均实际 GDP 水平对中国行业 j 在 i 国的出口竞争力存在着较为明显的负向影响。其中有 14 个行业存在负向影响，它们中的 9 个行业有着统计上显著的负向影响，意味着中国行业 j 在 i 国的出口竞争力并不因美欧金融危机后进口国人均实际 GDP 下降而削弱。这同样可能是由于进口国人均实际 GDP 水平提高引致的对知识产权保护要求提高，或是对技术泄露的容忍度更高，更多节约成本的要求带来减少外包等行为导致的出口竞争力下降效应超过了人均实际 GDP 水平提高带来对产品需求增加的上升效应，因而使得进口国人均实际 GDP 水平提高反而导致中国行业出口竞争力下降。这也与 Ginarte 和 Park（1997）的实证检验结果是相一致的。

第五，进口国关税水平对中国行业 j 在 i 国的出口竞争力也存在着较为明显的负向影响。其中有10个行业的影响为负，它们中的4个行业有着统计上显著的负向影响。另外5个行业影响为正，但不显著。比较来看，这4个统计上显著地负向影响的行业是纺织类、纺织品、皮革和鞋类行业，纸浆、纸、纸制品、印刷和出版行业，贱金属行业，以及金属制品业。这4个大类行业属于劳动和资源密集型行业，是技术水平相对较低的行业，主要靠价格竞争，其对进口国关税水平的敏感度相对较高，因而细分行业来看，进口国关税水平对中国行业在 i 国的出口竞争力有着不利的影响。对于其他行业来说，进口国关税水平可能不是影响其出口竞争力的重要因素。

第六，时间哑变量反映出美欧金融危机对中国行业 j 在 i 国的出口竞争力的冲击影响在统计上有着显著的差异，其中有7个行业存在显著的正向影响，有5个行业存在显著的负向影响。据此，中国在 i 国的行业出口竞争力对美欧金融危机的冲击反应存在显著的差异，并没有出现一边倒的下降。

表6-7　控制进口国知识产权保护强度和交互项的分行业Tobit模型估计——待续

$lnMPIVA_{ijt}$	行业A	行业B	行业C	行业D	行业E	行业F	行业G	行业H
$lnIPP_{cjt}$	125.1***	-6.05	41.48**	1437***	-168.9	-7.04***	10.79	-1007***
$(lnIPP_{cjt})^2$	-86.12***	2.72	-14.25**	-519.0***	84.11	3.97***	-5.25	499.7***
$lnIPP_{it}$	-0.33	-0.16	0.10	0.09	2.29	0.65	0.02	-0.15
$\frac{IPP_{ct}}{IPP_{it}}\cdot lnIPP_{cjt}$	-0.29	-0.14	0.004	0.24	-0.15	-0.07	-0.09	-0.28**
$lnYPC_{it}$	-0.17	-0.07	0.02	-0.11	-0.84***	-0.52***	-0.18**	-0.13*
TAR_{ijt}	-0.01	-0.01**	-0.01	-0.08**	0.03	-0.01	-0.02	-0.004
Dum_t	-1.14***	-0.01	-0.29**	-0.48***	6.76	0.24**	0.58***	49.10***
cons	-45.59***	2.96	-32.85***	-997.8***	77.35	3.51**	-6.43	449.4***
观察数	228	228	227	227	228	228	227	228
组数量	58	58	58	58	58	58	58	58
时间效应	是	是	是	是	是	是	是	是

$lnMPIVA_{ijt}$	行业I	行业J	行业K	行业L	行业M	行业N	行业O	行业P
$lnIPP_{cjt}$	49.91***	-155.3***	70.24***	-12.43***	-57.86	-912.2***	103.6	-12616***
$(lnIPP_{cjt})^2$	-20.66***	59.91***	-24.35***	3.35***	22.22	318.2***	-40.78	4474***
$lnIPP_{it}$	0.46	-0.05	-0.48	-0.37	1.42	0.96	-0.32	0.21
$\frac{IPP_{ct}}{IPP_{it}}\cdot lnIPP_{cjt}$	0.41	-0.18	-0.48**	-0.21	0.47	0.17	0.25	0.37

续表

$lnMPIVA_{ijt}$	行业 I	行业 J	行业 K	行业 L	行业 M	行业 N	行业 O	行业 P
$lnYPC_{it}$	-0.40***	-0.16*	-0.25***	-0.11	-0.41***	-0.56***	-0.13	0.01
TAR_{ijt}	-0.06*	-0.04***	-0.02	0.01	0.02	0.02	0.03	
Dum_t	-0.72***	13.87***	-0.28***	0.45***	0.14	21.23***	-1.42	136.5***
cons	-29.35***	85.93***	-48.95***	10.62***	36.47	631.9***	-65.62	8755***
观察数	228	227	228	228	228	227	227	232
组数量	58	58	58	58	58	58	58	58
时间效应	是	是	是	是	是	是	是	是

注：***、**、*分别表示在1%、5%和10%统计水平下显著。

其中，A为食品、饮料和烟草行业；B为纺织类、纺织品、皮革和鞋类行业；C为木材和软木制品行业；D为纸浆、纸、纸制品、印刷和出版行业；E为焦炭、精炼石油产品和核燃料行业；F为化学品和化工产品行业；G为橡胶和塑料制品行业；H为其他非金属矿产品行业；I为贱金属行业；J为金属制品（机械设备除外）行业；K为机械和设备制造行业；L为电脑、电子及光学产品行业；M为电气机械和设备行业；N为机动车辆、挂车和半挂车行业；O为其他运输设备行业；P为制造维护与修理及回收行业。这里的制造维护与修理及回收业的关税数据是缺失的。

比较来看，我们发现分行业样本进行的回归结果是更加细化可靠的，与总的样本回归结果的主要差异在于进口国知识产权保护强度、中国与进口国相对知识产权保护程度与中国行业知识产权保护强度的交互项，以及进口国关税水平的影响上。而且，分行业样本回归并没有发现各行业像总的样本回归那样，存在行业知识产权保护强度与中国行业 j 在 i 国的出口竞争力之间显著的倒“U型”关系。尽管如此，在食品、饮料和烟草行业，木材和软木制品行业，纸浆、纸、纸制品、印刷和出版行业，贱金属行业，以及机械和设备制造行业等5个制造业内，无论是总的样本还是分行业样本都存在行业知识产权保护强度对中国行业 j 在 i 国的出口竞争力影响上呈显著的倒“U型”关系。究其原因，可能是这些行业大都是技术要求相对较低的行业，对自身知识产权保护的要求相对较低，为维持行业机密所需的知识产权强度较低，只要中国相应加强知识产权保护水平，就足够提供外包商所需的保护，因而他们也愿意对中国进行外包和进行工序贸易等活动。这有助于中国进行吸收创新和技术创新等，进而提升中国在这些行业上出口竞争力。而其他行业知识产权保护强度与其出口竞争力之间的倒“U型”关系在考虑进口国知识产产权保护强度和交互项之后并不显著地存在。可能是因为这些行业多是相对高技术行业，对知识产权保护要求相对较高，所需的知识产权保护强度较高，因而外国在进行外包活动时并不只是考虑中国知识产权保护强度，而且会考虑进口国知识产权保护强度与中国的模仿能力等因素，也会进行外包目标国之间知识产权保护程度比较。当中国知识产权保护强度的提升不及进口国知识产权保护强度的提升，或者认为中国的模仿能力太强，或者相对于其他外包国来说，中国知识产权保护强度相对低，在此种情况下，为保护本国的既得利益，外国则会减少对中国的外包活动。这将不利于技术外溢和中国企业的模仿创新。尽管中国加强知识产权保护，但其行业出口竞争力反而会下降。

第六节 主要结论及政策建议

本章以全球生产网络下外包和工序贸易等为背景，构建并测度出中国行业知识产权保护强度以及中国在58个进口国的行业贸易增加值的市场渗透率指标。在此基础上，聚焦考察行业知识产权保护强度对中国行业出口竞争力的影响，得出以下主要结论：

第一，总的样本回归表明，中国行业知识产权保护强度与其出口竞争力之间确实存在着倒“U型”关系，即中国适度地加强行业知识产权保护强度会提高行业的出口竞争力，但是太强的行业知识产权保护强度反而会不利于中国行业出口竞争力的上升。相比而言，细分制造业回归来看，不管是否控制进口国的知识产权保护强度，我们发现在中国16个制造业中，只有部分制造业的行业知识产权保护强度与其出口竞争力之间存在统计上显著的倒“U型”关系。

第二，总的样本来看，进口国加强知识产权保护，会提升中国行业出口竞争力，这表明中国对外出口产品结构已发生巨大的变化。中国与进口国知识产权保护相对强度已通过对中国行业知识产权保护的影响，间接地提升了中国行业出口竞争力。相比而言，细分到每一个行业回归来看，我们发现进口国知识产权保护强度对中国行业出口竞争力的影响是不确定的，且统计上影响不显著，意味着进口国从中国进口产品并非单纯考虑中国的知识产权保护强度，也不会基于进口国自身知识产权保护水平来决策是否从中国进口，因而对中国行业出口竞争力的影响不显著。

第三，中国与进口国知识产权保护相对程度已通过对中国行业知识产权保护强度的影响，间接地提升了中国行业的出口竞争力。相比总的样本，分行业回归来看，我们发现中国与进口国知识产权保护相对程度与中国行业知识产权保护强度的交互项对中国行业出口竞争力的影响是不明确的。只要中国知识产权保护强度达到所预期的一定标准，进口国从中国进口产品就并不十分关注中国的行业知识产权保护强度，以及中国与进口国相对知识产权保护程度。进口国也可能会基于知识产权保护相对强度来决策外包行为，进而对中国行业出口竞争力产生影响。

第四，从控制变量来看，中国行业出口竞争力并不因美欧金融危机后进口国人均实际 GDP 下降而削弱；即使进口国增加行业进口关税，也不会削减中国的行业出口竞争力；美欧金融危机对中国行业出口竞争力产生了不利的冲击影响。但分行业回归来看，进口国人均实际 GDP 水平提高对中国行业出口竞争力的影响是存在差异的。进口国关税水平提高对中国部分行业出口竞争力存在显著的不利影响。美欧金融危机对中国行业出口竞争力的冲击影响在统计上有着显著的行业性差异。

根据以上主要研究结论，本章政策建议有：

一是主张在提高中国行业知识产权保护强度的同时，谨防行业知识产权保护过度反而导致行业出口竞争力下降。这需要从国家和行业层面同时入手，国家层面上需要加强相关知识产权的立法和执法工作，即不断完善相关知识产权保护的立法，并且强化对现有知识产权保护的实施以及对违法行为的惩罚。行业层面上需要在加强对知识产权保护的同时，防止行业保护过度对行业出口竞争力产生不利的影响。

二是把握好中国与进口国知识产权保护的相对程度，以期促成对中国行业知识产权保护强度的正向影响，进而提升中国行业的出口竞争力。行业内企业应增强知识产权保护的忧患意识，争取达到外包商所需的保护水平，这样才能在与国外企业的竞争中占据优势，同时应强化对职工技能的培养，提升人力资本，加强模仿创新、技术创新等创新行为，提升行业企业的出口竞争力。

三是积极倡导国际合作，进行区域和双边自贸区谈判，获取相对优惠的关税政策，避免缺乏国际合作诱发贸易摩擦带来的成本上升，进而不利于中国行业出口竞争力的提升。同时，积极推进"一带一路"倡议，深化中国与周边国家的经贸合作。这样，才能降低中国出口的贸易成本，进而提升中国行业出口竞争力。

四是不断增进行业企业创新投入，促进中国高新技术行业发展，提高行业出口竞争力来化解贸易保护主义压力。中国增强行业知识产权保护的目的在于更好地实现创新式发展，只有更多更好的行业企业创新，才能使得中国制造业在行业出口竞争中立于不败之地。

第三部分

全球生产网络与知识产权保护下提升中国出口质量（贸易质量型）

第三部分基于贸易质量型视角，探究全球生产网络与知识产权保护下提升中国出口质量。该部分包括第七章至第十章。

第七章

全球生产网络下省级知识产权保护与中国企业出口技术含量提升[①]

在对 Tacchella 等（2013）测算产品复杂度方法改进基础上，我们使用企业数据测算出中国企业出口技术含量，揭示出全球生产网络下省级知识产权保护对中国企业出口技术含量提升的影响。研究表明：（1）加强省级知识产权保护通过上游渠道对企业出口技术含量有着提升作用，而通过水平渠道和下游渠道不利于企业出口技术含量的提升。（2）进一步地加强省级—上游行业知识产权保护通过进口投入品技术渠道提高了中国企业出口技术含量，但上游议价能力渠道会削弱其提升作用；加强省级—水平行业知识产权保护分别通过创新渠道和阻碍技术溢出渠道对中国企业出口技术含量产生混合影响；而加强省级—下游行业知识产权保护对面临强下游议价能力的行业企业出口技术含量提升会产生抑制效应，但是企业强的知识吸收能力会弱化其抑制效应。据此，政府在加强知识产权保护时，应区分行业上下游和水平渠道，配合以行业创新支持和反垄断政策，以推动中国企业技术升级。

① 本章主要内容参见：沈国兵、黄铄珺："行业生产网络中知识产权保护与中国企业出口技术含量"，《世界经济》2019 年第 9 期。Chu, A. C.; H. Fan, G. Shen and X. Zhang (2018), "Effects of international trade and intellectual property rights on innovation in China", *Journal of Macroeconomics* Vol. 57, pp. 110 – 121.

第一节 问题提出及文献综述

2018年3月22日，美国贸易代表办公室发布了针对中国的“特别301报告”，认为中国涉嫌违反美国知识产权。由此，美方对中国输美商品加征额外关税以平衡贸易。2018年7月6日，美方对第一批价值340亿美元中国输美商品加征了25%关税。此后，特朗普政府对中国输美商品持续施压加征关税，致使中美贸易摩擦升级加剧。中国“十三五”规划纲要指出要“深化知识产权领域改革，强化知识产权司法保护”。2018年4月10日，习近平主席在博鳌亚洲论坛主旨演讲中强调“加强知识产权保护。这是完善产权保护制度最重要的内容，也是提高中国经济竞争力最大的激励”。由此，外部压力和内部需求同时要求我国加强知识产权保护。在全球经济复苏乏力、贸易摩擦升级的背景下，中国寻求如何从“贸易大国”向“贸易强国”的转变，提升中国企业出口技术含量，打造企业出口核心竞争力就成为现阶段中国经贸发展的重中之重。那么，知识产权保护能否为中国出口企业的技术升级提供制度保障呢？我们使用微观企业数据，探究全球生产网络下省级知识产权保护对中国企业出口技术含量提升的影响。

大量文献研究了进口国（特别是发展中国家）加强知识产权保护对其进口贸易的影响，如Smith（1999）、Ivus（2010）和余长林（2011）等。这些研究发现加强知识产权保护增加了从发达国家技术密集型行业产品的进口。如余长林（2011）研究显示，加强知识产权保护总体上显著增加了中国技术密集型行业的进口贸易。1995年《与贸易有关的知识产权协议》（TRIPS协议）生效后，越来越多的国家加入了TRIPS协议。随着新兴市场国家经贸发展，越来越多的研究转向知识产权保护对本国出口的影响上，试图研究知识产权保护是否会产生制度比较优势，促进出口技术复杂度的提升。一些研究发现，知识产权保护对出口及出口技术复杂度的影响受到经济发展水平（Sweet和Maggio，2015）和行业特征（柒江艺和许和连，2012；余长林，2016）的影响。然而，由于现有探究知识产权保护与出口技术复杂度的文献集中在宏观层面（国家、省级或行业层面），因而进一步探究知识产权保护对微观企业出口技术含量的影响就变得十分重要。

就现有文献来看，知识产权保护主要通过提升企业内部研发和创新活动、改善外部技术转移或投入品技术等渠道对企业生产经营活动产生促进作用，而通过抑制知识溢出、形成垄断势力和议价能力等渠道对企业产生不利的影响。

第一，知识产权保护是企业研发、创新的制度保障，持续创新是企业获得核心竞争力的根本途径。Gangopadhyay 和 Mondal（2012）认为，知识产权保护提高了企业模仿的成本，使得创新企业能够获得超额利润，从而促进企业创新。史宇鹏和顾全林（2013）发现，中国省级专利侵权案件上升显著地降低了该地区企业的研发投入，并且对私营企业和竞争激烈行业内企业的影响更大。吴超鹏和唐菂（2016）测算了省级知识产权保护执法力度，发现加强知识产权执法力度通过减少研发溢出损失、降低融资约束，以提升企业的专利申请。

第二，加强知识产权保护能够提升投入品技术水平和技术转移。知识密集型和技术密集型产品对高技术投入依赖度强（刘艳，2014）。南北模型认为，新产品首先在北方国家进行生产，通过出口进入到南方国家。当产品成熟后，新产品的生产才会被转移到南方国家（Antràs，2005）。知识产权保护是影响外国新产品进入发展中国家的制度因素之一。Ivus（2010）和余长林（2011）均发现加强知识产权保护后，发展中国家能够从发达国家进口更多的技术密集型产品。Canals 和Şener（2014）也认为，外国知识产权改革后，跨国企业与外国分支机构或海外分包合作商分享技术将更加安全，增加了外资企业的中间品进口。此外，知识产权保护能够降低合同执行成本，促使北方国家对南方国家进行技术转移（Yang 和 Maskus，2009）。

第三，知识产权保护增强企业的市场垄断势力，阻碍知识的溢出和流动可能导致未来的创新难度加大（Gangopadhyay 和 Mondal，2012）。基于跨国贸易数据，Vichyanond（2009）证实，在跨国贸易中知识产权保护越高的国家在专利密集型行业出口额越高，但当知识产权保护很强时，会由于市场垄断势力而发生逆转。针对中国，代中强（2014）认为，中国省级知识产权保护实际执行力度与省级出口技术复杂度呈倒“U 型”关系，超过临界值后太强的知识产权保护产生垄断反而不利于技术提升。沈国兵和张学建（2018）构建出行业知识产权保护强度，发现中国行业知识产权保护强度与出口竞争力之间存在显著的倒“U 型”关系，表明适度加强行业知识产权保护强度会促进该行业出口竞争力提升，但是太强的知识产权保护强度反而不利于竞争力的上升。

现有文献主要基于 Hausmann 等（2007）探究知识产权保护对省级、行业出口技术复杂度的影响，但是缺乏对相关机制的探讨。我们基于企业数据，探究全球生产网络下省级知识产权保护与行业生产网络交互影响对企业出口技术含量的异质性影响和作用机制。本章边际贡献是：（1）Tacchella 等（2013）提出“适合度法（fitness）"[①] 对 Hausmann 等（2007）测度产品复杂度进行了改进，我们再对 Tacchella 等（2013）中显性比较优势（RCA）进行了细化，区分弱显性比较优势和强显性比较优势，改进了对产品复杂度和国家适度性的计算，并基于改进的出口产品复杂度测算出中国企业出口技术含量。（2）一些研究主要基于国家（余长林，2016）或省级（代中强，2014）层面探究知识产权保护对出口竞争力的影响，但是加总数据容易造成扭曲和偏误。我们细化至行业层面，分别构建并测算出省级—上游、省级—水平和省级—下游行业的知识产权保护强度。研究发现，加强省级—上游行业知识产权保护有助于中国企业出口技术含量提升，而加强省级—水平和省级—下游行业知识产权保护反而不利于企业出口技术含量的提升。（3）进一步地，我们揭示出省级—上游、省级—水平和省级—下游行业知识产权保护对中国企业出口技术含量的差异性影响。发现加强省级—上游行业知识产权保护通过投入品技术渠道提升了企业出口技术含量，而加强上游议价能力渠道会削弱其促进作用；加强省级—水平行业知识产权保护分别通过创新渠道和阻碍技术溢出渠道对企业出口技术含量产生混合影响；加强省级—下游行业知识产权保护通过强的下游议价能力渠道不利于企业出口技术含量的提升，但是企业强的知识吸收能力会弱化其不利影响。

第二节 全球生产网络下知识产权保护对企业出口技术含量的影响机制

生产技术水平的提高使得生产越发碎片化，生产网络越发紧密。Javorcik（2004）认为，应从行业角度出发，考虑外商直接投资（FDI）通过水平联系和后向联系对本土企业生产经营活动的影响。沈国兵和张勋（2018）揭示了进口中间品通过行业内水平渗透率和行业间垂直联系对企业创新的影响。由此，我们尝试揭示出知识产权保护通过行业生产网络对企业出口技术含量提升的影响及其上、下游和水平影响渠道。

一、上游渠道影响机制分析

内生增长理论认为，中间投入品种类的增加和质量提升是技术进步的源泉

① 适合度法（fitness），主要是通过迭代计算出国家的出口适合度和出口产品复杂度。

(Grossman 和 Helpman, 1991), 下游企业能够从中间品包含的技术中获得技术溢出和生产率增长 (Amiti 和 Konings, 2007)。Liao 和 Wang (2019) 使用跨国数据分析发现, 各国投入品密度与农业生产率高度正相关。Nishioka 和 Ripoll (2012) 使用32个国家行业数据发现, 本国和来自 G5 国 (指美国、日本、法国、德国和英国) 的中间投入技术水平提升显著促进了行业生产率的提升。对于发展中国家, 进口投入品的技术水平往往要高于本国投入品, 大量文献表明进口投入品有利于提升企业生产率、企业出口量和出口产品质量 (Yu, 2015; Bas 和 Strauss-Kahn, 2015)。Maskus 和 Penubarti (1995) 认为知识产权保护存在"市场扩张效应"和"市场势力效应"。

一方面, "市场扩张效应"下加强知识产权保护促进了本国企业进行产品线升级 (尹志锋等, 2013), 也促进了外国企业对本国出口更多高科技产品 (Ivus, 2010; 余长林, 2011)。由此, 加强上游行业知识产权保护使得下游企业能够获得更多高技术的中间投入品, 通过投入品技术渠道提高企业出口技术含量。并且, 技术含量密集型产品对高技术投入品依赖性强 (刘艳, 2014), 进而在对投入品技术要求越高的企业, 加强上游行业知识产权保护对其出口技术含量的提升作用越强。

另一方面, "市场势力效应"下加强知识产权保护后, 创新企业形成了垄断势力、获得强的议价能力, 导致产品价格上升、生产量下降 (Maskus 和 Penubarti, 1995)。Brüggemann 等 (2016) 指出, 创新活动具有很强的"贯序性", 即后续的创新依赖于上游投入品创新, 加强知识产权保护不利于创新。在上游议价能力较强时, 加强上游知识产权保护使得下游企业获得高技术投入品的成本上升, 或不利于企业出口技术含量提升。这样, 对于越下游、面临越强上游议价能力的行业, 加强上游行业知识产权保护可能会产生负面影响。而 Liu 和 Qiu (2016) 研究发现, 虽然投入品的质量上升伴随有投入品成本的上升, 但是"生产率提升效应"超过了"成本增加效应", 因而企业仍会选择进口高质量投入品。

由此, 我们提出假说1: 加强上游行业知识产权保护, 有利于企业出口技术含量的提升。

考虑到上游渠道联系存在着投入品技术渠道和议价能力渠道, 我们将假说1再分为两种情形:

假说1.1: 对于投入品技术含量越高的企业, 加强上游行业知识产权保护对企业出口技术含量的提升作用越强。

假说1.2: 对于越下游、面临越强上游议价能力的行业, 加强上游行业知识产权保护越不利于企业出口技术含量的提升。

二、水平渠道影响机制分析

企业间的竞争主要发生在相同行业内。知识产权保护是影响企业竞争力的制度因素，它既能直接影响本企业创新，也能通过影响同行业竞争的企业间技术溢出等间接地影响到企业经营（Smeets 和 Vaal，2016）。我们将知识产权保护通过同行业内联系产生的影响界定为知识产权保护的水平行业渠道。① 加强知识产权保护能促进企业的研发投入和创新活动（尹志锋等，2013；Ang 等，2014）。不仅如此，知识产权保护与创新协调作用会对企业经营产生重要影响。吴超鹏和唐菂（2016）证实，在知识产权保护较强的省份，企业创新能力提高才能促进企业绩效的改善。Teixeira 和 Ferreira（2018）发现，在研发密度越高的企业，知识产权保护制度对企业竞争力的提升作用越强。这样，对于创新活动强的企业，加强水平行业知识产权保护对其出口技术含量有着提升作用。

除了自主创新，企业还通过技术溢出获得技术升级。Raut（1995）使用印度企业数据发现，除了石油化工行业，其他行业企业生产率均受益于行业溢出效应。Kim 等（2014）证实，同行业之间技术溢出对韩国企业技术升级和生产率进步有着显著的促进作用，尤其对于自身创新能力较弱、技术水平较低的小企业，技术溢出的作用甚至大于企业自主研发的影响。而知识产权保护提高了企业市场势力（Vichyanond，2009），降低了技术溢出效应，可能对企业出口技术含量产生不利的影响。知识产权保护提升了企业的模仿成本，阻碍了知识的溢出和流动，不利于企业出口技术含量的提升（Gangopadhyay 和 Mondal，2012）。由于专利存在“反公地”效应，Murray 和 Stern（2007）认为，专利使得研究者在利用其他研究时需要支付“税金”，从而知识产权保护在一定程度上抑制了知识传播。这样，对依赖于溢出效应的行业，加强水平行业知识产权保护削弱了知识溢出，不利于企业出口技术含量提升。在多重效应下，省级—水平行业知识产权保护对企业出口技术含量的影响是混合的。由此，我们提出假说 2：加强水平行业知识产权保护，对企业出口技术含量的影响是混合的。鉴于水平渠道联系存在着创新渠道和阻碍技术溢出渠道，我们将假说 2 再分为两种情形：

假说 2.1：对于创新能力强的企业，加强水平行业知识产权保护对企业出口技术含量有着提升作用。

---

① 对于行业 j 中的企业 f，其主要供应商所处的行业为上游行业，其主要顾客所处的行业为下游行业，而其本身所处的行业 j 则为水平行业。

假说 2.2：对于溢出效应强的行业，加强水平行业知识产权保护通过阻碍知识溢出对企业出口技术含量产生抑制作用。

三、下游渠道影响机制分析

Porter（1979）认为，企业竞争力不仅受到上游供应商议价能力的影响，还会受到下游买方议价能力的影响。在知识产权保护下，专利因具有排他性和独占性而能够成为企业的无形资产和核心竞争力。研究表明，企业的技术独占性和品牌独占性对其议价能力有着显著的提升作用（池仁勇和戴丽华，2012）。Choi 和 Kim（2018）发现，自用专利、授权他人使用专利和抢注等专利利用方式显著地提升了企业的市场份额，从而提升企业的议价能力。

一方面，强议价能力的下游企业会通过向上游压价对上游企业产生的不利影响。理论上，Inderst 和 Shaffer（2007）构建模型认为，下游并购增强了买方的议价能力，使得上游供应商竞争更加激烈。实证上，唐跃军（2009）发现，下游客户议价能力提升显著地削弱了企业的盈利能力。Godart 和 Görg（2013）证实，来自顾客的压力不利于企业生产率提升。使用智利数据，López（2008）发现对下游行业中的外国企业进行技术授权不利于上游企业生产率提升。这样，加强下游行业知识产权保护提高了下游企业的议价能力，下游企业通过向上游压价因而对企业出口技术含量产生不利影响，并且对下游议价能力强的行业其不利影响更强。

另一方面，当下游企业通过知识产权获得产品升级和强议价能力时，其会要求供应商提供更高质量的产品，供应商通过吸收整合下游的知识溢出能促进企业提升产品品质。Javorcik（2004）认为，下游外资企业通过技术转让和提高对中间品质量要求，对上游企业存在“垂直型”知识外溢。但下游企业对上游供应商的影响更多通过“强迫”（force），而非自愿“分享”（Godart 和 Görg，2013），此时企业吸收、整合知识溢出的能力至关重要。Iacovone 等（2015）使用数值模拟发现，当具有强议价能力和广泛渠道的沃尔玛超市进入墨西哥时，只有高质量企业愿意成为其供应商并增加企业创新投资由此带来产品质量提升，而低质量企业则相反。Eriksson 和 Chetty（2003）也认为，企业能否从下游顾客中获得知识和信息溢出取决于企业消化、吸收知识的能力。由此，当加强下游行业知识产权保护时，下游企业可能通过向上游提高要求而对上游具有强知识吸收能力、能够及时调整产品线企业的出口技术含量产生正向溢出效应。考虑到下游企业影响的“强迫性”，我们认为就整体而言，加强下游知识产权保护不利于企业出口技术含量的提升。

由此，我们提出假说3：加强下游行业知识产权保护，不利于企业出口技术含量的提升。

考虑到下游渠道联系存在着议价能力渠道和知识吸收渠道，我们将假说3再分为两种情形：

假说3.1：对于面临强的下游议价能力的行业，加强下游行业知识产权保护对企业出口技术含量会产生不利的影响。

假说3.2：对于知识吸收能力强的企业，加强下游行业知识产权保护对企业出口技术含量有着正向溢出效应。

综合上游、水平和下游渠道的影响机制，我们将知识产权保护通过行业生产网络对中国企业出口技术含量的多重影响渠道精炼如图7-1所示。

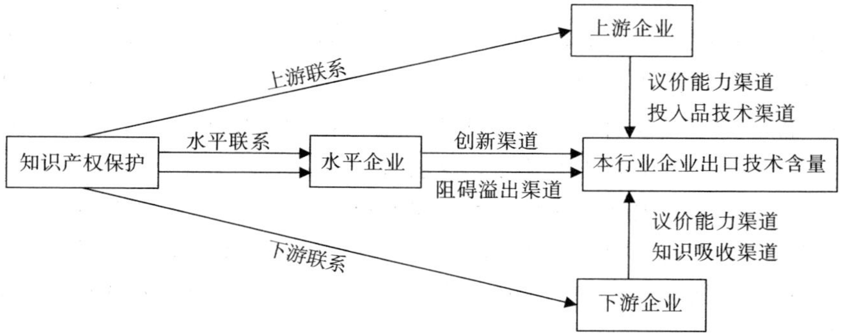

图7-1　知识产权保护通过行业生产网络对企业出口技术含量的影响机制

资料来源：作者自己绘制整理。

第三节 模型构建及变量数据说明

一、模型设定

根据上述影响机制，我们来构建计量模型。为此，我们参照Sweet和Maggio（2015）模型，但与之不同的是：第一，在中国同一知识产权保护法律制度下探究了各省差异性的知识产权实际保护强度对企业出口技术含量的影响，避免了跨国数据存在大量遗漏变量的问题。第二，考虑到不同行业对知识产权保护的敏感度不同，我们将省级知识产权实际保护强度与行业研发密度结合起来考察，来探究知识产权保护通过行业生产网络对中国企业出口技术含量的影响。具体计量模型设定如下[①]：

$$EXTE_{ijft} = \alpha + \boldsymbol{IPP}_{ijt} \cdot \boldsymbol{\beta} + \boldsymbol{Z}_{it} \cdot \boldsymbol{\gamma} + \boldsymbol{R}_{jt} \cdot \boldsymbol{\mu} + \boldsymbol{W}_{ijft} \cdot \boldsymbol{\psi} + \lambda_i + \lambda_j + \lambda_t + \varepsilon_{ijft} \quad (7-1)$$

其中，$EXTE_{ijft}$表示第 t 年省份 i 行业 j 内企业 f 的出口技术含量；$\boldsymbol{IPP}_{ijt}$为第 t 年省份 i 行业 j 的知识产权保护强度，具体回归时分为省级—上游行业（$UPIPP_{ijt}$）、省级—水平行业（$HPIPP_{ijt}$）和省级—下游行业（$DPIPP_{ijt}$）的知识产权保护强度；$\boldsymbol{Z}_{it}$是控制第 t 年省份 i 的区域特征，这里主要指省级人均实际 GDP 增长率；$\boldsymbol{R}_{jt}$是控制第 t 年行业 j 的特征，这里主要指行业竞争程度和行业开放程度；$\boldsymbol{W}_{ijft}$是控制第 t 年省份 i 行业 j 内企业 f 的特征，包括企业生产率、企业创新能力、企业资本劳动比、企业规模、企业年限、企业利润率和企业国有成分占比；α 是常数项，$\boldsymbol{\beta}, \boldsymbol{\gamma}, \boldsymbol{\mu}, \boldsymbol{\psi}$ 分别是向量变量的系数；λ_i，λ_j 和 λ_t 分别代表省级固定效应；行业和时间固定效应；ε_{ijft}为随机扰动项。

二、变量说明与数据来源

我们使用大样本微观企业数据来探究省级—行业知识产权保护对中国企业出口技术含量的影响，企业层面数据主要来源于中国工业企业数据库和海关数据库。参照杨汝岱（2015）的处理方法，我们剔除了 1998—2007 年工业企业数据库中实收资本、总产出、总资产和固定资产为零、为负及缺失的观察值，同时剔除了从业人数小于 8 或缺失，总销售小于 500 万元，总资产小于流动资产或小于固定资产以及利润率大于 1 的样本。由于工业企业数据库中存在企业名称、企业代码不唯一或缺失的情况，我们依次通过法人代码、“企业名称 + 地区代码”“法人名称 + 地区代码”和“地区代码 + 电话号码 + 成立年份”对企业进行匹配，经过以上步骤无法匹配成功的企业则认定为非同一家企业。工业企业数据库共涉及 1919720 个样本，合计 507828 家企业。

海关数据库包括中国企业 HS 八分位进出口交易，由于国际统一代码为六分位，我们将其加总到六分位层面。为获得企业特质和企业贸易行为，我们通过“企业名称”“电话号码 + 邮政编码”“法人姓名 + 邮政编码”将海关数据库与工业企业数据库匹配，共获得 257091 个匹配样本。具体地，主要变量构建说明

① 在这里，我们使用线性模型进行回归的主要原因有：第一，我们重点关注的是加强知识产权保护是否会提升企业出口技术含量，而非知识产权保护变化率对出口技术含量增长率的影响，因而我们没有采用双对数模型；第二，企业出口技术含量和知识产权保护的方差均较小，分别为 1.0 和 0.2，取自然对数后其方差反而变大，容易产生异方差。

如下：

（一）因变量：企业出口技术含量（$EXTE_{ijft}$）

我们使用出口复杂度来界定企业的出口技术含量。早期对出口复杂度研究主要采用加权平均的出口显性比较优势来衡量产品出口复杂度，[①] 如 Rodrik（2006）和 Hausmann 等（2007），并基于此计算出国家、行业的出口复杂度。该方法的核心假设是富国在高技术水平产品上更具有比较优势，结果导致：一是容易造成“富国出口复杂产品，穷国出口简单产品；复杂产品由富国出口，简单产品由穷国出口”的循环结论（李小平等，2015）；二是其计算中包含人均实际 GDP，容易受到各国宏观经济冲击的影响。基于显性比较优势指数（RCA_{cp}），Hidalgo 等（2009）提出了“反射法”，如果国家 c 在多种产品 p 生产上具有显性比较优势（$RCA_{cp} \geqslant 1$），那么该国具有更强的生产能力。在第 n 次迭代中，产品种类相加得到的“多样性”代表了国家 c 的经济复杂度，这里用 $k_{c,n}$ 表示。如果多个国家在某一种产品生产上具有显性比较优势，那么生产这种产品所需要的能力是普遍存在的。作者用国家数相加得到的“普遍性”代表产品 p 的复杂度，这里用 $k_{p,n}$ 表示，该值越大表明该产品技术含量越低。但是，该方法要求经过多次迭代直到 $k_{c,n} = k_{c,n+2}$ 且 $k_{p,n} = k_{p,n+2}$ 时，所有产品和国家均可比、计算结果收敛时才停止，但这导致了国家间和产品间的技术水平差异非常小（李小平等，2015）。

在 Hausmann 等（2007）和 Hidalgo 等（2009）基础上，Tacchella 等（2013）提出了“适合度法”，对权重进行了改进，认为如果一种产品能被多样性小的国家生产，那么该产品复杂度较低，因而使用非线性权重。该方法只要求数列排序不变，不要求收敛，结果发散、差异性大。参照 Tacchella 等（2013），具体方法如下：

$$RCA_{cp} = \frac{(X_{cp}/X_c)}{\sum_c (X_{cp}/X_c)}, \quad M_{cp} = \begin{cases} 1 & RCA_{cp} \geqslant 1 \\ 0 & \text{其他} \end{cases} \tag{7-2}$$

$$\tilde{F}_c^{(n)} = \sum_p M_{cp} \times Q_p^{(n-1)}, \tilde{Q}_p^{(n)} = \frac{1}{\sum_c M_{cp} \times \frac{1}{F_c^{(n-1)}}} \tag{7-3}$$

---

① 具体计算方法：产品出口复杂度 $PRODY_p = \sum_c \frac{(X_{cp}/X_c)}{\sum_c (X_{cp}/X_c)} \times Y_c$，其中，$X_{cp}$代表 c 国在产品 p 上的出口，X_c 代表 c 国总出口，$\frac{X_{cp}}{X_c}$代表国家 c 在产品 p 上的出口份额；Y_c 为 c 国人均实际 GDP，用以代表生产率水平。

$$F_c^{(n)}=\frac{\tilde{F}_c^{(n)}}{[\tilde{F}_c^{(n)}]_c},\ Q_p^{(n)}=\frac{\tilde{Q}_p^{(n)}}{[\tilde{Q}_p^{(n)}]_p} \tag{7-4}$$

其中，X_{cp}代表国家 c 产品 p 的出口；X_c为国家 c 的总出口。M_{cp}是根据 RCA_{cp}分段函数定义的变量，用以联系国家与产品。n 代表迭代次数，国家适度性 $\tilde{F}_c^{(n)}$和产品复杂度 $\tilde{Q}_p^{(n)}$ 为中间变量，$[\tilde{F}_c^{(n)}]_c$ 和$[\tilde{Q}_p^{(n)}]_p$ 为均值，$Q_p^{(n)}$ 和 $F_c^{(n)}$ 分别为第 n 次迭代中产品 p 的产品复杂度和国家 c 的国家适度性的最终计算结果。当第 n 次与第 $n+1$ 次得到的产品复杂度或国家适度性序列顺序不再发生变化时，则停止迭代便得到最终的 $Q_p^{(n)}$ 和 $F_c^{(n)}$。

进一步地，我们认为，在某种产品上具有弱显性比较优势和强显性比较优势所表达的含义不同。强显性比较优势意味着生产该产品的技术已经成熟、普及，产品周期进入成熟、衰退期。Antràs（2005）认为，新产品首先在发达国家生产，企业只有在产品较为成熟并且发展中国家具有生产能力时才会将生产转移到发展中国家。当产品技术成熟、发展中国家技术水平提升到可以自行生产时，外包占比上升，呈现出多国具有强显性比较优势的格局。由此，我们主张：第一，一国出口某种产品具有强显性比较优势，表明其在该产品上生产优势大，生产能力强，需要对分段变量M_{cp}进行调整以提高 $\tilde{F}_c^{(n)}$（国家适度性）。第二，多国具有强显性比较优势，表明该产品生产技术已经成熟，产品技术复杂度在当前已经较低，需要对M_{cp}进行调整以降低 $\tilde{Q}_p^{(n)}$（产品复杂度）。据此，我们认为采用“一刀切”的 RCA_{cp}判定标准并不合理，需要对 RCA_{cp}的划分标准进行细分，区分弱显性比较优势和强显性比较优势进行细化研究。参考日本贸易振兴会划分标准以及已有文献研究（张小蒂和孙景蔚，2006；Shen 和 Gu，2007；沈国兵，2012），我们对 RCA_{cp}进行了细分：当 $RCA_{cp}\geq 1.25$ 时，该产品具有强显性比较优势；当$0.8\leq RCA_{cp}<1.25$ 时，该产品具有弱显性比较优势；而当 $RCA_{cp}<0.8$ 时，该产品处于显性比较劣势。据此，我们对M_{cp}做出如下细分：

$$M_{cp}=\begin{cases}1.25 & RCA_{cp}\geq 1.25\\ 1 & 0.8\leq RCA_{cp}<1.25\\ 0 & \text{其他}\end{cases} \tag{7-5}$$

我们根据 UN Comtrade 数据库中 2000—2007 年 100 多个国家 5000 多种 HS

六分位产品的出口数据，计算出六分位产品出口技术复杂度（$Q_{pt}^{(n)}$）。① 继而，得到企业出口技术含量的计算公式为：

$$EXTE_{ijft} = \sum_{p} \frac{x_{ijfpt}}{x_{ijft}} \times Q_{pt}^{(n)} \quad (7-6)$$

其中，x_{ijfpt}为第 t 年省份 i 行业 j 内企业 f 出口产品 p 的金额；x_{ijft}为第 t 年省份 i 行业 j 内企业 f 的总出口额；$Q_{pt}^{(n)}$为第 t 年产品 p 的出口技术复杂度。从计算结果来看，使用改进后的公式（7－6）测算出的企业出口产品技术含量与按照 Tacchella 等（2013）测算方法得到的结果虽然存在着一些差异，但却是高度相关的，相关系数达到 0.9。表 7－1 中列示出 2000—2007 年使用改进后的公式（7－6）测算的结果，与使用 Tacchella 等（2013）方法测算的中国企业平均出口技术含量相比显示：第一，两种方法测算的结果都表明，2000—2007 年中国企业出口技术含量在波动中上升，两种算法趋势一致，因而这一改进的测算方法是可靠的。第二，根据 Tacchella 等（2013）方法测算出的 2000—2007 年中国企业年均出口技术含量为 0.674，而我们计算出的同期中国企业年均出口技术含量为 0.689，前者略微低估了中国企业出口技术含量，究其原因是来自对 M_{cp} 的界定差异。

表 7－1　2000—2007 年中国企业平均出口技术含量

年份	2000	2001	2002	2003	2004	2005	2006	2007
本章算法	0.633	0.636	0.724	0.689	0.704	0.710	0.710	0.706
Tacchella 等（2013）	0.636	0.634	0.698	0.681	0.691	0.695	0.699	0.660

资料来源：作者根据 UN Comtrade 数据库、中国工业企业数据库和海关数据库匹配后数据计算而得。

（二）核心解释变量：省级—行业知识产权实际保护强度（IPP_{ijt}）

参考尹志锋等（2013），我们使用第 t 年省份 i 知识产权实际保护强度与行业 j 研发密度交乘项来计算省级—行业知识产权保护强度。其中，省级知识产权实际保护强度是用国家知识产权实际保护强度与省级知识产权保护水平交乘项来构建。本章认为，国家知识产权实际保护强度决定了各省份知识产权保护的基本走势，省级知识产权保护水平体现了各省的差异。参考 Ginarte 和 Park（1997）、韩玉雄和李怀祖（2005），我们将国家知识产权名义保护水平和实际执法力度相

① UN Comtrade 每五年对 HS 代码调整一次，2000—2001 年、2002—2006 年以及 2007 年分别采用 HS1997、HS2002 和 HS2007 代码，分别涉及 5123 种、5224 种和 5051 种产品。

结合，构建出国家知识产权实际保护强度（$CIPP_t$）。参考已有文献，省级知识产权保护水平使用省级政府对知识产权保护重视程度（$ipp1_{it}$）和省级知识产权执法保护水平（$ipp2_{it}$）来衡量。第一，参考 Ang 等（2014）、吴超鹏和唐菂（2016），我们计算出省级政府对知识产权保护的重视程度（$ipp1_{it}$）。具体计算为各省政府官方报纸中含有“知识产权保护”“专利保护”“商标保护”“版权保护”“打击知识产权侵权”“打击专利侵权”“打击商标侵权”“打击版权侵权”等关键词的文章数占当年该省份总文章数的比重。数据来源《中国重要报纸全文数据库》。第二，参考史宇鹏和顾全林（2013），我们使用省级专利未被侵权纠纷的占比（即 1 减去省级累计专利纠纷在累计专利授权数中占比）来表示省级知识产权执法保护水平（$ipp2_{it}$），数据来源于《国家知识产权局统计年报》。据此，我们得到省级知识产权实际保护强度

$$IPP1_{it} = CIPP_t \times ipp1_{it} \text{和} IPP2_{it} = CIPP_t \times ipp2_{it}$$

行业研发密度（RD_{jt}），文献中常用行业研发密度（尹志锋等，2013）或行业专利密度（Hu 和 Png，2013）来表示行业对知识产权保护的敏感程度。我们根据《工业企业科技活动统计年鉴》（2000—2007 年）计算出 28 个两分位制造业的行业研发密度（行业研发支出/行业工业总产值[①]）来衡量行业知识产权保护敏感度，并使用行业专利密度（行业有效专利/行业销售收入）[②] 做稳健性检验。

行业生产网络是指行业内和行业间投入产出关系形成的生产网络（沈国兵和张勋，2018）。企业通过投入品、产出品与上游和下游的企业产生联系，FDI、进口中间品等会通过行业生产网络对企业生产率、创新产生影响（Javorcik，2004；沈国兵和张勋，2018）。由此，仅仅刻画水平行业对知识产权保护的敏感度是不够的，还应考虑上游行业和下游行业的研发密度来探究行业生产网络下知识产权保护对中国企业出口技术含量的影响。据此，参考 Javorcik（2004），我

---

① 《工业企业科技活动统计年鉴》（2000—2005 年）中提供了行业“产品销售收入”，但由于会计政策变化，《工业企业科技活动统计年鉴》（2006—2007 年）中该指标变更为“主营业务收入”，统计口径存在一定的差异。而《工业企业科技活动统计年鉴》（2000—2007 年）始终提供行业“工业总产值”数据，为了保证数据的一致性，我们将研发密度计算为“行业研发支出/行业工业总产值”，并使用行业专利密度（行业有效专利/行业销售收入）做稳健性分析。

② 这里使用行业有效专利的原因是：第一，专利申请后并不一定能够得到授权、转化为企业的无形资产；第二，专利得到授权后如未按规定缴纳年费，专利权终止，终止的专利也不再构成企业的无形资产。因此，知识产权保护政策保护的是企业所拥有的有效专利。

们根据投入产出表计算出上游行业研发密度（URD_{jt}）和下游行业研发密度（DRD_{jt}）：①

$$URD_{jt} = \sum_{h \neq j} \frac{Input_{hj}}{Total\ input_j} \times RD_{ht} \tag{7-7}$$

$$DRD_{jt} = \sum_{h \neq j} \frac{Output_{jh}}{Total\ output_j} \times RD_{ht} \tag{7-8}$$

其中，$Total\ input_j$为 j 行业的总投入品；$Input_{hj}$为 j 行业所需的 h 行业的投入品。$Total\ output_j$为 j 行业的总产出品；$Output_{jh}$为 j 行业产出中供应给 h 行业的部分。

我们使用行业研发密度（RD_{jt}）与行业平均研发密度的比值来衡量行业 j 在 28 个行业中的相对研发密度（$meanRD_{jt}$）。这里行业总数取值 28，具体计算为：

$$meanRD_{jt} = \frac{RD_{jt}}{\sum_{h=1}^{28} RD_{ht}/28} \tag{7-9}$$

由此，可进行不同行业间比较和行业同比比较。一是不同行业间比较。若 $meanRD_{jt} > 1 > meanRD_{ht}$，表明行业 j 研发密度大于行业均值，是一个对知识产权保护相对敏感的行业；而行业 h 研发密度小于行业均值，则是对知识产权保护敏感度低的行业。二是行业同比比较。若$meanRD_{jt} > meanRD_{j,t-1}$，表明第 t 年行业 j 对知识产权保护的相对敏感度相对于 $t-1$ 年有所上升。同理，可得上游行业相对研发密度（$meanURD_{jt}$）和下游行业相对研发密度（$mean\ DRD_{jt}$）。进一步地，我们使用省级知识产权实际保护强度与行业相对研发密度相乘的值，测度出省级—上游行业（$UPIPP_{ijt}$）、省级—水平行业（$HPIPP_{ijt}$）和省级—下游行业（$DPIPP_{ijt}$）的知识产权保护强度。具体为：

$$UPIPP_{ijt} = IPP_{it} \times meanURD_{jt} \tag{7-10}$$

$$HPIPP_{ijt} = IPP_{it} \times meanRD_{jt} \tag{7-11}$$

$$DPIPP_{ijt} = IPP_{it} \times mean\ DRD_{jt} \tag{7-12}$$

（三）省级层面控制变量

省级人均实际 GDP 增长率（$GDPR_{it}$）。吴超鹏和唐菂（2016）认为，在人均实际 GDP 增长越快的省份，企业专利申请越多，从而可能对企业出口技术提

① 虽然在理论和现实中，行业 j 的产品也可作为投入品进入到行业 j 生产中，但是这容易造成重复计算。感谢审稿人意见，参考 Javorcik（2004），我们在计算上游、下游行业研发密度时，已排除了本行业 j 的研发。

升产生越大的影响。其中，人均实际 GDP 使用各省 GDP 除以人口计算并经价格指数平减至以 2000 年为基期，数据来源于国家统计局。

（四）行业层面控制变量

行业竞争程度是影响企业技术更新的重要因素，这里使用行业市场集中度（HHI_{jt}）来衡量，是由两分位行业内企业销售收入计算得到的赫芬达尔指数来代表，具体计算为 $HHI_{jt} = \sum_{f}^{N}\left(\frac{s_{jft}}{S_{jt}}\right)^2$。其中，$HHI_{jt}$为第 t 年第 j 个行业的赫芬达尔指数；s_{jft}为第 t 年行业 j 内企业 f 的销售额；S_{jt}为第 t 年行业 j 的总销售额。[①] 赫芬达尔指数越小，表明行业竞争程度越激烈。数据来源于中国工业企业数据库。行业进口关税（$TARIFF_{jt}$）。盛斌和毛其淋（2017）发现进口贸易自由化提升了企业出口技术复杂度。由于进口关税为产品数据，我们参考 Yu（2015）将对应的 HS 产品匹配至行业层面，为避免内生性，这里用行业 HS 产品进口关税的平均值表示行业产出品进口关税率。行业外资占比（$FDIS_{ijt}$）衡量行业对 FDI 的开放程度，考虑到不同省份和行业外资渗透差异较大，该指标计算为省份 i 两分位行业 j 的外资总产出占当年行业内企业总产出的比值。我们将工业企业数据库中登记类型为 200、210、220、230 和 240 的港澳台企业以及登记类型为 300、310、320、330 和 340 的外国投资企业都认定为外资企业。

（五）企业层面控制变量

企业生产率（$lnTFP_{ijft}$）是企业层面的重要控制变量。鲁晓东（2014）认为生产率是影响企业出口技术的关键企业特征。企业投入与不可观测的生产率冲击相关，在不考虑生产率冲击下进行投入要素的系数估计会导致系数估计有偏。OP 法使用投资作为生产率冲击的代理变量以解决该问题，LP 法认为中间投入的调整成本小且数据缺失少，由此使用中间投入作为代理变量。而 Ackerberg 等（2015）发现在一些生成的数据中，OP 法及 LP 法容易导致劳动投入的系数无法估计，为此，他们提出的 ACF 法在生产率冲击代理变量（中间投入）的估计方程中加入劳动投入可以有效地解决该系数无法估计问题。据此，我们使用了 ACF 法来度量企业生产率。我们参考杨汝岱（2015）对固定资产存量、投入平减指数及产出平减指数的处理方法，计算出经价格指数平减的企业增加值和企业

① 我们将 2000—2002 年采用的 GB/T 4754 - 1994 国民经济行业分类二分位行业匹配到 2003—2007 年采用的 GB/T 4754 - 2002 国民经济行业分类上。

中间投入，以及经永续盘存法调整的企业实际资本存量，再使用 ACF 法计算出 2000—2007 年制造业企业生产率。[①] 企业创新能力（IN_{ijft}）是影响企业技术升级的重要因素，参考 Deng 等（2014），我们使用总销售中新产品销售占比表示企业的创新能力。新产品销售反映出企业创新的成果及市场对企业产品的认可，能够有效地衡量企业的创新能力。企业资本密集度（$lnKS_{ijft}$）计算为企业固定资本除以企业员工数。企业资本密集度在一定程度上反映了企业的技术水平，可能影响到企业出口技术含量。企业规模（$lnSIZE_{ijft}$）越大，越可能具有规模经济，从而促进企业出口技术含量提高。我们使用企业资产总额表示企业规模。企业存续期（$lnAGE_{ijft}$）表示企业的存活时长，企业存续期的长短在一定程度上反映了企业风险承受力的大小，但新生企业也可能更有动力进行技术更新。吴超鹏和唐菂（2016）认为年轻企业研发更多。企业利润率（$PROF_{ijft}$）计算为企业利润/企业营业收入，以控制企业的财务状况及经营能力。考虑到国有企业的特殊性，我们还控制了企业所有制（$STATE_{ijft}$），计算为企业实收资本中的国有成分占比。

上述主要变量的统计描述如表 7－2 所示。

表 7－2　　主要变量统计特征描述

变量	观察数	均值	标准差	最小值	最大值
因变量					
$EXTE_{ijft}$	257091	0.70	1.00	0	31.43
核心解释变量					
$IPP1_{it}$	198389	0.04	0.06	0	0.32
$UPIPP_{ijt}$	187816	0.04	0.08	0	0.60
$HPIPP_{ijt}$	187816	0.04	0.07	0	0.75
$DPIPP_{ijt}$	187816	0.04	0.07	0	0.83
省级控制变量					
$GDPR_{it}$	257091	0.13	0.04	－0.02	0.43
行业控制变量					
HHI_{jt}	257091	0.002	0.003	0.0003	0.60
$TARIFF_{jt}$	257027	0.12	0.05	0	0.65

① 这里进一步剔除了中间投入为零及缺失的样本，并且根据现有文献，本文只计算了制造业企业的生产率。

续表

变量	观察数	均值	标准差	最小值	最大值
$FDIS_{ijt}$	257091	0.42	0.23	0	1
企业控制变量					
$lnTFP_{ijft}$	248465	4.82	0.98	-4.86	12.06
IN_{ijft}	255716	0.04	0.15	0	1
$lnKS_{ijft}$	257091	3.72	1.38	-5.75	14.22
$lnSIZE_{ijft}$	257091	10.42	1.44	5.02	18.86
$lnAGE_{ijft}$	257077	2.07	0.70	0	4.08
$PROF_{ijft}$	257091	0.03	0.16	-25.71①	0.99
$STATE_{ijft}$	257091	0.04	0.17	0	1

资料来源：参见“二、变量说明与数据来源”。

第四节 行业生产网络下省级知识产权保护对企业出口技术含量的影响：经验分析

一、基准回归

我们使用工业企业数据库与海关数据库匹配的数据来探究知识产权保护对企业出口技术含量的影响。由于总体上存在侵权纠纷的专利占比很小，使得省级专利未被侵权纠纷的占比差异性很小，标准差仅为0.004，因而我们使用省级政府对知识产权保护的重视程度（$ipp1_{it}$）来构造省级知识产权实际保护强度（IPP_{it}），并使用省级知识产权执法保护水平（$ipp2_{it}$）来构造省级知识产权实际保护强度做稳健性分析。表7-3列示出基准回归结果。第一，列（1）和列（2）是未考虑行业生产网络下省级知识产权实际保护强度对企业出口技术含量的影响，列（1）中未控制企业层面特征变量，列（2）中加入了企业层面控制变量。第二，列（3）和列（4）是区分行业生产网络下省级知识产权实际保护强度通过上游行业联系、水平行业联系和下游行业联系对中国企业出口技术含量

① 这里利润率最小值为负主要是由于存在亏损企业。利润率计算为企业总利润÷企业营业收入，如果企业在其他业务或者非经营性活动上存在重大亏损，那么利润率可以为负并且小于-1。

的影响。列（3）中考虑了行业生产网络但未控制企业层面特征变量，列（4）中考虑了行业生产网络并控制了企业层面变量。

表 7-3　　基准回归结果

因变量：$EXTE_{ijft}$	未考虑行业生产网络		区分行业生产网络	
	(1)	(2)	(3)	(4)
IPP_{it}	0.08*	0.08*		
	(1.86)	(1.91)		
$UPIPP_{ijt}$			0.73***	0.72***
			(10.10)	(9.68)
$HPIPP_{ijt}$			-0.41***	-0.43***
			(-5.09)	(-5.19)
$DPIPP_{ijt}$			-0.22***	-0.19**
			(-2.92)	(-2.50)
$GDPR_{it}$	0.34***	0.36***	0.36***	0.37***
	(4.61)	(4.75)	(4.67)	(4.81)
HHI_{jt}	18.84***	29.92***	21.84***	12.82***
	(5.32)	(10.51)	(5.74)	(4.01)
$TARIFF_{jt}$	-0.29	-0.45**	-0.21	-0.55***
	(-1.39)	(-2.20)	(-0.99)	(-2.76)
$FDIS_{jt}$	0.05**	0.05**	0.04*	0.03
	(1.99)	(1.98)	(1.79)	(1.24)
$lnTFP_{ijft}$		0.01**		0.01**
		(2.13)		(2.30)
IN_{ijft}		0.06***		0.07***
		(4.31)		(4.35)
$lnKS_{ijft}$		0.01***		0.01***
		(4.50)		(5.37)
$lnSIZE_{ijft}$		0.004**		0.002
		(1.98)		(0.66)
$lnAGE_{ijft}$		-0.02***		-0.02***
		(-5.41)		(-5.01)
$PROF_{ijft}$		-0.01		-0.02
		(-0.65)		(-0.99)

续表

因变量：$EXTE_{ijft}$	未考虑行业生产网络		区分行业生产网络	
	(1)	(2)	(3)	(4)
$STATE_{ijft}$		-0.02		-0.02
		(-1.21)		(-1.33)
_cons	0.29**	0.85***	0.03	0.06
	(2.01)	(14.52)	(0.48)	(0.86)
省级固定效应	是	是	是	是
行业固定效应	是	是	是	是
年度固定效应	是	是	是	是
观察数	198327	192199	187816	182661

注：（i）圆括号中的值为 t 统计量；（ii）***、**、* 分别表示在1%、5%和10%统计水平下显著。

表7-3的列（1）和列（2）中省级知识产权实际保护强度（IPP_{it}）的回归系数在统计上都显著为正，表明加强省级知识产权保护强度会显著地提升企业出口技术含量。在列（3）和列（4）中，我们考虑了行业生产网络，使用经过行业特征修正的省级—上游行业（$UPIPP_{ijt}$）、省级—水平行业（$HPIPP_{ijt}$）和省级—下游行业（$DPIPP_{ijt}$）知识产权保护强度作为主要解释变量。回归结果表明：

一是，省级—上游行业知识产权保护在1%统计水平下显著为正，表明虽然加强省级—上游行业知识产权保护会强化上游企业议价能力，可能不利于企业出口技术含量的提升，但是投入品技术渠道的积极效应更强，致使其综合效应显著为正。因此，加强省级—上游行业知识产权保护通过上游行业联系显著地促进了企业出口技术含量的提升，由此证实了本章的假说1。

二是，省级—水平行业知识产权保护在1%统计水平下显著为负，表明加强省级—水平行业知识产权保护会通过水平行业联系不利于提升企业出口技术含量。在理论机制分析中，我们认为省级—水平行业知识产权保护通过水平行业联系对企业出口技术含量的影响是复杂的，而实证发现省级—水平行业知识产权保护的回归系数统计上显著为负。究其原因，加强省级—水平行业知识产权保护会阻碍技术溢出，对企业出口技术含量产生的不利影响超过了促进创新渠道产生的有利影响。现实中，中国企业创新水平仍旧偏低，在本章样本中有创新活动企业占比在2000年仅为11.9%，2007年上升至14.3%。大量企业通过技术溢出获得技术升级，Fu和Gong（2011）甚至发现企业自身研发对中国企业技术升级无显著影响，而技术溢出效应显著为正。据此，理论上加强水平行业知识产权保护，对企业出口技术含量的影响是混合的。当加强水平行业知识产权保护带来的阻碍技术溢出效应大于创新渠道效应时，就不利于中国企业出口技术含量的提升。这证实了本章的假说2。

三是，省级—下游行业知识产权保护在统计上显著为负，表明加强省级—下游行业知识产权保护通过下游行业联系不利于提升企业出口技术含量。究其原因，加强下游行业知识产权保护提高了下游行业企业议价能力，结果强的下游议价能力下企业绩效和技术升级受到了不利影响（唐跃军，2009），抑制了企业出口技术含量的提升，由此证实了本章假说3。

其他控制变量影响分析：省级经济增长（$GDPR_{it}$）提高统计上显著地促进企业出口技术含量的提高。在控制了企业特征后的列（4）回归中，我们发现行业集中度（HHI_{jt}）的回归系数统计上显著为正，表明降低过于激烈的竞争有利于提高企业出口技术含量。这与史宇鹏和顾全林（2013）发现行业集中度提高有利于企业创新的结论相一致。行业进口关税（$TARIFF_{jt}$）的回归系数显著为负，这与盛斌和毛其淋（2017）的研究发现相一致的。外资渗透度（$FDIS_{jt}$）系数为正，表明外资进入有利于提高企业出口技术含量。在企业层面上，列（4）中企业生产率（$lnTFP_{ijft}$）和企业创新（IN_{ijft}）的回归系数统计上显著为正，说明生产率和创新提高有利于企业提升出口技术含量。企业资本密集度（$lnKS_{ijft}$）的系数显著为正，表明使用更多机械设备有利于提升企业出口技术含量。企业存续期（$lnAGE_{ijft}$）的系数统计上显著为负，意味着新生企业的出口技术含量更高。Liu 和 Qiu（2016）也发现年轻企业的创新和研发动力更强。其他企业层面的控制变量统计上不显著，就不再赘述。

二、考虑行业生产网络下的稳健性分析

如表7-4所示，我们从变量指标测度、样本时间段、样本选择偏差和内生性问题四个方面进行回归稳健性检验。

第一，我们改进了 Tacchella 等（2013）测算出口产品复杂度的方法，并计算出中国企业出口技术含量。现有文献主要基于 Hausmann 等（2007）对企业出口技术水平进行测度（鲁晓东，2014；盛斌和毛其淋，2017），鲜有文献使用 Tacchella 等（2013）方法测度省级出口技术含量（李小平等，2015）。在表7-4的列（1）和列（2）中，我们分别使用 Hausmann 等（2007）及 Tacchella 等（2013）的方法测度出企业出口技术含量，以此做稳健性检验。列（1）回归的省级—上游行业和省级—水平行业知识产权保护的系数都为正，但水平行业知识

表 7-4 行业生产网络下省级知识产权保护对企业出口技术含量影响：稳健性检验

	(1)	(2)	(3)	(4)	(5)	(6)	(7)	(8)	(9)
$EXTE_{ijft}$	Hausmann 等（2007）	Tacchella 等（2013）	$IPP2_{it}$	行业专利密度	2000—2013 年样本	Heckman 第一阶段	Heckman 第二阶段	滞后回归	工具变量回归
$UPIPP_{ijt}$	0.22***	0.75***	0.08***	0.58***	0.89***	0.64***	0.72***	0.68***	5.56***
	(3.43)	(10.79)	(4.40)	(7.45)	(10.77)	(9.75)	(9.69)	(8.10)	(11.29)
$HPIPP_{ijt}$	0.10	-0.38***	0.02***	-0.17***	-0.35***	-0.04	-0.42***	-0.43***	-1.28***
	(1.43)	(-5.03)	(2.72)	(-3.10)	(-5.26)	(-0.62)	(-5.12)	(-4.68)	(-3.40)
$DPIPP_{ijt}$	-0.17**	-0.24***	-0.05***	-0.29***	-0.44***	-0.01	-0.19**	-0.31***	-1.50***
	(-2.49)	(-3.27)	(-2.75)	(-4.71)	(-4.91)	(-0.11)	(-2.49)	(-3.56)	(-3.57)
REG_{it}						0.08***			
						(10.62)			
Millsratio							0.03		
							(0.98)		
控制变量	是	是	是	是	是	是	是	是	是
省级固定效应	是	是	是	是	是	是	是	是	是
行业固定效应	是	是	是	是	是	是	是	是	是
年度固定效应	是	是	是	是	是	是	是	是	是
观察数	179161	182661	221121	182661	464955	1134845	182661	113783	181910

注：（i）圆括号中的值为 t 统计量，列（6）和列（9）的圆括号中是 z 统计量；（ii）***、**、* 分别表示在 1%、5% 和 10% 统计水平下显著；（iii）列（6）中 Heckman 第一阶段的因变量是 EXD_{ijft}；（iv）列（8）中对除了哑变量之外的自变量均做了滞后一期处理。

产权保护系数不显著，省级—下游行业知识产权保护的系数为负，这些结果与基准回归大体一致。列（2）回归的省级—上游行业、水平行业以及下游行业知识产权保护的系数符号是与表 3 基准回归中列（4）的结果相一致的。

第二，我们使用未被侵权专利占比来度量省级知识产权执法保护水平，并与国家层面实际保护强度做交乘项构建出省级知识产权实际保护强度（$IPP2_{it} = CIPP_t \times ipp2_{it}$）。未被侵权专利占比越高，意味着知识产权保护强度越大。如表 7-4 的列（3）所示，我们发现省级—上游行业知识产权保护的系数显著为正，省级—下游行业知识产权保护的系数显著为负，这与基准回归结果相一致。但是，省级—水平行业知识产权保护对企业出口技术含量的影响是混合的，不同回归下其影响系数或正或负的。

第三，我们改变行业对知识产权保护敏感度的测算方法。基准回归中使用行业研发密度表示行业知识产权敏感度，研发是创新的投入，而专利是创新的产出。在稳健性分析中，我们使用行业专利密度表示行业对知识产权保护的敏感度（Hu 和 Png，2013）。回归结果见表 7－4 的列（4），我们发现虽然行业知识产权保护的系数大小有所变化，但是其影响显著性和系数符号都与基准回归结果相一致。

第四，鉴于 2008—2013 年工业企业数据库数据缺失严重及 2008 年金融危机对中国出口的巨大冲击，我们在基准回归中使用 2000—2007 年样本进行回归。在稳健性回归中，我们增加了 2008—2013 年样本并对 2000—2013 年样本进行回归，结果如表 7－4 的列（5）① 所示，虽然省级—行业知识产权保护的影响系数大小发生了一些变化，但是其影响符号是与基准回归结果相一致的。考虑到 2008 年后数据缺失问题严重及金融危机冲击的影响，参考已有文献（Liu 和 Qiu，2016；盛斌和毛其淋，2017），本文回归仍以 2000—2007 年样本为基础。

第五，企业在进行出口产品选择时其实经历了两个阶段：第一阶段企业选择是否出口；第二阶段再选择出口产品的技术含量。本章直接对出口样本进行回归可能存在样本选择偏差问题。参考 Helpman 等（2008），我们使用 Heckman 两步法进行稳健性分析。具体回归设定如式（7－13）和式（7－14）。

$$Prob(EXD_{ijft}=1)=\Phi(\boldsymbol{IPP}_{ijt},\boldsymbol{Z}_{it},\boldsymbol{R}_{jt},\boldsymbol{W}_{ijft},REG_{it}) \quad (7-13)$$

$$EXTE_{ijft}=\delta+\boldsymbol{IPP}_{ijt}\cdot\boldsymbol{\zeta}+\boldsymbol{Z}_{it}\cdot\boldsymbol{\omega}+\boldsymbol{R}_{jt}\cdot\boldsymbol{\upsilon}+\boldsymbol{W}_{ijft}\cdot\boldsymbol{\theta}+\rho Millsratio+\eta_i+\eta_j+\eta_t+\tau_{ijft} \quad (7-14)$$

第一阶段，我们使用 Probit 模型对企业出口决策（EXD_{ijft}）进行回归，Φ 为 Probit 回归函数。Heckman（1979）认为需要考虑只影响第一阶段而不影响第二阶段的自变量。参考 Helpman 等（2008）、Wang 等（2014）和施炳展和邵文波（2014）的思路，我们在第一阶段回归中加入行政管理效率变量作为只影响企业出口决策的独立变量。②《中国市场化指数——各地区市场化相对进程 2009 年报告》中汇报了“政府与市场的关系”指标，我们选择该指标来刻画各省行政管理效率（REG_{it}），并作为排他性变量，该值越高，表示效率越高。使用该指标的

① 由于 2008—2013 年中工业增加值数据缺失，在 2000—2013 年样本回归中我们使用固定效应模型估计了企业生产率。由于 2008 年后企业新产品销售数据大量缺失，在 2000—2013 年样本回归中，我们没有控制该变量。

② Helpman 等（2008）认为，行政管理导致的市场进入成本主要影响的是企业出口固定成本，从而影响企业出口决策。

好处在于其能提供中国省级层面连续年度的行政管理效率数据，且该报告中的各项数据在文献中也已得到广泛认可和使用（孙铮等，2005；林伯强和杜克锐，2013；Chu 等，2018），由此我们认为本章选择的排他性变量是合适的。第一阶段回归结果见表 7－4 的列（6），我们发现加强省级—上游行业知识产权保护能够提升企业出口概率，而加强水平和下游行业知识产权保护并无显著的影响，行政管理效率提高显著地提升了企业出口概率。第二阶段回归中 δ 是常数项，$\boldsymbol{\zeta}$，$\boldsymbol{\omega},\boldsymbol{\nu},\boldsymbol{\theta}$ 分别是向量变量的系数。$\boldsymbol{\eta}_i,\boldsymbol{\eta}_j$ 和 $\boldsymbol{\eta}_t$ 分别代表省级固定效应、行业和时间固定效应；τ_{ijft} 为随机扰动项。回归结果见表 7－4 的列（7），逆米尔斯比率（*Millsratio*）的回归系数（ρ）并不显著，表明本章回归不存在样本选择偏差问题。并且，与表 7－3 基准回归的列（4）相比，发现省级—上游、水平和下游行业知识产权保护系数的显著性、符号和大小均未发生明显的变化，这证实了基准回归的结果是稳健的。

第六，我们再使用滞后回归和工具变量回归来解决内生性问题。知识产权保护与企业出口技术含量之间可能存在“反向因果”导致的内生性问题，即企业出口技术含量提高后，内生地要求当地政府加强知识产权保护。为此，一是，考虑到反向内生性问题和变量的滞后影响问题，我们使用滞后一期的自变量替换当期自变量进行稳健性检验。在表 7－4 的列（8）中，省级—上游、水平和下游行业知识产权保护的回归系数符号是与表 7－3 基准回归中列（4）的结果相一致。二是，虽然滞后一期回归能够解决反向内生性问题，但是其漏损了当期重要的信息。在表 7－4 的列（9）中，我们使用工具变量回归来解决可能存在的内生性问题。参考 Ang 等（2014）、吴超鹏和唐菂（2016）使用截至 1992 年各省基督教教会大学数量作为知识产权保护的工具变量，我们进一步使用 1919 年各省基督教授薪布道职员数作为省级知识产权保护的工具变量。私有财产权利在早期的基督教教义中就有所表达（赵文君，2010），基督教教义的宣传可能会影响当地知识产权保护意识的形成，受基督教影响越深的省份，其对知识产权保护的重视程度可能越高。[①] 我们翻阅、整理出《1901—1920 年中国基督教调查资料》中的相关资料，得到了各省基督教授薪布道职员数，发现各省授薪布道职员数存在较大的差异，这在一定程度上能够反映出各省基督教活动的活跃程度和教义的宣传力度。相关性分析也表明，省级知识产权保护水平与 1919 年各省基督教授

① 教会大学主要分布在经济较发达的地区，在甘肃省、云南省等偏远地区并不设有教会大学。但是，云南省的授薪布道职员数远高于甘肃省，据此，我们认为使用授薪布道职员数作为工具变量能更准确地反映出各省知识产权保护的差异。

薪布道职员数呈正相关。工具变量回归结果见列（9），我们发现省级—上游行业知识产权保护的回归系数仍显著为正，而省级—水平行业和省级—下游行业知识产权保护的回归系数都显著为负。并且，工具变量检验中 Kleibergen - Paap LM 统计量为 944.86，拒绝了原假设“工具变量识别不足”；Kleibergen - Paap Wald F 统计量为 309.50，拒绝了原假设“工具变量弱识别”；Stata 中 Weakiv 检验也表明不存在“弱工具变量”问题。[①] 因此，本章选取的工具变量是合适的，工具变量回归结果表明本章的基准回归结果是稳健的。

三、行业生产网络下省级知识产权保护对企业出口技术含量影响的异质性分析

不同类型的企业对知识产权保护的反应敏感度可能存在着差异，我们从企业贸易方式、生产率差异和企业所有制三个方面探究省级—行业知识产权保护对企业出口技术含量的异质性影响。

（一）省级—行业知识产权保护对不同贸易方式企业出口技术含量的影响

如图 7 - 2 所示，中国一般贸易出口技术含量和加工贸易出口技术含量变化存在着明显的差异。2000—2006 年加工贸易出口技术含量增长较快，一般贸易出口技术含量缓慢上升。2007 年加工贸易出口技术含量出现下滑至 0.83，而一般贸易出口技术含量上升至 0.80，两者变化趋势不同。整体来看，2000—2007 年，中国加工贸易出口技术含量要高于一般贸易，使用加总数据度量企业出口技术含量容易导致由加工贸易技术水平提升带来的“统计幻觉”（沈国兵和黄铄珺，2017）。并且，加工贸易企业生产决策主要受外国委托生产方的影响，其对中国知识产权保护的反应可能与一般贸易企业不同。据此，在表 7 - 5 的列（1）和列（2）中，我们参考钱学锋等（2013），将出口加工区进口设备、出料加工贸易、进料加工贸易、来料加工装配进口设备以及来料加工装配贸易等界定为加工贸易，而将边境小额贸易和一般贸易界定为一般贸易。这里，我们重点关注了纯一般贸易出口和纯加工贸易出口企业。如表 7 - 5 的列（1）和列（2）显示：加强省级—上游行业知识产权保护对纯一般贸易出口技术含量产生了显著的提升作用，而加强省级—水平行业知识产权保护对一般贸易产生显著不利的影响，加强

① 第一阶段回归中的工具变量与内生变量之间存在显著的正相关，且工具变量第一阶段回归的 F 统计量远大于 10，不存在弱工具变量问题。囿于篇幅所限，这里未报告工具变量第一阶段的回归结果，若需要可向作者索取。

省级—下游行业知识产权保护的系数不显著。因此，在省级—上游行业、省级—水平行业上的结果是与表 7-3 的基准回归结果相一致。而对于纯加工贸易企业，我们发现省级—上游和下游行业知识产权保护的影响系数均不显著，仅有省级—水平行业知识产权保护的影响系数显著为负。该结果是与中国加工贸易“两头在外，一头在内”的生产模式相符合。加工贸易企业的投入品均来自外国委托方，在国内进行加工装配后其产品全部出口交付外国委托方，其与本国上游企业和本国下游企业联系较小，由此导致上游和下游行业知识产权保护无显著性影响。并且，加工贸易企业创新动机低，生产率水平也较低（Dai 等，2016），这些使得其易于受到市场挤出效应的影响，结果加强省级—水平行业知识产权保护不利于加工贸易企业出口技术含量的提升。

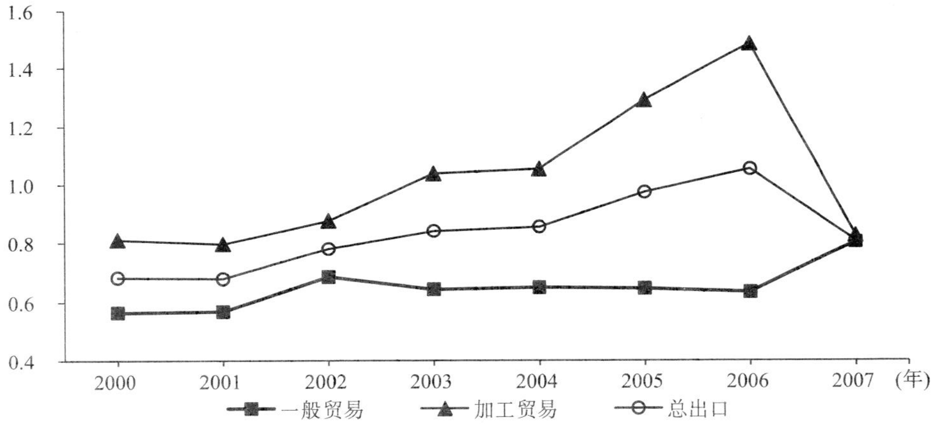

图 7-2 不同贸易方式企业出口技术含量的演进

资料来源：作者根据 UN Comtrade 数据库和海关数据库匹配的数据计算而得。

（二）省级—行业知识产权保护对不同生产率企业出口技术含量的影响

参考 Liu 和 Qiu（2016），我们将省级各行业生产率位于前 25% 的企业定义为位于技术前沿的高生产率企业，而将生产率位于后 25% 的企业定义为远离技术前沿的低生产率企业，并对两类企业分别进行回归，结果见表 7-5 的列（3）和列（4）。我们发现，省级—上游、水平和下游行业知识产权保护对低生产率企业出口技术含量的影响是与基准回归结果相类似，即省级—上游行业起促进作用，而省级—水平、省级—下游行业产生不利作用，但是对高生产率企业出口技术含量的影响发生了较大变化。具体地，加强省级知识产权保护主要通过上游行业联系对高生产率企业出口技术含量产生显著的提升作用，而通过水平行业、下游行业联系对高生产率企业出口技术含量的影响统计上不显著。

表 7－5　行业生产网络下省级知识产权保护对企业出口技术含量影响的异质性分析

$EXTE_{ijft}$	(1) 纯一般贸易企业	(2) 纯加工贸易企业	(3) 生产率位于行业前25%	(4) 生产率位于行业后25%	(5) 外资企业	(6) 内资企业
$UPIPP_{ijt}$	1.09***	0.21	0.37**	0.85***	0.52***	0.73***
	(7.38)	(1.41)	(2.11)	(5.97)	(6.69)	(3.83)
$HPIPP_{ijt}$	-0.94***	-0.42**	-0.30	-0.37**	-0.30***	-0.43**
	(-6.60)	(-2.36)	(-1.56)	(-2.36)	(-3.38)	(-2.22)
$DPIPP_{ijt}$	0.04	0.16	-0.002	-0.40***	-0.07	-0.35**
	(0.27)	(0.96)	(-0.01)	(-2.68)	(-0.79)	(-2.03)
控制变量	是	是	是	是	是	是
省级固定效应	是	是	是	是	是	是
行业固定效应	是	是	是	是	是	是
年度固定效应	是	是	是	是	是	是
观察数	86845	13659	43237	46159	110906	71755

注：(i) 圆括号中的值为 t 统计量；(ii) ***、**、* 分别表示在1%、5%和10%统计水平下显著。

一个解释是，高生产率使得企业能够更有效地应对由水平行业、下游行业知识产权保护增强引致的不利影响。从水平行业知识产权保护的溢出渠道来看，技术溢出效应对低技术水平企业技术升级的影响更大，高技术企业对溢出效应的依赖性低（Kim 等，2014）。这样，加强知识产权保护通过水平行业联系产生的不利影响可能被抵消，从而导致省级—水平行业知识产权保护对高生产率企业出口技术含量的影响不显著。针对下游行业知识产权保护的议价能力渠道，高技术水平企业在面对市场环境变化时能更快调整生产（戴魁早，2018）。Iacovone 等（2015）的实证结果也表明，沃尔玛对小供应商研发和投资产生显著的抑制作用，而对大供应商无显著的负向影响。在面对下游企业压价或高要求时，高生产率企业可通过内部成本压缩或产品线调整进行消化吸收，因而加强省级—下游行业知识产权保护对高生产率企业出口技术含量的抑制作用不显著。

（三）省级—行业知识产权保护对不同所有制企业出口技术含量的影响

外资企业和内资企业嵌入本国行业生产网络的程度不同，那么中国知识产权保护政策对外资企业和内资企业出口技术含量有何影响？在表7－5的列（5）和列（6）中，我们根据企业登记类型识别出外资企业（含港澳台资企业）和内资企业。回归结果显示，加强省级—上游行业知识产权保护对外资企业、内资企业出口技术含量都有显著的提升作用，而加强省级—水平行业知识产权保护却对其产生显著的抑制作用。这与表7－3的基准回归结果相一致。但不同的是，加强省级—下游行业知识产权保护对外资企业出口技术含量的影响不显著。在影响机制分析中，我们认为加强省级—下游知识产权保护主要通过下游议价能力渠道对企业出口技术含量产生不利影响。那么，外资企业对下游知识产权保护反应敏感度不显著，一个解释是外资企业的产品更多用于出口，本章的样本数据显示，外资企业出口占总销售的份额均值为52%，内资企业仅为29%。[①] 由于外资企业的产品在本国销售较少，其受本国下游企业议价能力的影响较小，因而外资企业出口技术含量对省级—下游行业知识产权保护的变化反应不敏感。

第五节 省级知识产权保护通过行业生产网络对企业出口技术含量的影响渠道检验

上述基准回归、稳健性检验和企业异质性分析都表明，省级知识产权保护通过行业生产网络对企业出口技术含量产生了不同的影响。具体来看，加强省级知识产权保护通过上游渠道对企业出口技术含量有着显著的提升作用，而通过水平、下游渠道往往不利于企业出口技术含量的提升。那么，省级知识产权保护为何产生差异性影响？我们拟对知识产权保护的上游、水平和下游渠道进行检验分析。

一、上游渠道检验分析

第一，针对投入品技术渠道的检验分析。企业进行生产、出口离不开上游行

① 我们对纯出口企业样本也进行了回归，结果显示省级—下游行业知识产权保护的系数同样不显著。

业的投入品，Chu 等（2018）研究表明，知识产权保护与进口投入品相互作用，影响企业的技术进步。省级—上游行业知识产权保护改善能提高企业投入品技术，且高技术密集度产品更加依赖高技术投入品，上游行业知识产权保护与投入品技术协调能促进企业出口技术含量提升。中国工业企业数据库中并无企业投入品技术数据，但是海关数据库中详细记录了企业进口产品，为此，我们计算出企业进口产品技术含量，并以进口购入的产品技术代表企业整体购入的投入品技术。① 由于加工贸易企业主要承接国外订单进行出口加工活动，其进口中间品并非自主决策，与本国使用的投入品不可比，加工贸易进口产品难以代表企业整体投入品技术水平。据此，我们只针对一般贸易出口使用一般贸易进口品技术代表企业整体投入品技术，来验证投入品技术渠道。考虑到企业进口品中可能并不完全投入生产，还有部分用于了最终消费，我们进一步根据 HS 代码与 BEC 代码匹配表识别出企业进口品中的中间品和资本品，计算出企业一般贸易进口投入品技术含量，以此代表企业投入品技术含量。据此，我们将上游行业知识产权保护与企业一般贸易进口投入品技术含量做交乘项回归，来检验上游投入品技术渠道。表 7－6 的列（1）加入了企业一般贸易进口投入品技术含量（IT_{ijft}）及其与省级—上游行业知识产权保护（$UPIPP_{ijt}$）的交乘项。回归结果显示，进口投入品技术含量的系数统计上显著为正，表明进口投入品技术含量提升有助于提高企业出口技术含量。交乘项（$UPIPP_{ijt} \cdot IT_{ijft}$）的系数统计上也显著为正，表明进口投入品技术含量越高，即对投入品技术含量要求越高的企业，加强上游行业知识产权保护对其出口技术含量的促进作用越大，由此证实了加强省级—上游行业知识产权保护存在投入品技术渠道的假说 1.1。

第二，针对上游议价能力渠道的检验分析。加强上游行业知识产权保护会提高上游企业的议价能力，由于创新是贯序活动，这很可能通过增加投入品成本、降低技术溢出等影响到下游企业进一步的创新活动。从行业角度出发，我们参考 Antràs 等（2012），使用投入产出表计算出两分位行业上游度指数，该指数衡量了行业在产业链中的位置。该指数越低，该行业越接近下游消费者，面临的整体上游议价能力越强。我们将低于上游度指数中位数的行业界定为低上游指数行业（$UB_{jt}=1$），这些行业面临强的上游议价能力；将高于等于上游度指数中位数的行业界定为高上游指数行业（$UB_{jt}=0$），这些行业面临弱的上游议价能力。我们将上游行业知识产权保护（$UPIPP_{ijt}$）与行业上游度哑变量（UB_{jt}）做交乘项回

① Yu（2015）在计算企业投入品关税时，也将企业的进口品假设为企业所有投入品，由此获得企业不同投入品的占比。

归，来检验上游议价能力渠道。如表 7 - 6 的列（2）所示，省级—上游行业知识产权保护的系数显著为正，而其与行业上游度哑变量交乘项的系数显著为负，但交乘项系数的绝对值小于省级—上游行业知识产权保护的系数绝对值，表明加强省级—上游行业知识产权保护，对处于越接近下游、面临越强上游议价能力的行业企业出口技术含量的提升作用越小，这证实加强省级—上游行业知识产权保护存在议价能力渠道的假说 1.2。

表 7 - 6　行业生产网络下省级知识产权保护对企业出口技术含量的影响渠道检验结果

$EXTE_{ijft}$	上游渠道			水平渠道			下游渠道		
	(1) 进口投入品技术渠道	(2) 上游议价能力渠道	(3) 上游渠道整合	(4) 创新能力渠道	(5) 阻碍技术溢出渠道	(6) 水平渠道整合	(7) 下游议价能力渠道	(8) 知识吸收渠道	(9) 下游渠道整合
$UPIPP_{ijt}$	0.40***	1.12***	0.58***	0.71***	0.23	0.23	1.33***	2.21***	2.91***
	(2.79)	(12.09)	(3.53)	(9.55)	(1.34)	(1.32)	(13.19)	(6.09)	(7.66)
$HPIPP_{ijt}$	-0.52***	-0.50***	-0.49***	-0.40***	0.39	0.39	-0.44***	-0.37***	-0.41***
	(-4.01)	(-6.02)	(-3.80)	(-4.84)	(0.96)	(0.96)	(-5.15)	(-3.05)	(-3.33)
$DPIPP_{ijt}$	-0.09	-0.34***	-0.18	-0.21***	-0.50**	-0.49**	-0.64***	-1.55***	-2.02***
	(-0.75)	(-4.26)	(-1.41)	(-2.66)	(-2.21)	(-2.20)	(-6.53)	(-4.03)	(-5.16)
$UPIPP_{ijt} \cdot IT_{ijft}$	0.29***		0.26***						
	(4.35)		(3.95)						
$UPIPP_{ijt} \cdot UB_{jt}$		-0.49***	-0.26**						
		(-7.31)	(-2.25)						
$HPIPP_{ijt} \cdot IN_{ijft}$				3.84***		3.85***			
				(4.35)		(4.36)			
$HPIPP_{ijt} \cdot TS_{jt}$					-0.91**	-0.90**			
					(-2.17)	(-2.16)			
$DPIPP_{ijt} \cdot UB_{jt}$							0.80***		0.79***
							(5.25)		(3.50)
$DPIPP_{ijt} \cdot AC_{ijft}$								2.16***	2.24***
								(3.40)	(3.51)
IT_{ijft}	0.09***		0.09***						
	(26.12)		(26.21)						

续表

$EXTE_{ijft}$	上游渠道			水平渠道			下游渠道		
	(1) 进口投入品技术渠道	(2) 上游议价能力渠道	(3) 上游渠道整合	(4) 创新能力渠道	(5) 阻碍技术溢出渠道	(6) 水平渠道整合	(7) 下游议价能力渠道	(8) 知识吸收渠道	(9) 下游渠道整合
UB_{jt}		-0.89***	-0.62***				-0.89***		-0.86***
		(-24.24)	(-12.96)				(-24.29)		(-18.65)
IN_{ijft}				0.13***		0.13***			
				(4.00)		(3.99)			
TS_{jt}					0.93***	0.94***			
					(25.42)	(25.69)			
AC_{ijft}								0.06	0.06
								(1.54)	(1.53)
控制变量	是	是	是	是	是	是	是	是	是
省级固定效应	是	是	是	是	是	是	是	是	是
行业固定效应	是	是	是	是	是	是	是	是	是
年度固定效应	是	是	是	是	是	是	是	是	是
观察数	72181	182661	72181	182661	182661	182661	182661	121482	121482

注：(i) 圆括号内为 t 统计量；(ii) ***、**、* 分别表示在1%、5%和10%统计水平下显著；(iii) 列(1)和列(3)的因变量为企业一般贸易出口技术含量，列(2)和列(4)至列(9)的因变量为企业出口技术含量；(iv) IT_{ijft} 为企业一般贸易进口投入品技术含量；UB_{jt} 为行业上游度哑变量；IN_{ijft} 为企业创新能力；TS_{jt} 为行业溢出效应哑变量；AC_{ijft} 为企业知识吸收能力。

二、水平渠道检验分析

参照影响机制分析，省级—水平行业知识产权保护可通过创新渠道对企业出口技术含量产生提升作用，也可通过阻碍技术溢出渠道对企业出口技术含量产生抑制作用。

第一，针对创新渠道的检验分析。对于存在创新的企业，加强知识产权保护能有效提高其他企业的模仿成本，促进创新转化为企业竞争优势，提升其出口技术含量。我们使用新产品销售占比表示企业创新能力（IN_{ijft}）。参考盛斌和毛其淋（2017），我们在模型中加入企业创新能力，将省级—水平行业知识产权保护（$HPIPP_{ijt}$）与企业创新能力（IN_{ijft}）做交乘项回归，来检验企业创新渠道。表7-6的列（4）结果显示，虽然省级—水平行业知识产权保护的系数仍显著为负，但其与企业创新能力交乘项的系数统计上显著为正，表明加强省级—水平行业知识产权保护对创新能力强的企业出口技术含量产生显著的提升作用。省级—水平行业知识产权保护与企业创新能力之间存在协调增强的作用，这证实加强省级—水平行业知识产权保护存在创新渠道的假说 2.1。

并且，我们还针对创新的中介效应进行了检验，实证表明加强水平行业知识产权保护对企业创新能力有着显著的促进作用，并通过企业创新能力对企业出口技术含量产生提升作用。相较于不包含企业创新能力的回归，水平行业知识产权保护的系数在包含企业创新能力的回归中有所下降，由此证实了加强水平行业知识产权保护存在着创新中介效应。①

第二，针对阻碍技术溢出渠道的检验分析。本章样本中有创新活动的企业平均占比仅为 12.5%，无创新企业占了绝大多数。除了自主创新，技术溢出也是企业获得技术升级的重要渠道（Raut，1995），而加强知识产权保护会减少研发溢出和知识传播（Murray 和 Stern，2007），对企业出口技术含量产生不利影响。参照 Raut（1995）、吴超鹏和唐菂（2016），我们根据中国工业企业数据库估计了行业技术溢出效应，并构建出行业技术溢出效应哑变量（TS_{jt}）。当行业技术溢出效应高于等于行业中位数时，取值 $TS_{jt}=1$；反之，取值为 0。② 将水平行业知识产权保护（$HPIPP_{ijt}$）与行业技术溢出效应哑变量（TS_{jt}）做交乘项回归，来检验技术溢出渠道。如表 7-6 的列（5），行业技术溢出效应 TS_{jt} 的系数显著为正，表明行业技术溢出确实提升了企业出口技术含量。省级—水平行业知识产权保护的系数不显著，但其与行业技术溢出效应哑变量交乘项的系数显著为负，表明在对研发溢出效应依赖大的行业，加强省级—水平行业知识产权保护会抑制企业出口技术含量的提升。这证实了加强省级—水平行业知识产权保护存在阻碍技术溢出渠道的假说 2.2。

三、下游渠道检验分析

第一，针对下游议价能力渠道的检验分析。加强省级—下游行业知识产权保

---

① 感谢审稿人的建议，使我们对水平行业知识产权保护的创新渠道分析得更加深入。囿于篇幅所限，这里未报告创新中介效应的具体回归结果，感兴趣的读者可向作者索取。

② 参考 Raut（1995）、吴超鹏和唐菂（2016），具体计量模型为：$lnSale_{ft}=\beta_0+\beta_1 lnRD_{jt}+\beta_2 lnRD_{ft}+\beta_3 lnFA_{ft}+\beta_4 lnL_{ft}+\lambda_t+\varepsilon_{ft}$。其中，$f$ 代表企业；j 代表行业；$Sale_{ft}$ 为企业销售额；RD_{ft} 为企业研发投入加 1；FA_{ft} 为企业固定资产；L_{ft} 为企业员工数；RD_{jt} 为 j 行业内除了企业 f 之外其他企业研发投入加总。我们对 39 个两分位行业企业分别进行以上回归，得到不同行业 j 中 $lnRD_{jt}$ 的估计系数 β_1，用以衡量行业技术溢出程度。

护提升了下游行业议价能力，据此，下游企业向上游供应商进行压价，不利于上游企业的长期发展和技术升级。类似于上游议价能力渠道的检验，我们在表7-6的列（7）中加入省级—下游行业知识产权保护与行业上游度哑变量（UB_{jt}）的交乘项，$UB_{jt}=1$ 表示该行业上游度指数低、面临较弱的下游议价能力；$UB_{jt}=0$，表示该行业上游度指数高、面临强的下游议价能力。我们将下游行业知识产权保护（$DPIPP_{ijt}$）与行业上游度哑变量（UB_{jt}）做交乘项回归，来检验下游议价能力渠道。回归表明，省级—下游行业知识产权保护的系数显著为负，但其与行业上游度哑变量交乘项的系数显著为正。这表明加强省级—下游行业知识产权保护对面临强的下游议价能力的行业（$UB_{jt}=0$）企业出口技术含量产生显著的抑制效应，而该不利影响在面临更弱下游议价能力的行业（$UB_{jt}=1$）企业将被消减，这证实了加强省级—下游行业知识产权保护存在议价能力渠道的假说3.1。

第二，针对知识吸收渠道的检验分析。加强下游行业知识产权保护会使得下游企业向上游企业提出更高产品的要求，具有强的知识吸收能力的企业能够有效地根据此信息做出产品生产调整，进而获取正向溢出效应，以提高企业出口技术含量。参考 Girma（2005），我们以生产率为基础构造出企业知识吸收能力指标（AC_{ijft}），表示为$\frac{lnTFP_{jf,t-1}}{lnTFP_{j,t-1}^{max}}$，该值越大，则该企业知识吸收能力越强。[①] 我们将下游行业知识产权保护（$DPIPP_{ijt}$）与企业知识吸收能力（AC_{ijft}）做交乘项回归，来检验知识吸收渠道。表7-6的列（8）显示，省级—下游行业知识产权保护的系数仍显著为负，但其与企业知识吸收能力交乘项的系数统计上显著为正，表明加强省级—下游行业知识产权保护对知识吸收能力强的企业出口技术含量产生显著的提升作用，这证实了加强省级—下游行业知识产权保护存在知识吸收渠道的假说3.2。

进一步地，我们还将“进口投入品技术渠道”与“上游议价能力渠道”“创新能力渠道”与“阻碍技术溢出渠道”“下游议价能力渠道”与“知识吸收渠道”分别置于同一回归中进行上游渠道整合检验、水平渠道整合检验和下游渠道整合检验。如表7-6所示，列（3）中将进口投入品技术渠道和上游议价能力渠道置于同一个回归，比较列（3）与列（1）中$UPIPP_{ijt} \cdot IT_{ijft}$的系数符号和显著性，以及列（3）与列（2）中$UPIPP_{ijt} \cdot UB_{jt}$的系数符号和显著性，发现交

---

① 其中，$lnTFP_{jf,t-1}$为上一期行业 j 的企业 f 生产率；$lnTFP_{j,t-1}^{max}$为上一期行业 j 最高的企业生产率。据此，以该企业上一期生产率与其所在行业上一期最高生产率的比值来表示企业知识吸收能力。

乘项的系数符号和显著性并未发生逆转，这证实了上游渠道的检验是稳健的。同理，列（6）中将创新能力渠道和阻碍技术溢出渠道置于同一个回归，比较列（6）与列（4）中$HPIPP_{ijt} \cdot IN_{ijft}$的系数符号和显著性，以及列（6）与列（5）中$HPIPP_{ijt} \cdot TS_{jt}$的系数符号和显著性，发现其交乘项的系数符号和显著性并未发生变化。类似地，列（9）中将下游议价能力渠道和知识吸收渠道置于同一个回归，比较列（9）与列（7）中$DPIPP_{ijt} \cdot UB_{jt}$的系数符号和显著性、列（9）与列（8）中$DPIPP_{ijt} \cdot AC_{ijft}$的系数符号和显著性，我们也发现其并未发生变化。因此，无论是单个渠道的回归检验，还是上游渠道整合检验、水平渠道整合检验和下游渠道整合检验都证实了本章中的影响渠道检验结果是稳健的。

第六节 主要结论及政策建议

在对 Tacchella 等（2013）测算产品复杂度方法改进后，我们使用海关数据测算出中国企业出口技术含量，揭示出省级知识产权保护通过行业生产网络对中国企业出口技术含量提升的影响。研究表明：

第一，细化到行业层面，基准回归结果表明，加强省级知识产权保护有利于提升企业出口技术含量。进一步地，区分行业上游、水平和下游渠道，我们发现加强省级知识产权保护会通过上游行业联系对企业出口技术含量产生显著的提升作用，而通过水平行业联系和下游行业联系不利于企业出口技术含量的提升。这证实了本章三大假说的预期结论。并且，稳健性检验结果也基本上支撑了本章基准回归的结果是可靠的。

第二，从贸易方式、生产率差异和企业所有制等异质性视角，我们研究发现：（1）加强省级知识产权保护通过上游行业联系对一般贸易企业出口技术含量产生显著的提升作用，但仅通过水平行业联系对一般贸易、加工贸易企业出口技术含量产生不利影响，通过上游、下游行业对加工贸易企业的影响不显著。这与加工贸易“两头在外”的特征相符合。（2）加强省级知识产权保护通过上游行业联系对高生产率企业出口技术含量产生提升作用，而通过水平、下游行业联系影响不显著。加强省级上游行业知识产权保护对低生产率企业出口技术含量产生提升作用，而通过水平、下游行业联系产生抑制作用。（3）加强省级知识产权保护通过上游、水平和下游行业联系对外资和内资企业出口技术含量的影响符号和显著性与基准回归结果基本上相一致，但由于外资企业在本国销售少，受本国下游企业议价能力的影响小，省级—下游行业知识产权保护对其出口技术含量影响不显著。

第三，揭示出省级知识产权保护通过行业生产网络对企业出口技术含量的差异性影响渠道。研究表明：（1）加强省级—上游行业知识产权保护可通过投入品技术渠道提高企业出口技术含量。进口投入品技术含量越高的企业，加强省级—上游行业知识产权保护的促进作用越强。但由于上游议价能力渠道的存在，加强省级—上游行业知识产权保护，对面临越强上游议价能力的行业企业出口技术含量的提升作用越小。（2）加强省级—水平行业知识产权保护分别通过创新渠道和阻碍技术溢出渠道对中国企业出口技术含量产生混合影响。具体是加强省级—水平行业知识产权保护对创新能力强的企业出口技术含量有着显著的提升作用，但会抑制对技术溢出依赖大的行业中企业出口技术含量的提升。（3）加强省级—下游行业知识产权保护对面临强的下游议价能力的行业企业出口技术含量产生抑制作用，而对知识吸收能力强的企业出口技术含量有着显著的提升作用。

根据以上主要研究发现，政策建议是：

首先，整体来看，加强省级知识产权保护能够提升企业出口技术含量，在国际贸易摩擦不断加剧，内部劳动力成本不断提升的形势下，中国需要通过加强知识产权保护，提升在高新技术产品上的出口优势，以期从“贸易大国”向“贸易强国”转型升级。

其次，鉴于行业生产网络下省级知识产权保护主要通过上游行业联系提升企业出口技术含量，而通过水平、下游行业联系产生抑制作用，省级知识产权保护主要通过议价能力渠道和阻碍技术溢出渠道等不利于企业出口技术含量提升。为此，在加强知识产权保护的同时，应对专利注册行为进行规范，避免企业利用专利进行不正当竞争，抑制正常知识流动。同时，应配合《中华人民共和国反垄断法》，消减强化知识产权保护带来的市场控制力乃至垄断效应。2016 年美国公布了修订的《知识产权许可反垄断指南》，增加了大量的案例，为美国反垄断执法机构提供了实践指导。由此，我国将发布的《关于知识产权领域的反垄断指南》，应借鉴美国等发达国家的经验，为执法机构提供切实可行的指导。

最后，渠道分析表明，省级知识产权保护主要通过进口投入品技术渠道、创新渠道和知识吸收渠道对企业出口技术含量产生提升作用。据此，我们认为在加强知识产权保护时，应持续推进针对制造业企业进行创新活动和购进高技术进口投入品进行生产活动的税收优惠政策等，通过多项政策配合、协调，以激发企业进行技术升级的动力。与此同时，企业自身也要积极提高“干中学”的能力，促进知识和技术溢出的有效吸收和转化，以提升企业出口技术含量，保持中国持续的对外贸易竞争力。

第八章

全球生产网络下中间品和资本品进口与中国企业出口产品质量提升[①]

一般认为，全球生产网络下中间品进口会因“干中学”效应促进中国企业出口产品质量提升，但现实是中国企业出口产品质量仍旧较低。为此，本章探究全球生产网络下中间品和资本品进口对中国企业出口产品质量提升的影响。

第一节 问题提出及文献综述

富裕国家更高的知识积累赋予它们在知识密集型或生产率更高的产品上具有比较优势。从具有比较优势的富裕国家进口产品的国家能够从知识溢出中获益（Veeramani，2009）。余淼杰和李晋（2015）认为，进口的技术外溢对企业生产率的提升有着明显的促进作用。当前，中国以低关税甚至豁免关税的政策鼓励企业进口关键零部件等中间品和高端设备等资本品，以期通过进口渠道谋求提升中国企业出口产品质量。理论上，发展中国家和发达国家存在“产品质量阶梯”，发展中国家从发达国家进口有助于提高产品质量。现实中，中国“十三五”规划纲要和党的十九大报告均提出了“质量强国”战略，鼓励进口先进中间品。

① 本章主要内容参见沈国兵、于欢：“中国企业出口产品质量的提升：中间品进口抑或资本品进口”，《世界经济研究》2019 年第 12 期。

但是，与多年来中国大规模中间品进口形成鲜明对比的是，中国企业出口产品质量仍然较低，甚至有轻微下降趋势（张杰等，2014）。进口这一技术溢出渠道带来的效果似乎并不显著。而大量研究采用中国企业层面数据证实，中间品进口可以促进中国企业出口产品质量提升（马述忠和吴国杰，2016；许家云等，2017）。这样的对比需要我们重新审视中国进口带来的出口产品质量提升效应。

中国的进口有着两个特征事实：一是资本品进口已成为中国进口增速最快的产品。2000—2016 年，中间品进口年均增长率为 12.91%，而资本品进口增速超过中间品进口增速，年均增长率为 14.12%。二是中国进口结构显著不平衡（裴长洪，2013）。2000—2016 年，中间品和资本品进口占到中国进口的 90% 以上，其中，中间品进口占比均值为 74.21%，资本品进口占比均值为 25.14%。据此，如果没有中间品和资本品进口结构的协调转变，中国要通过进口来提升出口产品质量，进而实现持续的经济增长将困难重重。基于进口的统计事实，是否是因为进口结构失调对中国出口产品质量产生了负面调节效应，造成中国企业出口产品质量处于低位呢？为此，本章从中间品和资本品进口视角来探究两者对中国企业出口产品质量的直接效应和调节效应。

就现有文献来看，有关中间品与资本品进口对中国企业出口产品质量的影响研究主要有：

第一，文献中未区分进口产品结构，直接分析进口对出口产品质量的影响，存在着加总扭曲。Dinopoulos 和 Unel（2013）建立了一个关于质量异质性模型，认为贸易自由化使得生产高质量的企业所获市场份额更大、市场更多，且在较远的市场定价更高。但是，Bose 和 Kemme（2002）认为，贸易自由化带来贸易壁垒被削减，使得进口品的准入成本下降，这会导致市场上生产低质量产品的企业比重会增加。Fernandes 和 Paunov（2013）采用智利制造业企业产品数据，使用行业水平的运输成本来衡量进口竞争，发现进口竞争能促进企业出口产品质量的提升。Amiti 和 Khandelwal（2013）采用 56 个国家出口到美国的产品数据，发现较低的进口关税能促进接近于世界前沿产品的质量升级，而抑制远离于世界前沿的产品质量升级。Manova 和 Yu（2017）使用中国海关数据，认为多产品企业因使用进口品的质量不同，使得产出质量不同。

第二，文献中考察中间品进口的直接影响，忽视了资本品进口的直接影响以及中间品进口与资本品进口的调节效应。一是关于中间品进口影响研究。马述忠和吴国杰（2016）采用企业微观数据，将中间品进口区分为不同贸易方式，认为一般贸易中间品进口对中国企业出口产品质量不具有促进作用，进料加工中间品进口促进作用更加显著和稳健。许家云等（2017）采用企业微观数据，认为中间品进口显著促进了中国企业出口产品质量的提升，该促进效应因企业生产率水平、融资约束、所有制和贸易方式而具有显著差异，且因中间品进口来源国和中间品技术含量的不同而不同。二是关于中间品贸易自由化的影响研究。Bas 和 Strauss – Kahn（2015）采用中国企业微观数据，证实中间品贸易自由化尤其是来自于发达国家的中间品进口，会显著提升中国企业出口产品质量。Fan 等（2015）也证实，削减中间品进口关税会引致中国企业提升其出口产品质量和价格，且随行业内产品质量差异而不同。但是，由于目前很多贸易保护是通过非关税壁垒而非关税来实现的，从关税角度来研究，可能会忽视非关税壁垒产生的影响（余淼杰和李晋，2015）。

第三，区分了中间品和资本品进口，但是主要考察其对经济增长等影响。一是关于中间品进口和资本品进口的直接影响研究。Dulleck 和 Foster（2008）证实，资本品进口对人力资本中等的国家经济增长的促进效应最强，而对人力资本不足的国家甚至会产生抑制效应。Veeramani（2009）认为，一国进口何种类型的中间品和资本品以及从哪里进口，对其长期经济增长非常重要。张杰（2015）发现资本品进口对企业发明专利产生显著的倒“U 型”效应，对实用新型和外观设计产生显著的促进效应，而中间品进口对这三种专利均产生显著的抑制效应。问题是，将中间品进口和资本品进口分样本考察无法比较两者的差异。二是文献将中间品和资本品进口放在同一框架下考察，但未考虑两者的调节效应。Mazol（2015）将中间品进口和资本品进口放在同一模型下，采用白俄罗斯的数据证实，中间品进口会抑制经济增长，而资本品进口的影响不显著。Caselli（2017）采用 1994—2003 年墨西哥企业层面数据，证实与中间品进口的企业相比，资本品进口的企业更能够提高其生产率。

根据以上文献梳理，大多数研究集中于考察中间品进口对企业出口产品质量的影响。然而，相对于中间品进口，一方面资本品进口嵌入的技术和资本更为密集，能直接增加一国资本存量积累，对企业的影响更大（Veeramani，2009；裴长洪，2013；Caselli，2017）；另一方面与零部件等中间品进口相比，机器设备等资本品进口比较复杂，企业吸收资本品进口带来的系统知识技能较为困难，自身较低的技术水平与进口的高端设备无法融合，反而对企业造成不利的影响（Acemoglu 和 Zilibotti，2001）。为了厘清中间品进口和资本品进口对企业出口产品质量的影响，本章将中间品进口和资本品进口放在同一模型下，考察两者对中国企业出口产品质量的直接效应差异，以及两者交互项的调节效应。这为中国企业出口产品质量的提升提供了更为细致的考察路径。

本章的主要贡献在于：（1）与 Fan 等（2015）、许家云等（2017）仅考虑中间品进口对中国企业出口产品质量的影响不同，我们认为资本品进口也会产生影响，且中间品进口与资本品进口两者会产生调节效应，共同作用于企业出口产品质量。(2) 与 Veeramani（2009）、张杰（2015）分样本考察中间品进口和资本品进口对经济增长和企业创新的影响不同，我们将中间品进口和资本品进口放在同一模型下，既比较了两者直接效应差异，又揭示出两者的调节效应。这克服了 Fan 等（2015）、Bas 和 Strauss - Kahn（2015）等没有考虑资本品进口的直接效应和调节效应的局限，也化解了中间品进口抑或资本品进口谁为主的争论。(3) 与 Fernandes 和 Paunov（2013）等直接研究进口不同，我们从进口产品结构——中间品和资本品进口入手，区分产品差异化和企业所有制展开细化分析，是对 Fernandes 和 Paunov（2013）未区分进口产品结构、Fan 等（2015）仅考虑中间品进口差异化等研究的补充，为中国企业提升出口产品质量提供更细化的组合路径。

本章余下结构安排为：第二节是影响机制分析；第三节是模型构建及变量数据说明；第四节从中间品和资本品进口视角进行回归分析；第五节区分产品异质性和企业所有制探究中间品和资本品进口对中国企业出口产品质量的影响；第六节给出主要结论及政策建议。

第二节
中间品进口和资本品进口对企业出口产品质量的影响机制分析

基于文献研究，我们将中间品进口和资本品进口对中国企业出口产品质量的影响机制分为直接作用机制和调节效应。如图 8 - 1 所示，中间品进口和资本品进口会通过技术溢出效应等正向的直接效应、挤出效应等负向的直接效应，作用于企业出口产品质量。同时，中间品进口也会对与其匹配的资本品进口提出不同的诉求，进而产生间接调节效应，影响到企业出口产品质量。

第一，直接作用机制：中间品进口和资本品进口会通过技术溢出等正向效应，以及挤出效应等负面效应，直接作用于企业出口产品质量。将正向效应提炼为：(1) 技术溢出效应。进口品包含来源国更为先进的技术，企业通过进口来模仿、学习、创新和改进，有助于提升企业出口产品质量（许家云等，2017）。(2) 质量转移效应。进口高质量投入品会由于质量转移，提升企业生产的产品质量（Bas 和 Strauss - Kahn，2015）。(3) 种类成本效应。进口企业面临国内外

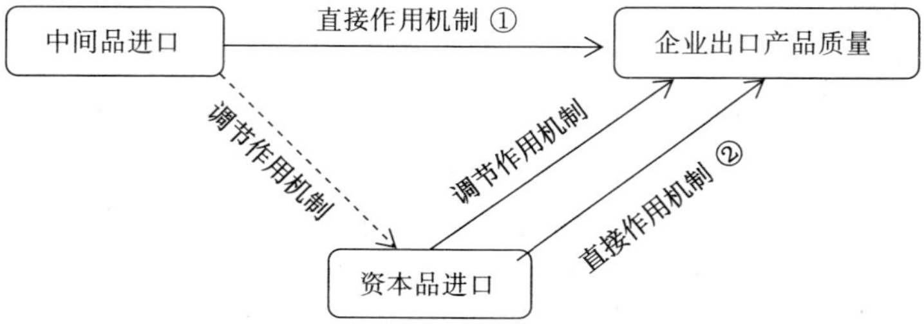

图 8-1　中间品进口和资本品进口影响企业出口产品质量的作用机制

资料来源：作者自己绘制整理。

较多种类的中间品和资本品选择，通过进口成本较低的产品，能降低企业生产成本，使得企业有更多资金进行产品质量升级（许家云等，2017）。（4）进口竞争效应。进口不仅增加国内生产厂商的竞争压力，也造成国外供应商之间的竞争，迫使生产者提高出口产品质量（Fernandes 和 Paunov，2013）。（5）制度质量效应。生产者和投入品供应商之间的契约关系，特别是契约执行和制度建设会影响投入品质量，进而影响到企业的出口产品质量。

同时，我们将负面效应提炼为：（1）挤出效应。进口大量来自于发达国家的高技术高质量的中间品和资本品，会导致国内企业可能被挤出市场，国内企业难以有更多的资金进行产品质量改进和升级（汪建新等，2015）。（2）压榨效应。发展中国家的企业进口高端设备和关键零配件等投入品往往需要较高的费用，面临着被高价剥削。从事加工贸易生产，出口又面临着被低价压榨，这无疑降低企业利润，对出口产品质量的升级造成阻碍（沈国兵和于欢，2017）。（3）低端锁定和依赖效应。发展中国家的企业在谋求产品质量持续提高、自有品牌塑造等，会与发达国家跨国公司的既得利益发生冲突，后者会限制、将发展中国家的企业锁定在低端环节，阻碍其产品质量升级。发展中国家企业又依赖于进口高质量的投入品来加工组装，很可能陷入进口依赖。（4）企业自身条件的限制。进口要和企业自身的劳动力、资本相结合进行生产，这就要求企业自身必须有与进口多样的中间品和资本品相匹配的吸收能力。否则，进口的积极作用难以发挥。据此，中间品进口和资本品进口对企业出口产品质量分别产生的直接作用机制①和直接作用机制②的影响怎样？这是本章关注的第一层级问题。

第二，调节作用机制：若企业在使用进口中间品的同时，其资本品进口与该类中间品进口相匹配，则会产生积极的调节效应，否则会产生不利的影响。企业生产的产品依靠机器设备等资本品，采用不同技术、性能、质量的零部件等中间品进口进行集成与加工设计生产，这些要素投入之间就需要相互依赖、相互匹配的。产品生产过程中如果发生要素质量等方面不匹配，会对企业投资效率产生严重的负面影响（华民，2006；戴翔和金碚，2013）。不同要素投入之间的调节效应意味着，若中间品进口越高端，其内含的知识、技术和信息等要素越高级，就要求越高端的资本品与之相匹配，才能对企业出口产品质量产生积极影响。反之，则对企业出口产品质量不利。对发展中国家而言，高质量的中间品进口会对企业资本品进口提出相应的匹配要求，单纯地仅考虑中间品进口，忽视其通过资本品进口对企业出口产品质量产生的调节效应，会造成严重的缺陷。由此，关注中间品和资本品进口的交互项对企业出口产品质量的调节效应是本章关注的第二层级问题。

第三节 模型构建及变量数据说明

为考察中间品进口和资本品进口对企业出口产品质量的影响，我们参考Chen 等（2017），引入资本品进口构造出一个关于企业出口产品质量的理论模型。但与 Chen 等（2017）模型相比，我们模型有三个不同：第一，在消费者需求中，引入了质量因子λ_i，意味着消费者的效用不仅与消费的数量q_i有关，而且与消费的质量λ_i有关，且消费质量越高，消费者效用越高。第二，在最终品生产中，我们加入资本品进口，重点考察中间品和资本品进口的影响，而在 Chen 等（2017）中仅考察中间品进口。第三，Chen 等（2017）认为中间品进口会影响企业成本，由此构建出一个中间品进口、创新影响企业成本的函数。而我们纳入中间品进口和资本品进口，认为资本品进口本身也会对企业出口产品质量产生影响。据此，构建出一个中间品和资本品进口、出口产品质量影响企业成本的函数。具体地，我们构造出的理论模型如下：

一、理论模型

（一）消费者需求

与 Chen 等（2017）不同，假定消费者的效用函数为关于质量λ_i的常数替代弹性形式：

$$U = \left\{\int_{i=1}^{N} [q_i \lambda_i]^{(\theta-1)/\theta} di\right\}^{\frac{\theta}{\theta-1}} \tag{8-1}$$

其中，i 表示最终品种类，在一国可供消费的最终产品共有 N 种；θ 为产品种类 i 之间的替代弹性，且 $\theta > 1$；q_i 为消费者所消费的产品种类 i 的数量；λ_i 为产品种类 i 的质量因子；p_i 为最终品 i 的价格，其对应的价格指数 P 为：

$$P \equiv \left[\int_{i=1}^{N} p_i^{1-\theta} \lambda_i^{\theta-1} di\right]^{\frac{1}{1-\theta}} \tag{8-2}$$

在消费者预算约束即消费者总支出（E）给定条件下，求解消费者最优化后，可得到对给定产品种类 i 的需求为：

$$q_i(p_i, \lambda_i) = \frac{E}{P^{1-\theta}} \lambda_i^{\theta-1} p_i^{-\theta} \tag{8-3}$$

（二）最终产品的生产

在 Chen 等（2017）的基础上，我们进一步考虑资本品进口，并假定最终品 i 的生产产出为：

$$Y_i = \varphi_i \left(x_{m1}^{\frac{\rho_m - 1}{\rho_m}} + x_{m2}^{\frac{\rho_m - 1}{\rho_m}}\right)^{\frac{\rho_m a_m}{\rho_m - 1}} \left(x_{k1}^{\frac{\rho_k - 1}{\rho_k}} + x_{k2}^{\frac{\rho_k - 1}{\rho_k}}\right)^{\frac{\rho_k a_k}{\rho_k - 1}} l^{1 - a_m - a_k} \tag{8-4}$$

其中，Y_i 为企业生产最终品 i 的产出；φ_i 为企业生产最终品 i 的生产率；x_{m1}、x_{m2} 分别为国内、国外中间品的投入；x_{k1}、x_{k2} 分别为国内、国外资本品的投入；l 为企业投入的劳动。$a_m, a_k \in (0,1)$，是中间品和资本品投入的份额。$\rho_m > 1$ 是国内外中间品的替代弹性，$\rho_k > 1$ 是国内外资本品的替代弹性。

对于最终品 i 的生产，除了所有企业都要支付的一个生产固定成本 f 之外，使用进口要素的企业还必须支付一个固定进口成本 f_m，设定 f、f_m 是以劳动单位来衡量的，且假设使用 1 单位的国内投入要素：中间品、资本品和劳动；为简化，工资率 ω 被标准化为 1。考虑到运输成本因素，在完全竞争的条件下，使用 1 单位的进口中间品和 1 单位的进口资本品，企业分别需支付 $\tau_{m2} > 1$，$\tau_{k2} > 1$ 的工资率，则企业生产 1 单位最终品 i 的总成本为：

$$MC = \frac{x_{m1} + x_{k1}}{q_i} + \frac{x_{m2}}{q_i} \times \tau_{m2} + \frac{x_{k2}}{q_i} \times \tau_{k2} + \frac{f + f_m}{q_i} + \frac{l}{q_i} \tag{8-5}$$

（三）进口带来的影响机制（参见第二节）导致企业成本的变化

在 Chen 等（2017）基础上，假设每一个企业选择生产的产品种类 i 的质量水平为 $\lambda_i \in (0,1)$，这样，选择生产产品质量水平为 λ_i 所需的生产成本是产品质量 λ_i，进口中间品投入 x_{m2}，进口资本品投入 x_{k2} 的函数：

$$C(\lambda_i, x_{m2}, x_{k2}) = h(\lambda_i) \times g(x_{m2}, x_{k2}) \tag{8-6}$$

其中，$h'(\lambda_i) > 0$，$h''(\lambda_i) > 0$，$h(0) = 0$，$\lim_{\lambda \to 1} h'(\lambda_i) = \infty$。据此，企业生产的产品质量$\lambda_i$越高，需付出的成本$h(\lambda_i)$越大。$g(\cdot)$是中间品和资本品进口的函数，假定$g_i(x_{m2}, x_{k2}) = 1 - \gamma_{m2}x_{m2} - \gamma_{k2}x_{k2}$。企业从进口中间品和资本品中通过直接作用机制和调节作用机制吸收、消化技术溢出会影响到企业的生产成本。γ_{m2}、γ_{k2}的取值范围使得企业选择生产产品质量为λ_i的成本为正。由式（8-6）可知，企业进口1单位中间品和资本品，分别会使得企业生产成本变化$\gamma_{m2}h(\lambda_i)$和$\gamma_{k2}h(\lambda_i)$单位。

（四）利润最大化决策

企业的利润函数为：

$$\prod(\varphi_i, \lambda_i, \gamma_{m2}, \gamma_{k2}) = \max_{\{x_{m2},\, x_{k2},\, l, p_i\}} \{p_i q_i(p_i) - x_{m1} - x_{k1} - \tau_m x_{m2} - \tau_k x_{k2} - l - f - f_m\} \tag{8-7}$$

其中，$\tau_m(\lambda_i) = \tau_{m2} - \gamma_{m2}h(\lambda_i)$，$\tau_k(\lambda_i) = \tau_{k2} - \gamma_{k2}h(\lambda_i)$，分别是进口一单位中间品和一单位资本品调整之后的成本。

根据上述理论模型，可以求出企业最优的中间品进口x^*_{m2}和资本品进口x^*_{k2}，如式（8-8）和式（8-9）所示：

$$x^*_{m2}(\varphi_i, \lambda_i, \gamma_{m2}, \gamma_{k2}) = \Delta_m (1 + \tau_m^{1-\rho_m})^{1 + \frac{(\theta-1)\alpha_m}{\rho_m - 1}} \varphi_i^{\theta-1} \lambda_i^{\theta-1} \tau_m^{-\rho_m} \tag{8-8}$$

$$x^*_{k2}(\varphi_i, \lambda_i, \gamma_{m2}, \gamma_{k2}) = \Delta_k (1 + \tau_k^{1-\rho_k})^{1 + \frac{(\theta-1)\alpha_k}{\rho_k - 1}} \varphi_i^{\theta-1} \lambda_i^{\theta-1} \tau_k^{-\rho_k} \tag{8-9}$$

其中，$\Delta_m \equiv \alpha_m(\theta - 1)\dfrac{E}{\theta}\left[\dfrac{\theta - 1}{\theta}\alpha_m{}^{\alpha_m}(1 - \alpha_m)P\right]^{\theta - 1}$

$$\Delta_k \equiv \alpha_k(\theta - 1)\frac{E}{\theta}\left[\frac{\theta - 1}{\theta}\alpha_k{}^{\alpha_k}(1 - \alpha_k)P\right]^{\theta - 1}$$

其中，Δ_m、Δ_k对企业的中间品进口x_{m2}、资本品进口x_{k2}和产品质量λ_i来说，是一个常数。

通过式（8-8）和式（8-9）相乘，可得（8-10）式：

$$x^*_{m2} \times x^*_{k2} = \Delta_m \Delta_k Q(\lambda_i) \varphi_i^{2\theta-2} \tag{8-10}$$

其中，$Q(\lambda_i) = (1 + \tau_m^{1-\rho_m})^{1 + \frac{(\theta-1)\alpha_m}{\rho_m - 1}} (1 + \tau_k^{1-\rho_k})^{1 + \frac{(\theta-1)\alpha_k}{\rho_k - 1}} \lambda_i^{2\theta-2} \tau_m^{-\rho_m} \tau_k^{-\rho_k}$

对式（8-10）取自然对数后转化为式（8-11）：

$$lnQ(\lambda_i) = lnx^*_{m2} + lnx^*_{k2} - (2\theta - 2)ln\lambda_i - ln\Delta_m - ln\Delta_k \tag{8-11}$$

从式（8-11）可知，在其他参数给定的情况下，由$Q(\lambda_i)$的一阶导数决定中间品进口和资本品进口对其出口产品质量的影响是促进抑或抑制。具体地，若

$\gamma_{m2}>0$ 且$\gamma_{k2}>0$，则 $Q'(\lambda_i)>0$。这样，企业最优中间品进口x_{m2}^*和最优资本品进口x_{k2}^*的上升，会造成企业出口产品质量λ_i的提高，反之则相反。由此，我们提出了如下命题：

命题：若中间品进口和资本品进口对企业出口产品质量产生的正向效应强于负面效应，则两者进口会促进企业出口产品质量的提升；反之，则会抑制企业出口产品质量。

二、模型构建及变量说明

为探究图 8 - 1 中的中间品进口和资本品进口对企业出口产品质量的直接作用机制①和②，并揭示出两者对其可能的间接调节效应。为此，根据式（8 - 11）和聚焦的研究问题，我们加入相关控制变量，构建出计量模型：

$$QLY_{jt}=\beta_0+\beta_1 lnZ_{jt}+\beta_2 lnK_{jt}+\beta_3 lnZ_{jt}\times lnK_{jt}+\boldsymbol{X_{jt}\delta}+\eta_s+\eta_h+\eta_o+\eta_t+\varepsilon_{jt} \tag{8-12}$$

其中，QLY_{jt}为第 t 年企业 j 出口产品质量，是先计算出来每一种产品质量，再按照出口份额加权到企业层面，得到企业出口产品质量。lnZ_{jt}、lnK_{jt}分别表示企业的中间品进口和资本品进口，$lnZ_{jt}\times lnK_{jt}$代表中间品进口与资本品进口的交互项，反映两者对企业出口产品质量可能产生的调节效应。为了控制其他因素的影响，模型（8 - 12）中加入了企业层面一系列控制变量$\boldsymbol{X_{jt}}$，$\boldsymbol{X_{jt}}$是个向量；β_0是常数项，β_1,β_2,β_3是变量参数，$\boldsymbol{\delta}$ 是向量系数，η_s,η_h，η_o和η_t分别表示省份 s、行业 h、所有制 o 和年份 t 的固定效应；ε_{jt}表示随机扰动项。

第一，因变量：企业层面出口产品质量QLY_{jt}。我们测算方法如式（8 - 3），即$q_i(p_i,\lambda_i)=\frac{E}{P^{1-\theta}}\lambda_i^{\theta-1}p_i^{-\theta}$，将其两边取自然对数，整理得到估计的模型：

$$lnq_{ijdt}=\xi_1 lnE_{dt}+\xi_2 lnP_{dt}+\xi_3 lnp_{ijdt}+\mu_{ijdt} \tag{8-13}$$

其中，第 t 年企业 j 出口产品 i 到目的国 d 的出口产品质量为：$ln\lambda_{ijdt}=\frac{\hat{\mu}_{ijdt}}{\theta-1}=\frac{lnq_{ijdt}-ln\hat{q}_{ijdt}}{\theta-1}$，将 $ln\lambda_{ijdt}$进行标准化处理，并按照企业产品出口份额进行加权得到企业层面出口产品质量。关于计量模型（8 - 13）的回归，我们主要做了四个方面的工作：（1）借鉴马述忠和吴国杰（2016），采用出口目的国的消费价格指数（CPI）和国内生产总值（GDP）作为回归中P_{dt}和E_{dt}的代理变量，这比施炳展和邵文波（2014）、许家云等（2017）采用进口国和时间二维虚拟变量来控制变得更加具体化；（2）参考 Broda 和 Weinstein（2006）估计的中国 HS 2 分位行业层面的弹性作为替代弹性指标，这比孙楚仁等（2014）一个固定常数值作为替代弹性是更能反映行业产品差异；（3）参考 Khandelwal（2010），加入出口企业所在省份的市场规模变量，以此控制产品多样化对企业出口产品质量的影响；（4）选择企业在除了出口目的国 d 之外的其他市场出口产品的平均价格作为该企业在 d 市场出口价格的工具变量，以解决测算出口产品质量过程中存在的内生性问题。

第二，解释变量：主要解释变量是企业中间品进口 lnZ_{jt}、资本品进口 lnK_{jt}、中间品进口与资本品进口的交互项 $lnZ_{jt}\times lnK_{jt}$。其中，lnZ_{jt}、lnK_{jt} 的测算，参考 Chen 等（2017），分别采用中间品进口和资本品进口的金额占该企业销售额比值来消除企业进口金额的规模，并取自然对数来衡量。

第三，控制变量：（1）企业生产率（$lnTFP_{jt}$）。我们采用 2000—2013 年数据，由于 2008 年之后中国工业企业数据库缺少中间投入和工业增加值这两个测算 TFP 的关键指标，因而我们采用 FE 方法进行回归测算。企业生产率衡量了企业生产过程中的效率水平，生产率越高的企业越有能力生产高质量的出口产品。（2）企业规模（$lnSIZ_{jt}$）。采用企业员工数取自然对数来衡量企业规模。规模越大的企业，越有资金购买生产高质量产品所需要的各种投入，有能力应对研制生产高质量产品所带来的各种风险。（3）企业年龄（$lnAGE_{jt}$），以企业成立年限取自然对数来衡量。在成立、成长、成熟等各阶段的企业，面临的质量战略和生产能力有所不同，生产的产品质量有所差异。企业年限越长，积累的生产经验越多、学习能力越强，越有能力生产高质量的产品，但是随着企业年龄老化，创新、改进生产工艺等方面的活力下降，不利于其出口产品质量的提升。（4）竞争程度（$lnHHI_{jht}$），采用企业二分位行业 h 计算的赫芬达尔——赫希曼指数来衡量，用来控制所在行业市场竞争程度对企业出口产品质量的影响。（5）企业资本密集度（$lnKD_{jt}$），采用企业人均占用的固定资产总额来衡量企业资本密集度。资本密集度反映企业的生产技术水平，资本密集度越高，代表该企业越有能力生产高质量的产品。（6）出口目的国人均 GDP（$lnFGDP_{jt}$）。高质量产品定价较高，人均 GDP 越高的国家，越有能力购买高质量的产品。（7）出口目的国人口（$lnFPOP_{jt}$）。人口越大，代表市场规模越大，企业在市场规模较大的地区可以节省产品销售成本，增加企业面临的需求，吸引生产高质量产品的企业进入。（8）出口目的国距离（$lnDIS_{jt}$）。企业运输高质量产品的成本与地理距离呈反比，先前文献（Hummels 和 Skiba，2004；王永进和施炳展，2014）认为地理距离越远，则企业出口高质量产品的相对成本越低，从而企业出口产品质量越高。但考虑到中国出口大国地位而出口产品质量仍较低的现实，距离的影响就不确定。这里控制变量中，出口目的国人均 GDP、出口目的国人口和出口目的国距离均采用企业首次出口到目的国的出口份额进行加权，得到企业层面出口目的国的上述指标。

模型中还加入了企业所在省份、行业、所有制和时间等虚拟变量：η_s、η_h、η_o和η_t，用来捕捉所有不随时间变化的省份、行业和所有制特征，以及随时间变化的经济冲击。囿于样本中企业数量太多，回归中无法再控制企业的个体效应，而且我们已控制了企业层面的控制变量X_{jt}，以及企业所在的省份、行业、所有制和年份的固定效应。所以，可以认为已极大地控制了企业的个体效应，进而可探究中间品进口和资本品进口对中国企业出口产品质量的影响。

三、数据说明

我们使用 2000—2013 年中国工业企业数据库、中国海关贸易数据库、世界银行数据库、国家统计局等相关数据。在测算企业出口产品质量、中间品进口、资本品进口等指标时，需要使用中国海关贸易数据库，我们对该数据库原始数据进行如下处理：一是将月度数据按照企业名称、产品 HS6 分位码、贸易类型和出口目的国加总到年份数据；二是剔除企业名称、产品 HS 代码信息缺失的样本；三是剔除交易额小于 50 美元或交易数量小于 1 的样本，以剔除非常规性交易的影响；四是剔除样本中贸易类型缺失的样本，并按照贸易类型，删除一般贸易、来料加工、进料加工之外的数据。此外，我们在测算企业出口产品质量时，采用的出口目的国 GDP、CPI 等经济指标数据来源于 IMF 数据库；企业所在省份的 GDP 指标来源于中国国家统计局。为了得到中间品进口、资本品进口数据，我们使用联合国统计局的 BEC - HS 对照表，根据 BEC 分类标准对产品种类的划分，找到对应的中间品和资本品，中间品的识别代码是 BEC 分类中代码为“111”“121”“21”“22”“31”“322”“42”和“53”等 8 大类产品，资本品的识别代码是 BEC 分类中代码为“41”和“521”的两大类产品。

控制变量的数据主要来自于中国工业企业数据库，并对原始数据进行了如下处理：一是剔除掉信息损失样本，包括缺少企业代码、贸易方式、工业总产值等信息的数据；二是删除与研究相关的变量中赋值明显不合理的样本，如产出为负值、总资产小于固定资产或流动资产、固定资产净值高于总资产、出口额超过工业销售总额的企业等；三是仅保留营业状态的企业，并将成立时间无效的企业样本剔除；四是统一了 2003 年和 2012 年前后两分位行业的统计口径。此外，企业出口到目的国的人均 GDP 指标$lnFGDP_{jt}$、人口指标$lnFPOP_{jt}$来自世界银行数据库，企业出口到目的国的距离$lnDIS_{jt}$来自 CEPII 双边引力数据库。

鉴于我们研究中间品和资本品进口与企业出口产品质量之间的关系，为此将上述用于计算企业出口产品质量、中间品进口与资本品进口的海关数据与含有企业信息的工业企业数据按照企业中文名称合并起来，在使用匹配数据库进行计量回归前，我们采用1%的winsor缩尾办法对企业出口产品质量进行处理，去掉极端观测值的企业，以保证所使用回归数据的合理性。

四、直观统计描述

我们从统计上来考察中间品进口、资本品进口与企业出口产品质量之间的直观关系。我们对每个企业的中间品进口、资本品进口与出口产品质量之间做了散点图统计。如图8－2所示，从图8－2左图中可以看出，中间品进口与企业出口产品质量的拟合线呈正向相关关系，反映出中间品进口越多，企业出口产品质量越高。从图8－2右图可以看出，资本品进口与企业出口产品质量的拟合线呈负向相关关系，反映出资本品进口越多，企业出口产品质量越低。虽然统计描述呈现出中间品进口与企业出口产品质量之间的正相关关系，资本品进口与企业出口产品质量之间的负相关关系，但是简单的描述性统计并不能证明中间品进口、资本品进口与企业出口产品质量之间的因果关系。接下来，我们从计量角度进行检验。

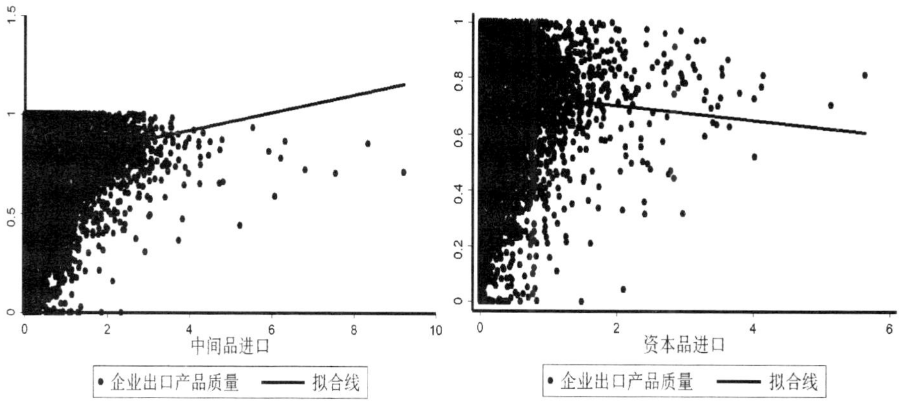

图8－2　中间品进口、资本品进口与企业出口产品质量的散点图

资料来源：参见前述“三、数据说明”。

第四节 进口对中国企业出口产品质量的影响：中间品和资本品视角

一、模型方法及内生性问题解决

由于因变量企业出口产品质量是一个介于0到1之间的受限因变量，如果采用线性方法进行回归，可能会产生估计偏误，因而我们使用面板Tobit模型来进行回归估计。尽管在计量模型中已控制了与企业自身特征相关的一系列变量，但是三个原因使得仍可能存在内生性问题：第一，遗漏变量。企业实施的质量战略偏好等，这种偏好不可测度，但该因素会影响到企业出口产品质量。第二，因变量对自变量的反向影响。中间品进口、资本品进口会影响到企业出口产品质量，而出口产品质量较高的企业为了维持其生产质量水平，更倾向于采用进口高技术的中间品和资本品。第三，因变量与控制变量可能也存在反向影响。控制变量如企业生产率、企业规模等也可能是内生的。企业出口产品质量越高，其盈利就越强，就越有资金来提高生产率、扩大企业规模。因此，我们需要对内生性问题进行处理。

关于内生性问题的解决：一是使用滞后一期解释变量对因变量进行回归，虽然解决了反向内生性问题，但是也丢失了当期解释变量有用的影响信息；二是参考Feng等（2016）、张杰（2015）、许家云等（2017），我们采用中间品进口关税（$lnZTAF_{jt}^{\Omega^{x_{m2}}}$）和资本品进口关税（$lnKTAF_{jt}^{\Omega^{x_{k2}}}$）分别作为企业中间品进口和资本品进口的工具变量，计算公式为$lnZTAF_{jt}^{\Omega^{x_{m2}}} = ln\sum_{\Omega^{x_{m2}}} taf_{jx_{m2}t}$，其中，$taf_{jx_{m2}t}$表示第$t$年企业$j$进口中间品$x_{m2}$的关税，加权权重为在样本期间内，企业$j$关于中间品$x_{m2}$的进口额占企业中间品总进口的比重；类似地，将中间品进口数据换成资本品进口数据，使用上述计算方法，同样可以得到资本品进口的工具变量$lnKTAF_{jt}^{\Omega^{x_{k2}}}$。这里$\Omega^{x_{m2}}$和$\Omega^{x_{k2}}$分别代表企业中间品进口和资本品进口的种类集合，上述指标计算的数据来自WTO关税数据库。

二、回归估计结果分析

表8-1中列（1）、列（4）是使用当期数据进行的面板Tobit回归结果，列

(2)、列(5)是解释变量滞后一期的面板 Tobit 回归结果，列(3)、列(6)是采用工具变量法解决内生性问题后的回归结果。列(1)、列(4)使用当期解释变量对因变量进行回归，既存在内生性问题，又不符合现实，因为当期中间品进口和资本品进口很难说就对当期的企业出口产品质量产生影响。列(2)、列(5)使用滞后一期解释变量对因变量进行回归，虽然解决了反向内生性问题，但却丢失了当期有用的影响信息。据此，为解决内生性问题，我们在列(3)、列(6)中采用中间品进口和资本品进口的关税作为工具变量进行回归，并对 IVTobit 和 IVProbit 模型回归进行弱工具变量检验。我们使用 Stata 13 进行 weakiv 检验，Wald 外生性排除检验拒绝原假设，表明企业出口产品质量是内生的，同时弱工具变量的稳健性检验也拒绝原假设，表明不存在“弱工具变量”问题。由此，使用中间品进口关税和资本品进口关税作为企业中间品进口和资本品进口的工具变量是适当的。

表 8－1 中间品进口、资本品进口对中国企业出口产品质量的影响

因变量 *QLY*	(1)	(2)	(3)	(4)	(5)	(6)
	Tobit	Tobit 滞后一期	IVTobit	Tobit	Tobit 滞后一期	IVTobit
lnZ	0.0451***	0.0269***	0.0633***	0.0459***	0.0276***	0.0644***
	(43.94)	(23.37)	(33.72)	(43.71)	(23.46)	(32.93)
lnK	−0.0151***	−0.0095***	−0.0356***	−0.0084***	−0.0030	−0.0285***
	(−5.71)	(−3.21)	(−10.17)	(−2.58)	(−0.82)	(−6.70)
lnZ × *lnK*				−0.0054***	−0.0044***	−0.0063***
				(−3.52)	(−2.88)	(−2.90)
lnTFP	0.0119***	0.0070***	0.0098***	0.0119***	0.0070***	0.0098***
	(40.15)	(20.49)	(19.86)	(40.19)	(20.53)	(19.85)
lnSIZ	0.0213***	0.0203***	0.0265***	0.0212***	0.0202***	0.0266***
	(57.73)	(47.33)	(57.72)	(57.63)	(47.22)	(57.74)
lnAGE	−0.0180	−0.0330***	−0.0390*	−0.0181	−0.0330***	−0.0391*
	(−1.42)	(−2.87)	(−1.82)	(−1.42)	(−2.87)	(−1.82)
lnKD	0.0054***	0.0077***	0.0064***	0.0054***	0.0077***	0.0064***
	(19.97)	(24.37)	(16.27)	(19.80)	(24.19)	(16.20)
lnHHI	−0.0009	−0.0016***	−0.0026*	−0.0009	−0.0016***	−0.0027*
	(−1.48)	(−3.15)	(−1.94)	(−1.47)	(−3.15)	(−1.94)

续表

因变量 QLY	(1)	(2)	(3)	(4)	(5)	(6)
	Tobit	Tobit 滞后一期	IVTobit	Tobit	Tobit 滞后一期	IVTobit
lnFGDP	0.0016 ***	0.0013 **	0.0089 ***	0.0015 ***	0.0013 *	0.0089 ***
	(2.98)	(1.97)	(14.21)	(2.96)	(1.95)	(14.15)
lnFPOP	0.0015 ***	0.0001	0.0020 ***	0.0015 ***	0.0001	0.0020 ***
	(6.22)	(0.45)	(7.19)	(6.21)	(0.45)	(7.18)
lnDIS	0.0006	-0.0008	-0.0026 ***	0.0006	-0.0007	-0.0026 ***
	(1.33)	(-1.41)	(-4.84)	(1.35)	(-1.38)	(-4.78)
常数项	0.6539 ***	0.8232 ***	0.7335 ***	0.6548 ***	0.8240 ***	0.7347 ***
	(5.19)	(7.14)	(4.26)	(5.19)	(7.15)	(4.27)
省份固定效应	是	是	是	是	是	是
行业固定效应	是	是	是	是	是	是
所有制固定效应	是	是	是	是	是	是
年份固定效应	是	是	是	是	是	是
观察数	155768	100008	74075	155768	100008	74075

注：(i) ***、**、* 分别代表在1%、5%、10%统计水平下显著；(ii) 括号内为z统计量；(iii) 为简化省略下标。

资料来源：参见前述"三、数据说明"。

从表8-1结果来看，中间品进口（*lnZ*）对中国企业出口产品质量都产生显著的促进作用，而资本品进口（*lnK*）存在着显著的抑制效应，除了以滞后一期的回归（5）估计不显著之外。并且，中间品进口与资本品进口交互项对中国企业出口产品质量产生了显著不利的调节效应。从列（1）至列（6）的回归结果来看，虽然采用不同的回归方法使得主要解释变量 *lnZ* 和 *lnK* 的边际效应发生了一定程度的变化，但是 *lnZ*、*lnK* 和 $lnZ \times lnK$ 的系数符号和显著性基本没有变化，即 *lnZ* 的回归系数显著为正，而 *lnK* 和 $lnZ \times lnK$ 的回归系数近乎全部显著为负。这表明中间品进口会促进中国企业出口产品质量的提升，而资本品进口却存在着显著的抑制效应，而且中间品进口与资本品进口的交互作用产生了显著不利的调节效应，进而抑制了中国企业出口产品质量的提升。这验证了命题一的结论。

有关中间品进口的促进效应阐释，参见马述忠和吴国杰（2016）、许家云等

(2017) 均有详细说明，我们赞成其解释。有关资本品进口的抑制效应，我们认为有如下几个原因：(1) 资本品本身的复杂性导致中国企业对其产生的技术溢出等效应吸收能力低下，不利于出口产品质量的提升。中间品具有零散型特征，资本品具有整体型特征。每一台机器设备等资本品都是由成百上千的零部件等中间品组成，企业在零散的中间品进口方面具有更大的自由度和选择权，技术溢出等效应的发挥更加便利和及时，进而可以提升企业出口产品质量。但是，对于由不同零部件构成的资本品，由于物化于其中的知识技能更为复杂和系统，因而对进口该资本品的企业要求更高。但中国企业吸收资本品进口带来的复杂系统的知识技能较为困难，自身较低的技术水平、匮乏的人力资本与进口的高端设备无法融合，会对其生产的产品质量造成负面影响（Acemoglu 和 Ziliboth, 2001）。(2) 资本品进口为扩大生产规模，对企业出口产品质量影响不大。由于资本品等“工作母机”的购买成本较高，且发达国家为维护技术创新产生的垄断优势，对其有更强的知识产权保护意识，导致发展中国家很难通过进口贸易获取先进的资本设备或技术，使得对技术进步的作用不显著。(3) 资本品进口的“挤出效应”“压榨效应”“低端锁定和依赖”效应更加明显。与中间品进口相比，重大成套设备等资本品技术更不容易被国内企业掌握，企业资本品进口面临的被高价剥削和出口面临的被低价压榨更加严重。由于依赖于进口，对本土生产同类资本品的企业产生“挤出效应”，使得企业难以有更多的资金进行产品质量的改进和升级。

有关中间品进口与资本品进口交互项产生的负面调节效应，我们认为一方面是来源于资本品进口的抑制效应；另一方面是由于中国中间品进口与资本品进口的结构不合理。尽管入世后中国进口贸易额急剧攀升，但是进口贸易结构十分不合理，资本品进口总额占比相对较低。据 UN Comtrade 数据库测算，中国中间品进口规模非常大，2016 年中国进口产品中的中间品占比达 75.02%，而资本品进口仅占 13.98%。在国内产业结构不断升级中，对于国外先进技术型机器设备等资本品的进口需求日益增加。但是中国中间品和资本品明显的进口差距，已对企业出口产品质量升级构成不利的约束。

除了核心解释变量之外，控制变量的回归结果也有丰富的经济含义。企业生产率（$lnTFP$）的回归系数显著为正，说明企业生产率越高，其出口产品质量越高。企业规模（$lnSIZ$）的系数显著为正，说明企业规模越大，越有能力应对高质量产品生产中的高昂投入和面临的风险，进而提升出口产品质量；企业年龄（$lnAGE$）的系数基本上显著为负，说明随着企业年龄老化，创新、改进生产工艺等方面活力下降，不利于其出口产品质量提升。企业资本密集度（$lnKD$）的系数显著为正，说明资本密集度高的企业，其技术水平较高，出口产品质量也较高。赫芬达尔指数（*lnHHI*）的系数基本上显著为负，表明市场集中度越高，对企业出口产品质量的影响越不利，而激烈的竞争会促进中国企业出口产品质量升级。出口目的国人均收入（*lnFGDP*）的系数显著为正，说明企业出口到高收入国家会对其出口产品质量产生正向影响。出口目的国人口（*lnFPOP*）的系数基本上显著为正，说明目的国人口越多，对高质量产品的需求越大，会激励企业生产和出口更多高质量的产品。出口目的国距离（*lnDIS*）统计上不显著或显著为负，说明采用工具变量后地理距离不利于企业出口产品质量的提升。

第五节 异质性回归分析

我们再区分产品和企业两个层面的异质性，深入考察中间品进口、资本品进口对中国企业出口产品质量影响的差异性。

一、区分产品异质性的回归分析

贸易绩效显著地取决于产品差异化程度（Kang，2008）。根据 Rauch（1999）关于同质品和异质品保守型分类方法，我们将中间品进口与资本品进口进一步细分为同质和异质中间品进口、同质和异质资本品进口四类，来考察这四类产品进口产生的直接效应和调节效应。如表 8－2 所示，据中国海关数据库统计，2000—2013 年，90% 以上的资本品进口为异质资本品进口。鉴于同质资本品进口所占份额太低，这里我们不再考虑同质的资本品进口。这样，如图 8－3 所示，三类进口产品会产生①、②和③这三种直接效应和 A、B 这两种调节效应，共同作用于企业出口产品质量。

表 8－2　　中间品进口与资本品进口份额：区分同质品、异质品比较

年份	2000	2001	2002	2003	2004	2005	2006
同质中间品进口份额	50.00%	47.47%	44.86%	43.96%	46.21%	46.86%	45.84%
异质中间品进口份额	42.57%	44.74%	46.40%	47.32%	46.70%	46.41%	48.22%
同质资本品进口份额	0.02%	0.02%	0.04%	0.08%	0.16%	0.06%	0.02%
异质资本品进口份额	94.16%	92.95%	93.70%	94.16%	94.92%	93.91%	91.39%

续表

年份	2007	2008	2009	2010	2011	2012	2013
同质中间品进口份额	48.82%	53.93%	50.79%	52.38%	56.12%	49.16%	49.55%
异质中间品进口份额	46.45%	41.97%	44.11%	42.19%	38.84%	44.81%	44.81%
同质资本品进口份额	0.02%	0.03%	0.05%	0.09%	0.11%	0.06%	0.07%
异质资本品进口份额	93.10%	93.23%	91.67%	92.48%	92.72%	92.24%	89.74%

注：同质、异质中间品进口份额是指同质、异质中间品进口占中间品进口总额的比重；同质、异质资本品进口份额是指同质、异质资本品进口占资本品进口总额的比重。

资料来源：2000—2013 年的中国海关数据库。

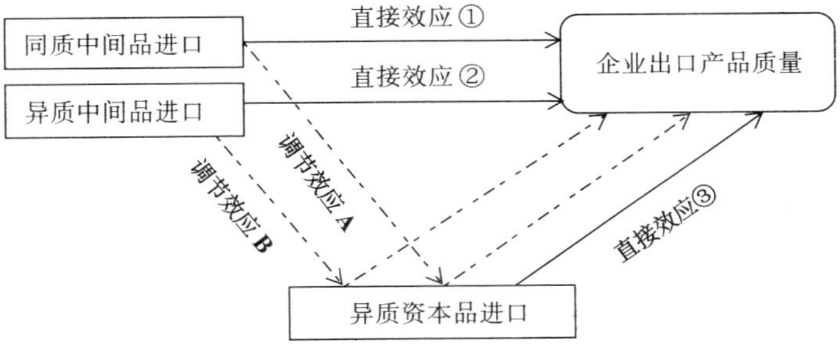

图 8-3　进口影响出口产品质量的作用机制：区分产品差异化

资料来源：作者自己绘制整理。

参考计量模型（8-12），我们将中间品进口拆分为同质和异质中间品进口，并仅保留异质资本品进口，来考察不同差异化的中间品和资本品进口对企业出口产品质量的影响，并将影响模型设定为：

$$QLY_{jt}=\beta_0+\beta_1 lnHZ_{jt}+\beta_2 lnDZ_{jt}+\beta_3 lnDK_{jt}+\beta_4 lnHZ_{jt}\times lnDK_{jt}+\beta_5 lnDZ_{jt}\times lnDK_{jt}+\boldsymbol{X}_{jt}\boldsymbol{\delta}+\eta_s+\eta_h+\eta_o+\eta_t+\varepsilon_{jt} \quad (8-14)$$

其中，因变量QLY_{jt}为中国企业出口产品质量；主要解释变量分别为同质中间品进口$lnHZ_{jt}$、异质中间品进口$lnDZ_{jt}$、异质资本品进口 $ln\ DK_{jt}$，它们的测度均采用企业相应的进口额占销售总额的比值取自然对数来衡量。企业水平的控制变量$\boldsymbol{X}_{jt}$的解释与总体回归模型（8-12）相一致。

表 8-3 报告了计量模型（8-14）的回归结果。其中，列（1）和列（4）是使用 Tobit 模型的回归结果，列（2）和列（5）是使用滞后一期的面板 Tobit 回归结果，列（3）和列（6）是解决内生性问题，采用相应产品的进口关税作为工具变量进行回归的结果，工具变量的构造与中间品进口、资本品进口的工具

变量相类似。在回归之前我们均采用 weakiv 命令对工具变量的有效性进行检验，结果显示采用相应产品进口关税作为其对应进口额的工具变量是有效的。从表 8－3 的结果来看：第一，同质中间品进口、异质中间品进口对企业出口产品质量都产生显著的直接促进效应，而异质资本品进口产生了抑制效应。列（1）至列（6）的回归表明，*lnHZ*、*lnDZ* 的回归系数显著为正，且 *lnHZ* 的回归系数更大，说明同质和异质中间品进口均会对企业出口产品质量产生直接的促进效应，且同质中间品进口的促进效应更强，而 *lnDK* 的回归系数基本上显著为负，说明异质资本品进口会抑制企业出口产品质量的提升。第二，同质中间品进口与异质资本品进口交互项会产生显著的抑制效应，而异质中间品与异质资本品进口交互项的影响不显著。从列（4）至列（6）的回归表明，$lnHZ \times lnDK$ 的回归系数显著为负，$lnDZ \times lnDK$ 的回归结果不显著，说明同质中间品与异质资本品进口交互项会产生显著的抑制效应，而异质中间品与异质资本品进口交互项并不存在显著的抑制效应。

对上述结果的解释是：第一，有关同质中间品、异质中间品进口对企业出口产品质量的影响差异。究其原因，同质中间品进口面临的进口竞争效应更强，企业更有动机来提升其出口产品质量。这些同质中间品的生产商为了逃避激烈的竞争，更有动机主动提升其进口产品质量，进而促进企业出口产品质量提升。而异质中间品由于差异较大、进口商多样化的偏好等因素，弱化了异质中间品竞争效应并产生进入壁垒。因此，异质中间品生产商面临的竞争压力较小，主动提升其出口产品质量较低。第二，有关异质资本品进口的抑制效应。由于资本品进口中 90% 以上来自于异质资本品进口，因而产生抑制效应的原因与前文分析资本品进口的抑制效应相一致。第三，有关同质中间品与异质资本品进口交互项产生显著的负面协调效应。究其原因，一方面是由于两者的进口结构不匹配所致。2000—2013 年中国企业同质中间品进口年均占比为 49.00%，异质中间品进口年均占比为 44.68%，而异质资本品进口年均占比高达 92.88%[①]；另一方面是由于异质资本品进口对出口产品质量的抑制效应太强，导致两者交互项产生了显著的抑制效应。第四，有关异质中间品与异质资本品进口交互项并无显著性影响。究其原因，可能是由于异质中间品进口要能发挥出作用，对异质资本品进口提出了相应的匹配协调要求，而事实上两者结构失衡使得交互项的影响变得不显著。

① 作者根据 2000—2013 年的中国海关数据库测算而得。

表 8-3 中间品和资本品进口对企业出口产品质量的影响：区分同质品和异质品

因变量：*QLY*	(1)	(2)	(3)	(4)	(5)	(6)
	Tobit	Tobit 滞后一期	IVTobit	Tobit	Tobit 滞后一期	IVTobit
lnHZ	0.0400***	0.0239***	0.0860***	0.0412***	0.0252***	0.0890***
	(24.40)	(13.28)	(13.41)	(24.59)	(13.62)	(13.09)
lnDZ	0.0370***	0.0221***	0.0411***	0.0377***	0.0227***	0.0411***
	(30.17)	(16.29)	(11.34)	(29.74)	(16.23)	(10.49)
lnDK	-0.0133***	-0.0089***	-0.0257***	-0.0069**	-0.0025	-0.0195***
	(-4.97)	(-2.97)	(-5.94)	(-2.17)	(-0.70)	(-3.90)
lnHZ × *lnDK*				-0.0119***	-0.0097***	-0.0248***
				(-3.07)	(-2.59)	(-3.15)
lnDZ × *lnDK*				-0.0026	-0.0020	-0.0006
				(-1.45)	(-1.12)	(-0.23)
控制变量	是	是	是	是	是	是
省份固定效应	是	是	是	是	是	是
行业固定效应	是	是	是	是	是	是
所有制固定效应	是	是	是	是	是	是
年份固定效应	是	是	是	是	是	是
观察数	155768	100008	58477	155768	100008	58477

注：(i) ***、**、* 分别代表在 1%、5%、10% 统计水平下显著；(ii) 括号内为 z 统计量；(iii) 为简化省略下标。

资料来源：参见前述“三、数据说明”。

二、区分企业所有制的异质性回归分析

不同所有制的企业，在生产待遇上存在着很大的差别。与国有、民营企业相比，外资企业经常受到超国民的待遇，且与母国厂商联系较为频繁，而国有企业经常被认为由于体制问题效率较低。据此，在进口对企业出口产品质量产生影响时，将会由于企业所有制的不同而异。我们区分企业所有制，分析不同类型企业进口对其出口产品质量影响的差异。在分析之前，中国国有、民营和外资企业中间品进口和资本品进口的情况如表 8-4 所示，2000—2013 年，外资企业中间品进口占比最高，其次是国有企业，民营企业占比最低。外资企业资本品进口占比也是最高，其次是国有企业，民营企业占比最低。据此，外资企业在中间品进口和资本品进口方面远超国有企业和民营企业，那么这种差异对三种类型企业出口

产品质量产生怎样的影响?

表 8 - 4　　中间品进口与资本品进口份额：区分企业所有制比较

企业类型	年份	2000	2001	2002	2003	2004	2005	2006
国有企业	中间品占比	3.00%	5.42%	6.28%	5.68%	7.02%	6.04%	4.31%
	资本品占比	10.70%	14.47%	11.43%	11.71%	10.68%	9.91%	6.85%
民营企业	中间品占比	0.14%	0.36%	0.52%	1.18%	1.57%	2.02%	2.25%
	资本品占比	0.39%	0.98%	1.65%	2.37%	2.35%	2.27%	2.08%
外资企业	中间品占比	93.88%	93.41%	93.20%	93.06%	91.67%	92.07%	93.62%
	资本品占比	86.03%	84.17%	86.39%	86.11%	86.83%	87.72%	91.03%
企业类型	年份	2007	2008	2009	2010	2011	2012	2013
国有企业	中间品占比	4.47%	2.98%	4.35%	3.91%	2.37%	2.11%	1.54%
	资本品占比	4.91%	3.72%	4.42%	3.43%	2.43%	2.57%	2.07%
民营企业	中间品占比	1.58%	1.17%	1.27%	1.68%	1.26%	1.54%	1.48%
	资本品占比	1.60%	1.50%	1.16%	1.58%	0.62%	1.99%	2.48%
外资企业	中间品占比	88.00%	81.82%	74.94%	80.56%	58.18%	68.33%	62.10%
	资本品占比	80.70%	76.86%	69.26%	72.84%	52.13%	58.51%	52.67%

注：这里将国有企业和准国有的集体企业归类为国有企业；民营企业保留之；将外商独资、中外合资和中外合作这三类企业归类为外资企业。中间品占比是指该类企业中间品进口额占中间品进口总额的比重；资本品占比是指该类企业资本品进口额占资本品进口总额的比重。

资料来源：2000—2013 年的中国工业企业和海关的匹配数据库。

区分国有企业、民营企业和外资企业三大类型，我们来分析揭示中间品、资本品进口对不同所有制企业出口产品质量的影响。参考前面构建的计量模型（8 - 12），这里我们引入企业所有制虚拟变量，并将不同所有制中间品进口、资本品进口对中国企业出口产品质量影响的模型设定为：

$$QLY_{jt} = \beta_0 + \beta_1 lnZ_{jt} \times SE + \beta_2 lnK_{jt} \times SE + \beta_3 lnZ_{jt} \times lnK_{jt} \times SE + \beta_4 lnZ_{jt} \times PE + \beta_5 lnK_{jt} \times PE + \beta_6 lnZ_{jt} \times lnK_{jt} \times PE + \beta_7 lnZ_{jt} \times F + \beta_8 lnK_{jt} \times F + \beta_9 lnZ_{jt} \times lnK_{jt} \times F + \boldsymbol{X}_{jt}\boldsymbol{\delta} + \eta_s + \eta_h + \eta_o + \eta_t + \varepsilon_{jt} \tag{8-15}$$

其中，因变量QLY_{jt}为中国企业出口产品质量；SE 为国有企业虚拟变量，若是国有企业取值为 1，否则取值为 0；PE 为民营企业虚拟变量，若是取值为 1，否则为 0；F 为外资企业虚拟变量，若是取值为 1，否则为 0。其他企业水平的控制变量$\boldsymbol{X}_{jt}$的解释与前述相一致。

表 8 - 5 报告了计量模型（8 - 15）的回归结果。其中，列（1）、列（4）是使用面板 Tobit 进行的回归结果，列（2）、列（5）是将自变量滞后一期进行稳

健性检验的结果，列（3）和列（6）是为解决内生性问题，分别使用中间品进口关税和资本品进口关税作为中间品进口和资本品进口的工具变量进行回归的结果。据此，第一，直接效应方面，中间品进口对国有企业、民营企业和外资企业的出口产品质量都产生统计上显著的促进作用，克服内生性问题之后，三类企业中间品进口的促进效应由强到弱的顺序是民营企业、国有企业和外资企业。资本品进口基本上对国有企业、民营企业和外资企业的出口产品质量产生显著的抑制作用，在克服内生性问题之后，三类企业资本品进口的抑制效应由强到弱的顺序是民营企业、国有企业和外资企业。第二，调节效应方面，在克服内生性问题之后，三种类型企业的中间品与资本品进口的交互作用对企业出口产品质量都产生统计上显著不利的调节效应。三类企业中间品与资本品进口交互作用的抑制效应由强到弱的顺序是民营企业、国有企业和外资企业。

表 8－5　　区分不同所有制企业的回归结果

因变量：*QLY*	(1)	(2)	(3)	(4)	(5)	(6)
	Tobit	Tobit 滞后一期	IVTobit	Tobit	Tobit 滞后一期	IVTobit
$lnZ \times SE$	0.0600***	0.0229***	0.0896***	0.0675***	0.0357***	0.1051***
	(10.28)	(3.38)	(5.98)	(10.57)	(4.83)	(5.70)
$lnK \times SE$	−0.0393***	−0.0128	−0.0816***	−0.0275***	0.0106	−0.0643***
	(−4.81)	(−1.26)	(−5.34)	(−3.01)	(0.92)	(−4.52)
$lnZ \times lnK \times SE$				−0.0103***	−0.0157***	−0.0133***
				(−2.85)	(−4.36)	(−2.57)
$lnZ \times PE$	0.0517***	0.0374***	0.1675***	0.0503***	0.0360***	0.1856***
	(10.78)	(6.46)	(7.96)	(10.15)	(6.04)	(7.62)
$lnK \times PE$	−0.0411***	−0.0133	−0.0957***	−0.0486***	−0.0227	−0.0648***
	(−3.80)	(−0.86)	(−5.76)	(−3.95)	(−1.28)	(−3.18)
$lnZ \times lnK \times PE$				0.0340	0.0418	−0.1264**
				(1.31)	(1.12)	(−2.21)
$lnZ \times F$	0.0442***	0.0266***	0.0507***	0.0450***	0.0269***	0.0612***
	(41.72)	(22.49)	(32.11)	(41.62)	(22.33)	(31.80)
$lnK \times F$	−0.0106***	−0.0087***	−0.0252***	−0.0027	−0.0059	−0.0227***
	(−3.64)	(−2.73)	(−6.83)	(−0.75)	(−1.45)	(−4.73)
$lnZ \times lnK \times F$				−0.0060***	−0.0018	−0.0057**
				(−3.47)	(−1.06)	(−2.03)

续表

因变量：QLY	(1)	(2)	(3)	(4)	(5)	(6)
	Tobit	Tobit 滞后一期	IVTobit	Tobit	Tobit 滞后一期	IVTobit
控制变量	是	是	是	是	是	是
省份固定效应	是	是	是	是	是	是
行业固定效应	是	是	是	是	是	是
所有制固定效应	是	是	是	是	是	是
年份固定效应	是	是	是	是	是	是
观察数	155768	99808	74075	155768	99808	74075

注：(i) ***、**、* 分别代表在1%、5%、10%统计水平下显著；(ii) 括号内为z统计量；(iii) 为简化省略下标。

资料来源：参见前述“三、数据说明”。

可能的解释是，在中间品进口上，与国有企业和外资企业相比，民营企业由于更加灵活的体制结构使得其在进口零部件等中间品时，能够更加有效地吸收中间品进口产生的技术溢出效应，因而其促进效应更强。在资本品进口上，与国有企业和民营企业相比，在华外资企业作为跨国企业的代工企业，能够更便捷地享受到发包商的技术培训、技术指导，一定程度上削弱了资本品进口对企业出口产品质量的抑制效应。而国有特别是民营企业，在进口资本品时的议价能力较弱，受到的剥削和压榨更加明显。因此，资本品进口对民营企业产生的抑制效应最强，而对外资企业的抑制效应最弱。克服内生性问题后，中间品与资本品进口的交互作用对三种所有制企业出口产品质量都产生负面调节效应。究其原因：一是由于中间品与资本品进口两者进口结构不合理；二是源自于资本品进口自身带来的显著的抑制效应。因此，鉴于外资企业中间品和资本品进口占比过高，如果没有其他类型企业中间品和资本品进口结构的协调转变，中国要想通过进口来提升企业出口产品质量，进而实现持续的经济增长将变得困难重重。

第六节 主要结论及政策建议

在中国进口结构不平衡的背景下，中间品进口和资本品进口对我国企业出口产品质量具有差异性影响。本章使用2000—2013年中国工业企业数据库和海关数据库相匹配的数据，将中间品进口和资本品进口放在同一计量模型框架下，考察了中间品进口和资本品进口对中国企业出口产品质量的直接效应和调节效应。主要结论有：

第一，从总的样本来看，中间品进口会促进中国企业出口产品质量提升，而资本品进口对中国企业出口产品质量产生抑制作用，且中间品与资本品进口的交互作用会产生负向调节效应，不利于企业出口产品质量的提升。由于资本品进口自身系统复杂性、国外强烈的知识产权保护等，使得中国企业吸收资本品带来的技术外溢等能力较低，结果资本品进口反而形成抑制作用。囿于中国进口主要以中间品进口为主，资本品进口占比相对较低，结果中间品进口与资本品进口的结构不平衡使得两者交互作用产生了不利的调节效应，共同抑制了中国企业出口产品质量的提升。

第二，区分产品差异后发现，同质中间品、异质中间品进口都会促进中国企业出口产品质量的提升，且同质中间品进口的促进效应更强，而异质资本品进口会产生显著的直接抑制效应，不利于中国企业出口产品质量的提升。并且，同质中间品与异质资本品进口的交互项对中国企业出口产品质量产生显著的负面调节效应，而异质中间品与异质资本品进口的交互项的影响不显著。

第三，区分企业所有制发现，中间品进口对国有企业、民营企业和外资企业的出口产品质量都产生显著的促进作用，且对民营企业的促进效应最强，外资企业相比最弱。克服内生性问题后，资本品进口对国有企业、民营企业和外资企业的出口产品质量均产生显著的抑制作用，不利于中国企业出口产品质量的提升。并且，中间品与资本品进口的交互作用对三类企业出口产品质量都产生显著的负面调节效应，不利于中国企业出口产品质量的提升，且对民营企业最为不利。

根据上述主要结论，我们提出政策建议是：

1. 要提高企业自身吸收资本品进口带来的技术溢出等效应能力，平衡好中间品进口与资本品进口之间的结构平衡。一是提高企业吸收资本品进口技术溢出的能力。具体是鼓励企业通过产学研联合等R&D联盟方式，充分借鉴利用国外资本品进口隐含的先进技术，不断提高企业自身的消化吸收、研发和创新能力。二是政府需要出台政策支持跨国公司与本土企业技术合作。构建开放的共线性技术研发服务平台，以联盟攻克基础机械产品的技术瓶颈，加强高端设备自主创新的能力建设，改善资本品进口带来的抑制效应，提高自身出口的产品质量。三是需要平衡好中间品进口与资本品进口的结构。当前，中国在行业专用部件、机械电子设备、电信设备等主要资本品供给上结构性不平衡，且资本品进口占比较低，这些不利于中国企业出口产品质量的提升。为此，需要在稳定中间品进口的基础上，适当增加资本品进口的比重，并且选择易于吸收资本品技术溢出的企业，平衡好两者之间的进口差距。

2. 需要协调好同质中间品进口和异质资本品进口的企业来提高这类企业吸收技术溢出的能力。鉴于同质中间品进口可通过竞争来充分发挥出对企业出口产品质量的促进作用，而异质资本品进口会产生抑制效应，因而政府需要通过公共财政支持科研院所大力发展创新，为企业吸收复杂系统资本品进口的技术外溢、实现产品质量升级提供良好的技术支持平台，以提高企业吸收异质资本品进口所带来的技术溢出和学习能力，提升企业出口产品质量。

3. 重点消减资本品进口对民营企业和国有企业出口产品质量的抑制效应。一是重点增加同质中间品进口，充分发挥该类产品产生的竞争效应，帮助进口异质资本品的企业提升吸收技术溢出效应的能力；二是重点帮助企业提升吸收异质资本品进口带来的“技术溢出”“种类成本”等正效应的能力，为企业提供良好的技术支持平台；三是重点弱化民营企业和国有企业在资本品进口时遭受的被高价剥削，在出口时遭受的被低价压榨效应，通过行业协会强化民营企业和国有企业的出口议价能力，以缓解资本品进口对企业出口产品质量的抑制效应。

第九章

省级行业知识产权保护与中国一般贸易出口产品质量提升[①]

中国加入世界贸易组织之后，一般贸易出口占比上升，但出口产品质量并未呈现上升趋势。理论研究表明，一般贸易出口产品质量更易受到知识产权保护的影响。本章在测算各省行业一般贸易出口产品质量和知识产权保护强度的基础上，使用统计比较和面板 Tobit 模型研究发现：（1）加强省级行业知识产权实际保护会促进省级行业一般贸易出口产品质量提升，但未区分行业的省级整体知识产权保护增强反而会降低一般贸易出口产品质量。（2）加强省级行业知识产权实际保护对中、西部地区的一般贸易出口产品质量能产生显著的促进作用，但对东部地区影响不显著。加强省级行业知识产权实际保护对东部省级行业（劳动、资本和技术密集型行业）影响不显著，而对中、西部省级行业产生促进作用。

第一节 引言

2001 年中国加入世界贸易组织之后，对外进出口贸易额取得了长足的进展。

① 本章主要内容参见：沈国兵、储灿（2019）：“知识产权保护对一般贸易出口产品质量的影响——基于中国省级行业面板数据的实证分析”，《浙江学刊》第 5 期。Chu, A. C.; H. Fan, G. Shen and X. Zhang (2018), “Effects of international trade and intellectual property rights on innovation in China”, *Journal of Macroeconomics*, Vol. 57, pp. 110 - 121.

根据《中国统计年鉴（2018）》统计，中国从世界进口由2001年的2435.5亿美元上升到2017年的18437.9亿美元，进口年均增长13.5%；中国对世界出口由2001年的2661.0亿美元上升到2017年的22633.7亿美元，出口年均增长14.3%。但是，长期以来中国依靠低廉劳动力和成本优势带来的贸易市场扩张已变得不可持续，如何实现从贸易大国向贸易强国转变，进一步提升中国外贸竞争力？中共十九大报告提出，要坚持“质量第一”，建设“质量强国”。由此，推动中国出口产品质量升级就变得尤为关键。知识产权保护作为一项正式的重要制度安排，在促进中国本土企业创新和跨国公司技术转移上发挥着重要的作用。中国加入WTO后，全面实施《与贸易有关的知识产权协议》（TRIPS协议），发达国家借此协定保护其在高技术领域的垄断优势，阻止发展中国家的技术模仿。中国已成为美国“337调查”的最大受害国。中国的技术创新和外贸竞争力提升需要进一步完善知识产权保护，但是实行与发达国家一样严格的知识产权保护水平，可能导致本土企业干中学效应衰减，不利于中国企业创新和产品质量提升。由于知识产权保护作为一项激励企业创新的制度安排，对于只从事简单加工贸易的企业，在理论上没有太大的影响。同时，知识产权实际保护强度在中国区域省份和行业之间存在着发展不平衡。为此，本章拟探究省级行业知识产权实际保护强度对我国一般贸易出口产品质量提升的影响。

就现有文献来看，有关知识产权保护对（一般贸易）出口产品质量的影响研究主要有：

第一，聚焦知识产权保护对出口产品质量的影响研究。林秀梅、孙海波（2016）发现，知识产权保护与中国出口产品质量之间存在倒“U型”关系，即过强的知识产权保护反而不利于中国出口产品质量提升。但是，其使用的是国家层面知识产权保护数据，使用单位价值法测度的出口产品质量，没有考虑中国加工贸易与一般贸易的区别。Vichyanond（2009）构建了知识产权保护如何决定一国贸易模式模型，发现专利保护水平较高的国家在研发密度较强的行业具有出口比较优势，反之则相反。Maskus和Yang（2013）证实，更强专利保护的国家向美国出口了更多专利密度高的产品；对于发展中国家，这种出口扩张效应更加明显。Branstetter等（2011）探究了不同知识产权保护下美国跨国公司与这些国家工业发展的关系，实证显示，随着东道国知识产权保护提高，跨国公司将向东道国转移更多的生产任务，促进该国制造业发展。余长林（2016）证实，知识产权保护促进了中国总体制造业行业的出口，但是未能促进高研发密集度和高专利密集度行业的出口。

第二，聚焦知识产权保护对一般贸易和加工贸易出口产品质量的影响研究。

在研究知识产权保护对出口产品质量影响时，还需要考虑中国特殊的贸易结构，即一般贸易和加工贸易。戴觅等（2014）发现，中国加工贸易较低的生产率能够解释中国“出口企业生产率之谜”。不过，在剔除加工贸易企业后，中国一般贸易出口企业的生产率是高于非出口企业的。在高技术产品生产中，由于缺乏关键技术，中国大多数出口品都是以加工出口为主，而知识产权保护作为一项激励企业创新的制度安排，对于只从事简单加工贸易、研发投入较少的企业，在理论上没有影响。马述忠和吴国杰（2016）研究发现，加工贸易企业进口中间品对于企业出口产品质量具有促进作用，而一般贸易企业进口中间品对于企业出口产品质量不具有促进作用。据此，区分贸易方式来探究知识产权保护对一般贸易出口产品质量的影响是重要的。

第三，中国出口产品质量提升离不开提高企业创新能力的知识产权保护增强。Rodrik（2006）使用单位价值法测度了中国出口产品质量，发现中国的出口产品结构仍旧落后于发达国家。Hallak 和 Sivadasan（2009）考虑了供给层面，认为企业在生产效率和质量生产能力这两方面生产产品的性价比越高，其产品质量越高。施炳展（2013）测度了中国的出口产品质量，发现随着中国出口总量的上升，中国出口产品依然面临低价格、低质量问题，因而提升中国出口产品质量尤为重要。李坤望等（2014）认为，中国出口企业忽视以提高企业创新能力带来的产品质量竞争，导致企业出口产品的品质较低。

根据上述文献研究，第一，不同行业对知识产权保护的依赖程度不同，因而需要进一步考虑行业之间差异性。余长林（2016）测度了中国行业知识产权保护水平。我们认为其测度的是整体行业知识产权保护水平，并没有考虑中国省份之间行业的差异性。第二，已有文献多考察知识产权保护对跨国贸易的技术转移和技术创新的影响，我们拟探究知识产权保护对一国出口产品质量的影响，并将研究聚焦到中国省级行业一般贸易出口产品质量之上。

本章边际贡献在于：第一，构建并测算出中国省级行业知识产权保护强度。我们认为测度行业知识产权实际保护强度是重要的，因为不同行业一般贸易出口产品质量对其知识产权保护强度的敏感度不同，而在中国省份和行业之间知识产权实际保护强度存在着不平衡。相比于韩玉雄和李怀祖（2005）、沈国兵和刘佳（2009）、许春明和陈敏（2008）、Hu 和 Png（2013）等的测算方法，我们测算出中国省级行业知识产权实际保护强度，发现在省份、行业之间是不均质的，相差较大。第二，我们借鉴 Hallak 和 Sivadasan（2009）、施炳展（2013）的方法，使用事后推理法和中国海关进出口数据库测算出中国省级行业一般贸易出口产品质量，发现省级行业之间是不平衡的，资本密集型行业一般贸易出口产品质量较高。第三，不同于 Vichyanond（2009）、余长林（2016）研究本国知识产权保护对本国出口贸易模式、出口比较优势的影响，我们采用 2002—2011 年中国 30 个省份 20 个工业行业面板数据，探究知识产权保护对中国省级行业一般贸易出口产品质量的影响，发现在中国省份之间、行业之间，知识产权保护对中国省级行业一般贸易出口产品质量的影响存在着显著的差异；加强省级行业知识产权实际保护会促进一般贸易出口产品质量的提升，对中、西部省级行业产生显著的促进作用，而对东部省级行业的影响不显著。这为区分省级行业加强知识产权保护，提升中国出口产品质量提供了政策决策的实证依据。

本章余下安排如下：第二节为理论机制分析及模型构建说明；第三节为省级行业的出口产品质量和知识产权保护指标测度；第四节为基准回归分析；第五节为稳健性检验分析；第六节为主要结论及政策建议。

第二节 理论机制分析及模型构建说明

一、知识产权保护对出口产品质量的影响机制

（一）知识产权保护通过国际技术溢出对出口产品质量的影响

从 FDI 技术溢出来看，随着南方国家知识产权保护制度的不断完善，跨国企业愿意到南方国家进行投资，对于南方国家企业是一次模仿、学习、再创新的过程，这对提升发展中国家企业出口竞争力有着重要的作用（Branstetter 等，2007）。但是，南方国家加强知识产权保护会使得本地企业模仿的难度增大，可能导致南方国家产业发展较为缓慢（Glass 和 Saggi，2002）。从出口品技术溢出来看，Maskus 和 Penubarti（1995）认为，知识产权保护对发达国家向发展中国家的出口存在两种效应，即市场扩张效应和市场势力效应，前者会提高企业出口规模，后者不利于当地企业的模仿和发展。

（二）知识产权保护通过技术创新对出口产品质量的影响

知识产权保护直接影响不同企业的技术创新能力。知识产权保护加强，使得企业更愿意投入更大的资本进行研发，从而产生更多的专利成果和高质量产品，

提升出口竞争力。但是，过强的知识产权保护会导致企业之间学习效应、知识溢出减弱。沈国兵（2011）认为，太强的知识产权保护是不利于技术模仿和技术溢出。由此，加强知识产权保护对于中国一般贸易出口产品质量的影响是不明确的，在省份和行业层面上的影响可能存在很大的不同。

（三）影响出口产品质量的其他因素

第一，经济发展水平。经济发展水平对出口产品质量的影响是不确定的。一方面，经济发展水平提高能够带来更多优质的资源、人力资本，企业逐步形成较强的网络效应（代中强等，2015），促进企业的研发投入，更有能力生产出较高质量的产品；另一方面，经济发展水平提升可能导致企业过度注重市场业绩，大量企业进入出口市场，可能导致出口产品“量高质低”。

第二，开放程度。开放程度对出口产品质量的提升是模棱两可的。一方面，开放程度提高能够让中国企业深度地融入全球生产链体系，学习先进技术，提升自身产品质量；另一方面，中国与发达国家企业竞争，在技术、研发、人力都处于落后条件下，很可能在市场中处于弱势地位（李坤望等，2014）。

第三，人力资本水平。人力资本可能会抑制中国一般贸易品的出口质量（许和连和王海成，2016）。中国低廉劳动力成本的优势正在不断缩小，在人力资本上的过度投入可能导致企业资源的错配，挤出企业本来用于技术研发和创新的投入，导致出口质量下降。

第四，外国直接投资（FDI）。李坤望和王有鑫（2013）认为，跨国企业通过FDI将高技术产品出口到发展中国家，发展中国家企业通过学习和模仿，产生技术溢出，促进了发展中国家的产品质量。但我们认为FDI对中国一般贸易出口产品质量的影响不一定是正向的，因为中国较多的外资企业从事的是加工贸易，进出口都来自于国外，本地增加值较低，对一般贸易出口产品质量可能也有负面影响。

此外，省级层面的研发投入和行业层面的要素密集度也会对出口产品质量产生影响。研发投入增强一般会促进企业生产出高质量的产品，行业要素密集度可能会抑制出口产品质量的提升，因为行业要素密集度越高可能导致行业资本的过度投入，而高质量产品的生产更多来自产品自身的性价比。

二、模型构建及变量说明

根据上述理论机制分析，我们将省级行业知识产权保护对我国一般贸易出口产品质量影响的计量模型设定为：

$$lnWQLY_{iht} = \alpha_0 + \alpha_1 lnHIPP_{iht} + \alpha_2 lnRGDP_{it} + \alpha_3 lnOPEN_{it} + \alpha_4 lnHUMAN_{it} + \alpha_5 lnFDIS_{iht} + \alpha_6 lnRD_{it} + \alpha_7 lnKL_{jt} + \varphi_i + \varphi_h + \varphi_t + \varepsilon_{iht} \quad (9-1)$$

其中，$lnWQLY_{iht}$表示第 t 年中国省份 i 行业 h 的一般贸易出口产品质量，将海关一般贸易品的标准化质量加总到省级行业层面的方法将在变量说明中阐述。因为出口产品质量是没有单位的变量，为了经济分析，取了自然对数。

核心解释变量：$lnHIPP_{iht}$表示第 t 年中国省份 i 行业 h 的知识产权实际保护强度。由于省级行业知识产权实际保护强度是个指数，没有单位，为便于经济分析，对其取了自然对数。

控制变量：$lnRGDP_{it}$表示第 t 年中国省份 i 人均实际 GDP，用来反映省份经济发展水平。以 2000 年为基期，将各省份名义 GDP 调整为实际 GDP，然后除以各省份当年统计的人口数就得到省份人均实际 GDP，单位为元/人。$OPEN_{it}$表示第 t 年中国省份 i 对外贸易依存度，用来反映该省份对外开放程度，使用省份当年对外贸易额除以当年该省份生产总值来表示。$lnHUMAN_{it}$表示第 t 年中国省份 i 人力资本存量，以受教育年限度量，设定小学、初中、高中、大学分别按照 6 年、9 年、12 年和 16 年计算，然后乘以相应学历占人口的比值加权得到省份人力资本存量。RD_{it}表示第 t 年中国省份 i 研发支出强度，使用省份当年研发经费支出除以当年该省份生产总值来表示。以上控制变量取了自然对数。

对于行业控制变量的选取，囿于省份行业资本要素数据不可得，我们使用中国行业资本要素密集程度作为控制变量。为此，我们参考李坤望和王有鑫（2013）做法，采用行业外资程度$FDIS_{ht}$和行业要素密度$lnKL_{ht}$来反映，分别表示第 t 年中国行业 h 外资工业总产值占中国该行业全部工业总产值的比重、第 t 年中国行业 h 固定资产净值除以该行业人员数。此外，φ_i、φ_h和φ_t分别表示省份固定效应、行业固定效应和年度固定效应；ε_{iht}为随机扰动项。

各变量数据来源说明：我们使用 2002—2011 年中国 30 个省份 20 个工业行业的面板数据进行实证分析。其中，测算知识产权保护强度的原始数据来自《中国统计年鉴》《中国法律年鉴》、各省份的统计年鉴和中国工业企业数据库等；测算出口产品质量的数据主要来自中国海关进出口数据库。控制变量中各省份的人均实际 GDP、对外贸易依存度、人力资本存量的数据来自《中国统计年鉴》和各省份的统计年鉴；各省份的研发经费支出数据来自《中国科技统计年鉴》；行业外资程度和行业要素密度的数据来自《中国工业经济年鉴》。

第三节
省级行业的出口产品质量和知识产权保护指标测度

一、省级行业说明

中国工业企业数据库中工业行业总共有30类，但是本章需要研究知识产权保护对中国省级行业一般贸易出口产品质量的影响，因而在省级行业知识产权保护强度测度上，我们仅对中国从事对外贸易的工业行业进行了测度（如表9－1所示）。首先，我们借鉴盛斌（2002）的方法，得到海关HS编码对应的工业行业代码，然后利用2002—2011年中国海关进出口数据库，对于每一笔出口产品，将该产品的海关HS代码匹配到中国工业数据库中的工业行业代码上。其次，使用STATA计算某一工业行业所有年度所有产品的出口单位数，剔除掉没有出口的行业，最终我们保留了其中20个工业行业。

表9－1 从事对外贸易的工业行业

行业1	食品加工和制造业	行业11	塑料制品业
行业2	纺织业	行业12	非金属矿物制品业
行业3	服装及其他纤维制品制造业	行业13	黑色金属冶炼及压延加工业
行业4	皮革毛皮羽绒及其制品业	行业14	金属制品业
行业5	家具制造业	行业15	普通机械制造业
行业6	造纸及纸制品业	行业16	专用设备制造业
行业7	印刷业记录媒介的复印	行业17	交通运输设备制造业
行业8	文教体育用品制造业	行业18	电气机械及器材制造业
行业9	化学原料及化学制品制造业	行业19	电子及通信设备制造业
行业10	医药制造业	行业20	仪器仪表及文化办公用机械

资料来源：作者根据中国工业企业数据库和中国海关数据库整理得到，行业名称沿用盛斌（2002）。

二、行业出口产品质量测度

我们借鉴Hallak和Sivadasan（2009）、Gervais（2013）和施炳展（2013）的方法，可得到第t年产品j对出口国市场m的出口产品质量（QLY_{jmt}）的估计值：

$$QLY_{jmt} = ln\hat{\lambda}_{jmt} = \frac{\hat{\epsilon}_{jmt}}{\sigma - 1} = \frac{lnq_{jmt} - ln\hat{q}_{jmt}}{\sigma - 1} \tag{9-2}$$

由式（9-2）可以得到中国海关出口的每一笔 HS 产品对应的产品质量，可以将此 HS 产品对应到所在的企业、年度、出口国。为了进行不同产品质量的比较和加总分析，我们需要得到标准化的产品质量。为此，需要对式（9-2）测算出来的产品质量进行标准化处理，进而得到第 t 年企业对每个出口国市场 m 的某一 HS 产品的标准化质量。

$$NQLY_{jmt} = \frac{Qly_{jmt} - min\ Qly_{jmt}}{maxQly_{jmt} - minQly_{jmt}} \tag{9-3}$$

min 和 max 分别是所有年度、所有企业在出口国市场某一 HS 八分位产品出口的最小值和最大值。基于式（9-3）的产品质量标准化，可以进行不同层面的产品质量加总测度。由此得到中国省级行业一般贸易出口产品质量的测算公式为：

$$WQLY_{iht} = \sum_{\Omega} \frac{Value_{ihjmt}}{\sum_{jm\in\Omega} Value_{ihjmt}} \times NQLY_{jmt} \tag{9-4}$$

其中，Ω 代表省份 i 在某一年出口全部一般贸易品 j 的样本集合；$WQLY_{iht}$表示第 t 年中国省份 i 行业 h 一般贸易品的加权出口产品质量，由样本集合中各产品出口的标准化质量与其出口价值加权计算所得；$Value_{ihjmt}$表示第 t 年中国省份 i 行业 h 产品 j 对出口国市场 m 的出口价值。

囿于测算出口产品质量的数据来源问题，我们选取 2002—2011 年中国海关进出口数据库、中国工业企业数据库，匹配出 2002—2011 年中国 30 个省份 20 个工业行业面板数据。其中，对海关进出口数据的处理流程主要参考施炳展和邵文波（2014）的做法。经过处理，我们获得了 2002—2011 年中国海关进出口数据中 3093 种产品的出口数据，观察数为 25864038。再根据式（9-4）计算出中国省级行业一般贸易出口产品质量。统计发现，省级行业之间一般贸易出口产品质量有着较大的差异，省级行业一般贸易出口产品质量的高低并不取决于产品要素密集度。

从中国行业整体状况统计来看，在食品加工业、纺织业、造纸及纸制品业、化学原料与化学制品、黑色金属冶炼及压延加工业、金属制品业等行业上，2002—2011 年这些行业一般贸易出口产品质量一直维持在较高的水平，特别是黑色金属冶炼及压延加工业保持在 0.85 以上；而在文教体育用品、通用设备、专用设备、交通运输设备、电子及通信设备、仪器仪表及文化办公用机械等行业一般贸易出口产品质量一直较低，在 0.7 左右。从行业变动情况来看，一些行业一般贸易出口产品质量呈显著上升，如电子及通信设备、专用设备，而另一些行业一般贸易出口产品质量呈显著下降，如交通运输设备。

三、行业知识产权实际保护强度测度

中国不同行业之间由于研发投入、专利申请力度等差异，对知识产权保护的敏感程度是不同的。Hu 和 Png（2013）在测算国家整体行业的知识产权保护水平时，使用专利密度即行业的专利授权数与该行业总销售的比值作为行业知识产权保护特征做交互项。余长林（2016）使用中国各行业大中型企业的研发活动内部支出经费占销售收入的比值作为行业研发密度指标，考察国家行业之间知识产权保护的差异性。我们进一步测算出中国省级行业知识产权实际保护强度，具体构造方法如下：

第一，利用中国工业企业数据库，对于某年省份内的特定行业，将该行业内所有企业的研究开发费、销售收入分别进行加总，得到第 t 年省份 i 行业 h 的研究开发费用和销售收入，将两者的比值作为此年省份 i 行业 h 的研发密度（RDI_{iht}）。

第二，将省份该行业的研发密度除以同年该省份所有行业的研发密度，得到第 t 年省份 i 行业 h 的相对研发密度（$RRDI_{iht}$），使用此指标代表省份该行业知识产权保护的特征项。具体是：

$$RRDI_{iht} = \frac{\dfrac{RD_{iht}}{SALE_{iht}}}{\dfrac{\sum_h RD_{iht}}{\sum_h SALE_{iht}}} \tag{9-5}$$

其中，$RRDI_{iht}$ 表示第 t 年中国省份 i 行业 h 的相对研发密度；RD_{iht}、$SALE_{iht}$ 分别为第 t 年中国省份 i 行业 h 的研究开发费用和销售收入；$\sum$ 表示行业层面加总。

第三，省份 i 行业 h 的知识产权实际保护强度。对于同一省份内不同行业，由于研发密度差异而对知识产权保护具有不同的敏感程度，因而在测度省级行业知识产权保护强度时，我们需要剔除掉省级层面的差异性。为此，我们采用相对研发密度作为省级行业知识产权保护的特征项来与省级知识产权实际保护强度做交互，由此得到中国省级行业知识产权实际保护强度。具体测算公式如下：

$$HIPP_{iht} = AIPP_{it} \times RRDI_{iht} \tag{9-6}$$

其中，$HIPP_{iht}$ 表示第 t 年中国省份 i 行业 h 的知识产权实际保护强度；

$AIPP_{it}$表示第 t 年中国省份 i 的知识产权实际保护强度；$RRDI_{iht}$表示第 t 年中国省份 i 行业 h 的相对研发密度。

囿于中国工业企业数据库中的工业企业的研究开发费指标只有 2005—2007 年和 2010 年数据公布，由此测算的行业相对研发密度、各省份行业知识产权实际保护强度只有这四年数据。为此，在后面回归分析中，我们也使用 2002—2011 年省级知识产权实际保护强度（$lnAIPP_{it}$）做稳健性检验。知识产权保护强度作为指数取了自然对数。①

根据测算出来的中国省级 20 个工业行业的知识产权实际保护强度（$HIPP_{iht}$），我们发现同一省份不同行业知识产权实际保护强度的大小虽说取决于省级知识产权实际保护强度，但其差异性更多取决于不同行业之间相对研发密度的大小。就研发投入较为密集的资本密集型行业——医药制造业来看，各省份在医药制造业的研发发展和知识产权实际保护强度上差异较大，各省份对于医药业的知识产权保护敏感度存在明显的不同，并非取决于省级经济发展水平。

第四节 省级行业知识产权保护对一般贸易出口产品质量的影响：基准回归分析

一、变量的统计性描述

如表 9 - 2 所示，根据相关变量的数值特征，我们对其取了自然对数。一是旨在消除变量之间数值变化太大带来的异方差问题；二是对变量取了自然对数后，便于进行变量间回归结果的经济分析。

表 9 - 2　变量的统计性描述

变量	变量描述	观察数	均值	标准差	最小值	最大值
$lnWQLY_{iht}$	省级行业一般贸易出口产品质量	5948	-0.3686	0.2052	-2.6759	-0.0232
$lnHIPP_{iht}$	省级行业知识产权实际保护强度	2187	0.5422	1.8323	-7.9208	5.5467

① 省级知识产权实际保护强度的测算具体可参见：Chu, A. C.; H. Fan, G. Shen and X. Zhang (2018), "Effects of international trade and intellectual property rights on innovation in China", *Journal of Macroeconomics*, Vol. 57, p. 119.

续表

变量	变量描述	观察数	均值	标准差	最小值	最大值
$lnAIPP_{it}$	省级知识产权实际保护强度	6000	1.1008	0.1543	0.6962	1.4208
$lnRGDP_{it}$	省级人均实际 GDP	6000	9.5864	0.6085	8.0715	11.0932
$lnOPEN_{it}$	省级对外贸易依存度	6000	-1.6573	1.0239	-3.3321	0.5873
$lnHUMAN_{it}$	省级人力资本存量	6000	2.1035	0.1111	1.7985	2.4471
$lnRD_{it}$	省级研发支出强度	6000	-4.6685	0.6710	-6.3781	-2.8434
$lnFDIS_{ht}$	行业外资程度	6000	-1.1113	0.4476	-2.5896	-0.1727
$lnKL_{ht}$	行业要素密度	6000	11.3711	0.6722	9.9013	13.1731

资料来源：中国海关进出口数据库、中国工业企业数据库、《中国统计年鉴》《中国法律年鉴》、各省份统计年鉴。

二、基准回归结果分析

由于$WQLY_{iht}$是0至1之间的受限变量，因而因变量$lnWQLY_{iht}$也是受限变量，由此我们采用面板 Tobit 模型进行回归，并控制省份、行业和年度固定效应，以期尽力控制好未观察到的影响因素。如表 9-3 所示，全样本基准回归（1）发现，省级行业知识产权实际保护强度对我国省级行业一般贸易出口产品质量产生显著的正向影响，表明中国省级政府加强行业知识产权保护会促进省级行业一般贸易出口产品质量提升。全样本基准回归（2）发现，若不区分省级行业知识产权保护的话，省级知识产权实际保护强度会对中国省级行业一般贸易出口产品质量产生显著的负向影响，即省级加总层面上加强知识产权保护反而不利于省级行业一般贸易出口产品质量的提升。这进一步证实区分行业加强知识产权保护比省级层面上整体地加强知识产权保护具有更好的行业针对性和重要性，也进一步证实，省级层面上整体太强的知识产权保护反而不利于中国省级一般贸易出口产品质量的提升。

究其原因：一是，发展中国家过强的知识产权保护不利于其技术创新，过度地加强知识产权保护反而会抑制企业的模仿和学习效应，导致中国一般贸易企业整体创新能力减弱，出口产品质量降低。二是，过强的知识产权保护可能给跨国企业对中国市场出口产生市场势力效应（Maskus 和 Penubarti，1995）。这对中国本土企业产生负面效应，造成出口产品低质量。三是，一般贸易企业出口产品加工的原材料大多来自于国内，太强的知识产权保护抑制了向外资企业的学习效应，导致出口竞争力较弱。

从控制变量来看，基准回归（1）的省级经济发展水平、省级对外贸易依存度、省级研发支出的影响不显著，而基准回归（2）中均对行业一般贸易出口产品质量产生显著的促进效应。据此，中国省级扩大对外进出口贸易、通过干中学效应提升了中国行业出口产品质量；企业通过增加研发投入，提升了出口产品竞争力。基准回归（1）、（2）的省级人力资本存量、行业外资程度对行业一般贸易出口产品质量的影响在统计上都不显著，一是由于劳动力成本不断提高，人力资本过度积累挤出了企业技术创新的投入，造成出口产品质量没有出现上升；二是因为FDI进入中国后主要从事加工贸易行业，对一般贸易出口产品质量提升的影响不大。基准回归（1）的行业要素密度的影响不显著，而基准回归（2）中对行业一般贸易出口产品质量产生显著不利的影响。由此，需要进一步区分行业要素对中国省级行业一般贸易出口产品质量的影响。

表 9-3　知识产权保护强度对中国省级行业一般贸易出口产品质量的影响：回归估计

$lnWQLY_{iht}$	全样本基准回归（1）	全样本基准回归（2）	东部地区（3）	东部地区（4）	中部地区（5）	中部地区（6）	西部地区（7）	西部地区（8）
$lnHIPP_{iht}$	0.006**		0.001		0.007*		0.009*	
	(0.003)		(0.003)		(0.004)		(0.005)	
$lnAIPP_{it}$		-0.424***		-0.290***		0.178		-0.024
		(0.069)		(0.067)		(0.274)		(0.261)
$lnRGDP_{it}$	-0.033	0.161***	0.092***	0.113***	0.285*	0.197*	0.010	0.173***
	(0.064)	(0.039)	(0.030)	(0.028)	(0.163)	(0.116)	(0.097)	(0.067)
$lnOPEN_{it}$	0.010	0.023**	-0.027***	-0.010	0.060*	-0.037*	0.085*	0.071***
	(0.021)	(0.011)	(0.010)	(0.009)	(0.037)	(0.020)	(0.045)	(0.020)
$lnHUMAN_{it}$	-0.133	-0.114	-0.521***	-0.304***	-0.047	0.021	-0.192	-0.282
	(0.181)	(0.080)	(0.065)	(0.062)	(0.298)	(0.169)	(0.417)	(0.174)
$lnRD_{it}$	0.025	0.049***	0.048***	0.030***	0.033	0.011	0.013	0.078***
	(0.028)	(0.013)	(0.012)	(0.011)	(0.044)	(0.025)	(0.064)	(0.025)
$lnFDIS_{ht}$	0.027	0.007	-0.019	-0.019	0.032	0.018	0.137	0.024
	(0.042)	(0.019)	(0.041)	(0.022)	(0.068)	(0.031)	(0.096)	(0.041)
$lnKL_{ht}$	-0.054	-0.101***	-0.085**	-0.126***	-0.073	-0.117***	-0.024	-0.062
	(0.042)	(0.020)	(0.042)	(0.023)	(0.067)	(0.034)	(0.090)	(0.044)
常数项	1.130	0.195	1.132**	1.153***	-1.509	-0.845	0.828	0.155
	(0.842)	(0.461)	(0.577)	(0.381)	(1.703)	(1.097)	(0.704)	(0.845)

续表

$lnWQLY_{iht}$	全样本基准回归（1）	全样本基准回归（2）	东部地区（3）	东部地区（4）	中部地区（5）	中部地区（6）	西部地区（7）	西部地区（8）
省份固定效应	是	是	否	否	是	是	是	是
行业固定效应	是	是	是	是	是	是	是	是
年份固定效应	是	是	是	是	是	是	否	是
观察数	2179	5948	855	2200	609	1600	715	2148

注：括号内为标准误，***、**、* 分别表示在1%、5%和10%统计水平下显著。

三、区分区域省份行业的回归结果分析

东部发达省份加强知识产权保护对其省级行业一般贸易出口产品质量的影响与中西部省份有何差异呢？在区分东、中、西部省份特征分组回归中，考虑到有限的样本观察数，我们就不再刻意控制省份固定效应了。如表9－3的回归（3）至（8）所示，我们发现中、西部省级行业知识产权实际保护强度（$lnHIPP_{iht}$）对其省级行业一般贸易出口产品质量产生显著的促进效应，而东部省级行业知识产权实际保护强度的影响统计上不显著。若知识产权保护加总到省级层面上，东部省级知识产权实际保护强度（$lnAIPP_{it}$）对其省级行业一般贸易出口产品质量产生显著的不利影响，而中、西部省级知识产权实际保护强度的影响不显著。这表明东部和中西部省级行业一般贸易出口产品质量对其知识产权保护强度的反应敏感度存在着明显的差异。

可能的原因是：东部沿海省份引进外资、开展对外贸易本身就走在全国的前列，东部省份工业制造业生产率水平相对更高，相应地东部地区知识产权实际保护强度也更强（如图9－1所示）。这样，东部省份再强化知识产权保护就会出现边际效应递减、不再起什么明显的反应了。东部地区技术密集型行业更加集中，过强的知识产权保护还会抑制其干中学效应。但是，对于中、西部省份来说，其引进外资、开展对外贸易起步较晚，正处于快速发展的时期，其知识产权实际保护强度也相对更低。这样，中、西部省份加强行业知识产权保护反而会促进其行业一般贸易出口产品质量的提升。不过，在省级加总层面上，中、西部省份知识产权实际保护的影响已不显著了。

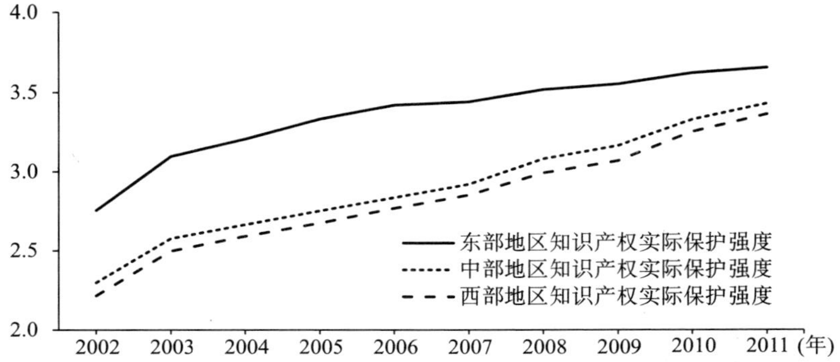

图 9-1 2002—2011 年中国东、中、西部地区知识产权实际保护强度的变动趋势

资料来源：类同于表 9-2。

四、区分区域省份行业要素的回归结果分析

区分行业要素对中国区域省份行业一般贸易出口产品质量的影响有何差异？我们按照东、中、西部省份交互 3 个要素行业，分为 9 个分样本来探究之。如表 9-4 所示，东、中、西部不同区域省份不同要素密集型行业一般贸易出口产品质量对省级行业知识产权实际保护强度（$lnHIPP_{iht}$）的反应敏感度有着明显的差异。东部省级行业知识产权实际保护强度对其劳动、资本和技术密集型三大类行业一般贸易出口产品质量的影响都不显著，这与上表 9-3 的东部省级行业知识产权实际保护强度的影响不显著是相一致的。中部、西部省份劳动密集型行业知识产权实际保护强度对省级行业一般贸易出口产品质量产生显著的促进作用，而中、西部省份资本和技术密集型行业知识产权保护强度的影响都不显著。可能的原因是：东部省份知识产权保护强度已达到较高的水平，再加强知识产权保护就会出现边际效应递减、不再起什么明显的反应。而中、西部省份出口优势或出口竞争力在于劳动密集型行业，中、西部省份的知识产权实际保护强度相对较低，因而中、西部省份加强知识产权保护可激励企业加大对出口优势行业——劳动密集型行业的研发投入，进而提升中、西部省份劳动密集型行业一般贸易出口产品质量。同期，中、西部省份在资本、技术密集型行业上处于出口竞争劣势，加强这些行业知识产权保护强度会进一步阻止中、西部省份企业干中学效应，不利于中、西部省份资本、技术密集型行业一般贸易出口产品质量的提升。

表 9－4　　区分东、中、西部省份行业要素密度的回归结果估计

$lnWQLY_{iht}$	东部省份			中部省份			西部省份		
	劳动密集型行业（1）	资本密集型行业（2）	技术密集型行业（3）	劳动密集型行业（4）	资本密集型行业（5）	技术密集型行业（6）	劳动密集型行业（7）	资本密集型行业（8）	技术密集型行业（9）
$lnHIPP_{iht}$	－0.0004	－0.013	0.014	0.007*	0.008	－0.012	0.013**	－0.001	－0.019
	（0.003）	（0.008）	（0.012）	（0.004）	（0.007）	（0.018）	（0.006）	（0.007）	（0.016）
$lnRGDP_{it}$	0.107***	－0.004	0.134*	0.806***	－0.110	－0.277	0.102	0.092	0.104
	（0.031）	（0.058）	（0.073）	（0.168）	（0.209）	（0.396）	（0.064）	（0.085）	（0.372）
$OPEN_{it}$	－0.022**	－0.018	－0.043*	0.061	0.155***	0.013	0.067*	0.096**	0.274***
	（0.010）	（0.019）	（0.023）	（0.038）	（0.049）	（0.092）	（0.035）	（0.040）	（0.103）
$lnHUMAN_{it}$	－0.400***	－0.316***	－0.806***	－0.051	－0.414	0.143	0.141	－0.138	1.036
	（0.071）	（0.115）	（0.150）	（0.299）	（0.394）	（0.745）	（0.228）	（0.299）	（1.026）
RD_{it}	0.028**	0.073***	0.061**	－0.022	－0.009	0.127	0.005	－0.008	0.158
	（0.013）	（0.022）	（0.029）	（0.046）	（0.059）	（0.107）	（0.022）	（0.032）	（0.147）
$FDIS_{ht}$	0.076*	0.282	－0.282**	0.159*	0.292	－0.242	0.225	0.537*	－0.167
	（0.046）	（0.194）	（0.143）	（0.095）	（0.218）	（0.208）	（0.185）	（0.316）	（0.290）
$lnKL_{ht}$	－0.146***	0.139**	－0.159	－0.050	0.087	－0.339*	－0.043	－0.151	0.463*
	（0.042）	（0.069）	（0.134）	（0.080）	（0.077）	（0.195）	（0.152）	（0.113）	（0.271）
常数项	1.444**	－0.447	1.635	－6.717***	1.401	6.088	－0.533	1.930	－7.511
	（0.574）	（0.940）	（1.648）	（1.811）	（2.118）	（4.260）	（1.814）	（1.352）	（4.831）
省份效应	否	否	否	是	是	是	否	否	是
行业效应	是	是	是	是	是	是	是	是	是
年份效应	是	是	是	是	是	是	是	是	是
观察数	466	132	257	321	96	192	341	132	242

注：括号内为标准误，***、**、* 分别表示在 1%、5% 和 10% 统计水平下显著。

第五节 稳健性检验分析

上述面板数据回归可能存在着内生性问题。据此，我们采用知识产权实际保护强度的滞后一期进行回归，以检验上述结果的稳健性。如表9－5所示，首先，使用核心解释变量省级行业知识产权实际保护强度滞后一期（$L.\ lnHIPP_{iht}$），得到全样本基准回归（1）。其次，使用省级知识产权实际保护强度滞后一期（$L.\ lnAIPP_{it}$）作为核心解释变量，得到全样本基准回归（2）。回归结果表明，滞后一期的省级行业知识产权实际保护强度对中国省级行业一般贸易出口产品质量产生显著的促进作用，即加强省级行业知识产权实际保护会提升省级行业一般贸易出口产品质量。若不区分省级行业保护强度的话，发现滞后一期的省级知识产权实际保护强度对中国省级行业一般贸易出口产品质量产生显著的不利影响，即加总省级层面上加强知识产权保护反而会对出口质量产生抑制效应。这支撑了前述使用当期知识产权实际保护强度进行回归的结果是稳健的。据此，需要区分省级行业加强知识产权保护，这比省级层面上整体加强知识产权保护具有更好的行业针对性和重要性。

最后，区分东、中、西部省份面板数据分样本，我们分别使用$L.\ lnHIPP_{iht}$、$L.\ lnAIPP_{it}$进行稳健性检验。如表9－5所示，滞后一期的省级行业知识产权实际保护强度对东、中、西部省级行业一般贸易出口产品质量都产生显著的促进作用，这证实了上表9－3中使用当期省级行业知识产权实际保护强度对其一般贸易出口产品质量的促进作用是稳健的。滞后一期的省级知识产权实际保护强度对东、西部省级行业一般贸易出口产品质量产生显著的不利影响，对中部省级行业的影响不显著。这与使用当期省级知识产权实际保护对东、中部省级行业一般贸易出口产品质量的影响结果是一致的。这进一步证实东、中、西部省级行业一般贸易出口产品质量对其省级知识产权保护强度的反应敏感度存在显著的差异，因而需要区分行业加强知识产权保护比省级层面上整体地加强知识产权保护具有更好的行业针对性和重要性。

表9－5　对全样本进行稳健性检验的回归结果

$lnWQLY_{iht}$	全样本基准回归（1）	全样本基准回归（2）	东部地区（3）	东部地区（4）	中部地区（5）	中部地区（6）	西部地区（7）	西部地区（8）
$L.\ lnHIPP_{iht}$	0.007***		0.007**		0.011***		0.008*	
	(0.002)		(0.003)		(0.004)		(0.005)	
$L.\ lnAIPP_{it}$		−0.525***		−0.395***		0.279		−0.380*
		(0.067)		(0.069)		(0.242)		(0.213)
$lnRGDP_{it}$	−0.133**	0.231***	0.086***	0.156***	0.141	0.116	0.006	0.201***
	(0.062)	(0.043)	(0.030)	(0.030)	(0.176)	(0.131)	(0.046)	(0.047)

续表

$lnWQLY_{iht}$	全样本基准回归（1）	全样本基准回归（2）	东部地区（3）	东部地区（4）	中部地区（5）	中部地区（6）	西部地区（7）	西部地区（8）
$lnOPEN_{it}$	-0.014	0.038***	-0.030***	-0.015*	-0.045	-0.002	0.058**	0.095***
	(0.019)	(0.013)	(0.010)	(0.009)	(0.040)	(0.025)	(0.025)	(0.017)
$lnHUMAN_{it}$	0.166	-0.252***	-0.418***	-0.346***	0.862***	-0.082	0.339**	-0.047
	(0.150)	(0.086)	(0.065)	(0.062)	(0.318)	(0.158)	(0.162)	(0.126)
$lnRD_{it}$	0.047*	0.039***	0.037***	0.027**	0.046	-0.024	0.024	0.039***
	(0.025)	(0.014)	(0.012)	(0.011)	(0.052)	(0.028)	(0.017)	(0.014)
$lnFDIS_{ht}$	0.042	-0.010	-0.031	-0.021	0.067	0.016	0.123	-0.021
	(0.037)	(0.021)	(0.036)	(0.025)	(0.063)	(0.035)	(0.089)	(0.045)
$lnKL_{ht}$	-0.177***	-0.097***	-0.231***	-0.138***	-0.209***	-0.124***	-0.084	-0.032
	(0.038)	(0.023)	(0.037)	(0.027)	(0.063)	(0.039)	(0.090)	(0.051)
常数项	2.943***	-0.139	2.569***	1.082**	-0.726	-0.050	0.337	-0.784
	(0.857)	(0.523)	(0.524)	(0.429)	(1.896)	(1.235)	(1.102)	(0.685)
省份效应	是	是	否	否	是	是	否	否
行业效应	是	是	是	是	是	是	是	是
年份效应	是	是	是	是	是	是	是	是
观察数	2182	5352	855	1980	609	1440	718	1932

注：括号内为标准误，***、**、*分别表示在1%、5%和10%统计水平下显著。

第六节 主要结论及政策建议

本章聚焦省级行业知识产权实际保护强度对我国一般贸易出口产品质量提升的影响，采用统计比较分析和面板 Tobit 模型进行全样本基准回归、分样本回归及稳健性检验分析，研究结果表明：

第一，省级行业之间一般贸易出口产品质量有着较大的差异，其高低并不取决于产品要素密集度。同一省份不同行业知识产权实际保护强度的大小虽说取决于省级知识产权实际保护强度，但其差异性更多取决于不同行业之间相对研发密度的大小。各省份在医药业的研发发展和知识产权实际保护强度上差异较大，各省份对医药业知识产权保护敏感度存在明显的不同，并非取决于省级经济发展水平。

第二，加强省级行业知识产权实际保护强度会促进省级行业一般贸易出口产品质量的提升。但是，若不区分省级行业知识产权保护的话，在省级加总层面上加强知识产权保护反而不利于省级行业一般贸易出口产品质量的提升。在克服内生性后，证实当期的估计结果仍是稳健的。据此，需要区分省级行业加强知识产权保护，这比省级层面上整体地加强知识产权保护具有更好的行业针对性和重要性。

第三，东部和中西部省级行业一般贸易出口产品质量对其知识产权保护的反应敏感度存在明显的差异。加强省级行业知识产权实际保护强度对中、西部省级行业一般贸易出口产品质量产生显著的促进作用，而对东部省级行业的影响不显著。滞后一期的省级行业、省级知识产权实际保护强度的作用支撑了当期的估计结果是稳健的，因而需要区分行业加强知识产权保护。

第四，区分区域省份行业要素发现，加强区域省级行业知识产权实际保护强度对东、中、西部省份不同要素密集型行业一般贸易出口产品质量的影响有着明显的差异，对东部省份劳动、资本和技术密集型行业一般贸易出口产品质量的影响都不显著，而对中、西部省份资本和技术密集型行业一般贸易出口产品质量的影响也不显著，但对中、西部省份劳动密集型行业一般贸易出口产品质量却产生显著的促进作用。

据此，我们提出相关政策建议是：

一是需要区分区域省份行业，加强和完善知识产权实际保护强度。由于知识产权保护具有双重效应：市场扩张效应和市场势力效应（沈国兵，2011），因而可根据行业特征，实施差别性保护措施来加强知识产权实际保护，发挥其对省级行业一般贸易出口产品质量的提升作用。现实中，中、西部省份知识产权实际保护相对较低，加强知识产权保护有助于跨国企业向其投资转移，为其带来市场的扩大和辐射效应，但采取过强的知识产权保护，反而不利于行业企业干中学效应，不利于出口产品质量提升。

二是需要加强区域省份行业知识产权保护和完善反垄断法相向而行。知识产权保护对于发展中国家应该有差别对待，TRIPS 协定中允许发展中国家有灵活的例外条款，但是发达国家目前更多强调知识产权保护的一致性。这样，考虑到区域省份、行业之间差异性，中国的中西部地区只能一方面加强知识产权保护、提升一般贸易出口产品质量来发展本地经济；另一方面需要诉诸反垄断法来遏制知识产权垄断和滥用，保护自身的合法权益。

三是在加快区域省份经济发展和扩大对外开放引资的同时，提升省级行业一般贸易出口产品质量。对于东部省份，要重视加大研发创新来应对贸易开放中高质量产品激烈竞争带来的不利效应；对于西部地区，需要扩大省级对外贸易开放，提升本土一般贸易品的出口质量，打造出口竞争力。在增加省级研发支出、提高行业外资程度的同时，提升省级行业一般贸易出口产品质量。要积极引导FDI流向，东、中、西部省级劳动、资本密集型行业通过大力吸引FDI获得些成熟技术溢出，有望提升出口产品质量。

第十章

伙伴国知识产权保护与中国本土企业新出口联系提升[①]

基于 Mayneris 和 Poncet（2013）方法识别出中国本土企业新出口产品信息，我们使用条件 logit 模型对企业—伙伴国—HS 6 产品数据进行回归表明，伙伴国加强知识产权保护会提升中国本土企业更多的新出口联系，且模仿能力越强的伙伴国加强知识产权保护对中国本土企业形成新出口联系的作用越大。为克服内生性问题，我们对逆向因果变量滞后一期后发现，伙伴国加强知识产权保护会提升中国本土企业新出口联系，且对模仿能力更强的伙伴国是稳健的。而且，我们采用企业—伙伴国面板数据回归也证实，模仿能力越强的伙伴国，加强知识产权保护对中国本土企业新出口联系的提升作用越大。据此，中国本土企业要顺势美欧金融危机后各国加强知识产权保护的国际契机，调整研发投入和创新活动，通过增加新出口联系来提升中国企业在国际市场上出口竞争力。

第一节 问题提出及文献综述

与世界贸易组织成立同步，1995 年 1 月 1 日《与贸易有关的知识产权协定

① 本章主要内容参见沈国兵、张勋："伙伴国知识产权保护对中国本土企业新出口联系的影响"，《社会科学辑刊》2019 年第 2 期；Shen, Guobing (2018), "Firms need robust response to IPR accusations", *Global Times*, 2018－04－16 (B7). [2018－07－25] http://www.globaltimes.cn/content/1098081.shtml.

(TRIPS)》生效，这是迄今为止世界上最全面的知识产权保护多边协议。从国际形势来看，2017年特朗普政府提出的贸易议程中优先执行的任务之一就是确保美国的知识产权所有者具有充分、公平的机会行使权利，并从知识产权中获取利润。关于知识产权问题，不仅是美国政府高度关注，中国、印度等发展中国家也是如此。2008年6月5日，中国国务院发布了《国家知识产权战略纲要》；2016年12月，又发布《“十三五”国家知识产权保护和运用规划》。这些旨在提升中国知识产权保护和运用水平。2016年5月12日，印度发布了《国家知识产权政策》，以期激励创新发明、促进经济发展。2014年10月1日，英国新的《知识产权法案》正式生效，对故意侵犯外观设计的案件展开刑事处罚。2018年3月1日，德国新的《知识产权与知识经济法》正式生效，主要改革在教研活动中使用有版权的著作文献时的相关规定。据此，无论是发达国家还是发展中国家都十分关注知识产权问题，在世界日益重视知识产权的时代，那么伙伴国加强知识产权保护将对中国企业出口新产品产生怎样的影响？我们将对这一问题探究之。

就现有文献来看，相关研究已从多个角度进行展开：

第一，聚焦知识产权保护与贸易关系研究。Maskus和Penubarti（1995）认为，加强知识产权保护对贸易有着不确定的影响，因为知识产权保护通过市场扩张增加贸易的同时，通过市场控制力又减少了贸易。知识产权保护的国别差异影响到国际贸易流量。市场扩张效应在那些模仿能力强的国家可能占优，而市场控制力效应在模仿能力较弱的国家占优。Fink和Primo Braga（1999）证实，对于总的非燃料贸易，存在知识产权保护与贸易流量之间正向关系，但对于高技术贸易流量，并未发现知识产权与之有显著性关系。Rafiquzzaman（2002）指出，知识产权保护的市场控制力和市场扩张效应是相互抵消的，因而无法就贸易的方向做出明确的预测，更强的知识产权保护对贸易的影响是个经验研究问题。

第二，聚焦知识产权保护对一国出口的影响研究。Smith（1999）研究表明，低模仿威胁的进口国加强专利保护会促进美国出口商获取市场垄断效应，美国对这些国家的出口减少。沈国兵（2011）认为，加强知识产权保护对中国外贸发展固然重要，但不是先决条件，取决于其他影响因素如模仿威胁等。余长林（2015）基于2001—2010年中国制造业出口的面板数据，发现进口国知识产权保护水平提高会显著地促进中国出口，其影响以市场扩张效应为主。

第三，聚焦知识产权保护对行业出口的差异性影响研究。沈国兵、姚白羽（2010）研究发现，加强知识产权保护对中国高技术产品进口的作用具有国别性差异。余长林（2011）基于扩展的引力模型发现，中国加强知识产权保护对来自高收入国家技术密集型行业进口和对来自低收入国家的非技术密集型行业进口的市场扩张效应更显著。余长林（2015）将中国对95个国家的出口按行业分类，发现进口国加强知识产权保护对中国制造业出口的影响有显著的行业差异，其中，技术密集型行业对进口国知识产权保护水平相对敏感，但是劳动和资本密集型行业则相对不敏感。沈国兵、张学建（2018）认为，从总的样本来看，伙伴国加强知识产权保护会提升中国行业出口竞争力。但细分到每一个行业来看，伙伴国知识产权保护强度对中国行业出口竞争力的影响是不确定的。

第四，聚焦知识产权保护对产品出口的差异性影响研究。Ivus（2010）发现，发展中国家更高的专利保护有利于发达国家专利密集型产品出口的市场扩张。Yang 和 Woo（2006）证实，一国是否遵守知识产权协定对从美国进口植物种子没有明显的影响，这意味着加强知识产权保护并没有引致更多的农业贸易。Co（2004）发现，1970—1992年美国向71个国家的出口样本中，进口国专利保护指数每提高一个单位，美国的科学研究与试验发展（R&D）密集型出口提高4%—9%，同时非R&D密集型出口下降8%—11%。

综上可见，已有的文献就知识产权保护对贸易、对一国出口、行业出口和不同类型产品出口的影响进行了分析，但是这些文献并没有考虑知识产权保护对本土企业出口新产品的影响。当本土企业首次将一种新产品种类引入出口市场时，便形成了一种新出口联系。问题是，伙伴国更强的知识产权保护如何影响本土企业形成新出口联系呢？按照 Maskus 和 Penubarti（1995）的观点，更强的知识产权保护会通过市场扩张效应和市场控制力效应影响到企业出口。那么，这两种效应将是如何影响到中国本土企业新出口联系呢？

基于此，本章边际贡献体现在三个方面：第一，先前文献关注知识产权保护对国家贸易的影响（Fink 和 Primo Braga，1999；Smith，1999；余长林，2015）、对行业贸易的影响（余长林，2011；余长林，2015）、对不同类型产品贸易的影响（Ivus，2010；Yang 和 Woo，2006；Co，2004）。与之不同的是，本章关注伙伴国加强知识产权保护对中国本土企业新出口产生怎样的影响，以及在国际贸易摩擦加剧形势下增加企业新出口的重要性问题。第二，相较于 Melitz（2003）模型，我们认为企业出口的决定因素不仅取决于供给层面上企业克服出口固定成本的能力，而且更取决于外部需求。这与杨汝岱和李艳（2016）认为外部需求是决定企业出口重要因素的观点相一致。不同的是，我们加入年份固定效应控制了仅随时间变化的供给方宏观经济变量如中国的GDP和人口变量，同时加入企业—伙伴国—产品的固定效应，控制了供给方中国企业对不同国家出口的固定成本变量。然后，聚焦揭示出伙伴国知识产权保护这一外部因素变化对中国本土企业新出口联系的影响。第三，揭示出伙伴国加强知识产权保护对中国本土企业新出口联系的提升作用，对这一问题分析既是对中国实施创新驱动发展战略的强有力的经验证据支持，也是中国本土企业通过增加新种类产品出口、应对中美经贸摩擦升级的强有力举措。

第二节 伙伴国知识产权保护对企业新出口的影响机制

知识产权保护对贸易的影响体现为市场控制力效应和市场扩张效应（Maskus 和 Penubarti，1995）。但值得注意的是，无论是知识产权保护的市场控制力效应占优还是市场扩张效应占优都无法明确阐述企业出口为什么会发生，只是解释了知识产权保护对企业出口规模变化的影响。为此，我们来阐述知识产权保护影响企业形成新出口联系的理论机制。

第一，从出口企业对伙伴国知识产权保护反应来看，伙伴国加强知识产权保护，会给具有知识产权优势的外国出口企业获取更高垄断利润的机会。由此，与创新相关的市场活动会不断出现和应用于企业生产活动，直到市场给予创新的收益等于创新的成本为止。出口企业根据其潜在伙伴国知识产权保护水平来确定能够使其获得最大化利润的出口产品种类。也就是说，潜在伙伴国的知识产权保护水平提高，会使得企业在潜在伙伴国更容易获得占优的市场控制力效应或市场扩张效应，因而会提升企业开发、出口新产品的可能性。

第二，从出口企业在伙伴国面临的知识产权保护水平与模仿威胁大小来看，虽然在一般意义上，伙伴国加强知识产权保护会提高市场控制力效应或市场扩张效应来促进企业形成新出口。但是，在这一分析过程中并没有考虑伙伴国的国内企业对本国知识产权保护水平提高和出口企业进入本国市场等因素的反应。需要明确的是，伙伴国加强知识产权保护也会改变本国企业和外国企业之间的竞争态势，而这一竞争态势的改变与伙伴国的模仿威胁程度有关。具体地，模仿能力强的国家加强知识产权保护之后，出口企业在该国获得更高的垄断利润会来自于两个方面：一方面，提高知识产权保护带来的直接市场垄断效应或市场扩张效应；另一方面，提高知识产权保护导致被模仿的风险降低带来的间接市场垄断效应或市场扩张效应。而在模仿能力弱的国家，提高知识产权保护能够通过直接的市场垄断效应或市场扩张效应来促进出口企业形成新出口联系。比较来看，模仿能力强的国家提高知识产权保护的情形对出口企业形成新出口联系的促进作用要更为强烈。

第三，除了上述我们从知识产权保护与贸易关联性论述之外，为了更全面阐述知识产权保护与企业新出口之间关联性，我们再从知识产权保护通过创新对企业新出口联系的影响进行分析。如图 10－1 所示，一方面，伙伴国更高的知识产权保护可以使企业获得更高的价格加成和利润，促进企业开展研发活动，进而推动企业产生更多的新产品出口。另一方面，伙伴国更高的知识产权保护会使出口企业的创新产品被模仿的概率降低，从而刺激企业出口创新产品的积极性。因此，伙伴国更高的知识产权保护水平会通过直接市场控制力效应或市场扩张效应来提升研发，促进中国出口企业形成新出口联系。对于那些模仿能力强的国家，伙伴国加强知识产权保护会通过抑制模仿进一步提高出口企业形成新出口联系的可能性。

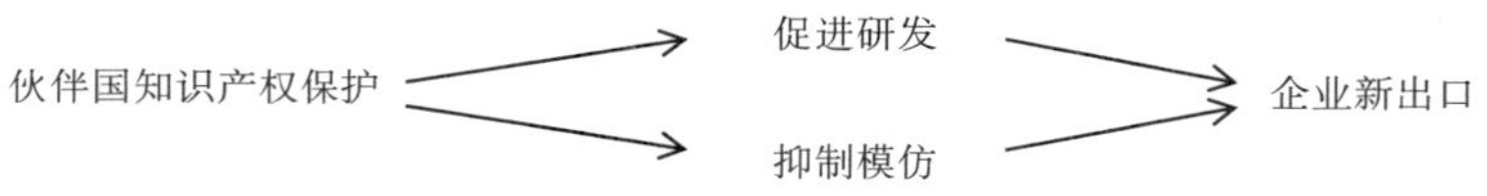

图 10－1　伙伴国知识产权保护对企业新出口的作用机制

第三节

企业新出口数据处理和统计事实分析

本章使用的变量及数据来源说明：2007—2013 年中国企业进出口贸易数据来源于中国海关统计数据库；① 各国 GDP、人口和双边自由贸易区协定数据来源于法国 CEPII 数据库；② 经济自由化指数来源于加拿大 Fraser 研究所的经济自由指标数据库；③ 知识产权保护指数来源于世界经济论坛（WEF）的全球竞争力指数历史数据库。④ 因为，外资企业在出口过程中会受到其母国影响，为避免对我

① 数据来源：中华人民共和国海关总署：中国海关统计数据库，2007—2013 年相关数据。

② 数据来源：法国国际经济研究中心：CEPII 数据库，http：//www. cepii. fr/CEPII/en/bdd_ modele/bdd_ modele. asp.

③ 数据来源：加拿大 Fraser 研究所：经济自由指标数据库，https：//www. fraserinstitute. org/economic－freedom/dataset?

④ 数据来源：世界经济论坛（WEF）：The Global Competitiveness Index Historical Dataset（2007－2017），http：//www3. weforum. org/docs/GCR2017－2018/GCI_ Dataset_ 2007－2017. xlsx.

们经验分析结论的影响，我们将外资企业剔除，仅仅考察中国本土企业新出口受到伙伴国知识产权保护这一外部需求因素变化的影响。

在数据处理上，我们首先将各年企业出口产品种类的 HS 8 分位缩减到 HS 6 分位，将各年的 HS 6 分位统一匹配到 2007 年的 HS 6 分位上。然后，分别在企业—伙伴国—HS 6 分位产品、企业—伙伴国维度上构造出扩展的面板数据，最后在这一扩展面板数据基础上观察企业新出口联系。具体地，参照 Mayneris 和 Poncet（2013）方法，由于样本观察期是 2007—2013 年共 7 年，因而若一种出口状态为 0011001 情况时，可识别为 . 01. . 01。其中，1 表示大于 0 的出口；0 表示没有出口，符号“·”表示缺失值。根据定义，2007 年是样本的起始年，因为 2006 年的出口状况无法被观察，因而设起始年为缺失值，同时设持续出口（1 接着 1）和停止出口（1 接着 0）都为缺失值。因为，我们聚焦探究伙伴国知识产权保护对中国本土企业新出口的影响，这样，非新出口和停止出口的观察点就被排除在分析之外。据此，可以得到中国本土企业对不同国家和地区出口新产品种类的信息。

表 10 - 1　　基于不同维度统计企业新出口的动态变化

年份	企业向新市场出口新产品种类的占比	
	企业—伙伴国—HS 6 分位产品	企业—伙伴国维度
2008	20. 08%	32. 88%
2009	15. 22%	26. 20%
2010	15. 64%	26. 46%
2011	14. 93%	25. 39%
2012	20. 05%	32. 30%
2013	18. 56%	30. 26%

资料来源：根据 Mayneris 和 Poncet（2013）方法，2007 年初始值被设为缺失值。根据《中国海关统计数据库》数据进行计算，这里的出口产品种类是以 HS2007 分类进行的数据整理。

如表 10 - 1 所示，对于不同年份，在企业—伙伴国—HS 6 分位产品、企业—伙伴国维度上，企业新出口联系的发生概率有着相似的变化趋势。在 2008—2011 年中国企业新出口联系有一个比较大的下降，估计是美欧危机跌入低谷所致。之后，随着美国经济的复苏，2012 年有一个比较大的回升。考虑到美欧危机之后，各国均有加强本国知识产权保护的态势，我们进一步来检验伙伴国知识产权保护对中国本土企业新出口的影响。

第四节 模型构建及变量说明

根据沈国兵、黄铄珺（2017），鉴于2007年前后中国海关贸易统计口径发生了较大变化，为了更精准探究伙伴国知识产权保护对中国本土企业在出口市场形成新出口联系的影响，我们选取2007—2013年中国海关统计的企业出口产品种类数据进行研究。基于前述理论机制，我们设定计量模型如下：

$$NEXLK_{ijpt} = \alpha_1 lnIPP_{jt} + \alpha_2 lnGDP_{jt} + \alpha_3 lnPOP_{jt} + \alpha_4 FTA_{jt} + \alpha_5 lnEFID_{jt} + \lambda_{ijp} + \lambda_t + \varepsilon_{ijpt} \quad (10-1)$$

$$NEXLK_{ijpt} = \beta_1 lnIPP_{jt} \times GR_1 + \beta_2 lnIPP_{jt} \times GR_2 + \beta_3 lnIPP_{jt} \times GR_3 + \beta_4 lnIPP_{jt} \times GR_4 + \beta_5 lnGDP_{jt} + \beta_6 lnPOP_{jt} + \beta_7 FTA_{jt} + \beta_8 lnEFID_{jt} + \eta_{ijp} + \eta_t + \epsilon_{ijpt} \quad (10-2)$$

其中，$NEXLK_{ijpt}$是第t年中国企业i在伙伴国j是否有六分位产品p的新出口联系，数据来源于中国海关数据库。IPP_{jt}是第t年所有出口企业面临的伙伴国j知识产权保护水平，数据来源于世界经济论坛（WEF），WEF提供了148个国家和地区的知识产权保护指数。GDP_{jt}是第t年伙伴国j的国内生产总值；POP_{jt}是第t年伙伴国j的人口规模，这两个变量用来控制伙伴国经济规模和市场规模对中国本土企业新出口的影响。数据来源于CEPII数据库。FTA_{jt}是第t年伙伴国j与中国是否存在双边贸易协定，用来吸收国家间贸易协定的影响。二值变量数据来源于CEPII数据库。最后，考虑到知识产权保护是企业在出口国家面临的众多制度性约束之一，在实证检验中，我们还需要考虑其他制度性因素的影响。为此，我们采用FRASER提供的各国经济自由指数$EFID_{jt}$（Economic Freedom Summary Index），来吸收伙伴国除知识产权保护之外的其他制度因素的影响。GR_1、GR_2、GR_3和GR_4分别是模仿能力从低到高的四个国家组分类，我们参考世界银行数据库给出的各国R&D占GDP比重来划分，设定R&D占GDP比重越高的国家，其模仿能力越强。

此外，鉴于中国企业对不同国家出口的差异性影响，我们需考虑企业出口固定成本的影响。一般文献中使用两国距离来测度这一变量。但是，本书模型设定中，我们已控制企业—伙伴国—产品维度的固定效应（λ_{ijp}、η_{ijp}），因而可通过这些变量来控制中国企业对不同国家出口的固定成本。而且，相对于使用地理距离变量，固定效应变量可以更准确地吸收企业出口的固定成本情况。同样，年份固定效应（λ_t、η_t）可以吸收中国的 GDP 和人口信息，因而在回归中我们无须再加入仅随时间变化的中国年度 GDP 和人口变量。ε_{ijpt}、ϵ_{ijpt}是模型中随机扰动项。

第五节 经验结果分析

一、企业—伙伴国—HS 6 产品的基准回归结果分析

我们使用条件 logit 模型（10－1）和模型（10－2）进行了基准回归。如表 10－2 所示，列（1）中在控制了企业—伙伴国—HS 6 分位产品固定效应和年份固定效应的情况下，伙伴国知识产权保护在 1% 的显著性水平下对中国本土企业新出口联系有着显著的提升作用。列（2）中在控制了伙伴国 GDP、人口、是否同中国有自由贸易协定和经济自由指数等控制变量后，发现伙伴国加强知识产权保护对中国本土企业在伙伴国形成新出口联系仍具有统计上显著的提升作用。在列（3）中，我们考察了模仿能力逐渐增强的四组国家中，伙伴国加强知识产权保护对中国本土企业新出口联系的差异性影响。结果发现，从$lnIPP_{jt} \times GR_1$、$lnIPP_{jt} \times GR_2$、$lnIPP_{jt} \times GR_3$到$lnIPP_{jt} \times GR_4$，变量的系数为正，且逐渐增大，表明在模仿能力越强的伙伴国，加强知识产权保护对中国本土企业形成新出口联系的提升作用越大。

从控制变量结果来看，伙伴国 GDP 越大，对中国本土企业形成新出口联系的提升作用越强。而伙伴国人口因素、是否与中国有自由贸易协定对中国本土企业形成新出口联系的影响不显著。伙伴国经济自由程度越高，在统计上对中国本土企业形成新出口联系的提升作用越强。

表 10－2　　条件 logit 模型基准回归结果

因变量$NEXLK_{ijpt}$	(1)	(2)	(3)
$lnIPP_{jt}$	0.6822*** (0.1376)	0.4397*** (0.1357)	
$lnIPP_{jt} \times GR_1$			0.4414** (0.1945)

续表

因变量$NEXLK_{ijpt}$	(1)	(2)	(3)
$lnIPP_{jt} \times GR_2$			0.9115** (0.3803)
$lnIPP_{jt} \times GR_3$			1.4331*** (0.2686)
$lnIPP_{jt} \times GR_4$			1.8861*** (0.6261)
$lnGDP_{jt}$		0.5627*** (0.0748)	0.4986*** (0.0783)
$lnPOP_{jt}$		-0.2086 (0.3256)	-0.2591 (0.4137)
FTA_{jt}		0.0577 (0.0562)	0.0210 (0.0658)
$lnEFID_{jt}$		0.9036** (0.3874)	1.2172 (0.7779)
观察数	26362438	25883365	26099068
企业—伙伴国—HS6 产品固定效应	是	是	是
年份固定效应	是	是	是

注：***、**、* 分别表示在 1%、5% 和 10% 统计水平下显著；圆括号内是变量回归的稳健标准误。

资料来源：参见“第四节 模型构建及变量说明”。

因此，从基准回归结果来看，伙伴国知识产权保护对中国本土企业形成新出口联系有着统计上显著地提升作用。特别是对于模仿能力越强的伙伴国而言，加强知识产权保护对中国本土企业形成新出口联系有着更强的提升效应。这呼应了前述我们对伙伴国加强知识产权保护会影响企业新出口的理论机制阐释，具体是伙伴国更强的知识产权保护通过抑制伙伴国的模仿能力来激励中国本土企业形成更多的新出口联系。这表明在美欧金融危机之后，各国以保护本国市场的目的来加强知识产权保护的举措反而有利于中国本土企业形成更多的新出口联系，进而推动中国对外贸易的可持续增长。

二、稳健性检验分析

（一）考虑逆向因果、采用企业—伙伴国—HS 6 产品进行稳健性检验

上述表 10-2 中的基准回归结果可能存在以下问题：第一，逆向因果问题。

存在这样一种可能，即中国本土企业先形成了大量的新出口联系，然后伙伴国基于这一事实加强本国知识产权保护水平来避免本国产品和技术被中国出口企业所模仿。这样，我们无法判断究竟是伙伴国知识产权保护水平、同中国自由贸易协定促进了中国本土企业的新出口联系，还是中国本土企业新出口联系促进伙伴国提高自身的知识产权保护水平、同中国达成自由贸易协定。第二，联立性偏差问题。也有可能是未知的因素同时决定了伙伴国知识产权保护水平变化和中国本土企业新出口联系的变化。为了克服上述问题，我们参考 Bernard 和 Jensen（2004）对企业出口决定因素进行计量分析时的做法，将模型右边的解释变量根据变量数值特征取了自然对数，并且对可能存在逆向因果的变量——伙伴国知识产权保护水平、同中国达成自由贸易协定，采用滞后一期进行处理，这样也解决可能的未知因素同时决定伙伴国知识产权保护水平、同中国达成自由贸易协定与中国本土企业新出口联系的联立性偏差问题。

表 10－3　　对逆向因果变量滞后一期的条件 logit 模型回归结果

因变量 $NEXLK_{ijpt}$	（1）	（2）	（3）
$lnIPP_{j,t-1}$	0.4006*** （0.1537）	0.2222* （0.1331）	
$lnIPP_{j,t-1} \times GRP_1$			0.2638 （0.2651）
$lnIPP_{j,t-1} \times GRP_2$			0.0428 （0.0648）
$lnIPP_{j,t-1} \times GRP_3$			0.4744*** （0.1186）
$lnIPP_{j,t-1} \times GRP_4$			1.0222*** （0.1502）
$lnGDP_{jt}$		0.5798*** （0.0821）	0.5381*** （0.0944）
$lnPOP_{jt}$		－0.2478 （0.3481）	－0.2651 （0.4711）
$FTA_{j,t-1}$		0.0361 （0.0605）	0.0004 （0.0703）
$lnEFID_{jt}$		1.0359*** （0.3796）	1.6416** （0.7606）

续表

因变量$NEXLK_{ijpt}$	(1)	(2)	(3)
观察数	25949091	25515272	26099068
企业—伙伴国—HS6 产品固定效应	是	是	是
年份固定效应	是	是	是

注：***、**、* 分别表示在1%、5%和10%统计水平下显著；圆括号内是变量回归的稳健标准误。

资料来源：参见“四、模型构建及变量说明”。

如表 10－3 所示，我们将解释变量伙伴国知识产权保护水平、同中国自由贸易协定滞后一期后，进行条件 logit 模型经验估计表明，列（1）显示出滞后一期的伙伴国知识产权保护对中国本土企业新出口联系产生统计上显著的提升作用。列（2）在控制了伙伴国 GDP、伙伴国人口、是否同中国有自由贸易协定、伙伴国经济自由指数等变量之后，我们发现滞后一期的伙伴国知识产权保护对中国本土企业新出口联系仍产生统计上显著的提升作用。列（3）中，我们针对模仿能力不同的伙伴国分组考察其知识产权保护对中国本土企业形成新出口联系的影响，发现只有 GR3 和 GR4 这两组伙伴国知识产权保护对中国本土企业新出口联系产生显著的正向影响，且$lnIPP_{j,t-1}\times GR_4$的系数大于$lnIPP_{j,t-1}\times GR_3$的系数。这说明在模仿能力越强的伙伴国，其知识产权保护水平提高对中国本土企业新出口联系的提升效应更大。据此，考虑了部分变量逆向因果后，仍支持基准回归的结果是稳健的。

（二）采用企业—伙伴国维度面板数据进行进一步检验

虽然表 10－3 在企业—伙伴国—HS 6 分位产品层面上回归结果证实，伙伴国加强知识产权保护对提升中国本土企业新出口联系的作用是稳健的，但是考虑到一个企业出口多种产品，我们再采用企业—伙伴国维度面板数据做进一步稳健性检验。在这里，我们将企业新出口联系界定为：如果某企业向一个伙伴国出口新种类产品（HS 6 分位或者 HS 4 分位产品），我们就界定该企业在伙伴国形成新出口联系。据此，我们可以在控制企业—伙伴国的固定效应和年份固定效应情况下，以条件 logit 模型来估计伙伴国知识产权保护对中国本土企业新出口联系的影响。

如表 10－4 所示，为了控制可能存在的逆向因果和联立性偏差问题，同时考虑到现实世界里中国本土企业建立新出口联系需要时间调整期，具有时滞性，因而我们在企业—伙伴国回归中对解释变量做滞后一期处理。表 10－4 中使用条件 logit 模型经验估计表明，列（1）在控制了企业—伙伴国的固定效应和年份固定效应情况下，滞后一期的伙伴国知识产权保护对中国本土企业新出口联系具有统计上显著的提升作用。列（2）在控制了伙伴国 GDP、人口和经济自由指数，以及是否同中国有自由贸易协定等变量之后，发现滞后一期的伙伴国知识产权保护虽对中国本土企业新出口联系影响为正，但统计上已不显著。列（3）考虑了不同伙伴国模仿能力差异后，发现具有不同模仿能力、滞后一期的伙伴国知识产权保护对中国本土企业新出口联系有着明显的差异，模仿能力弱的国家组GR_1、GR_2，其滞后一期知识产权保护对中国本土企业新出口联系统计上不显著，而模仿能力强的国家组GR_3、GR_4，其滞后一期知识产权保护对中国本土企业新出口联系具有统计上显著的促进效应，且$lnIPP_{j,t-1} \times GR_4$的回归系数明显大于$lnIPP_{j,t-1} \times GR_3$的回归系数，这表明模仿能力越强的伙伴国加强其知识产权保护，会对中国本土企业建立新出口联系形成越大的提升作用。

表 10－4　　企业—伙伴国维度的条件 logit 模型回归结果

因变量$NEXLK_{ijpt}$	(1)	(2)	(3)
$lnIPP_{j,t-1}$	0.3126*** (0.1133)	0.1300 (0.1015)	
$lnIPP_{j,t-1} \times GRP_1$			0.1899 (0.2340)
$lnIPP_{j,t-1} \times GRP_2$			0.0412 (0.0442)
$lnIPP_{j,t-1} \times GRP_3$			0.5641*** (0.0943)
$lnIPP_{j,t-1} \times GRP_4$			1.0214*** (0.1689)
$lnGDP_{j,t-1}$		0.3625*** (0.0721)	0.3591*** (0.0800)
$lnPOP_{j,t-1}$		－0.3571** (0.1770)	－0.4946** (0.2203)
$FTA_{j,t-1}$		0.0695* (0.0371)	0.0287 (0.0429)
$lnEFID_{j,t-1}$		1.2071*** (0.3755)	1.7090** (0.7662)

续表

因变量$NEXLK_{ijpt}$	(1)	(2)	(3)
观察数	4994059	4874701	4994774
企业—伙伴国固定效应	是	是	是
年份固定效应	是	是	是

注：***、**、* 分别表示在1%、5%和10%统计水平下显著；圆括号内是变量回归的稳健标准误。

资料来源：参见“第四节模型构建及变量说明”。

第六节 主要结论与政策建议

本章采用2007—2013年中国海关统计的企业出口产品种类数据，借鉴Mayneris和Poncet（2013）方法，识别出中国本土企业新出口的产品信息，匹配出企业—伙伴国—HS 6产品、企业—伙伴国面板数据，使用条件logit模型揭示出伙伴国知识产权保护对中国本土企业新出口联系的影响。主要结论是：

第一，采用企业—伙伴国—HS 6产品的基准回归表明，伙伴国加强知识产权保护对中国本土企业在伙伴国形成新出口联系有着显著的提升作用。特别是，对于模仿能力越强的伙伴国，加强知识产权保护对中国本土企业形成新出口联系有着更强的提升效应。据此，在美欧金融危机之后，各国以保护本国市场为目的来加强知识产权保护的举措，反而有利于中国本土企业形成更多的新出口联系，进而推动中国对外贸易增长。

第二，考虑逆向因果、采用企业—伙伴国—HS 6产品进行稳健性检验证实，滞后一期的伙伴国知识产权保护对中国本土企业新出口联系产生显著的提升作用。在模仿能力越强的伙伴国，其知识产权保护水平提高对中国本土企业新出口联系的提升效应更大。采用企业—伙伴国面板数据进一步证实，滞后一期的伙伴国知识产权保护确实对中国本土企业新出口联系有着显著的提升作用，且模仿能力越强的伙伴国加强其知识产权保护，会对中国本土企业建立新出口联系形成越大的提升效应。因此，稳健性检验结果支持了基准回归结果是可靠的。

基于上述主要结论，我们提出如下政策建议：

一是需要打造国际一流的营商环境。鉴于模仿能力越强的伙伴国加强知识产权保护对提升中国本土企业新出口联系的效应越大，据此，在WTO框架下，中国需要积极倡导和支持 WTO 要求各成员方强化执行 TRIPS《与贸易有关的知识产权协定》的标准，塑造一个保护知识产权的国际一流的营商环境。究其原因，提高 WTO 成员方知识产权保护水平，特别是提高模仿能力强的国家知识产权保护水平是中国从要素驱动经济增长转向创新驱动经济增长的重要的外部有利条件之一，也是提升中国本土企业新出口产品创新的一个重要影响因素。本章从伙伴国加强知识产权保护影响出口国贸易和创新的角度回答了企业为什么能够建立新出口联系这一问题，同时是对中国加强知识产权保护、实施创新驱动发展战略的强有力的经验证据支持。

二是将培育和增加新种类产品出口作为应对中美经贸摩擦、提升出口竞争力的重要举措。鉴于模仿能力强的伙伴国加强知识产权保护会提升中国本土企业形成更大的新出口联系，进而很可能在伙伴国通过新出口联系获得更大的市场扩张效应乃至市场控制力效应。据此，相对于出口规模的变化，增加新种类产品出口就具有更重要的现实意义，因为企业大量涌现的新种类产品出口是应对变化莫测的国际贸易严峻形势的根本基础。中资企业在获得新种类产品出口可能带来的垄断利润的同时，需要警惕伙伴国的反垄断调查。在中美经贸摩擦升级的新形势下，中国本土企业向伙伴国不断增加新种类产品出口，是应对变化莫测的国际贸易保护主义和单边主义的强有力举措。中国本土企业应借助 WTO 强化 TRIPS 协定的国际环境，抓住美欧金融危机后各国加强知识产权保护的现实契机，及时调整自身的研发投入和创新活动，通过增加新种类产品出口来提升在国际市场上的出口竞争力。

第四部分

调查问卷、目标和实施路径分析

第四部分基于调查问卷、目标和实施路径分析，揭示出全球生产网络与知识产权保护下中国外贸竞争力提升的目标和实施路径。该部分包括第十一章和第十二章。

第十一章

全球生产网络与知识产权保护下中国企业外贸竞争力提升目标和路径：调查问卷分析①

根据本著作末尾附录的调查问卷，我们基于回收的调查问卷进行统计分析发现：一是问卷企业在外贸中使用人民币计价仅次于美元，企业已偏向选择人民币结算来规避汇率风险，提升外贸竞争力；二是影响中国企业创新决策的主要因素是行业竞争强度、科研人才储备、企业风险承受能力、消费者需求变化，以及行业知识产权保护等，知识产权保护强度已是企业创新决策的重要因素，但全球生产网络下更宜匹配经济发展水平；三是知识产权维权结果能否得到有效执行是问卷企业考虑的最主要因素；四是企业更加注重技术和产品质量，而不再是过往依靠低成本带来的低廉价格进行竞争；五是技术密集型企业研发投入显著高于劳动密集型企业，加工贸易企业的研发投入显著小于一般贸易企业，但是由于在创造就业、发挥劳动力比较优势上的独特作用，现阶段我国仍需发展加工贸易，这对中国企业进行技术和经验积累、提升外贸竞争力仍是十分重要的。

第一节 调查问卷背景及统计性描述

为了探究全球生产网络与知识产权保护下中国企业外贸竞争力提升问题，本

① 本章内容参见沈国兵、储灿："全球生产网络与知识产权保护下中国外贸竞争力提升目标和路径研究：调查问卷分析"，《世界经济情况》2017 年第 6 期。特别感谢中国人民银行苏州市中心支行的聂雨薇女士、招商银行上海分行的辛梦圆女士等对本课题组企业调查问卷的大力支持。

著作设计了有关《全球生产网络与知识产权保护下中国企业外贸竞争力提升目标和路径研究的调查问卷》，共计 87 道简答、单选和多选题目，历时 1 年多时间走访和问卷调查了长三角地区上海、苏州两地，以及珠三角深圳市的企业，共收到上海、苏州、深圳三地的 645 份企业调查问卷。经过细致的统计和严格的核查校对，我们剔除了有问题的 30 份企业问卷，这里对 615 份有效调查问卷进行了系统的统计分析，得出了一些有益的调查发现。

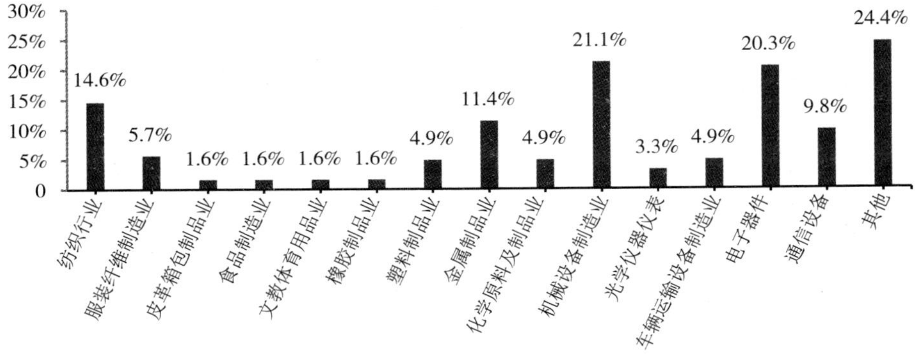

图 11－1　调研问卷企业的行业分类

资料来源：根据课题组调查的 615 份有效问卷整理而得。以下图表中数据来源类同。

从调研问卷企业的基本情况来看，在这 615 家企业中，民营私人企业和外商独资企业占比最高，分别为 40.7% 和 34.1%，而中外合资企业占比比较低，仅为 9.8%。调查中，成立最早的是上海市 A 企业，成立于 1990 年，至今从事外贸已达 27 年。规模最大的企业则为苏州市 B 企业，员工规模达 15000 人。在企业研发方面，研发投入最高的企业是苏州市 C 企业，研发投入占企业全部投入的 90%。如图 11－1 所示，我们这次调查问卷的企业分布于各个行业，既有技术和资本密集型行业，也有劳动密集型、资源密集型行业，主要问卷企业所在的行业排序为：机械设备制造业（21.1%）、电子器件行业（20.3%）、纺织行业（14.6%）、金属制品业（11.4%）、通信设备行业（9.8%）等行业。

第二节 全球生产网络与知识产权保护下中国企业外贸竞争力提升：横向比较

一、全球生产网络下中国企业生产与贸易活动现状和问题

中国加入世界贸易组织之后，越来越多的企业参与到全球生产网络中，进行生产和经营。在我们问卷的企业中，大多数企业（83.6%）既从事外销，也从事内销。从进出口来看，本次问卷企业中，有 36.9% 的企业是进出口兼营的，45.1% 的企业以出口为主，而以进口为主的企业只占 13.9%。从图 11－2 可以直观地看出，27.0% 的企业年出口规模超过 5000 万美元、11.3% 的企业年出口规模低于 50 万美元，而 18.6% 的企业年进口规模超过 5000 万美元、26.5% 的企业年进口规模低于 50 万美元。相比来看，这些企业总的出口规模大于进口规模。这也验证了一个事实，即在全球生产网络中，中国企业主要还是以出口为主，进出口兼营的企业次之，而进口为主的企业比重较低。

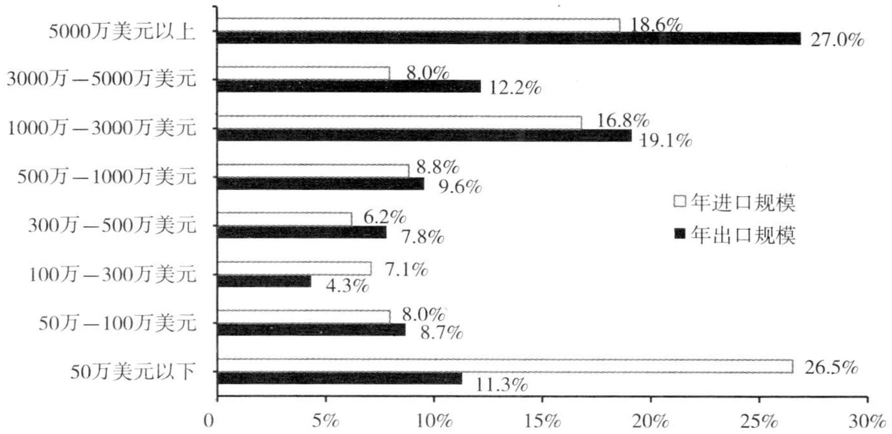

图 11－2　调研问卷企业的年进出口规模

随着人民币加入特别提款权，人民币在国际货币结算中的地位有了一定的提升。如图 11－3 所示，在我们这次问卷企业中，不管是进口计价货币还是出口计价货币，人民币所占的比重都仅次于美元，都超过了日元、欧元等主要货币。这

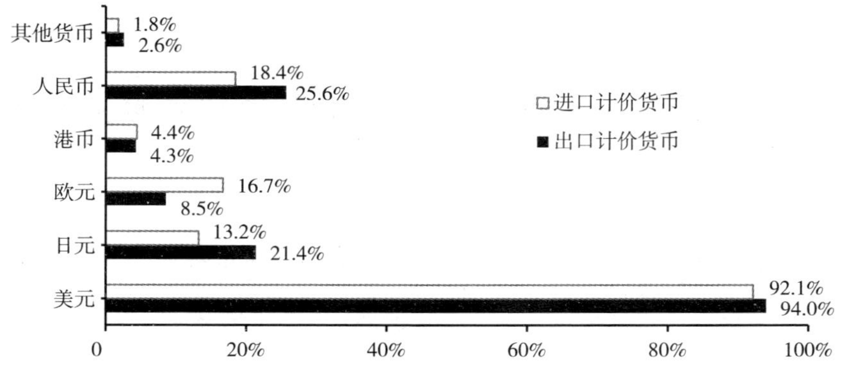

图 11-3 调研问卷企业的进出口主要计价货币

说明人民币汇率大幅波动给中国企业对外贸易竞争力的提升带来了不利的影响，使得问卷企业偏向选择人民币结算来规避汇率风险。但是，总的来看，美元还是国际结算中最主要的计价货币，超过 90% 的被问卷企业都答卷使用了美元作为其进出口的计价货币。

为了考察全球生产网络下中国企业进出口贸易情况，我们调查了企业主要出口目的地和主要进口来源地。如图 11-4 所示，从问卷企业出口目的地来看，排序为：美国（58.8%）、德国（28.9%）、日本（27.2%）、韩国（24.6%）、中国香港特区（23.7%）和中国台湾地区（23.7%）等。美国、德国是问卷企业最主要的出口目的地，日本、韩国、中国香港特区、中国台湾地区等也是这些企业主要的出口目的地。相比而言，一些发展中国家如印度、巴西、东盟等却进口中国产品较少。

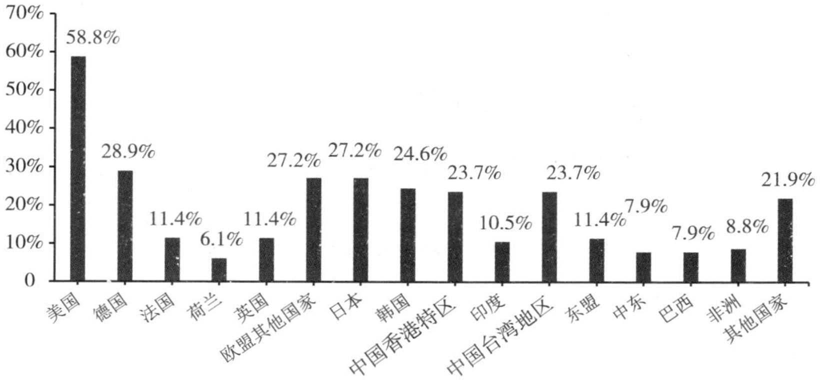

图 11-4 调研问卷企业主要出口目的地

如图 11－5 所示，从问卷企业进口来源地来看，排序为：美国（35.6%）、德国（23.6%）、日本（23.6%）、中国台湾地区（21.7%）、中国香港特区（15.1%）、韩国（13.1%）等。从进口来源地来看，美国、德国也是问卷企业最主要的进口来源地，日本、中国台湾地区、中国香港特区、韩国等也是这些企业主要的进口来源地。这可能和我们问卷的企业中有很大部分是与从事加工贸易的企业有关。

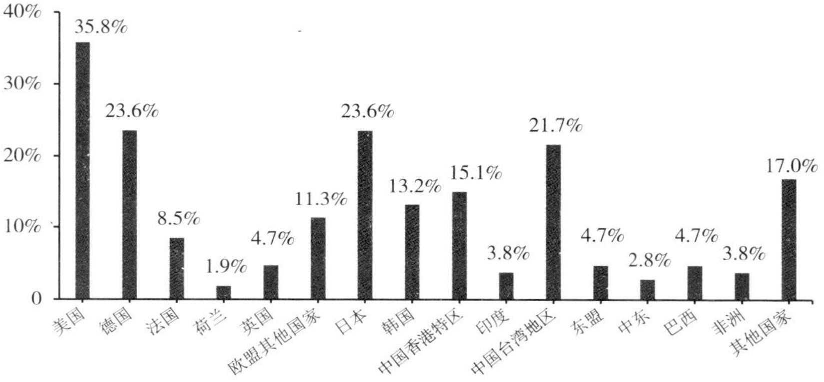

图 11－5　调研问卷企业主要进口来源地

在问卷中，我们要求企业对影响其选择中国国内生产地的因素进行排序，以便更清楚地了解全球生产网络下中国企业的生产情况。如表 11－1 统计显示，影响中国企业选择国内生产地的主要因素，从重要性来看，48.7% 的企业把市场导向型放在首位，18.3% 的企业把靠近主要供应商放在首位，11.3% 的企业把获取廉价劳动力放在首位。不考虑排序，市场导向型、靠近主要供应商、获取廉价劳动力仍是中国企业选择国内生产地的三大主要因素。值得注意的是，虽然只有少数企业（7.8%）认为获取地方政府优惠的招商引资政策是影响其选择国内生产地的首要因素，但仍有 35.7% 的企业认为获取地方政府优惠的招商引资政策是主要因素。可以看出，中国企业选择国内生产地主要还是考虑需求和供给因素（市场导向型、靠近主要供应商），以及成本因素（获取廉价劳动力），同时也比较看重地方政府招商引资的优惠政策。

表 11－1　调研问卷企业选择国内生产地的影响因素分析

影响因素	将其作为首要因素的企业（%）	将其作为主要因素的企业（%）
市场导向型	48.7	55.2
靠近主要供应商	18.3	40.0
地方政府招商引资	7.8	35.7

续表

影响因素	将其作为首要因素的企业（%）	将其作为主要因素的企业（%）
技术导向型	7.0	29.6
获取廉价劳动力	11.3	28.7
资源导向型	5.2	25.2
便于吸收关键人才	0.9	19.1
获取廉价土地	0.9	18.3

在参与全球生产网络过程中，中国企业不仅仅局限于国内市场，越来越多的企业依靠模仿、进而自主创新走向海外市场。在我们的问卷企业中，33.3%的企业已经在海外设置了分支机构，其主要形式包括：通过兼并收购建立独资子公司（42.1%）、合资企业（39.5%）、设立办事处（36.8%）、通过绿地投资设立独资子公司（18.4%）等。表11－2列出了影响中国企业选择海外布局的主要因素，统计表明，78.9%的中国企业把市场导向型作为首要因素，分别有5.3%的中国企业把靠近技术前沿、获取廉价劳动力作为首要因素。同样不考虑排序，市场导向型、靠近技术前沿、获取廉价劳动力、政府鼓励"走出去"政策是中国企业选择海外布局的主要因素。据此，可以看出中国企业在选择海外市场布局时，主要看重所在市场的需求因素（市场导向型）。

表11－2　　调研问卷企业选择海外布局的影响因素分析

影响因素	将其作为首要因素的企业（%）	将其作为主要因素的企业（%）
市场导向型	78.9	86.8
靠近技术前沿	5.3	36.8
政府鼓励"走出去"	2.6	36.8
获取廉价劳动力	5.3	18.4
靠近主要供应商	0.0	18.4
当地政府优惠	5.3	13.2
资源导向型	2.6	5.3
获取廉价土地	0.0	5.3

但是，从调查中我们仍然看到，有66.7%的企业没有在海外设立分支机构。在这些企业中，67.1%的企业认为没有必要设立海外机构，因为中国国内的生产可以满足企业发展战略。对于这些企业来说，缺乏资金（36.5%）、对海外市场缺乏认识（36.5%）、缺乏管理团队（36.5%）等是其设立海外分支机构的主要困难。

二、全球生产网络下中国企业知识产权保护与研发现状

知识产权保护制度是一国保护科学技术和文化艺术成果的重要法律制度。一般而言，适合本国经济发展水平的知识产权保护制度才是有利于该国企业加大研

发投入，促进该国企业外贸竞争力提升的。在这里，我们着重分析全球生产网络下中国企业的知识产权保护与研发现状。

第一，从整体上来看，超过90%的企业认为，中国近些年来知识产权保护强度是处于逐年增强的态势；绝大多数企业（96.6%）认为，随着知识产权保护的加强，中国企业会更倾向于加大研发投入。

第二，从企业研发角度来看，如图11-6所示，影响中国企业创新决策的主要因素是：行业竞争强度（79.5%）、科研人才储备（46.2%）、企业风险承受能力（41.0%）、消费者需求变化（38.5%）等。28.2%的企业认为，行业知识产权保护制度将影响企业的研发决策，这说明知识产权保护强度虽不是企业研发创新决策的最主要因素，但已是不可忽略的重要因素之一。

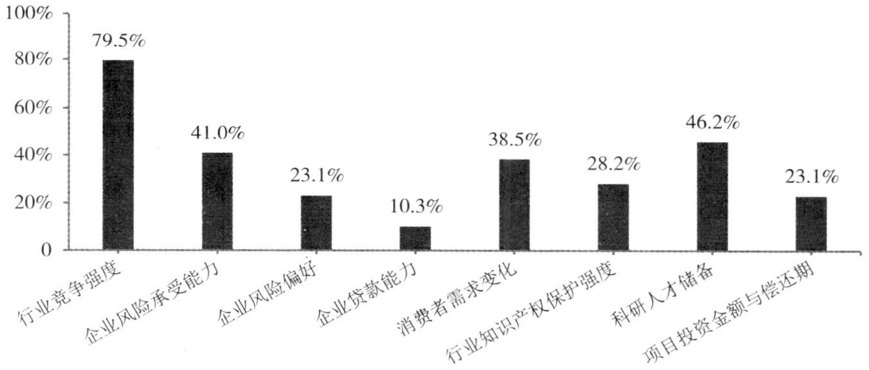

图11-6　影响问卷企业创新决策的主要因素

第三，从中国企业申请和维护知识产权保护角度来看，如图11-7所示，74.6%的企业申请知识产权保护的主要目的是抢占或拓展市场，60.5%的企业申请的主要目的是防止本企业技术被模仿盗用，57.9%的企业申请的主要目的是建立自己的产品标准。总的来说，中国企业申请知识产权保护的主要目的是保护自身的技术，进而抢占市场，以获取技术创新带来的收益。

在衡量一国知识产权保护水平时，不仅要考虑一国企业申请的知识产权数量，还应考虑企业知识产权被侵权之后是否有合理渠道来进行维权。在我们问卷的企业中，当企业发生知识产权争端时，73.7%的企业首选知识产权行政部门协调处理，58.8%的企业选择法院起诉，46.5%的企业选择自行协商解决。可以看到，中国企业的维权意识较高。在处理知识产权纠纷时，我们调查了企业选择知识产权纠纷处理方式时，首要考虑的因素：40.9%的企业认为，维权结果能否得到有效执行是其考虑的最主要因素，维权解决方式的费用（23.5%）、时间成本

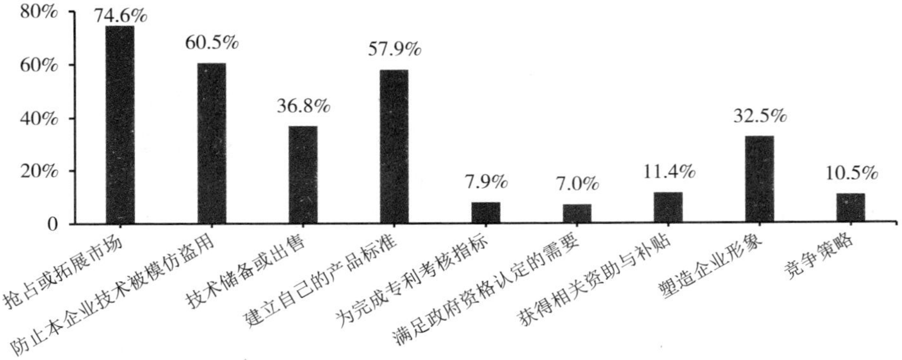

图 11－7 问卷企业申请知识产权保护的主要目的

（20.9%）分居其次，相比短期的知识产权维权成本，维权结果能否得到有效执行关乎企业的关键技术能否得到有效的保护，从而影响到企业的长期收益。由此，现实中，中国企业对知识产权保护过程中的有法不依、执法不严等问题仍旧是意见很大。沈国兵和刘佳（2009）研究也认为，在测度中国知识产权实际保护强度时，必须考虑加入执法因子，以体现执法力度的成效。如果执法力度加大，则实际保护强度会变得更好，从而有利于真正地加强中国的知识产权保护水平。

三、全球生产网络与知识产权保护下中国企业外贸竞争力发展目标

在这里，我们基于技术水平、产品质量、品牌和服务视角，考察全球生产网络与知识产权保护下中国企业外贸竞争力发展目标。中国作为贸易大国，在发展对外贸易时，不仅需要注重贸易体量，更需要看重外贸竞争力的提升。如图11－8所示，53.3%的企业认为，产品高质量是企业核心出口竞争力的关键目标，同时不管是创新型技术（46.7%）、还是改善型技术（40.8%）都是企业核心出口竞争力的重要目标。相反，很少的企业（16.7%）认为，低廉价格是企业核心出口竞争力的组成要素。这说明中国企业更加注重技术和产品质量，而不再是过往依靠低成本带来的低廉价格来进行竞争。这一问卷结论显著不同于已有文献的发现。例如，李坤望等（2014）针对我国新进入企业的研究发现，中国出口企业过于侧重低成本、低价格的价格竞争，而忽视了以提高企业创新能力带来的质量竞争。

根据相关文献研究，本著作认为外贸技术水平、产品质量、自主品牌以及外贸服务水平是中国外贸竞争力提升的中间目标。这样，我们在问卷中调查了这四

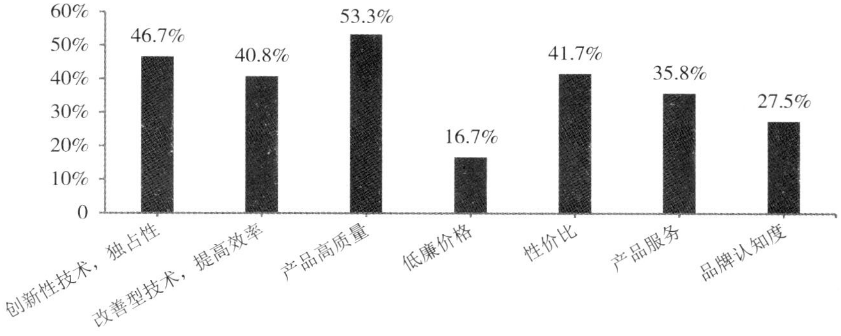

图 11－8 问卷企业核心出口竞争力的构成要素

个因素对中国企业出口所起的作用，具体见图 11－9，分析表明外贸技术水平、产品质量、自主品牌以及外贸服务水平都对中国企业的出口具有重要作用，甚至是关键作用。细分不同中间目标分析，30.6%的企业认为，产品质量对中国企业出口具有决定作用；25.0%的企业认为，技术水平对企业出口具有决定作用。这说明更多的中国企业已重视把企业自身的产品质量和技术水平作为发展目标。进一步地，调查企业技术的主要来源，我们发现，67.8%的企业是通过自主开发来获取技术的，而通过海外母公司购买和联合开发的企业分别占比 32.2% 和 29.8%。这在一定程度上表明国内企业自主创新能力的提高。

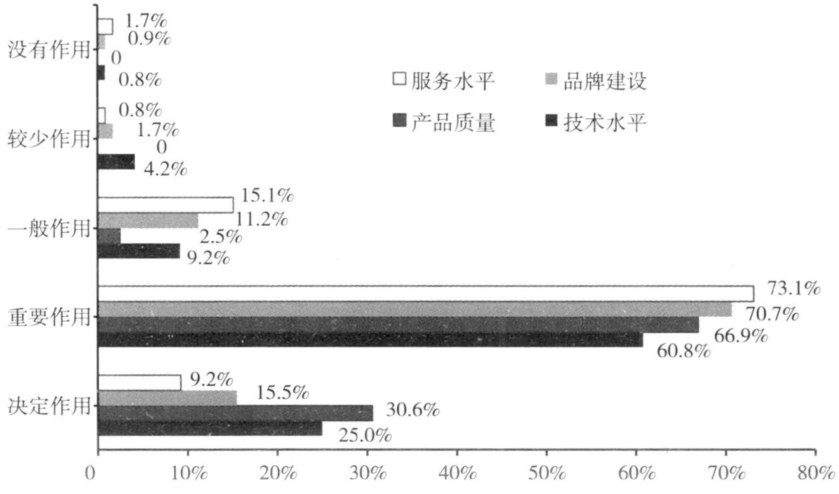

图 11－9 外贸技术水平、产品质量、自主品牌、服务水平对问卷企业出口的作用

第三节

全球生产网络与知识产权保护下中国企业外贸竞争力提升：纵向比较

我们问卷的企业成立时间跨度较大（1990—2016 年），而这 20 多年，特别是 2001 年中国加入世界贸易组织之后，伴随着外资企业不断涌入中国，中国越来越深入地融入全球生产网络之中。这让中国对外贸易量不断攀升，推动着中国经济高速地向前发展。这一时期，中国对知识产权的保护也不断加强，这不仅是由于外在的压力，即外资企业对保障自身技术权利的要求，也是来自于中国企业内在的需求，即对国内企业自身研发创新的激励。随着知识产权保护程度的提高，我们想研究不同时间段成立的企业是否在研发投入上有所不同。同时，由于中国存在着两种特殊的贸易方式，即加工贸易和一般贸易，我们想研究两种不同贸易方式下中国外贸企业的核心竞争力是否有所不同。

一、不同时间段问卷调查企业在研发投入上的比较

传统理论认为，适度的知识产权保护能够促进企业创新，但是过高的知识产权保护反而会阻碍企业持续的创新（王华，2011；郭春野、庄子银，2012；Furukawa，2010）。20 世纪 90 年代以来，中国知识产权保护水平不断提高，这里想考察这一时期企业自身的研发投入是否相应地提高，即研发投入占企业总投入的比重是否相应地提高。如图 11 – 10 所示，横轴表示问卷企业成立时间，纵轴表示问卷企业研发投入占总投入的比重。发现随着时间的推移，问卷企业研发投入占比呈不断上升趋势，这与我们预期的情况大致相同。但是，从图中我们仍看到很多新成立的企业研发投入较低，我们认为这是由于行业之间存在异质性，即不同行业的企业研发投入存在着差异，技术密集型企业研发投入显著高于劳动密集型企业。

二、加工贸易与一般贸易企业研发投入及企业核心竞争力的比较

在我们问卷的企业中，68.6% 的企业从事一般贸易，剩下 31.4% 的企业从事加工贸易。如图 11 – 11 所示，对比两种不同贸易方式企业的研发投入占比发现，加工贸易企业的研发投入占比显著地小于一般贸易企业的研发投入占比。这与我们的预期是相一致的，因为中国加工贸易企业主要是跨国公司利用中国低廉

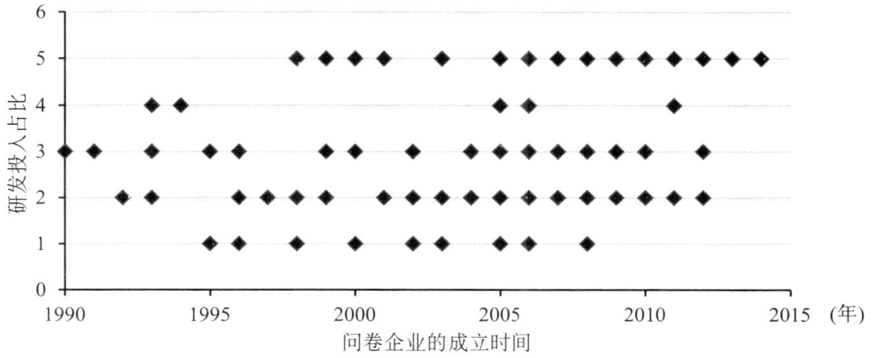

图 11－10 不同企业的研发投入占比

注：纵轴分别代表不同企业的研发投入占比等级，数字越大，代表该企业研发投入越大，以下类同。

的劳动力成本优势进行加工生产，进出口“两头”在外，这类企业的创新研发动力较低。

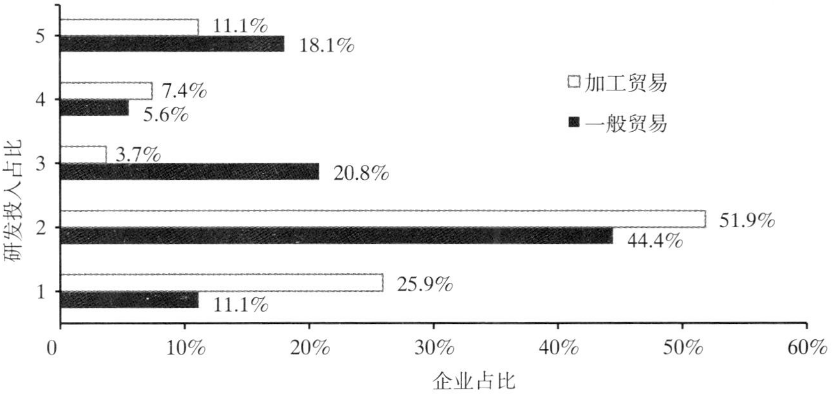

图 11－11 加工贸易与一般贸易问卷企业研发投入对比

但是，从图 11－12 中我们发现了一个有意思的现象，即加工贸易企业的核心竞争力中，技术和产品质量占比要比一般贸易企业的占比更高，说明虽然加工贸易的企业研发投入较低，但是这些企业反而更加注重产品技术和产品质量。这表明，技术和产品质量不仅是中国一般贸易企业更是加工贸易企业外贸竞争力提升的重要因素。因此，现阶段来说，继续发展加工贸易，这对提升中国企业产品外贸竞争力仍是十分重要的。戴觅等（2014）的研究也支持了这一点，他们发现加工贸易企业与一般贸易企业有着完全不同的表现，将两者混为一谈将使我们对中国出口企业表现的认识出现偏差。加工贸易企业虽然劳动生产率较低，但是在创造就业、发挥我国劳动力比较优势方面有着重要的作用，应该谨慎对待。

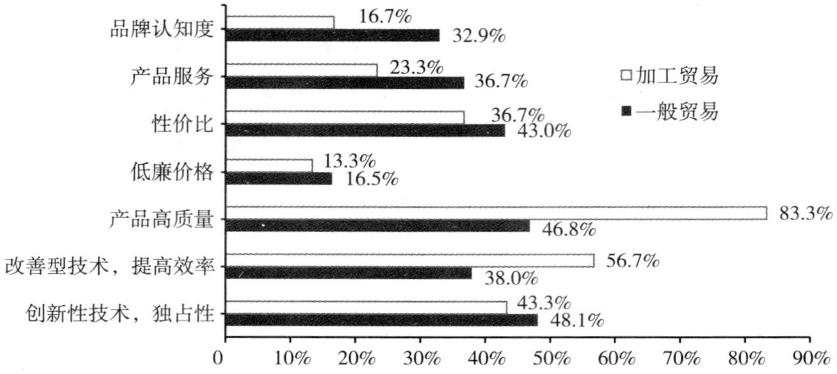

图 11－12 加工贸易和一般贸易问卷企业的外贸核心竞争力对比

第四节

全球生产网络与知识产权保护下中国企业外贸竞争力提升目标和路径举措

本章研究认为，在全球生产网络、知识产权保护与中国企业外贸竞争力提升之间存在内在互动的正反馈机制。更多的中国企业已将企业自身的产品质量和技术水平作为发展目标，要提升中国企业外贸竞争力，微观层面上应强调微观主体的创新能力，按照超越模仿、立足自主创新、实施品牌战略和市场战略的举措，这在前面的分析中已经得到了问卷企业层面数据的验证。同时，在宏观层面上应实施分层制定、协调实施的战略举措。这一部分我们主要分析宏观层面的政策举措。

理论上，适中的知识产权保护水平有利于一国经济发展，我们调查发现，大多数企业（91.7%）认为，加强知识产权保护有利于提升中国企业自身的外贸竞争力。而且，64.2%的企业认为，在全球生产网络下，知识产权保护水平更宜适中，才既能有效地模仿上下游企业，也能有效地保护企业创新。在全球生产网络下，虽然我国进出口企业面临技术升级压力、劳动力成本上升等一系列问题，但是，如图 11－13 所示，调查中只有一小部分企业选择转移生产线至其他国家或原先出口目的地，大多数企业选择的还是不转移或是暂时没有转移计划。我们认为，一方面，这是因为国内目前劳动力成本相对美欧仍旧较低，国内企业没有必要转移；另一方面，因为对海外市场不太熟悉，贸然转移到其他国家可能会带来较大的不确定风险。

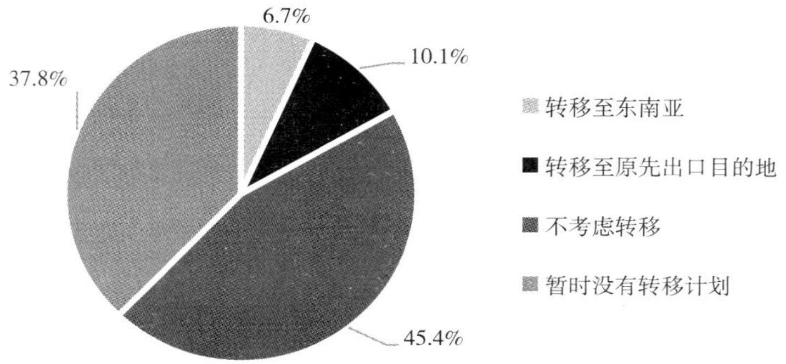

图 11－13 全球生产网络与知识产权保护下问卷企业生产线转移的选择

在全球生产网络和知识产权保护下，为了提升中国企业外贸竞争力，需要政府、金融机构、行业协会和企业自身的合力，为企业的创新、对外贸易发展提供良好的制度环境。为此，我们调研了中国企业的期待。如图 11－14 所示，在创新方面，85.8%的问卷企业对政府的主要期待是税收减免政策，74.2%的企业选择财政补贴。在对外贸易方面，81.0%的企业对政府的主要期待是提高贸易便利化水平，70.2%的企业选择加大出口奖励。

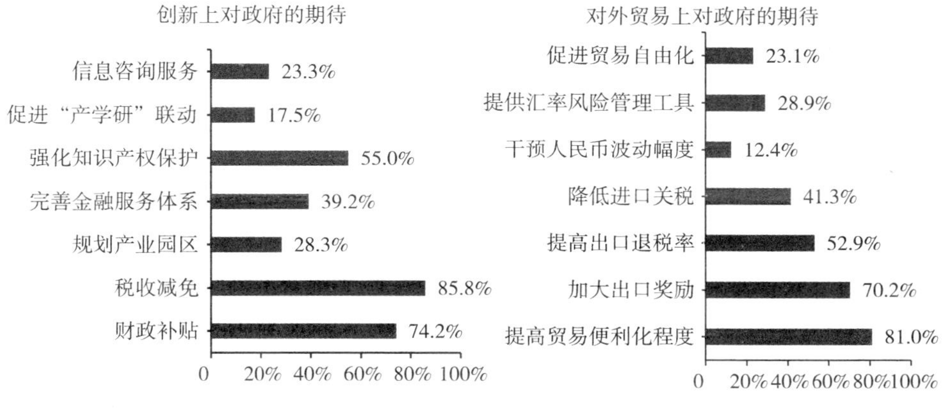

图 11－14 问卷企业在创新、对外贸易发展上对政府的期待

如图 11－15 所示，在创新上，问卷企业对金融机构的主要期待是：70.6%的企业选择简化贷款程序；68.9%的企业选择降低企业贷款门槛，这反映了问卷调研企业大部分存在融资难的问题。而在对外贸易上，问卷企业对金融机构更多的期待是便利外汇结算（70.5%）、提供进口信贷和担保服务（67.2%）等。

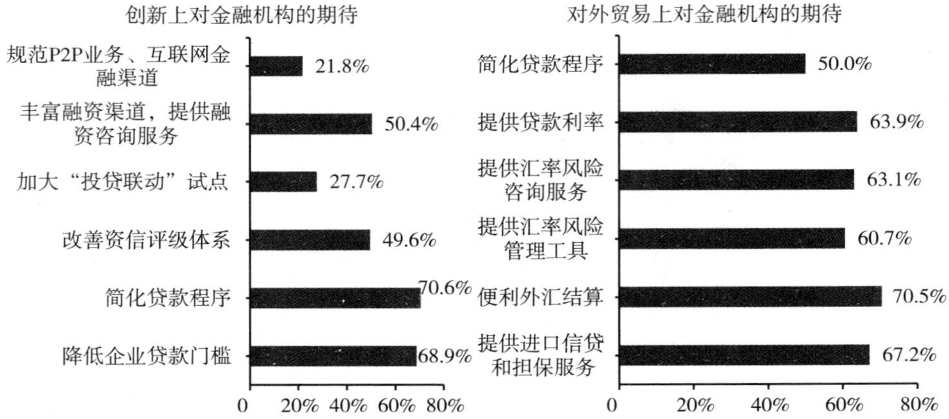

图 11－15　问卷企业在创新、对外贸易上对金融机构的期待

如图 11－16 所示，在创新上，问卷企业对行业协会的主要期待是：79.0%的企业选择分享行业内优质企业经验；74.8%的企业选择提供行业动态信息。在对外贸易上，75.2%的问卷企业希望行业协会提供行业贸易数据；61.2%的企业希望进行行业贸易法律法规知识培训；59.5%的企业希望行业协会能够提供汇率风险管理的相关培训，这说明人民币汇率大幅波动给中国企业对外贸易竞争力的提升带来了一定的不利影响。

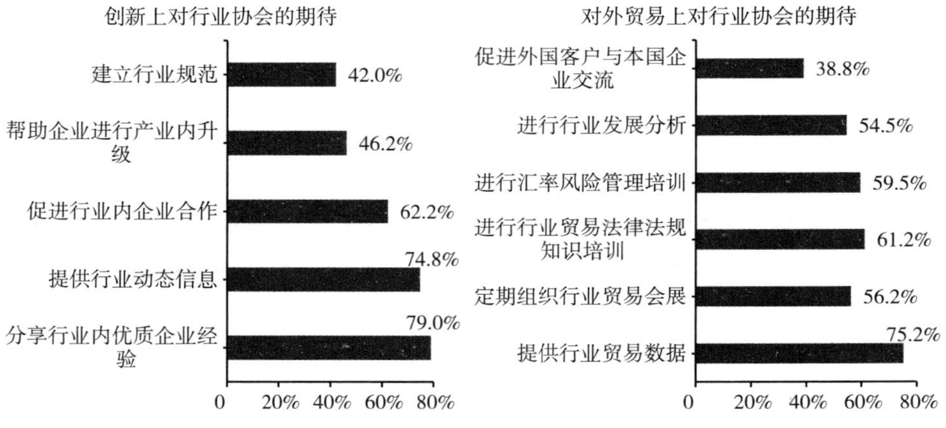

图 11－16　问卷企业在创新、对外贸易上对行业协会的期待

第五节 主要结论及政策建议

基于问卷企业的反馈意见，通过对全球生产网络与知识产权保护下中国外贸竞争力提升目标和路径研究调查问卷的系统统计分析，我们提炼出以下主要结论：

第一，全球生产网络下问卷企业中人民币计价所占的比重仅次于美元，说明人民币汇率大幅波动给中国企业对外贸易竞争力的提升带来了不利影响，使得企业偏向选择人民币结算来规避汇率风险。市场导向型、靠近技术前沿、获取廉价劳动力、政府鼓励“走出去”政策是中国企业选择海外布局的主要因素。随着知识产权保护的加强，中国企业会更倾向于加大研发投入。影响中国企业创新决策的主要因素是行业竞争强度、科研人才储备、企业风险承受能力、消费者需求变化，以及行业知识产权保护制度等。知识产权保护强度已是企业创新决策时不可忽略的重要因素之一。

第二，中国企业申请知识产权保护的主要目的是保护自身的技术，进而抢占市场，以获取技术创新带来的收益。当问卷企业发生知识产权争端时，首选是知识产权行政部门协调处理，其次是法院起诉，再者选择自行协商解决；知识产权维权结果能否得到有效执行是问卷企业考虑的最主要因素。

第三，产品高质量、创新型技术和改善型技术是中国企业核心出口竞争力的重要目标；问卷企业更加注重技术和产品质量，而不再是过往依靠低成本带来的低廉价格进行竞争。外贸技术水平、产品质量、自主品牌和外贸服务水平都对中国企业的出口具有重要作用，更多的问卷企业已重视自身的产品质量和技术水平。问卷企业认为，加强知识产权保护有利于提升中国企业的外贸竞争力。不过，全球生产网络下知识产权保护水平更宜适中，才既能有效地模仿上下游企业，也能有效地保护企业创新。

第四，随着时间的推移，问卷企业研发投入占比呈不断上升趋势，但是仍有很多新成立的企业研发投入较低。技术密集型企业研发投入显著高于劳动密集型企业；加工贸易企业的研发投入占比显著地小于一般贸易企业。技术和产品质量不仅是中国一般贸易企业更是加工贸易企业外贸竞争力提升的重要因素。鉴于在创造就业、发挥劳动力比较优势上的独特作用，现阶段继续发展加工贸易，对提升中国企业外贸竞争力仍是十分重要的。

第五，在全球生产网络和知识产权保护下，更多的中国企业已将企业自身产品质量和技术水平作为发展目标。为提升中国企业外贸竞争力，需要政府、金融机构、行业协会和企业自身的合力，为企业的创新、对外贸易发展提供良好的制度环境。要提升中国企业外贸竞争力，微观层面上需要培育企业的创新能力，按照超越模仿、立足自主创新、实施品牌战略和市场战略的举措。同时，在宏观层面上应实施分层制定、协调实施的政策举措。

根据上述统计分析结论，我们给出了以下政策建议：

首先，鉴于增强知识产权保护有利于提升中国企业外贸竞争力，知识产权保护强度已是中国企业研发决策时不可忽略的重要因素之一，知识产权维权结果能否得到有效执行是问卷企业考虑知识产权保护的最主要因素。据此，需要继续加大知识产权保护的执行力度，在实践中切实提高知识产权实际保护强度。这样中国企业会更倾向于加大研发投入，选择以品质提升为核心的竞争策略，进而促进中国企业走上依靠研发创新、提升外贸竞争力的发展路径。不过全球生产网络下中国作为发展中经济体，需要更多的技术外溢和技术转移，以及“干中学”效应，因而中国的知识产权保护水平更宜适中。

其次，鉴于加工贸易企业的研发投入占比显著地小于一般贸易企业，而加工贸易企业的核心竞争力中的技术和产品质量占比要比一般贸易企业的占比更高。据此，在全球生产网络和知识产权保护下，一方面，加大技术创新、提升产品质量是现阶段中国企业提升外贸竞争力的关键；另一方面，鉴于加工贸易在创造就业、发挥我国劳动力比较优势方面独特的重要作用，应审慎对待加工贸易和一般贸易，主张两种贸易方式对中国外贸发展是互补的、重要的。

最后，在创新和对外贸易方面，问卷企业对政府的主要期待是减税政策、简化企业结售汇和用汇审批手续，提高贸易便利化水平等；对金融机构的主要期待是优化企业贷款流程、适当降低企业贷款抵押门槛、为企业提供进口信贷和担保服务等；对行业协会的主要期待是应增强行业优质企业经验、信息的汇聚和整理及派发，积极举办行业贸易法律法规知识、外汇风险管理等培训。据此，中国经济结构需要不断地优化和调整。中共十九大报告中提出，“加快建设创新型国家。强化知识产权创造、保护、运用”。为此，要提升中国企业外贸竞争力，就需要政府、金融机构、行业协会和企业自身的合力，为企业的研发创新、对外贸易发展提供更便利的制度环境。尽管如此，“打铁还需自身硬”，企业自身仍需要在技术水平、产品质量、自主品牌和服务水平上加大投入，以提升企业自身内生性外贸竞争力。

第十二章

全球生产网络与知识产权保护下中国外贸竞争力提升的目标和实施路径

在前述对全球生产网络与知识产权保护下中国外贸竞争力提升做出统计比较分析、计量实证研究和调查问卷分析之后，本著作认为，中国商品出口在进口国增加值市场渗透率上升，被视为扩大了中国出口强度；中国企业出口技术含量、企业出口产品质量和/或企业新出口联系上升，被视为提升了中国出口质量。中国扩大了出口强度、提升了出口质量，就实现了中国外贸竞争力的提升。针对扩大中国出口强度（贸易数量型）、提升中国出口质量（贸易质量型）的目标，本著作提出了动态的多元战略协调配合实施路径。

第一节 引言

经过改革开放40多年的发展，中国已全面融入全球生产网络和世界经贸体系之中。据WTO（2018，p. 69）发布的《世界贸易统计评论2018》统计，2017年中国总出口2.22万亿美元，较2016年的2.09万亿美元继续增长。主要归因于中国在办公设备和电信设备出口上较大的增长，具体是中国出口的移动电话及零部件增长了14%、自动数据处理器出口增长了5%。2017年中国总进口为1.82万亿美元，同比增长了16%。其中，燃料和铜价的飙升促成了中国进口大幅增长。横向来看，2017年中国进出口占世界商品贸易比重约为

11.5%，已超过美国成为世界上第一大商品贸易国。持续增长的贸易份额使得中国已全面融入全球生产网络之中，同时全球生产网络也为中国通过加强知识产权保护、融入全球生产分工体系，提升中国外贸在全球价值链中的地位提供了契机。

但是，2018年3月22日美国贸易代表办公室（USTR）发布了《301条款调查报告》，2018年4月3日美国USTR开启了对从中国进口商品加征关税的不断贸易摩擦态势。经过三个阶段（分别对中国输美500亿美元、2000亿美元的商品加征25%关税，以及对剩余3000亿美元中国输美商品加征10%的关税，并且2019年8月28日USTR确定对这3000亿美元关税税率提高至15%），期间进行十多轮中美经贸高级别磋商，以及两次中美元首会晤共识（阿根廷会晤共识和大阪会晤共识）之后，中国面临的外部经贸环境发生了深刻的变化。这些使得中国在最主要的外贸出口市场遭遇了前所未有的危机，也使得传统劳动密集型、低中技术制造品在世界贸易市场的竞争日趋激烈。为应对世界贸易变化的新形势，中国需要进一步深化改革开放，在全球生产网络下中国已转变其产业政策和贸易政策，提出转型升级、创新驱动发展战略。通过加强知识产权保护，改善营商环境，更积极地提升中国外贸竞争力来深化和拓展其外贸市场空间。为此，我们拟探究全球生产网络下强化知识产权保护、提升中国外贸竞争力的目标和路径。

第二节

全球生产网络下知识产权保护对中国外贸竞争力提升的多重影响渠道

全球生产网络是行业企业从事国际生产分工、外贸活动依托的平台，知识产权保护制度是行业企业进行研发投入、创新活动的制度保障，中国外贸竞争力提升是在不断增强的知识产权保护制度下行业企业积极进行研发创新、深度参与国际分工、不断提升全球生产价值链和全球贸易价值链的结果。沈国兵和张勋（2018）聚焦进口中间品通过行业内水平渗透率和行业间垂直联系对企业创新的影响，发现进口中间品通过行业内水平渗透率和行业间前向联系对中国企业创新产生抑制作用，而通过行业间后向联系对中国企业创新产生促进作用。实践中，生产技术水平的提高使得行业企业生产越发碎片化，也使得全球生产网络越发紧密，成为行业企业深度参与国际分工、共享全球贸易价值链的网络平台。由此，参与全球生产网络的企业向行业中上游拓展，可充分获取进口中间品通过行业间后向联系获得的知识溢出带来的创新效应，进而提升中国外贸竞争力。

正如 Hu（2015）所言，对于偏离世界技术前沿的国家来说，有效、高效地采用现有技术是缩小收入差距、保持经济增长和发展的重要途径。这些渠道包括国际贸易、外国直接投资（FDI）、技术许可、技术人员的国际流动和无形知识的流动。由此，我们拟聚焦从贸易渠道机制、FDI 渠道机制，以及制度渠道机制等视角揭示全球生产网络下知识产权保护制度等对中国外贸竞争力提升的影响渠道。

一、贸易渠道机制

内生增长理论认为，中间投入品种类的增加和质量的提升是技术进步的源泉（Grossman 和 Helpman，1991），下游企业能够从中间品包含的技术中获得技术溢出和生产率增长（Amit 和 Konings，2007）。Hu（2015）认为，进口新技术对进口国的好处在某种程度上不会完全被进口货物的价格所捕获，因而国际贸易会产生研发的国际溢出；出口学习是国际贸易向货物流动传递技术扩散的另一种方式，东亚新兴工业化经济体的企业通过参与发达国家跨国企业的生产网络而获得了技术学习的成功。Zhang（2015）认为，随着一国工资上涨和市场条件的变化，发现将很难维持其出口竞争力。Impullitti 和 Licandro（2017）研究发现，贸易通过减少加价来增加产品市场竞争，从而触发企业选择和生产率增长。据此，加强上游行业知识产权保护可通过提高进口中间投入品的技术水平、进而改善下游企业出口技术含量。同时，通过进口中间品、出口加工品能够获得“干中学”效应，从而提升一国外贸竞争力。

二、FDI 渠道机制

Javorcik（2004）从行业角度出发，探究了 FDI 通过水平联系和后向联系对本土行业企业生产经营活动的影响，认为外国子公司与它们在上游部门的当地供应商之间通过联系从 FDI 中获得积极的技术溢出或生产率溢出，但是没有强有力的证据表明 FDI 通过水平或前向联系会发生技术溢出。FDI 流入带来急需的资本、新技术、营销技术和管理技能，特别重要的是，FDI 对提高国内工业生产率和外贸竞争力的贡献显著。不过，跨国公司有动机防止技术信息泄密，同时可能受益于将知识转让给其本地供应商，因而 FDI 的溢出在本质上更可能是垂直的，而非水平的。Hu（2015）认为，通过培训在跨国企业工作的本地工人和工程师，使本地经济接触到新技术，示范效应和跨国企业在本地经济中与上下游企业建立的联系，为技术溢出创造了机会。韩国企业就是得益于在实施知识产权相对宽松的国际环境中追赶技术。Zhang（2015）认为，FDI是中国出口成功的关键驱动力，FDI对劳动密集型/低技术产品出口能力的作用大于出口升级；来自工业国高技术FDI更有可能导致东道国的出口升级；出口升级是一个长期、高成本和高风险的过程，它不仅需要国内对研发和高质量基础设施的投资，而且需要跨国公司愿意转让技术。事实上，FDI投资于中国是垂直的，初始阶段实际上不太注重中国的知识产权保护制度保障，更看重于中国的市场规模。

三、制度渠道机制

在东道国知识产权保护制度弱、模仿能力强的情况下，跨国企业更愿意进行FDI；在东道国知识产权保护制度强、模仿能力弱下，跨国企业更倾向于贸易；在东道国知识产权保护制度与模仿能力之间弱与弱、强与强的组合下，跨国企业既会贸易又会进行FDI。由此，在东道国不同模仿能力下，知识产权保护制度强或弱会引致跨国企业不同的反应。Hu（2015）研究发现，当一国处于经济发展的低收入阶段、技术变革依赖于模仿现有的技术时，提供知识产权保护的动机是有限的。但是，随着经济发展和本土创新者开始出现，由于知识产权保护的薄弱，创新激励的减少所造成的动态损失开始更加突出地显现。一方面，知识产权保护制度强会促进企业研发投入、激励创新；反之，则相反。另一方面，知识产权保护制度强会使得一些企业产生市场控制力，谋求垄断效应。知识产权保护是企业创新和技术升级的制度保障（史宇鹏和顾全林，2013；吴超鹏和唐菂，2016），但同时，知识产权保护提高了企业市场势力（Vichyanond，2009），降低了技术溢出效应，可能对出口技术含量产生不利的影响。实证上，代中强（2014）发现，知识产权保护与省级出口技术复杂度呈倒“U型”关系，太弱的知识产权保护使得企业没有研发、创新的动力，不利于出口技术复杂度的提升；太强的知识产权保护产生垄断，也不利于技术提升。Hu（2015）认为韩国企业得益于在实施知识产权相对宽松的国际环境中追赶技术。Silve和Plekhanov（2018）证实，在经济制度越强的国家，创新密集型行业的出口增长相对地更快。由此，知识产权保护这一制度渠道对中国外贸竞争力的提升影响是混合的。

据此，我们将全球生产网络下知识产权保护对中国外贸竞争力的多重影响渠道精炼如图12-1所示。

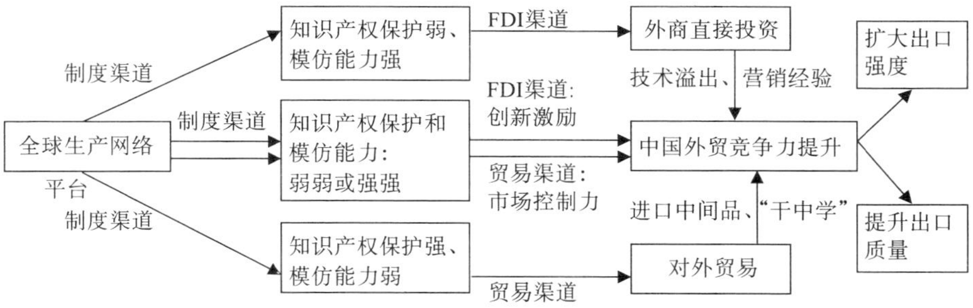

图 12－1　全球生产网络下知识产权保护对中国外贸竞争力提升的多重影响渠道

根据图 12－1 中的知识产权保护制度渠道、FDI 渠道和贸易渠道，我们认为，一是，全球生产网络是中国外贸竞争力提升依托的重要平台，它是动态变化的，受到全球经济体要素禀赋、经济发展水平及技术水平的影响，并通过跨国公司战略调整发生。二是，知识产权保护制度是中国外贸竞争力提升依赖的制度保障，是随一国经济发展水平、模仿能力而动态调整的。三是，中国外贸竞争力提升的目标是动态发展的，取决于融入全球生产网络的广度和深度，取决于与其经济发展水平、FDI 和对外贸易发展相适应的知识产权保护制度，体现在一国扩大出口强度、提升出口质量，服务于一国经济增长。

第三节
全球生产网络与知识产权保护下中国外贸竞争力提升的目标分析

本著作研究认为，全球生产网络与知识产权保护下，中国外贸竞争力提升是一个动态的过程，其目标是扩大中国出口强度、提升中国出口质量，服务于中国经济增长。前者可理解为做大贸易数量型出口竞争力，我们在前面章节中已使用增加值出口份额或进口国增加值市场渗透率来测度；后者可理解为做强贸易质量型出口竞争力，我们在前面章节中已使用企业出口技术含量、企业出口产品质量和企业新出口联系来测度。实践中，在深度融入全球生产网络过程中，一国既要跨国间协调其知识产权保护制度，又要根据自身经济发展水平及行业优势，采取有偏重的知识产权保护政策，以提升其外贸竞争力（扩大中国出口强度、提升中国出口质量）。

一、聚焦全球生产网络、知识产权保护与中国外贸竞争力提升的目标研究

第一，全球生产网络是中国外贸竞争力提升依托的平台，可以为知识的国际扩散发挥催化剂作用，受到经济体要素禀赋、经济发展水平以及技术水平等制约，通过跨国公司战略调整发生。华晓红等（2013）认为，跨国企业将其价值链上生产环节进行分割，在全球寻找每个生产环节最适当的生产区位，促生了错综复杂的全球生产网络并影响其变迁。Bowen（2007）认为，波音和空客相互竞争，已外包更多业务给亚洲的日本、韩国、中国和新加坡，以赢得销售和设计出新型客机来满足亚洲客户的需要，没有哪个主要飞机制造商能够承受起将中国市场排除在飞机生产网络之外。Yeung（2007）认为亚洲新兴工业经济体中电子生产龙头企业开始融入全球生产网络，并在细分市场，拥有一席之地。黄先海和杨高举（2010）证实，劳动生产率的明显进步是中国高技术产业国际分工地位快速提高的原因。李宏和刘珅（2014）发现，跨国公司 FDI 使得中国产业分工从价值链的低端向高端转移，中国参与国际垂直专业化分工的地位随着 FDI 的不断流入而提高。

第二，全球生产网络为其中的供应国提供产业升级的必要条件，但是单凭接入全球生产网络并不能确保实现产业升级，知识产权保护制度是中国外贸竞争力提升依赖的制度保障，随一国经济发展而动态调整的。Ginarte 和 Park（1997）构建 GP 指数发现，经济发展水平制约着知识产权保护，知识产权保护强度是动态发展的。Hudson 和 Minea（2013）认为，强的知识产权保护对创新的影响是复杂的，它受到初始知识产权保护水平及经济发展水平的影响。对每个国家而言，并不存在单一的最优知识产权保护制度。

第三，中国外贸竞争力提升的目标是动态发展的，取决于融入全球生产网络的广度和深度，取决于与其经济、FDI 和对外贸易发展相应的知识产权保护制度。Anand 等（2012）认为，现代服务业越来越重要，制造品贸易及服务贸易的技术水平都呈上升趋势，但低收入国家出口成分变化却相对缓慢，制造品及服务出口占比低、出口技术水平没有呈现上升趋势。Ma 等（2014）发现，企业变成出口企业后生产率提高而资本密集度下降。由此，呈现出劳动力密集型产品占优势地位的外贸竞争力。但是，Caporale 等（2015）研究表明，中国正逐步由劳动密集型出口向技术密集型出口转变。姚洋和章林峰（2008）显示，中国本土企业在高技术制造品领域内仍显示出弱竞争优势，在电子电力类产品上竞争优势逐年上升，而在其他高技术类别产品上的竞争优势下滑。Silve 和 Plekhanov（2018）认为，在经济制度越强的国家，创新密集型行业的出口增长会相对地

更快。

二、聚焦中国外贸竞争力提升的目标研究

第一，有关提升贸易竞争力研究。按照经济合作发展组织（OECD）推广的出口竞争力的标准定义，在公开市场条件下，一国在维持和扩大国内实际收入的同时，能够生产出符合外国竞争考验的商品和服务的程度。Reis 和 Farole（2012）指出，贸易竞争力集定量和定性于一身，通过测算特定行业和特定产品的市场份额，可以很好地衡量一国的出口业绩。在全球生产日益一体化的环境中，投入品和零部件贸易对大多数出口商的竞争力起着至关重要的作用。一国为支持国内经济发展和增长而对进口设置的障碍，主要通过增加投入品和最终品成本，减少进口品可获得性，直接阻碍其自身的出口竞争力。Zhang（2015）认为，出口竞争力是一国通过扩大出口能力和提升出口复杂度来进行全球竞争的能力，它是一国随日益增长的出口能力、多样化的出口篮子和升级的出口技术在全球范围内进行竞争的能力。据此，由于各国经济发展水平、要素禀赋、政治经济制度不同，其外贸竞争力变化的速度、形态会有所不同，因而一国外贸竞争力是动态发展变化的。

第二，有关知识产权保护制度、外贸竞争力与经济增长研究。Silve 和 Plekhanov（2018）认为，经济制度是长期经济增长的关键决定因素之一。在拥有更强经济制度如更安全的产权保护、更好的商业环境和更有效的法治的国家，其进行长期、高风险投资的激励就越强。创新水平越高的行业能够增长得越快，进而推动经济增长。由此，在全球生产网路下通过强化知识产权保护制度，确乎有利于提升一国外贸竞争力，进而服务其经济增长。

第三，有关创新、出口竞争力与经济增长研究。Zhang（2015）认为，长期以来出口一直被视为经济增长的引擎。Zeng（2017）认为，在发达国家和新兴经济体中，创新越来越被视为生产率增长和发展的关键，也日益成为出口竞争力和深度参与全球价值链的关键驱动力之一。在将研发投入转化为生产部门、特别是出口部门的实际生产率和竞争力方面，中国研发、创新体系的有效性和效率不断提高。由此，增强创新有利于深度参与全球价值链、提升出口竞争力和生产率增长。

第四，有关出口技术含量与经济增长研究。Hausmann 等（2007）发现，出口复杂度高的国家经济增长更快，因为企业通过成本发现过程，将资源从低生产率活动转移到高生产率活动，从而提高一国出口技术水平，刺激经济增长。Impullitti 和 Licandro（2017）认为，降低成本的创新是长期增长的引擎。Jarreau 和

Poncet（2012）基于中国省级、县级数据，证实本地企业进行一般贸易的出口技术水平提高才会有直接经济增长效应，而加工贸易的增长和升级并不具有增长效应。洪世勤和刘厚俊（2013）证实，出口的经济增长效应主要源于出口对非出口部门的溢出效应，中高技术复杂度的行业溢出效应更有利于经济增长。张如庆和张二震（2010）、杜运苏（2014）研究也支撑这一点。由此，出口技术含量的提升对经济增长有着促进效应，但对不同发展阶段的国家，不同类型贸易、不同类型贸易企业及不同产品的出口技术含量的提升对经济增长的作用是有差异的。

第五，有关出口产品质量与经济增长研究。施炳展和邵文波（2014）发现中国企业出口产品质量总体上呈上升趋势，且高技术、中等技术和低技术产品呈现类似的趋势。张杰等（2014）使用同样数据却得出不同的结论：中国出口产品质量呈现“U 型”变化。问题出在对出口产品质量的衡量上。Hallak 和 Schott（2011）将“不纯价格指数”分解成“纯净价格指数”和产品质量后获得较为准确的测度，发现中国产品质量水平变化较小，但人均收入上升很快。产品质量和经济发展之间关系并不紧密。Hummels 和 Klenow（2005）发现，富裕国家出口价格更高，产品质量也更高。由此，出口产品质量与经济发展水平之间的关系是不确定的，提升出口产品质量本身对中国经济增长的作用是混合的。

基于上述研究，中国外贸竞争力提升包括扩大中国出口强度、提升中国出口质量两个层面。其中，扩大中国出口强度可理解为做大贸易数量型出口竞争力，我们使用增加值出口份额或进口国增加值市场渗透率来衡量；提升中国出口质量可理解为做强贸易质量型出口竞争力，我们使用中国企业出口技术含量、企业出口产品质量和企业新出口联系来衡量。现实中，中国商品出口在进口国的增加值市场渗透率上升，即视为扩大了中国出口强度；同期，中国企业出口技术含量、企业出口产品质量和/或企业新出口联系上升，即视为提升了中国出口质量。中国扩大了出口强度，提升了出口质量，就实现了中国外贸竞争力的提升。由于中国扩大出口强度和提升出口质量是动态发展的，因而全球生产网络与知识产权保护下提升中国外贸竞争力的目标也是动态发展的，服务于中国经济增长。

鉴于扩大中国出口强度、提升中国出口质量是实现中国外贸竞争力提升的两个层面，那么协调好多方因素来做大贸易数量型出口竞争力、做强贸易质量型出口竞争力就变得非常重要。为此，一要打造好中国行业企业深度参与国际分工、共享全球贸易价值链的国际一流的全球生产网络平台，促进“中国制造”对接“全球生产”，并吸引跨国公司向中国投资汇聚，促进中国深度嵌入全球生产价值链和全球贸易价值链，为提升中国外贸竞争力夯实一个赖以依托的稳健平台。二要健全完善中国知识产权保护制度，打造国际一流的营商环境，为国内外行业企业在华进行研发投入、创新活动提供良好的营商制度环境，进而为提升中国行业企业外贸竞争力构筑坚实的制度保障。三要基于深度嵌入的全球生产网络平台和良好的知识产权保护制度，充分吸纳 FDI 渠道产生的技术溢出效应和营销经验、对外贸易渠道产生的进口中间品溢出效应和“干中学”效应，进而提升中国外贸竞争力。

进一步地，全球生产网络与知识产权保护下中国外贸竞争力提升是一个动态的过程，其目标是扩大中国出口强度、提升中国出口质量，服务于中国经济增长。

第四节 全球生产网络与知识产权保护下中国外贸竞争力提升的具体实施路径

在弄清了全球生产网络与知识产权保护下提升中国外贸竞争力的目标之后，针对扩大中国出口强度、提升中国出口质量，即做大贸易数量型出口竞争力、做强贸易质量型出口竞争力的目标，本著作基于系统研究提出了动态的多元战略协调配合实施路径。具体是：分层制定、协调实施；超越模仿、立足自主创新；打造营商环境、提升全球价值链嵌入度；使用反垄断法、遏制市场控制力；实施品牌战略和市场战略。在扩大中国出口强度、提升中国出口质量，即提升中国外贸竞争力的基础上，服务于中国经济增长。

一、实施路径之一：分层制定、协调实施

Ostergard（2003）研究指出，在经济和贸易发展的不同阶段，拥有特定特征的国家或地区应追求不同的知识产权政策，以平衡国内和国际市场上的竞争需要。易先忠和张亚斌（2006）提出，适度的知识产权保护要求根据各区域内产业技术水平和模仿能力在鼓励自主创新和对国外技术模仿的两难中做出权衡。沈国兵、姚白羽（2010）认为，在国际知识产权组织、外国政府和跨国企业外在压力以及中国本土行业企业内在动力的双重推动下，中国区域和行业需要精细地加强其知识产权保护，使之与其经济和贸易发展水平相适应，形成强化知识产权保护与中国外贸发展良性互动的发展格局。Kim 等（2012）发现专利保护对发达国家创新及经济增长有着显著的促进效应，但这一效应对发展中国家不存在，而对实用新型的保护对发展中国家创新及经济增长有着显著的作用。Hudson 和

Minea（2013）认为强的知识产权保护对创新的影响是复杂的。对每个国家而言，最优的政策是既考虑到未来经济水平决定的最优知识产权保护强度，又兼顾现有经济水平决定的最优演变路径。Chu 等（2014）主张，知识产权保护制度具有阶段性。在发展初期，施加较弱的知识产权保护以促进模仿；而在发展后期，施加较强的知识产权保护以鼓励本土创新。Fink 和 Maskus（2005）、Cao（2014）指出，单靠严格的知识产权保护制度不足以支撑一国科技发展和经济增长。其他政策措施协调是至关重要。

据此，一国经济发展水平是基础，全球生产网络是平台，知识产权保护是制度保障，服务于中国外贸竞争力提升的目标。国家层面应依据经济发展水平，协调国内国际制定知识产权保护战略；区域省级应依据区域经济特征执行知识产权保护政策；行业层面应根据行业比较优势和竞争优势实施知识产权保护策略。因此，在宏观层面上，我们提出分层制定、协调实施来加强知识产权保护，提升中国外贸竞争力，服务于中国经济增长。

二、实施路径之二：超越模仿、立足自主创新

自主研发、追求创新是一国长期发展的战略需求。唐晓云（2009）认为，世界上绝大多数国家基本上都是按照由低水平模仿、技术引进到自主研发的路径实现本国的技术提升。在经济发展水平较低时，模仿发达国家产品对发展中国家是最优的选择（Grossman 和 Helpman，1991；Helpman，1993）。Ernst 和 Kim（2002）也认为，发展中国家应当以外源性知识作为本国学习效应和创新能力形成的催化剂。林毅夫和张鹏飞（2006）提出，发展中国家应引进与其比较优势相一致的技术以实现技术变迁，并且自主研发也越来越重要。郭春野和庄子银（2012）认为，当南方技能劳动充裕时，适度的知识产权保护会激励南方自主创新。Lorenczik 和 Newiak（2012）研究表明，当一国研发能力和效率达到一定水平时，加强知识产权保护使得南方国家将资源从模仿转移到创新，进而提高南方国家自主创新能力和福利。Zhang（2015）提出，FDI 对东道国出口竞争力的益处不是自动累积的，而是取决于国内吸收能力。出口技术深化在很大程度上是由国内借鉴 FDI 推动的，中国通过加强国内学习努力有效地利用了外资，进而提高吸收能力。据此，在经济发展初期，处于模仿和技术引进阶段，有所加强但整体偏弱的知识产权保护是有利于发展中国家外贸技术提升的。但是，在经济发展进入自主研发、追求创新阶段，此时加强知识产权保护将更有利于提升一国外贸竞争力。因此，在微观层面上，应强调微观市场主体企业的创新能力，我们提出超越模仿、立足自主创新来培育和提升中国企业外贸核心竞争力。

三、实施路径之三：打造营商环境、提升全球价值链嵌入度

2018年6月26日，中国下调了亚太进口协定税率；6月28日，国家发展改革委、商务部发布了《2018年版外商投资准入负面清单》，在22个领域推出新一轮开放措施；7月9日，发布了《关于扩大进口促进对外贸易平衡发展的意见》；11月1日起，我国又降低1585个税目工业品等商品进口关税税率等；2018年11月5—10日，首届中国国际进口博览会在上海举行，让世界共享中国经济成长的消费市场，构建出口和进口并重的贸易畅通的交易平台，推进“中国制造”对接“全球生产”。2019年3月13日，上海发布了《着力优化营商环境加快构建开放型经济新体制行动方案》，以推进进一步优化营商环境的实施计划。通过优化营商环境，上海已使得90%的事项“只跑一次”“一次办成”，这大大地节约了内外资企业投资上海的营商成本。5月15日，国务院新闻办发布了《中国知识产权保护与营商环境新进展报告（2018）》，该报告显示，2018年中国知识产权保护和营商环境建设取得了显著成效。6月28日，习近平主席在G20大阪峰会上发言中提出，“我们将于明年1月1日实施新的外商投资法律制度，引入侵权惩罚性赔偿制度，增强民事司法保护和刑事保护力度，提高知识产权保护水平”。7月17日，李克强总理主持召开国务院常务会议，部署进一步加强知识产权保护工作，切实保护各类市场主体合法权益。2019年8月6日，国务院发布了《关于印发中国（上海）自由贸易试验区临港新片区总体方案的通知》，支持新片区以投资自由、贸易自由、资金自由、运输自由、人员从业自由等为重点，建立以投资贸易自由化为核心的制度体系。这些举措都旨在积极建设、打造出更加一流的贸易自由化和投资便利化的国际营商环境，扩大和提升对外资的吸引力，进而提升中国在全球生产价值链和全球贸易价值链中的嵌入度。一个有力证据是：2018年10月31日，世界银行发布了《2019年营商环境报告：为改革而培训》（World Bank，2018），从开办企业、办理施工许可证、获得电力、登记财产、获得信贷、保护少数投资者、跨境贸易、纳税、执行合同、办理破产等10个指标评估了世界上190个经济体的营商环境。中国大陆排名一次性跃升了32位，目前位列世界第46位。尽管如此，2019年中国在办理施工许可证、纳税上排名较差，分别位列第121位、第114位，需要大幅改进；在获得信贷、跨境贸易、保护少数投资者、办理破产上也值得进一步改善。

Reis和Farole（2012，p. 92）提出，在国际背景下，商业环境对企业水平竞争力起着重要的作用，并可能成为企业增长的推动力或者障碍。国内商业环境影响出口竞争力的主要渠道有：（1）扭曲企业的微观经济激励机制，进而影响企

业的生产和出口决策；（2）提高企业的固定成本和可变成本，进而影响企业的出口竞争力。李志远等（2018）提出，对国内制造业而言，除了要做好对接来自国外优质产品竞争之外，还要借进口博览会契机进一步消除与国际中间品、资本品及生产商的“信息鸿沟”，降低企业的搜寻、筛选和采购成本。同时，要借助进口博览会，促进国内产业集群、下游企业与国际先进制造业的深度对接乃至建立合作关系，进而推动“中国制造”更广泛、更深入地融入全球生产价值链。

四、实施路径之四：使用反垄断法、遏制市场控制力

健全和完善《反垄断法》，遏制来自发达经济体的跨国企业凭借知识产权保护产生的垄断优势，防止滥用知识产权形成的市场控制力。CIPR（2003，p. 4）指出，大多数发达国家有着复杂的竞争管理制度来确保任何垄断权力的滥用不可能过度地影响到公众利益，而在大多数发展中国家就不是这样了，这使得发展中国家对于不适当的知识产权制度特别脆弱。Zhan 和 Zhu（2007）认为，知识产权保护与知识产权滥用是一个铜板的两面，在西方国家持续批评发展中国家特别是中国缺乏有效的知识产权保护时，也要谨防发达国家在发展中国家的知识产权滥用问题。

因此，中国应从发达国家经验中吸取教训，一要遵守 TRIPS 协定的最低保护标准；二要像发达国家一样建立和完善《反垄断法》，制止对专利权保护范围的过宽解释，促进知识产权的转让和传播；三要使用《反垄断法》来遏制知识产权滥用行为。现实中，《中华人民共和国反垄断法》颁布得很晚，直到 2008 年 8 月 1 日起才开始施行，禁止具有市场支配地位的经营者从事七种滥用市场支配地位的行为。《中华人民共和国反垄断法》第五十五条规定，“经营者依照有关知识产权的法律、行政法规规定行使知识产权的行为，不适用本法；但是，经营者滥用知识产权，排除、限制竞争的行为，适用本法”。

五、实施路径之五：实施品牌战略和市场战略

第一，实施品牌战略。进一步地，当企业具备自主研发，并向市场投放新产品后，实施品牌战略获取核心竞争力孕育而生。韩中和等（2010）认为，贴牌生产方式不会自动提升为自主品牌，企业需要不断强化品牌意识，加强研发和提升国际营销能力才能加快从贴牌转向自主品牌生产。沈国兵（2011）认为，品牌战略的推进是一项系统工程，必须依靠诸多因素的合力共同作用。一是企业是自主品牌建设的主体。选准市场定位，确定战略品牌；提高产品质量，维持产品品牌生命力；重视商标申请和注册，保护民族品牌的合法权益。二是政府鼓励、引导和扶持企业塑造民族品牌。比如通过政府采购支持民族自主品牌，重点分级

扶持一批有影响力的民族品牌；推动全社会树立民族自主品牌的意识。

第二，需要大力推进市场战略。拓宽中国对外贸易的地理方向和产品贸易结构，以多元化、多样化的市场广延边际来提升中国企业外贸竞争力。一要借助对外直接投资，拓展海外市场；二要开展国际化经营，提升自主知识产权、塑造自主品牌；三要推进区域经济一体化，扩大市场份额。Reis 和 Farole（2012）指出，进口贸易政策壁垒会损害国内生产产品的出口竞争力，阻碍私营部门对提高生产率、创新及增进出口潜力的激励。沈国兵、余智（2018a）提出，要认清对外开放的重心，中国政府多次宣布，希望对世界上所有国家（包括发达国家与发展中国家）都扩大开放，而不是对部分国家扩大开放。其中，发达国家能为中国提供广大的外贸市场、高技术与高质量的产品、先进技术设备和管理经验，绝不该"轻言放弃"。沈国兵、余智（2018b）进一步认为，要客观认识亚非拉发展中经济市场和"一带一路"倡议成员方贸易市场的作用。我国与广大的亚非拉发展中国家和"一带一路"沿线国家的合作，是我国对外开放总体格局中的重要一环和补充，但现阶段尚不能担当起我国对外开放的重心。这是因为亚非拉发展中国家的市场仍旧比较有限，也难以为我国提供可供借鉴的先进技术、管理经验与市场经济体制。

据此，中国企业根据自身优势、风险以及能力，实施合意的品牌战略和市场战略，以获得持久的对外贸易核心竞争力。

第五节 主要结论及政策建议

随着国际分工的细化和生产的碎片化，一国不可避免地要融入全球生产价值链和全球贸易价值链，关键是如何才能做到这一点呢？这就需要提升行业企业对外贸易竞争力。为此，围绕提升中国外贸竞争力的目标和路径问题，我们研究显示：

第一，全球生产网络是中国外贸竞争力提升依托的重要平台，受到全球经济体要素禀赋、经济发展水平及技术水平的影响，并通过跨国公司战略调整发生。知识产权保护制度是中国外贸竞争力提升依赖的制度保障，是随其经济发展水平、模仿能力而动态调整的。中国外贸竞争力提升的目标是扩大中国出口强度、提升中国出口质量（做大贸易数量型出口竞争力、做强贸易质量型出口竞争力），服务于中国经济增长。

第二，提升中国外贸竞争力要立足中国现实的经济发展水平，全面参与和高度融入全球、区域和行业生产网络平台和贸易交易平台，通过加强知识产权保护来不断培育和优化中国的营商环境。将中国外贸竞争力提升的目标研究置于全球生产网络的大市场平台之上，分析为实现这一目标所需构建的知识产权保护制度等营商环境，认为中国外贸竞争力提升是在不断增强的知识产权保护下，中国行业企业积极进行研发创新、深度参与国际分工、不断提升全球生产价值链和全球贸易价值链的结果。

第三，中国外贸竞争力提升的目标是动态发展的，取决于融入全球生产网络的广度和深度，取决于与其经济发展水平、FDI和对外贸易发展相适应的知识产权保护制度。现实中，中国商品出口在进口国增加值市场渗透率上升，即扩大了中国出口强度；中国企业出口技术含量、企业出口产品质量和/或企业新出口联系的上升，即提升了中国出口质量。中国扩大了出口强度、提升了出口质量，就实现了中国外贸竞争力提升的目标。

第四，需要协调多方因素来扩大中国出口强度、提升中国出口质量。一要打造好中国行业企业深度参与国际分工、共享全球生产价值链和贸易价值链的国际一流的全球生产网络平台，吸引跨国公司向中国投资汇聚，促进“中国制造”对接“全球生产”。二要健全完善中国知识产权保护制度，为国内外行业企业在华进行研发投入、创新活动提供良好的营商制度环境，进而为提升中国行业企业外贸竞争力构筑坚实的制度保障。三要充分吸纳FDI渠道产生的技术溢出效应和营销经验、对外贸易渠道产生的进口中间品溢出效应和干中学效应，进而提升中国外贸竞争力。

第五，发达国家不可能再允许中国通过模仿和“侵权”手段走上当年日本和韩国工业化起飞之路，面对TRIPS协定下中国经贸发展遭遇的国际知识产权壁垒的挑战，中国一要遵守WTO有关TRIPS协定要求的最低保护标准；二要根据本国自身的经济发展水平，充分利用TRIPS协定中的灵活性空间如审查标准、例外条款等；三要使用《反垄断法》限制发达国家滥用其知识产权垄断优势；四要超越模仿、立足自主创新来培育和提升中国企业外贸核心竞争力，以保持中国经济可持续增长。

第六，针对扩大中国出口强度、提升中国出口质量的目标，本著作基于系统研究提出了动态的多元战略协调配合实施路径。具体是：分层制定、协调实施；超越模仿、立足自主创新；打造营商环境、提升全球价值链嵌入度；使用《反垄断法》、遏制市场控制力；实施品牌战略和市场战略。在扩大中国出口强度、提升中国出口质量，即提升中国外贸竞争力的基础上，服务于中国经济增长。

附录：调查问卷

“全球生产网络与知识产权保护下中国外贸竞争力提升研究”的调查问卷

您好！感谢您能在百忙之中接受此次教育部人文社科重点研究基地复旦大学世界经济研究所课题组的调查问卷。此次调查问卷是国家社会科学基金重点项目“全球生产网络与知识产权保护下中国外贸竞争力提升目标和路径研究（15AZD058）”课题研究问卷的主要内容。本次问卷调研结果仅用于本项目研究，我们将对相关调查企业的信息严格保密，并将根据贵企业的需求提供此次调研报告，恳请您能够如实、认真、详细地填写以下问卷内容。谢谢！

企业名称：（公章）____________________

一、贵企业基本情况

1. 贵企业是（　　）

（A）国有及国有控股企业　　（B）中外合资企业

（C）中外合作企业　　（D）外商独资企业

（E）民营——集体企业　　（F）民营——私人企业

（G）其他类型企业

2. 贵企业建立的时间是哪一年？（　　年）

从事外贸时间多少年？（　　年）

企业员工规模是多少人？（　　人）

企业年生产规模为多少？（　　万元人民币）

研发人员占全部员工比重多少？（　　%）

企业全部投入中用于研发投入占多大比例？（　　%）

3. 贵企业从事贸易类型（　　）
（A）生产型进出口企业
（B）服务型专业外贸公司
（C）其他类型________

4. 贵企业所属行业（可多选）（　　）
（A）纺织行业　（B）服装纤维制造业
（C）皮革箱包制品业　（D）家具制造业
（E）食品制造业　（F）木材业及竹藤棕草业
（G）玩具制造业　（H）造纸及纸制品业
（I）文教体育用品业　（J）橡胶制品业
（K）塑料制品业　（L）金属制品业
（M）化学原料及制品业　（N）机械设备制造业
（O）光学仪器仪表　（P）车辆运输设备制造业
（Q）电子器件　（R）通信设备
（S）其他

二、全球生产网络下，贵企业生产与贸易活动情况

5. 贵企业进出口的主要销售模式（　　）
（A）全部外销　（B）外销为主，内销为辅
（C）外销为辅，内销为主　（D）全部内销

6. 贵企业对外贸易的主要业务类型（　　）
（A）出口为主　（B）进口为主
（C）进出口兼营　（D）没有外贸

7. 贵企业进出口的主要贸易方式（　　）
（A）一般贸易　（B）加工贸易—来料加工装配贸易
（C）加工贸易—进料加工贸易　（D）外商投资企业进口
（E）保税区仓储转口贸易　（F）出口加工区贸易

8. 贵企业的年出口规模（　　）
（A）50 万美元以下　（B）50 万—100 万美元
（C）100 万—300 万美元　（D）300 万—500 万美元
（E）500 万—1000 万美元　（F）1000 万—3000 万美元
（G）3000 万—5000 万美元　（H）5000 万美元以上

9. 贵企业的年进口规模（　　）
（A）50 万美元以下　（B）50 万—100 万美元

（C）100 万—300 万美元　　（D）300 万—500 万美元
（E）500 万—1000 万美元　　（F）1000 万—3000 万美元
（G）3000 万—5000 万美元　　（H）5000 万美元以上

10. 贵企业出口的主要计价货币是（可多选）（　　）
（A）美元　　（B）欧元　　（C）日元
（D）港币　　（E）人民币　　（F）其他货币________

11. 贵企业进口的主要计价货币是（可多选）（　　）
（A）美元　　（B）日元　　（C）欧元
（D）港币　　（E）人民币　　（F）其他货币________

12. 贵企业主要出口目的地（可多选）（　　）
（A）美国　　（B）德国　　（C）法国
（D）荷兰　　（E）英国　　（F）欧盟其他国家
（G）日本　　（H）韩国　　（I）中国香港特区
（J）印度　　（K）独联体　　（L）中国台湾地区
（M）东盟　　（N）中东　　（O）巴西
（P）非洲　　（Q）其他国家

13. 贵企业主要进口来源地（可多选）（　　）
（A）美国　　（B）德国　　（C）法国
（D）荷兰　　（E）英国　　（F）欧盟其他国家
（G）日本　　（H）韩国　　（I）中国香港特区
（J）印度　　（K）独联体　　（L）中国台湾地区
（M）东盟　　（N）中东　　（O）巴西
（P）非洲　　（Q）其他国家

14. 贵企业国内生产主要分布在（可多选）（　　）
（A）东北地区：黑龙江省、吉林省、辽宁省
（B）华北地区：山西省、河北省、北京市、天津市、内蒙古自治区
（C）华东地区：山东省、江苏省、浙江省、安徽省、江西省、福建省、上海市
（D）华中地区：湖南省、湖北省、河南省
（E）华南地区：海南省、广东省、广西壮族自治区
（F）西北地区：陕西省、甘肃省、青海省、宁夏回族自治区、新疆维吾尔自治区
（G）西南地区：云南省、四川省、贵州省、重庆市、西藏自治区

15. 贵企业选择国内生产地主要考虑（可多选，请按重要性排列）（　　）
（A）市场导向型
（B）靠近主要的供应商
（C）获取廉价劳动力
（D）获得廉价的土地
（E）获取关键原材料，资源导向型
（F）便于研究开发，技术导向型
（G）便于吸收关键人才
（H）获得地方政府优惠的招商引资政策
（I）其他（请注明）________________

16. 贵企业是否拥有海外分支机构？
如果是，请回答问题17—20：

17. 贵企业海外分支机构主要分布在（可多选）（　　）
（A）美国　（B）德国　（C）法国
（D）荷兰　（E）英国　（F）欧盟其他国家
（G）日本　（H）韩国　（I）中国香港特区
（J）印度　（K）独联体　（L）中国台湾地区
（M）东盟　（N）中东　（O）巴西

18. 贵企业海外分支机构的主要形式有（可多选）（　　）
（A）设立办事处
（B）合资企业
（C）通过兼并收购建立的独资子公司
（D）通过绿地投资建立的独资子公司

19. 贵企业海外分支机构的侧重哪些方面（可多选）（　　）
（A）销售渠道拓展　（B）生产基地
（C）研发机构　（D）经营范围拓展

20. 贵企业选择海外布局时主要考虑（可多选，请按重要性排列）：（　　）
（A）获取海外市场，市场导向型　（B）靠近主要的供应商
（C）获取廉价劳动力　（D）获取廉价土地
（E）获取关键原材料，资源导向型　（F）靠近技术前沿，便于研究开发
（G）便于吸收关键人才　（H）获得当地政府优惠政策
（I）多元化生产，降低风险　（J）我国政府鼓励“走出去”的目的地
（K）其他（请注明）________________

如果否，请回答问题21—22

21. 对贵企业而言是否有必要成立海外分支机构？（　　）

（A）很有必要，正在计划中

（B）有必要，但是难度较大，暂时没有计划

（C）没有必要，国内生产可以满足企业发展战略

22. 贵企业认为成立海外分支机构的主要困难有（可多选）（　　）

（A）缺乏资金　　（B）对海外市场缺乏认识

（C）缺乏管理团队　　（D）缺乏国家化人才

（E）本国政府审批程序复杂　　（F）外国政府地方保护主义

（G）其他（请注明）＿＿＿＿＿＿＿＿

三、全球生产网络下，中国企业知识产权保护与研发现状

23. 贵企业认为国内知识产权保护强度变化趋势是（　　）

（A）逐年增强　　（B）无明显变化

（C）逐年减弱　　（D）没有关注

24. 贵企业在进行研发活动时，是否会考虑知识产权保护强度（　　）

（A）会考虑；保护强度增强，更倾向于进行研发

（B）不会考虑；研发活动对知识产权保护强度不敏感

25、贵公司的创新能力在行业内处于什么水平？（　　）

（A）龙头企业，领先地位　　（B）中上游企业，创新能力强

（C）一般水平，技术追随者　　（D）创新能力较弱

26. 影响贵企业研发决策的主要因素有（最重要三项）（　　）

（A）行业竞争强度　　（B）企业风险承受力

（C）企业风险偏好　　（D）企业贷款能力

（E）消费者需求变化　　（F）行业知识产权保护强度

（G）科研人才储备　　（H）项目投资金额与偿还期

（I）其他（请注明）＿＿＿＿＿＿＿＿

27. 贵企业进行自主创新的经济目标是（最重要三项）（　　）

（A）提高效率，降低成本　　（B）提升现有产品质量

（C）开拓新市场　　（D）增加或保持市场占有率

（E）开发新产品　　（F）进入新领域

（G）其他（请注明）＿＿＿＿＿＿＿＿

28. 贵企业进行创新的来源主要有（可多选）（　　）

（A）上游企业　　（B）下游企业

(C) 竞争性内资企业　　(D) 竞争性外资企业
(E) 竞争性外国企业　　(F) 消费者
(G) 国内大学等研究机构　　(H) 国外大学等研究机构
(I) 母企业　　(J) 原创性自主创新
(K) 其他(请注明) ________________

29. 贵企业进行创新的合作伙伴主要有(可多选)(　　)
(A) 上游企业　　(B) 下游企业
(C) 竞争性内资企业　　(D) 竞争性外资企业
(E) 竞争性外国企业　　(F) 国内大学等研究机构
(G) 国外大学等研究机构　　(H) 母企业
(I) 原创性自主创新　　(J) 其他(请注明) ________________

30. 在与外国企业合作时,对方对其技术或知识产权等是否有保密意识(　　)
(A) 很在意　　(B) 比较在意
(C) 不在意

31. 贵企业认为参与跨国生产合作促进企业哪方面创新(　　)
(A) 自主创新　　(B) 模仿创新
(C) 前述两项均有利　　(D) 均无明显影响

32. 贵企业的知识产权管理机构是(　　)
(A) 独立的职能部门　　(B) 其他部门监管
(C) 未设立部门进行管理

33. 贵企业的研发机构是(　　)
(A) 独立的职能部门　　(B) 其他部门监管
(C) 未设立部门进行管理

34. 贵企业现有研发人员约________人,占比为(　　)。其中:
(A) 高级职称及以上____人,占____%
(B) 中级职称和博士____人,占____%
(C) 本科及以上____人,占____%
(D) 大专及以上____人,占____%

35. 贵企业研发投入占全部投入比例为(　　)
(A) <2%　　(B) 2%—5%
(C) 6%—10%　　(D) 11%—15%
(E) >15%

36. 贵企业技术创新的资金来源有（可多选）（　　）

（A）银行贷款　　（B）股票融资

（C）债券融资　　（D）风险投资

（E）政府资助　　（F）企业自筹

（G）其他（请注明）________________

37. 贵企业过去三年累计申请的发明专利有几件？（　　）

贵企业过去三年累计申请的实用新型有几件？（　　）

贵企业过去三年累计申请的外观设计有几件？（　　）

贵企业过去三年累计授权的发明专利有几件？（　　）

贵企业过去三年累计授权的实用新型有几件？（　　）

贵企业过去三年累计授权的外观设计有几件？（　　）

贵企业过去三年累计遭受的侵权调查有几件？（　　）

其中，确定侵权的有几件？（　　）

贵企业过去三年累计对其他企业发起的侵权调查有几件？（　　）

其中，有几件成功？（　　）

38. 贵企业申请知识产权保护的主要目的有（可多选）（　　）

（A）抢占或拓展市场　　（B）防止本企业技术被模仿盗用

（C）技术储备，技术出售　　（D）建立自己的产品标准

（E）为完成专利考核指标　　（F）满足政府资格认定的需要

（G）获得相关资助与补贴　　（H）塑造企业形象，形成宣传效用

（I）抢注，竞争策略　　（G）其他（请注明）________

39. 贵企业知识产权争端的解决途径为（可多选）（　　）

（A）自行协商解决　　（B）知识产权行政部门协调处理

（C）法院起诉　　（D）行业协会调解

（E）其他方式________

40. 贵企业在选择知识产权纠纷处理方式时，首先考虑的因素是（　　）

（A）维权解决方式的费用　　（B）维权解决的时间成本

（C）维权解决纠纷的专业性　　（D）维权结果能否得到有效执行

（E）其他（请注明）________________

41. 贵企业认为在知识产权维权过程中存在问题的重要次序为（　　）

（A）法律制度不够健全　　（B）维权行为成本高

（C）诉讼周期长　　（D）执行力度弱

（E）其他方面________________

42. 贵企业是否有在海外申请知识产权（　　）

（A）是　　（B）否

如果有海外申请知识产权，贵企业认为主要的困难在于（可多选）（　　）

（A）对海外申请的流程不了解　（B）海外审查周期过长

（C）海外申请费用过高　（D）代理机构能力相对不足

（E）要求提供全部现有技术文件　（F）获取后维权成本过高

（G）其他________________

四、全球生产网络与知识产权保护下中国企业外贸竞争力发展情况

——基于技术水平、产品质量、品牌和服务视角

43. 贵企业在出口国市场的产品占有率平均约为（　　）

（A）0—5%　（B）6%—10%　（C）11%—15%

（D）16%—20%　（E）21%—25%　（F）26%—30%

（G）>31%

44. 按照贵企业的重视程度对下列指标进行排序（　　）

（A）市场占有率　（B）利润率　（C）销售额

（D）品牌建设　（E）专利拥有量　（F）用户满意度

（G）企业声誉

45. 贵企业面临的主要压力有（可多选）（　　）

（A）全球经济下行，需求疲软　（B）同行价格竞争压力

（C）人民币汇率压力　（D）劳动力成本上升压力

（E）原材料成本上升压力　（F）没有自主品牌，只能贴牌生产

（G）其他（请注明）______________________________________

46. 贵企业核心出口竞争力包括（最多三项）（　　）

（A）创新型技术，独占性　（B）改善型技术，提高效率

（C）产品高质量　（D）低廉价格

（E）性价比　（F）产品服务

（G）品牌认知度　（H）其他（请注明）________

47. 技术水平对贵企业出口具有（　　）

（A）决定作用　（B）重要作用

（C）一般作用　（D）较少作用

（E）没有作用

48. 近三年，贵企业用于技术购置及技术开发的费用占生产成本的（　　）

（A）0—10%　（B）11%—20%　（C）21%—30%

（D）31%—40%　　（E）41%—50%　　（F）>50%

49. 贵企业技术主要来源（可多选）（　　）

（A）主要由海外母公司提供　　（B）主要从国际市场购买

（C）主要从国内市场购买　　（D）自主开发

（E）联合开发　　（F）通过产品进行反向工程

（G）其他（请注明）________________

50. 与贵企业发展相适应的技术水平是（　　）。

（A）国际领先　　（B）国际先进

（C）国内领先　　（D）国内先进

（E）一般水平

51. 与贵企业发展相适应的技术成熟度是（　　）。

（A）试验室技术　　（B）中试技术

（C）规模化生产技术　　（D）产业化技术

52. 产品质量对贵企业出口具有（　　）。

（A）决定作用　　（B）重要作用

（C）一般作用　　（D）较少作用

（E）没有作用

53. 贵企业主要出口产品是否获得质量认证（　　）。

（A）是，获得国际质检机构认证　　（B）是，获得出口国质检机构认证

（C）是，获得本国质检机构认证　　（D）否，未获得质量认证

54. 近三年，贵企业累计出现（　　）次产品召回

（A）1—5　　（B）6—10　　（C）11—15　　（D）>15

55. 近三年，贵企业累计出现（　　）次客户退货。

（A）1—5　　（B）6—10　　（C）11—15　　（D）>15

56. 贵企业提供的保修时长平均为（　　）年

（A）<1　　（B）1—2　　（C）3—4　　（D）5—6

（E）>6

57. 近五年，与贵企业保持三年以上合作关系的客户有（　　）家

（A）1—5　　（B）6—10　　（C）11—15　　（D）>15

58. 品牌建设对贵企业出口具有（　　）

（A）决定作用　　（B）重要作用　　（C）一般作用

（D）较少作用　　（E）没有作用　　（F）没有品牌建设

59. 近三年，贵企业用于品牌建设的费用占生产成本的（　　）

(A) 0—5%　　(B) 6%—10%　　(C) 11%—15%

(D) 16%—20%　　(E) 21%—30%　　(F) >30%

60. 贵企业是否有自主品牌或注册商标（　　）

(A) 有自主品牌并推向市场，行业内具有知名度

(B) 有自主品牌并推向市场，但行业知名度不足

(C) 有自主品牌，但未推向市场

(D) 无自主品牌或商标（贴牌生产）

61. 近三年来，贵企业在品牌建设中投入最高的是（　　）

(A) 研究开发　　(B) 生产设备　　(C) 广告宣传

(D) 销售渠道　　(E) 销售服务　　(F) 其他（请注明）____

62. 服务对贵企业出口具有（　　）

(A) 决定作用　　(B) 重要作用　　(C) 一般作用

(D) 较少作用　　(E) 没有作用　　(F) 很少提供服务

63. 近三年，贵企业用于构建服务体系的费用占生产成本的（　　）

(A) 0—5%　　(B) 6%—10%　　(C) 11%—15%

(D) 16—20%　　(E) 21%—25%　　(F) 26%—30%

(G) >30%

64. 贵企业对客户的服务集中在（可多选）（　　）

(A) 销售前详细的咨询服务　　(B) 产品销售后的配套服务

(C) 客户使用过程中的咨询服务　　(D) 客户使用过程中的维护服务

(E) 其他（请注明）

65. 贵企业目前有哪些服务方式提升客户体验（可多选）（　　）

(A) 实体服务门店　　(B) 网络在线咨询

(C) 电话服务咨询　　(D) 定期客户免费体验活动

(E) 移动端 APP、微信公众号　　(F) 其他（请注明）________

五、全球生产网络与知识产权保护下中国企业提升外贸竞争力的举措

66. 贵企业对本国知识产权保护的诉求是（　　）

(A) 加强知识产权保护有利于提升自身外贸竞争力

(B) 减弱知识产权保护有利于提升自身外贸竞争力

(C) 知识产权保护与企业自身外贸竞争力关系不大

(D) 知识产权保护与企业自身外贸竞争力无关

67. 在全球生产网络下，贵企业所在行业的知识产权保护水平对于贵企业模仿与创新有何影响（　　）

（A）知识产权保护水平较低，本企业自主创新产品得不到很好的保障

（B）知识产权保护水平适中，既能有效模仿上下游企业，也能有效保护本企业创新

（C）知识产品保护水平过高，不利于本公司向上下游企业的模仿学习

（D）其他（请注明）____________________

68. 贵企业主要出口国知识产权保护程度高/低及其对产品竞争力的影响是（　　）

（A）出口的产品是高技术产品，出口国高知识产权保护提高产品竞争力

（B）出口的产品是低技术产品，出口国高知识产权保护不影响产品竞争力

（C）出口的产品是高技术产品，出口国低知识产权保护降低产品竞争力

（D）出口的产品是低技术产品，出口国低知识产权保护有利于产品竞争力

69. 贵企业目前的知识产权管理体系包括（可多选）（　　）

（A）明确的战略目标　　（B）独立的知识产权管理机构

（C）明确的知识产权管理人员分工　　（D）有效的沟通机制

（E）注重知识产权的企业文化　　（F）有效的员工激励机制

（G）其他（请注明）____________________

70. 贵企业采取了何种人力资源管理方式以强化企业知识产权保护、提高企业创新（可多选）（　　）

（A）对 R&D 人员进行知识产权知识培训

（B）对 R&D 人员进行绩效奖励

（C）对 R&D 人员进行股权激励

（D）签订合同明确知识产权的所有权和使用权

（E）其他（请注明）____________________

71. 为提升外贸竞争力，贵企业认为现阶段最紧迫的是（　　）

（A）技术创新，开发新产品　　（B）技术改善，降低成本

（C）提升产品质量　　（D）打造自主品牌

（E）提升产品服务　　（F）其他（请注明）________

72. 知识产权保护下，贵企业认为提升企业产品技术研发投入、改善产品质量、塑造自主品牌面临的风险主要来自哪方面（　　）

（A）国家知识产权保护立法缺失

（B）国家知识产权保护执法不力

（C）同行业/企业恶意进行知识产权侵权诉讼，应诉成本高

（D）遭受同行业企业知识产权侵权，维权成本高

73. 全球生产网络、知识产权保护下，贵企业是否转移生产线于海外（　　）

（A）是，转移至东南亚　　（B）是，转移至原先出口目的地

（C）是，转移地为________　　（D）我公司不会考虑转移

（E）目前没有计划转移，视情况进一步变化而定

74. 全球生产网络、知识产权保护下，贵企业是否面临产品转型升级的压力（　　）

（A）是　　（B）否

75. 如果是，贵企业采取了哪些措施应对产品转型升级的压力（可多选）（　　）

（A）进口高端设备

（B）自主研发高端设备

（C）优化生产设备和工艺生产线

（D）采用新材料替代传统材料

（E）调整产品技术参数

（F）研发新产品

（G）加大市场调研力度，了解消费者需求

（H）改善企业组织结构

（I）利用互联网渠道

（J）其他（请注明）________

76. 贵企业在发达经济体市场上面对的竞争者主要是（　　）

（A）出口国本土企业　　（B）来自发达国家的其他企业

（C）中国的其他出口企业　　（D）来自其他发展中国家的企业

（E）其他（请注明）________

77. 贵企业在发达经济体市场上采取的竞争策略主要有（最重要三项）（　　）

（A）定价策略，利用价格优势进行竞争

（B）质量策略，同等价格下提升产品质量

（C）品牌策略，利用良好的品牌知名度和优良品质取胜

（D）垄断优势，拥有独有知识产权

（E）本地合作，和当地知名企业进行合作，减少进入成本

（F）营销策略，多种宣传方式进行广告宣传，提高知名度其他

（G）官方合作，利用和当地政府的良好关系进行贸易

（H）其他（请注明）________________

78. 贵企业在发展中经济体市场上面对的竞争者主要是（　　）

（A）出口国本土企业　　（B）来自发达国家的其他企业

（C）中国的其他出口企业　　（D）来自其他发展中国家的企业

（E）其他（请注明）________________

79. 贵企业在发展中经济体市场上采取的竞争策略主要有（最重要三项）（　　）

（A）定价策略，利用价格优势进行竞争

（B）质量策略，同等价格下提升产品质量

（C）品牌策略，利用良好的品牌知名度和优良品质取胜

（D）垄断优势，拥有独有知识产权

（E）本地合作，和当地知名企业进行合作，减少进入成本

（F）营销策略，多种宣传方式进行广告宣传，提高知名度其他

（G）官方合作，利用和当地政府的良好关系进行贸易

（H）其他（请注明）________________

80. 全球生产网络、知识产权保护下，贵企业已采取何种措施提升外贸竞争力，可按照重要程度从大到小排序（可多选）（　　）

（A）加快技术升级　　（B）建设研发团队，重视知识产权保护

（C）降低劳动力成本　　（D）降低原材料、生产成本

（E）主动寻求全球合作伙伴，满足多层次需求

（F）加大人员培训，储备企业人力资源

（G）树立品牌意识，建设自主品牌

（H）建立质量管理体系，提升产品质量

（I）加大国际市场营销力度

（J）积极应对贸易摩擦

（K）国外并购或投资建厂

（L）合理使用金融工具，规避汇率风险

（M）提升售后服务效率和水平

（N）其他（请注明）________

81. 贵企业在创新过程中对政府有何期待（可多选）（　　）

（A）财政补贴

（B）税收减免

（C）规划产业园区，形成集成效应

（D）完善金融服务体系

（E）强化知识产权保护

（F）促进“产学研”联动

（G）信息咨询服务

（H）其他（请注明）____________

82. 贵企业在创新过程中对行业协会有何期待（可多选）（　　）

（A）分享行业内优质企业经验　　（B）提供行业动态信息

（C）促进行业内企业合作　　（D）帮助企业进行产业内升级

（E）建立行业规范　　（F）其他（请注明）________

83. 贵企业在创新过程中对金融机构（包括监管机构）有何期待（可多选）（　　）

（A）降低企业贷款门槛　　（B）简化贷款程序

（C）改善资信评级体系　　（D）加大“投贷联动”试点

（E）丰富融资渠道，提供融资咨询服务

（F）规范 P2P 业务、互联网金融渠道

（G）其他（请注明）____________________

注：投贷联动模式指银行对科技型创新型企业进行“股权 + 债权”的投放，以股权收益弥补信贷资金的风险损失。

84. 贵企业在参与对外贸易中，遇到过哪些困难？（可多选）（　　）

（A）国内进出口程序烦琐　　（B）申领出口退税困难

（C）换汇手续烦琐　　（D）国外进出口程序烦琐

（E）国外遭受不公平调查　　（F）国外资金管制

（G）国外政治动荡导致的变故　　（H）其他（请注明）________

85. 贵企业在对外贸易活动中对政府有何期待（可多选）（　　）

（A）提高贸易便利化程度　　（B）加大出口奖励

（C）提高出口退税率　　（D）降低进口关税

（E）干预人民币波动幅度　　（F）提供汇率风险管理工具

（G）促进贸易自由化，要求发达国家放松高科技产品出口管制

（H）其他（请注明）____________________

86. 贵企业在对外贸易活动中对行业协会有何期待（可多选）（　　）

（A）提供行业贸易数据　　（B）定期组织行业贸易会展

（C）进行行业贸易法律法规知识培训　（D）进行汇率风险管理培训

（E）进行行业发展分析　　（F）促进外国客户与本国企业交流

（G）其他（请注明）________________

87. 贵企业在对外贸易活动中对金融机构有何期待（可多选）（　　）

（A）提供出口信贷和担保服务　　（B）便利外汇结算

（C）提供汇率风险管理工具　　（D）提供汇率风险咨询服务

（E）降低贷款利率　　（F）简化贷款程序

（G）其他（请注明）________________

最后，我们由衷地感谢贵企业负责人员认真地填写以上相关问卷，对您的帮助，我们在此表示最诚挚的感谢！我们将严格保密贵企业的具体信息。谢谢！

国家社会科学基金重点项目（15AZD058）复旦大学课题组

参考文献

CANKAOWENXIAN

一、中/译文部分（按拼音排序）

[1] 波特（2007）：《国家竞争优势》，中信出版社2007年版，第125－153页。

[2] 陈佳贵、张金昌（2002）："实现利润优势——中美具有国际竞争力产业的比较"，《国际贸易》第5期。

[3] 陈维涛、王永进、毛劲松（2014）："出口技术复杂度、劳动力市场分割与中国的人力资本投资"，《管理世界》第2期。

[4] 陈勇兵、陈宇媚、周世民（2012）："贸易成本、企业出口动态与出口增长的二元边际——基于中国出口企业微观数据：2000—2005"，《经济学（季刊）》第4期。

[5] 陈媛媛（2013）："市场分割与出口竞争力：基于中国数据的经验研究"，《世界经济研究》第11期。

[6] 程大中（2014）："中国增加值贸易隐含的要素流向扭曲程度分析"，《经济研究》第9期。

[7] 池仁勇、戴丽华（2012）："企业独占性与其市场议价能力间关系的实证研究"，《技术经济》第4期。

[8] 代中强（2014）："知识产权保护提高了出口技术复杂度吗？——来自中国省际层面的经验研究"，《科学学研究》第12期。

[9] 代中强、梁俊伟、孙琪（2015）："知识产权保护、经济发展与服务贸易出口技术复杂度"，《财贸经济》第7期。

[10] 戴魁早（2018）："要素市场扭曲如何影响出口技术复杂度？——中国高技术产业的经验证据"，《经济学（季刊）》第1期。

[11] 戴觅、余淼杰、Madhura Maitra（2014）："中国出口企业生产率之谜：

加工贸易的作用”，《经济学（季刊）》第13卷第2期。

[12] 戴翔、金碚（2013）：“服务贸易进口技术含量与中国工业经济发展方式转变”，《管理世界》第9期。

[13] 董敏杰、梁泳梅、李钢（2011）：“环境规制对中国出口竞争力的影响——基于投入产出表的分析”，《中国工业经济》第3期。

[14] 董雪兵、朱慧、康继军、宋顺锋（2012）：“转型期知识产权保护制度的增长效应研究”，《经济研究》第8期。

[15] 杜修立、王维国（2007）：“中国出口贸易的技术结构及其变迁：1980—2003”，《经济研究》第7期。

[16] 杜运苏（2014）：“出口技术复杂度影响我国经济增长的实证研究——基于不同贸易方式和企业性质”，《国际贸易问题》第9期。

[17] 郭春野、庄子银（2012）：“知识产权保护与‘南方’国家的自主创新激励”，《经济研究》第9期。

[18] 郭小东、吴宗书（2014）：“创意产品出口、模仿威胁与知识产权保护”，《经济学（季刊）》第3期。

[19] 韩会朝、徐康宁（2014）：“中国产品出口‘质量门槛’假说及其检验”，《中国工业经济》第4期。

[20] 韩玉雄、李怀祖（2005）：“关于中国知识产权保护水平的定量分析”，《科学学研究》第3期。

[21] 韩中和、刘刚、杜琰琰（2010）：“品牌战略的影响因素以及对国际营销绩效的关系”，《经济管理》第2期。

[22] 洪世勤、刘厚俊（2013）：“出口技术结构变迁与内生经济增长：基于行业数据的研究”，《世界经济》第6期。

[23] 华民（2006）：“我们究竟应当怎样来看待中国对外开放的效益？”，《国际经济评论》第1期。

[24] 华晓红、周晋竹、宫毓雯（2013）：“全球价值链与东亚生产网络”，《国际贸易》第7期。

[25] 黄先海、杨高举（2010）：“中国高技术产业的国际分工地位研究：基于非竞争型投入占用产出模型的跨国分析”，《世界经济》第5期。

[26] 贾继锋等（2001）：《重构优势：入世后中国外贸的国际竞争力》，上海社会科学院出版社，高等教育出版社2001年版。

[27] 金碚（1997）：《中国工业国际竞争力——理论、方法与实证研究》，经济管理出版社1997年版。

[28] 黎峰（2014）：“全球生产网络下的贸易收益及核算——基于中国的实证”，《国际贸易问题》第6期。

[29] 李宏、刘珅（2014）：“FDI对制造业垂直专业化分工的影响机制——基于一般均衡分析视角”，《世界经济研究》第11期。

[30] 李惠娟、蔡伟宏（2017）：“全球价值链嵌入对中国服务业出口技术复杂度影响”，《国际贸易问题》第1期。

[31] 李坤望、蒋为、宋立刚（2014）：“中国出口产品品质变动之谜：基于市场进入的微观解释”，《中国社会科学》第3期。

[32] 李坤望、王有鑫（2013）：“FDI促进了中国出口产品质量升级吗？——基于动态面板系统GMM方法的研究”，《世界经济研究》第5期。

[33] 李小平、周记顺、王树柏（2015）：“中国制造业出口复杂度的提升和制造业增长”，《世界经济》第2期。

[34] 李志远、沈国兵、汤学良（2018）：“推进“中国制造”对接“全球生产””，《解放日报—思想周刊》，2018年8月28日第9版。

[35] 林伯强、杜克锐（2013）：“要素市场扭曲对能源效率的影响”，《经济研究》第9期。

[36] 林秀梅、孙海波（2016）：“中国制造业出口产品质量升级研究：基于知识产权保护视角”，《产业经济研究》第3期。

[37] 林毅夫、张鹏飞（2006）：“适宜技术、技术选择和发展中国家的经济增长”，《经济学（季刊）》第5卷第4期。

[38] 刘容欣（2002）：“东亚经济出口竞争力的比较研究”，《南开经济研究》第5期。

[39] 刘树林、王义源、王征（2017）：“金融发展与出口结构优化——基于金融效率的实证分析》，《国际贸易问题》第7期。

[40] 刘修岩、吴燕（2013）：“出口专业化、出口多样化与地区经济增长——来自中国省级面板数据的实证研究”，《管理世界》第8期。

[41] 刘岩、王健、杨伟（2017）：“知识产权保护与高质量产品出口增长”，《世界经济与政治论坛》第2期。

[42] 刘艳（2014）：“生产性服务进口与高技术制成品出口复杂度—基于跨国面板数据的实证分析”，《产业经济研究》第4期。

[43] 刘英基（2016）：“知识资本对制造业出口技术复杂度影响的实证分析”，《世界经济研究》第3期。

[44] 鲁晓东（2014）：“技术升级与中国出口竞争力变迁：从微观向宏观的

弥合”，《世界经济》第8期。

[45] 罗来军、罗雨泽、刘畅和Gunessee（2014）：“基于引力模型重新推导的双边国际贸易检验”，《世界经济》第12期。

[46] 罗长远、张军（2014）：“附加值贸易：基于中国的实证分析”，《经济研究》第6期。

[47] 马述忠、吴国杰（2016）：“中间品进口、贸易类型与企业出口产品质量——基于中国企业微观数据的研究”，《数量经济技术经济研究》第11期。

[48] 茅锐、张斌（2013）：“中国的出口竞争力：事实、原因与变化趋势”，《世界经济》第12期。

[49] 裴长洪（2013）：“进口贸易结构与经济增长：规律与启示”，《经济研究》第7期。

[50] 柒江艺、许和连（2012）：“行业异质性、适度知识产权保护与出口技术进步”，《中国工业经济》第2期。

[51] 齐俊妍、王永进、施炳展、盛丹（2011）：“金融发展与出口技术复杂度”，《世界经济》第7期。

[52] 钱学锋、王胜、陈勇兵（2013）：“中国的多产品出口企业及其产品范围：事实与解释”，《管理世界》第1期。

[53] 秦臻、倪艳（2006）：“中国航空航天器制造业国际竞争力的实证测度”，《世界经济研究》第6期。

[54] 沈国兵（2007）：“显性比较优势、产业内贸易与中美双边贸易平衡”，《管理世界》第2期。

[55] 沈国兵（2011）：《与贸易有关知识产权协定下强化中国知识产权保护的经济分析》，中国财政经济出版社2011年4月版。

[56] 沈国兵（2012）：“显性比较优势与美国对中国产品反倾销的贸易效应”，《世界经济》第12期。

[57] 沈国兵（2018）：“对接‘全球生产’，提升外贸竞争力尤为重要”，《社会科学报》第1625期第1版，2018年9月20日。

[58] 沈国兵（2019）：“美国商会发布的国际知识产权指数可信吗”，《当代经济研究》第1期。

[59] 沈国兵（2019）：“中美贸易摩擦的焦点和新动向”，《国际商务研究》第3期；转载于人大复印报刊《世界经济导刊》2019年第7期。

[60] 沈国兵、储灿（2017）：“全球生产网络与知识产权保护下中国外贸竞争力提升目标和路径研究：调查问卷分析”，《世界经济情况》第6期。

[61] 沈国兵、储灿（2019）："知识产权保护对一般贸易出口产品质量的影响——基于中国省级行业面板数据的实证分析"，《浙江学刊》第 5 期。

[62] 沈国兵、黄铄珺（2017）："汇率变化如何影响中国对美国一般贸易品出口技术结构"，《世界经济》第 11 期。

[63] 沈国兵、黄铄珺（2019）："行业生产网络中知识产权保护与中国企业出口技术含量"，《世界经济》第 9 期。

[64] 沈国兵、李韵（2017）："全球生产网络下中国出口竞争力的变化及其成因——基于增加值市场渗透率的分析"，《财经研究》第 3 期。

[65] 沈国兵、刘佳（2009）："TRIPS 协定下中国知识产权保护水平和实际保护强度"，《财贸经济》第 11 期。

[66] 沈国兵、王琳璨（2014）："东亚区域生产网络与中美贸易再平衡——以信息通讯技术行业为例"，《复旦国际关系评论》第 15 辑。

[67] 沈国兵、姚白羽（2010）："知识产权保护与中国外贸发展：以高技术产品进口贸易为例"，《南开经济研究》第 3 期。

[68] 沈国兵、于欢（2017）："中国企业参与垂直分工会促进其技术创新吗？"，《数量经济技术经济研究》第 12 期。

[69] 沈国兵、于欢（2019）："中国企业出口产品质量的提升：中间品进口抑或资本品进口"，《世界经济研究》第 12 期。

[70] 沈国兵、余智（2018a）："扩大对外开放，绝不轻言放弃"，《解放日报》，2018 年 10 月 23 日第 9 版，https://www.jfdaily.com/journal/2018-10-23/getArticle.htm?id=259538。

[71] 沈国兵、余智（2018b）："坚持对外开放的基本方向和总体格局不动摇"，《中国社会科学网》2018 年 10 月 27 日，http://econ.cssn.cn/jjx/jjx_gd/201810/t20181027_4764162.shtml。

[72] 沈国兵、张学建（2018）："行业知识产权保护对中国出口竞争力的影响：基于行业增加值市场渗透率的分析"，《浙江学刊》第 2 期。

[73] 沈国兵、张勋（2016）："全球生产网络下国家间零部件贸易强度演进及其主要影响因素分析"，《世界经济研究》第 7 期；转载于人大复印报刊《国际贸易研究》2016 年第 10 期。

[74] 沈国兵、张勋（2018）："行业生产网络下进口中间品对中国企业创新的影响"，《广东社会科学》第 3 期。

[75] 沈国兵、张勋（2019）："伙伴国知识产权保护对中国本土企业新出口联系的影响"，《社会科学辑刊》第 2 期。

[76] 盛斌（2002）:《中国对外贸易政策的政治经济学分析》，上海人民出版社 2002 年版。

[77] 盛斌、毛其淋（2017）:“进口贸易自由化是否影响了中国制造业出口技术复杂度”，《世界经济》第 12 期。

[78] 施炳展（2013）：“中国企业出口产品质量异质性：测度与事实”，《经济学（季刊）》第 13 卷第 1 期。

[79] 施炳展、邵文波（2014）：“中国企业出口产品质量测算及其决定因素——培育出口竞争新优势的微观视角”，《管理世界》第 9 期。

[80] 施炳展、王有鑫、李坤望（2013）:“中国出口产品品质测度及其决定因素”，《世界经济》第 9 期。

[81] 史宇鹏、顾全林（2013）:“知识产权保护、异质性企业与创新：来自中国制造业的证据”，《金融研究》第 8 期。

[82] 孙楚仁、于欢、赵瑞丽（2014）:“城市出口产品质量能从集聚经济中获得提升吗?”，《国际贸易问题》第 7 期。

[83] 孙铮、刘凤委、李增泉（2005）:“市场化程度、政府干预与企业债务期限结构——来自我国上市公司的经验证据”，《经济研究》第 5 期。

[84] 唐海燕（2013）:“中国在全球生产网络中的角色变迁”，《华东师范大学学报：哲学社科版》第 5 期。

[85] 唐晓云（2009）：“韩国的技术路径：专利、知识产权保护与产业选择”，《亚太经济》第 5 期。

[86] 唐跃军（2009）：“供应商、经销商议价能力与公司业绩——来自 2005—2007 年中国制造业上市公司的经验证据”，《中国工业经济》第 10 期。

[87] 汪建新、贾圆圆、黄鹏（2015）:“国际生产分割、中间投入品进口和出口产品质量”，《财经研究》第 4 期。

[88] 王华（2011）：“更严厉的知识产权保护制度有利于技术创新吗?”，《经济研究》增第 2 期。

[89] 王姝怡、武止戈（2013）:“知识产权保护与南北垂直分工布局——基于产品生命周期理论的分析”，《经济经纬》第 5 期。

[90] 王涛生（2013）:“中国出口竞争新优势的测度与分析”，《管理世界》第 2 期。

[91] 王维薇、李荣林（2014）:“全球生产网络背景下中间产品进口对出口的促进作用——基于对中国电子行业的考察”，《南开经济研究》第 6 期。

[92] 王雅琦、戴觅、徐建炜（2015）：“汇率、产品质量与出口价格”，

《世界经济》第5期。

[93] 王永进、施炳展（2014）：“上游垄断与中国企业产品质量升级”，《经济研究》第4期。

[94] 王直、魏尚进、祝坤福（2015）：“总贸易核算法：官方贸易统计与全球价值链的度量”，《中国社会科学》第9期。

[95] 文东伟、冼国明、马静（2009）：“FDI、产业结构变迁与中国的出口竞争力”，《管理世界》第4期。

[96] 吴超鹏、唐菂（2016）：“知识产权保护执法力度、技术创新与企业绩效——来自中国上市公司的证据”，《经济研究》第11期。

[97] 熊俊、于津平（2012）：“资本积累、贸易规模与出口商品技术含量”，《世界经济与政治论坛》第4期。

[98] 许春明、陈敏（2008）：“中国知识产权保护强度的测定及验证”，《知识产权》第1期。

[99] 许春明、单晓光（2008）：“中国知识产权保护强度指标体系的构建及验证”，《科学学研究》第4期。

[100] 许和连、王海成（2016）：“最低工资标准对企业出口产品质量的影响研究”，《世界经济》第7期。

[101] 许家云、毛其淋、胡鞍钢（2017）：“中间品进口与企业出口产品质量升级：基于中国证据的研究”，《世界经济》第3期。

[102] 许治、王思卉（2013）：“中国各省份出口商品技术复杂度的动态演进”，《中国工业经济》第8期。

[103] 杨丹辉、侯民军（2003）：“中国工业制成品出口竞争力的实证分析”，《河北经贸大学学报》第6期。

[104] 杨连星、刘晓光（2016）：“中国OFDI逆向技术溢出与出口技术复杂度提升”，《财贸经济》第6期。

[105] 杨汝岱（2015）：“中国制造业企业全要素生产率研究”，《经济研究》第2期。

[106] 杨汝岱、李艳（2016）：“移民网络与企业出口边界动态演变”，《经济研究》第3期。

[107] 杨汝岱、姚洋（2008）：“有限赶超与经济增长”，《经济研究》第8期。

[108] 杨珍增（2016）：“知识产权保护与跨国公司全球生产网络布局——基于垂直专业化比率的研究”，《世界经济文汇》第5期。

［109］姚洋、章林峰（2008）：“中国本土企业出口竞争优势和技术变迁分析”，《世界经济》第3期。

［110］易先忠、张亚斌（2006）：“技术差距、知识产权保护与后发国技术进步”，《数量经济技术经济研究》第10期。

［111］殷德生（2011）：“中国入世以来出口产品质量升级的决定因素与变动趋势”，《财贸经济》第11期。

［112］尹志锋、叶静怡、黄阳华、秦雪征（2013）：“知识产权保护与企业创新：传导机制及其检验”，《世界经济》第12期。

［113］余东华、孙婷（2017）：“环境规制、技能溢价与制造业国际竞争力”，《中国工业经济》第5期。

［114］余淼杰、李晋（2015）：“进口类型、行业差异化程度与企业生产率提升”，《经济研究》第8期。

［115］余淼杰、张睿（2015）：《中国制造业出口质量的准确衡量：挑战与解决方法》，CCER工作论文No. C2015011。

［116］余淼杰、张睿（2017）：“中国制造业出口质量的准确衡量：挑战与解决方法”，《经济学（季刊）》第2期。

［117］余长林（2011）：“知识产权保护与我国的进口贸易增长：基于扩展贸易引力模型的经验分析”，《管理世界》第6期。

［118］余长林（2015）：“知识产权保护、模仿威胁与中国制造业出口”，《经济学动态》第11期。

［119］余长林（2015）：“知识产权保护如何影响了中国的出口边际”，《国际贸易问题》第9期。

［120］余长林（2016）：“知识产权保护与中国出口比较优势”，《管理世界》第6期。

［121］张建忠、刘志彪（2011）：“知识产权保护与‘赶超陷阱’——基于GVC治理者控制的视角”，《中国工业经济》第6期。

［122］张杰（2015）：“进口对中国制造业企业专利活动的抑制效应研究”，《中国工业经济》第7期。

［123］张杰、陈志远、刘元春（2013）：“中国出口国内附加值的测算与变化机制”，《经济研究》第10期。

［124］张杰、翟福昕、周晓艳（2015）：“政府补贴、市场竞争与出口产品质量”，《数量经济技术经济研究》第4期。

［125］张杰、郑文平、翟福昕（2014）：“中国出口产品质量得到提升了

么?”,《经济研究》第 10 期。

[126] 张金昌 (2001):《国际竞争力评价的理论和方法研究》,中国社会科学院研究生院博士学位论文,2001 年版。

[127] 张如庆、张二震 (2010):“中国制成品出口的技术结构与经济增长之间的关系”,《国际贸易问题》第 7 期。

[128] 张小蒂、孙景蔚 (2006):“基于垂直专业化分工的中国产业国际竞争力分析”,《世界经济》第 5 期。

[129] 赵文君 (2010):“基督教与近代西欧私人财产权利观念的形成”,《史学理论研究》第 4 期。

[130] 郑长云 (2017):“知识产权保护与出口品质结构:基于美国进口数据的检验”,《国际贸易问题》第 12 期。

[131] 朱诗娥、杨汝岱 (2009):“中国本土企业出口竞争力研究”,《世界经济研究》第 1 期。

二、英文部分

[1] Acemoglu, D. and F. Zilibotti (2001), “Productivity Differences”, *The Quarterly Journal of Economics*, Vol. 116, No. 2, pp. 563 – 606.

[2] Ackerberg, D.; K. Caves and G. Frazer (2015), “Identification Properties of Recent Production Function Estimators.” *Econometrica*, Vol. 83, Issue 6, pp. 2411 – 2451.

[3] Aghion, P., and P. Howitt (1992), “A Model of Growth through Creative Destruction”, *Econometrica*, Vol. 60, Issue 2, pp. 323 – 351.

[4] Ahn, B. J. (2004), “The Rise of China and the Future of East – Asian Integration”, *Asia – Pacific Review*, Vol. 11, No. 2, pp. 18 – 35.

[5] Allred, B. B. and W. G. Park (2007), “The influence of patent protection on firm innovation investment in manufacturing industries”, *Journal of International Management*, Vol. 13, Issue 2, pp. 91 – 109.

[6] Álvarez, R. and J. R. Fuentes (2011), “Entry into Export Markets and Product Quality”, *The World Economy*, Vol. 34, Issue 8, pp. 1237 – 1262.

[7] Amighini, A. (2005), “China in the international fragmentation of production: Evidence from the ICT industry”, *The European Journal of Comparative Economics*, Vol. 2, No. 2, pp. 203 – 219.

[8] Amiti, M. and A. K. Khandelwal (2013), “Import Competition and Quali-

ty Upgrading", *The Review of Economics and Statistics*, Vol. 95, Issue 2, pp. 476 - 490.

[9] Amiti, M. and J. Konings (2007), "Trade Liberalization, Intermediate Inputs, and Productivity: Evidence from Indonesia", *American Economic Review*, Vol. 97, No. 5, pp. 1611 - 1638.

[10] Anand, R., S. Mishra and N. Spatafora (2012), "Structural Transformation and the Sophistication of Production", *IMF Working Paper* WP/12/59, pp. 1 - 50.

[11] Anderson, E. "A theoretical foundation for the gravity equation." *American Economic Review*, 1979, 69 (1), pp. 106 - 116.

[12] Anderson, K., and Norheim, H. "From imperial to regional trade preferences: Its effect on Europe's intra - and extra - regional trade." *Weltwirtschaftliches Archiv*, 1993, 129 (1), pp. 78 - 102.

[13] Ang, J.; Y. Cheng and C. Wu (2014), "Does Enforcement of Intellectual Property Rights Matter in China? Evidence from Financing and Investment Choices in the High - tech Industry." *The Review of Economics and Statistics*, Vol. 96, Issue 2, pp. 332 - 348.

[14] Antràs, P. (2005), "Incomplete Contracts and the Product Cycle." *The American Economic Review*, Vol. 95, No. 4, pp. 1054 - 1073.

[15] Antràs, P.; D. Chor, T. Fally and R. Hillberry (2012), "Measuring the Upstreamness of Production and Trade Flows." *American Economic Review Papers & Proceedings*, Vol. 102, No. 3, pp. 412 - 416.

[16] Athukorala P., and N. Yamashita (2006), "Production fragmentation and trade integration: East Asia in a global context." *The North American Journal of Economics and Finance*, Vol. 17, Issue 3, pp. 233 - 256.

[17] Athukorala, P., "Production Networks and Trade Patterns in East Asia: Regionalization or Globalization?" *Asian Economic Papers*, 2011, 10 (1), pp. 65 - 95.

[18] Auer, R. and T. Chaney (2009), "Exchange Rate Pass - through in a Competitive Model of Pricing - to - Market", *Journal of Money Credit and Banking*, Vol. 41, pp. 151 - 175.

[19] Awokuse, T. O. and H. Yin (2010), "Intellectual Property Rights Protection and the Surge in FDI in China", *Journal of Comparative Economics*, Vol. 38, pp. 217 - 224.

[20] Balassa, B. (1965), "Trade Liberalization and 'Revealed' Comparative Advantage", *The Manchester School*, Vol. 33, Issue 2, pp. 99 – 123.

[21] Balassa, B. (1989), *Comparative Advantage, Trade Policy and Economic Development*, New York: Harvester Wheatsheaf, pp. 41 – 62.

[22] Baldauf, A., K. S. Cravens and G. Binder (2003), "Performance consequences of brand equity management: evidence from organizations in the value chain", *Journal of Product & Brand Management*, Vol. 12, Issue 4, pp. 220 – 236.

[23] Baldwin, R. and D. Taglioni (2011), "Gravity chains: Estimating bilateral trade flows when parts and components trade is important." *National Bureau of Economic Research*, Working Paper, No. 16672, pp. 1 – 25.

[24] Balsmeier, B. and J. Delanote (2015), "Employment growth heterogeneity under varying intellectual property rights regimes in European transition economies: Young vs. mature innovators", *Journal of Comparative Economics*, Vol. 43, Issue 4, pp. 1069 – 1084.

[25] Bas, M. and V. Strauss – Kahn (2015), "Input – trade Liberalization, Export Prices and Quality Upgrading", *Journal of International Economics*, Vol. 95, Issue 2, pp. 250 – 262.

[26] Bastos, P. and J. Silva (2010), "Identifying Vertically Differentiated Products", *Economics Letters*, Vol. 106, Issue 1, pp. 32 – 34.

[27] Bergstrand, H. (1985), "The gravity equation in international trade: some microeconomic foundations and empirical evidence." *The Review of Economics and Statistics*, Vol. 67, Issue 3, pp. 474 – 481.

[28] Bergstrand, H. (1989), "The generalized gravity equation, monopolistic competition, and the factor – proportions theory in international trade." *The Review of Economics and Statistics*, Vol. 71, Issue 1, pp. 143 – 153.

[29] Bernard, A. B. and J. B. Jensen (2004), "Why some firms export", *Review of Economics and Statistics*, Vol. 86, Issue 2, pp. 561 – 569.

[30] Bernard, A. B., J. Eaton, J. B. Jensen and S. Kortum (2003), "Plants and Productivity in International Trade", *American Economic Review*, Vol. 93, No. 4, pp. 1268 – 1290.

[31] Bose, P. and D. M. Kemme (2002), "Liberalization, Entry and Product Quality in Transition Economies", *Economic Systems*, Vol. 26, pp. 353 – 366.

[32] Bowen, J. T. (2007), "Global production networks, the developmental

state and the articulation of Asia Pacific economies in the commercial aircraft industry", *Asia Pacific Viewpoint*, Vol. 48, Issue. 3, pp. 312 - 329.

[33] Branstetter, L., R. Fisman, C. F. Foley and K. Saggi (2011), "Does intellectual property rights reform spur industrial development?", *Journal of International Economics*, Vol. 83, Issue 1, pp. 27 - 36.

[34] Branstetter, L., R. Fisman, C., F. Foley and K. Saggi (2007), "Intellectual Property Rights, Imitation, and Foreign Direct Investment: Theory and Evidence", *NBER Working Paper* No. 13033.

[35] Broda, C. and D. E. Weinstein (2006), "Globalization and the Gains from Variety", *The Quarterly Journal of Economics*, Vol. 121, Issue 2, pp. 541 - 585.

[36] Brooks, D. H. and B. Ferrarini (2014), "Vertical gravity", *Journal of Asian Economics*, Vol. 31 - 32, pp. 1 - 9.

[37] Brüggemann, J.; P. Crosetto, L. Meub and K. Bizer (2016), "Intellectual Property Rights Hinder Sequential Innovation. Experimental Evidence." *Research Policy*, Vol. 45, pp. 2054 - 2068.

[38] Canals, C. and F. Sener (2014), "Offshoring and Intellectual Property Rights Reform." *Journal of Development Economics*, Vol. 108, pp. 17 - 31.

[39] Cao, Q. (2014), "Insight into weak enforcement of intellectual property rights in China", *Technology in Society*, Vol. 38, pp. 40 - 47.

[40] Caporale, G. M., A. Sova and R. Sova (2015), "Trade flows and trade specialisation: The case of China", *China Economic Review*, Vol. 34, pp. 261 - 273.

[41] Caselli, M. (2017), "Do all imports matter for productivity? Intermediate inputs vs capital goods", *Economia Politica*, https://doi.org/10.1007/s40888 - 017 - 0071 - 5, pp. 1 - 27.

[42] Ceglowski, J. (2017), "Assessing Export Competitiveness through the Lens of Value Added", *The World Economy*, Vol. 40, Issue 2, pp. 275 - 296.

[23] Chen, L. and L. Xue (2010), "Global Production Network and the Upgrading of China's Integrated Circuit Industry", *China & World Economy*, Vol. 18, No. 6, pp. 109 - 126.

[44] Chen, N. and L. Juvenal (2016), "Quality, Trade, and Exchange Rate Pass - through", *Journal of International Economics*, Vol. 100, pp. 61 - 80.

[45] Chen, Z. Y., J. Zhang and W. P. Zheng (2017), "Import and Innovation: Evidence from Chinese Firms", *European Economic Review*, Vol. 94, pp. 205 -

220.

[46] Choi, D. and Y. Kim (2018), "Market Share and Firms' Patent Exploitation." *Technovation*, Vol. 72 – 73, pp. 13 – 23.

[47] Chu, A. C., G. Cozzi and S. Galli (2014), "Stage – dependent intellectual property rights", *Journal of Development Economics*, Vol. 106, pp. 239 – 249.

[48] Chu, A. C.; H. Fan, G. Shen and X. Zhang (2018), "Effects of international trade and intellectual property rights on innovation in China", *Journal of Macroeconomics*, 2018, Vol. 57, pp. 110 – 121.

[49] Chung, L. and K. H. Tan (2017), "The unique Chinese innovation pathways: Lessons from Chinese small and medium sized manufacturing firms", *International Journal of Production Economics*, Vol. 190, pp. 80 – 87.

[50] CIPR (2003), *Integrating Intellectual Property Rights and Development Policy: Report of the Commission on Intellectual Property Rights*, London: Commission on Intellectual Property Rights, pp. 1 – 178.

[51] Co, C. Y. (2004), "Do Patent Rights Regimes Matter?", *Review of International Economics*, Vol. 12, Issue 3, pp. 359 – 373.

[52] Coe, N. M., P. Dicken and M. Hess (2008), "Global production networks: realizing the potential", *Journal of Economic Geography*, Vol. 8, Issue 3, pp. 271 – 295.

[53] Crozet, M., K. Head and T. Mayer (2012), "Quality Sorting and Trade: Firm – level Evidence for French Wine", *The Review of Economic Studies*, Vol. 79, Issue 2, pp. 609 – 644.

[54] Cui, L., and M. Syed (2007), "The Shifting Structure of China's Trade and Production", *IMF Working Paper*, No. 2007/214.

[55] Dai, M.; M. Maitra and M. Yu (2016), "Unexceptional Exporter Performance in China? The Role of Processing Trade." *Journal of Development Economics*, Vol. 121, pp. 177 – 189.

[56] Daudin, G., C. Rifflart and D. Schweisguth (2011), "Who produces for whom in the world economy?" *Canadian Journal of Economics*, Vol. 44, No. 4, pp. 1403 – 1437.

[57] Deng, Z.; H. Guo, W. Zhang and C. Wang (2014), "Innovation and Survival of Exporters: A Contingency Perspective." *International Business Review*, Vol. 23, Issue 2, pp. 396 – 406.

[58] Dinopoulos, E. and B. A. Unel (2013), "A Simple Model of Quality Heterogeneity and International Trade", *Journal of Economic Dynamics & Control*, Vol. 37, pp. 68 – 83.

[59] Dulleck, U. and N. Foster (2008), "Imported Equipment, Human Capital and Economic Growth in Developing Countries", *Economic Analysis & Policy*, Vol. 38, pp. 233 – 250.

[60] Eriksson, K. and S. Chetty (2003), "The Effect of Experience and Absorptive Capacity on Foreign Market Knowledge." *International Business Review*, Vol. 12, Issue 6, pp. 673 – 695.

[61] Ernst, D. (2000), "Global production networks and the changing geography of innovation systems: implications for developing countries", *East – West Center Working Papers* No. 9, pp. 1 – 41.

[62] Ernst, D. (2002), "Global production networks and the changing geography of innovation systems. Implications for developing countries", *Economics of Innovation and New Technology*, Vol. 11, Issue 6, pp. 497 – 523.

[63] Ernst, D. and L. Kim (2002), "Global Production Networks Knowledge Diffusion and Local Capability Formation", *Research Policy*, Vol. 31, pp. 1417 – 1429.

[64] ESRC Project Team (2001), "Global Production Networks and the Analysis of Economic Development", *GPN Working Paper* No. 1, pp. 1 – 41.

[65] Fally, T. (2015), "Structural gravity and fixed effects." *Journal of International Economics*, Vol. 97, Issue 1, pp. 76 – 85.

[66] Fan, H., Y. A. Li and S. R. Yeaple (2015), "Trade Liberalization, Quality, and Export Prices", *The Review of Economics and Statistics*, Vol. 97, pp. 1033 – 1051.

[67] Feenstra, R. C. (1998), "Integration of trade and disintegration of production in the global economy", *The Journal of Economic Perspectives*, Vol. 12, pp. 31 – 50.

[68] Feenstra, R. C. and J. Romalis (2014), "International Prices and Endogenous Quality", *The Quarterly Journal of Economics*, Vol. 129, Issue 2, pp. 477 – 527.

[69] Feng, L., Z. Li and D. L. Swenson (2016), "The connection between imported intermediate inputs and exports: Evidence from Chinese firms", *Journal of International Economics*, Vol. 101, pp. 86 – 101.

[70] Fernandes, A. M. and C. Paunov (2013), "Does Trade Stimulate Product Quality Upgrading?", *The Canadian Journal of Economics*, Vol. 46, No. 4, pp. 1232 - 1264.

[71] Finger, J. M. and M. E. Kreinin (1979), "A Measure of 'Export Similarity' and Its Possible Uses", *Economic Journal*, Vol. 89, pp. 905 - 912.

[72] Fink, C. and C. A. Primo Braga (1999), "How Stronger Protection of Intellectual Property Rights Affects International Trade Flows", *World Bank Working Paper*, No. 2051, pp. 1 - 23.

[73] Fink, C. and K. E. Maskus (2005), *Intellectual Property and Development: Lessons from Recent Economic Research*, edited by Fink, Carsten and Keith Maskus, the World Bank and Oxford University Press, pp. 1 - 327.

[74] Fu, X. and Y. Gong (2011), "Indigenous and Foreign Innovation Efforts and Drivers of Technological Upgrading: Evidence from China." *World Development*, Vol. 39, Issue 7, pp. 1213 - 1225.

[75] Furukawa, Y. (2010), "Intellectual property protection and innovation: an inverted - U relationship", *Economics Letters*, Vol. 109, Issue 2, pp. 99 - 101.

[76] Gangnes, B. S.; A. C. Ma and A. Van Assche (2014), "Global Value Chains and Trade Elasticities", *Economics Letters*, Vol. 124, pp. 482 - 486.

[77] Gangopadhyay, K. and D. Mondal (2012), "Does Stronger Protection of Intellectual Property Stimulate Innovation?" *Economics Letters*, Vol. 116, Issue 1, pp. 80 - 82.

[78] Gervais, A. (2013), "Product Quality and Firm Heterogeneity in International Trade", *US Census Bureau Center for Economic Studies Paper* No. CES - WP - 13 - 08.

[79] Ginarte, J. C. and W. G. Park (1997), "Determinants of Patents Rights: A Cross - national Study", *Research Policy*, Vol. 26, Issue 3, pp. 283 - 301.

[80] Girma, S. (2005), "Absorptive Capacity and Productivity Spillovers from FDI: A Threshold Regression Analysis." *Oxford Bulletin of Economics & Statistics*, Vol. 67, Issue 3, pp. 281 - 306.

[81] Glass, A. and K. Saggi (2002), "Intellectual Property Rights and Foreign Direct Investment", *Journal of International Economics*, Vol. 56, Issue 2, pp. 387 - 410.

[82] Godart, O. and H. Görg (2013), "Suppliers of Multinationals and the

Forced Linkage Effect: Evidence from Firm Level Data." *Journal of Economic Behavior & Organization*, Vol. 94, pp. 393 - 404.

[83] Goldberg, P. K. and F. Verboven (2001), "The Evolution of Price Dispersion in the European Car Market", *The Review of Economic Studies*, Vol. 68, No. 4, pp. 811 - 848.

[84] Grossman, G. M. and E. Helpman (1991), "Endogenous Product Cycles", *Economic Journal*, Vol. 101, No. 408, pp. 1214 - 1229.

[85] Grossman, G. M. and E. Helpman (1991), *Innovation and Growth in the Global Economy*, Massachusetts: the MIT Press, 1991.

[86] Grubel, H. and P. Lloyd (1971), "The Empirical Measurement of Intra - Industry Trade", *Economic Record*, Vol. 47, Issue 4, pp. 494 - 517.

[87] Grubel, H. and P. Lloyd (1975), *Intra - Industry Trade: The Theory and the Measurement of International Trade in Differentiated Products*, London: Macmillan.

[88] Hallak, J. and J. Sivadasan (2009), "Productivity, Quality and Exporting Behavior under Minimum Quality Requirements", *NBER Working Paper* No. 14928.

[89] Hallak, J. C. and P. K. Schott (2011), "Estimating Cross - Country Differences in Product Quality", *The Quarterly Journal of Economics*, Vol. 126, Issue 1, pp. 417 - 474.

[90] Hausmann, R.; J. Hwang and D. Rodrik (2005), "What You Export Matters", *NBER Working Paper*, No. 11905.

[91] Hausmann, R.; J. Hwang and D. Rodrik (2007), "What You Export Matters." *Journal of Economic Growth*, Vol. 12, Issue 1, pp. 1 - 25.

[92] Heckman, J. (1979), "Sample Selection Bias as a Specification Error." *Econometrica*, Vol. 47, Issue 1, pp. 153 - 161.

[93] Helble, M. and B. L. Ngiang (2016), "The Changing Nature of the Production Network in East Asia", pp. 67 - 86, from *Production Networks and Enterprises in East Asia: Industry and Firm - level Analysis*, https://link.springer.com/content/pdf/10.1007%2F978-4-431-55498-1_4.pdf.

[94] Helpman, E. (1993), "Innovation, Imitation, and Intellectual Property Rights", *Econometrica*, Vol. 61, No. 6, pp. 1247 - 1280.

[95] Helpman, E.; M. Melitz and Y. Rubinstein (2008), "Estimating Trade Flows: Trading Partners and Trading Volumes." *The Quarterly Journal of Economics*, Vol. 123, No. 2, pp. 441 - 487.

[96] Hidalgo, C. A.; R. Hausmann and P. Dasgupta (2009), "The Building Blocks of Economic Complexity." *Proceedings of the National Academy of Sciences*, Vol. 106, Issue 26, pp. 10570 – 10575.

[97] Hu, A. G. (2015), "Innovation and Economic Growth in East Asia: An Overview", *Asian Economic Policy Review*, Vol. 10, Issue 1, pp. 19 – 37.

[98] Hu, A. G. Z. and I. P. L. Png (2013), "Patent rights and economic growth: evidence from cross – country panels of manufacturing industries", *Oxford Economic Papers*, Vol. 65, Issue 3, pp. 675 – 698.

[99] Hudson, J. and A. Minea (2013), "Innovation, Intellectual Property Rights, and Economic Development: A Unified Empirical Investigation", *World Development*, Vol. 46, pp. 66 – 78.

[100] Hummels, D. and A. Skiba (2004), "Shipping the Good Apples Out? An Empirical Confirmation of the Alchian – Allen Conjecture", *Journal of Political Economy*, Vol. 112, pp. 1384 – 1402.

[101] Hummels, D. and P. J. Klenow (2005), "The Variety and Quality of a Nation's Exports", *The American Economic Review*, Vol. 95, No. 3, pp. 704 – 723.

[102] Hummels, D., J. Ishii and K. M. Yi (2001), "The nature and growth of vertical specialization in world trade", *Journal of International Economics*, Vol. 54, Issue 1, pp. 75 – 96.

[103] Iacovone, L.; B. Javorcik, W. Keller and J. Tybout (2015), "Supplier Responses to Wal – Mart's Invasion in Mexico." *Journal of International Economics*, Vol. 95, Issue 1, pp. 1 – 15.

[104] Iapadre, L. (2006), "Regional integration agreements and the geography of world trade: statistical indicators and empirical evidence." *Assessment and measurement of regional integration*, Vol. 13, pp. 65 – 85.

[105] Iapadre, P. L. and L. Tajoli (2014), "Emerging countries and trade regionalization: A network analysis", *Journal of Policy Modeling*, Vol. 36, Supplement 1, pp. S89 – S110.

[106] Iapadre, P. L., and F. Tironi (2009), "Measuring trade regionalisation: The case of Asia." *UNU – CRIS Working Paper*, No. 9, pp. 1 – 25.

[107] Ikeda, Y.; H. Aovama and Y. Sakamoto (2015), "Community Dynamics and Controllability of G7 Global Production Network", International Conference on Signal – Image Technology and Internet – Based Systems, 2015.

[108] Impullitti, G. and O. Licandro (2017), "Trade, Firm Selection and Innovation: The Competition Channel", *The Economic Journal*, Vol. 128, pp. 189 -229.

[109] Inderst, R and G. Shaffer (2007), "Retail Mergers, Buyer Power, and Product Variety." *The Economic Journal*, Vol. 117, Issue 516, pp. 45 -67.

[110] IPRA (2017), 2017 *International Property Rights Index*, pp. 1 -67.

[111] Ivus, O. (2010), "Do stronger patent rights raise high - tech exports to the developing world?", *Journal of International Economics*, Vol. 81, Issue 1, pp. 38 -47.

[112] Jarreau, J. and S. Poncet (2012), "Export sophistication and economic growth: Evidence from China", *Journal of Development Economics*, Vol. 97, Issue 2, pp. 281 -292.

[113] Javorcik, B. S. (2004), "Does Foreign Direct Investment Increase the Productivity of Domestic Firms? In Search of Spillovers through Backward Linkages", *American Economic Review*, Vol. 94, No. 3, pp. 605 -627.

[114] Johansson, S. (2007), "R&D Accessibility and Comparative Advantages in Quality Differentiated Goods", Working Paper Series in Economics and Institutions of Innovation No. 107, Royal Institute of Technology, CESIS.

[115] Johnson, R. C. and G. Noguera (2012), "Accounting for intermediates: Production sharing and trade in value added", *Journal of International Economics*, Vol. 86, Issue 2, pp. 224 -236.

[116] Jones, R., H. Kierzkowski and C. Lurong (2005), "What does evidence tell us about fragmentation and outsourcing?", *International Review of Economics & Finance*, Vol. 14, Issue 3, pp. 305 -316.

[117] Kang, K. (2008), "How Much Have Been the Export Products Changed from Homogeneous to Differentiated? Evidence from China, Japan, and Korea", *China Economic Review*, Vol. 19, pp. 128 -137.

[118] Khandelwal, A. (2010), "The Long and Short (of) Quality Ladders", *Review of Economic Studies*, Vol. 77, Issue 4, pp. 1450 -1476.

[119] Khandelwal, A. K.; P. K, Schott and S. J. Wei (2013), "Trade Liberalization and Embedded Institutional Reform: Evidence from Chinese Exporters", *American Economic Review*, Vol. 103, Issue 6, pp. 2169 -2195.

[120] Kim, T.; K. Maskus and K. Oh (2014), "Effects of Knowledge Spillovers on Knowledge Production and Productivity Growth in Korean Manufacturing

Firms." *Asian Economic Journal*, Vol. 28, Issue 1, pp. 63 – 79.

[121] Kim, Y. K., K. Lee, W. G. Park and K. Choo (2012), "Appropriate intellectual property protection and economic growth in countries at different levels of development", *Research Policy*, Vol. 41, Issue 2, pp. 358 – 375.

[122] Kimura, F., Y. Takahashi and K. Hayakawa (2007), "Fragmentation and parts and components trade: Comparison between East Asia and Europe." *The North American Journal of Economics and Finance*, Vol. 18, Issue 1, pp. 23 – 40.

[123] Koopman, R., W. Powers., Z. Wang and S. J. Wei (2010), "Give Credit Where Credit is Due: Tracing Value Added in Global Production Chains", *NBER Working Paper*, No. 16426.

[124] Koopman, R., Z. Wang and S. J. Wei (2008), "How much of Chinese exports is really made in China? Assessing Domestic Value – Added When Processing Trade is Pervasive", *NBER Working Paper*, No. 14109.

[125] Koopman, R.; Z. Wang and S. J. Wei (2012), "Tracing Value – added and Double Counting in Gross Exports", *NBER Working Paper* No. 18579.

[126] Koopman, R.; Z. Wang, and S. J. Wei (2014), "Tracing Value – Added and Double Counting in Gross Exports", *American Economic Review*, Vol. 104, Issue 2, pp. 459 – 494.

[127] Kunimoto, K. (1977), "Typology of trade intensity indices.", *Hitotsubashi Journal of Economics*, Vol. 17, Issue 2, pp. 15 – 32.

[128] Kuroiwa, I. and H. Kuwamori (2011), "Impact of the US Economic Crisis on East Asian Economies: Production Networks and Triangular Trade through Chinese Mainland", *China &World Economy*, Vol. 19, No. 6, pp. 1 – 18.

[129] Lall, S. (2000), "The Technological Structure and Performance of Developing Country Manufactured Exports, 1985 – 1998", *Oxford Development Studies*, Vol. 28, No. 3, pp. 337 – 369.

[130] Lall, S.; J. Weiss and J. Zhang (2006), "The 'Sophistication' of Exports: A New Trade Measure", *World Development*, Vol. 34, No. 2, pp. 222 – 237.

[131] Lee, H. H.; D. Park and J. Wang (2013), "The Role of China in International Fragmentation and Production Network", *Korea and the World Economy*, Vol. 14, Issue 2, pp. 281 – 312.

[132] Liao, J. and W. Wang (2019), "Intermediate Inputs and Cross – Country Productivity Differences." *Economics Letters*, Vol. 176, pp. 64 – 67.

[133] Lindic, M. (2015), "Global Value Chains and the Effects of Outsourcing and Offshoring on Firms: Evidence from Matched Firm – Employee Data", University Library of Munich, Germany, MPRA Paper, No. 67437.

[134] Liu, Q. and L. D. Qiu (2016), "Intermediate Input Imports and Innovations: Evidence from Chinese Firms' Patent Filings." *Journal of International Economics*, Vol. 103, pp. 166 – 183.

[135] López, R. (2008), "Foreign Technology Licensing, Productivity, and Spillovers." *World Development*, Vol. 36, Issue 4, pp. 560 – 574.

[136] Lorenczik, C. and M. Newiak (2012), "Imitation and innovation driven development under imperfect intellectual property rights", *European Economic Review*, Vol. 56, Issue 7, pp. 1361 – 1375.

[137] Ma, H., Z. Wang and K. F. Zhu (2015), "Domestic Value – added in China's Exports and Its Distribution by Firm Ownership", *Journal of Comparative Economics*, Vol. 43, Issue 1, pp. 3 – 18.

[138] Ma, Y., H. W. Tang and Y. F. Zhang (2014), "Factor Intensity, product switching, and productivity: Evidence from Chinese exporters", *Journal of International Economics*, Vol. 92, pp. 349 – 362.

[139] Magerman, G.; E. Dhyne and S. Rubínova (2015), "The Belgian production network 2002 – 2012", *Working Paper Research* No. 288, National Bank of Belgium, https://ideas.repec.org/p/nbb/reswpp/201510 – 288.html.

[140] Maggioni, D.; A. L. Turco and M. Gallegati (2016), "Does Product Complexity Matter for Firms' Output Volatility?", *Journal of Development Economics*, Vol. 121, pp. 94 – 109.

[141] Makishima, M. (2011), "Production Network and Intermediate Goods Trade: Cases of Japan", in *Intermediate Goods Trade in East Asia: Economic Deepening Through FTAs/EPAs*, BRC Research Report No. 5 Bangkok Research Center, IDE – JETRO, Bangkok, Thailand.

[142] Manova, K and Z. Zhang (2012), "Multi – Product Firms and Product Quality", *NBER Working Papers*, No. 18637.

[143] Manova, K. and Z. H. Yu (2017), "Multi – product Firms and Product Quality", *Journal of International Economics*, Vol. 109, pp. 116 – 137.

[144] Maskus, K. E. and L. Yang (2013), "The Impacts of Post – TRIPS Patent Reforms on the Structure of Exports", *Research Institute of Economy, Trade and In-*

dustry Discussion Paper Series 13E – 030, pp. 1 – 50.

[145] Maskus, K. E. and M. Penubarti (1995), "How Trade – related are Intellectual Property Rights?", *Journal of International Economics*, Vol. 39, Issues 3 – 4, pp. 227 – 248.

[146] Mayneris, F., and S. Poncet (2013), "Chinese firms' entry to export markets: The role of foreign export spillovers", *The World Bank Economic Review*, Vol. 29, No. 1, pp. 150 – 179.

[147] Mazol, A. (2015), "Exchange Rate, Imports of Intermediate and Capital Goods and GDP Growth in Belarus", *BEROC Working Paper Series* No. 32.

[148] Melitz, M. J. (2003), "The impact of trade on intra – industry reallocations and aggregate industry productivity", *Econometrica*, Vol. 71, Issue 6, pp. 1695 – 1725.

[149] Michaely, M. (1984), "Trade, Income Levels, and Dependence", North – Holland, Amsterdam.

[150] Miroudout, S.; R. Lanz and A. Ragoussis (2009), "Trade in intermediate goods and services." *OECD Trade Policy Papers*, No. 93, pp. 1 – 67.

[151] Murray, F. and S. Stern (2007), "Do Formal Intellectual Property Rights Hinder the Free Flow of Scientific Knowledge? An Empirical Test of the Anti – Commons Hypothesis.", *Journal of Economic Behavior & Organization*, Vol. 63, pp. 648 – 687.

[152] Ng, F. and A. Yeats (2003), "Major Trade Trends in East Asia: What are their Implications for Regional Cooperation and Growth?" *World Bank Policy Research Working Paper* No. 3084, pp. 1 – 93.

[153] Nishioka, S. and M. Ripoll (2012), "Productivity, Trade and the R&D Content of Intermediate Inputs", *European Economic Review*, Vol. 56, Issue 8, pp. 1573 – 1592.

[154] Nugent, T., A. Woodhead and L. He (2016), "Protecting your brand: Intellectual property for value added exports", University of Southern Queensland, *ACSBD Research Paper*, pp. 1 – 25.

[155] Ostergard, R. (2003), *The Development Dilemma: The Political Economy of Intellectual Property Rights in the International System*, New York: LFB Scholarly Publishing LLC, pp. 1 – 163.

[156] Palangkaraya, A., P. H. Jensen and E. Webster (2017), "The effect of patents on trade", *Journal of International Economics*, Vol. 105, pp. 1 – 9.

[157] Park, W. G. (2008), "International Patent Protection: 1960 – 2005", *Research Policy*, Vol. 37, Issue 4, pp. 761 – 766.

[158] Pickles, J.; L. Plank, C. Staritz and A. Glasmeier (2015), "Trade policy and regionalisms in global clothing production networks", *Cambridge Journal of Regions, Economy and Society*, Vol. 8, Issue 3, pp. 381 – 402.

[159] Poncet, S. and F. S. de Waldemar (2013), "Export Upgrading and Growth: The Prerequisite of Domestic Embeddedness", *World Development*, Vol. 51, pp. 104 – 118.

[160] Porter, M. E. (1979), "How Competitive Forces Shape Strategy." *Harvard Business Review* Vol. 57, No. 2 pp. 137 – 145.

[161] Prasad, B. and R. Martens (2013), "A Strategic Perspective on IT Outsourcing", *International Journal of Asian Business and Information Management*, Vol. 4, Issue 4, pp. 22 – 34.

[162] Rafiquzzaman, M. (2002), "The Impact of Patent Rights on International Trade: Evidence from Canada", *Canadian Journal of Economics*, Vol. 35, Issue 2, pp. 307 – 330.

[163] Ramstetter, E. D. and K. T. Nguyen (2016), "Multinational Enterprises and Vietnam's Exports: Comparing Economy – wide and Firm – level Evidence", *Working Paper Series* Vol. 2016 – 22, pp. 1 – 26.

[164] Rapp, R. T. and R. P. Rozek (1990), "Benefits and Costs of International Property Protection in Developing Country", *Journal of World Trade*, Vol. 24, Issue 5, pp. 75 – 102.

[165] Rauch, J. (1999), "Networks versus Markets in International Trade", *Journal of International Economics*, Vol. 48, pp. 7 – 35.

[166] Raut, L. (1995), "R&D Spillover and Productivity Growth: Evidence from Indian Private Firms." *Journal of Development Economics*, Vol. 48, Issue 1, pp. 1 – 23.

[167] Reis, J. G. and T. Farole (2012), "Trade Competitiveness Diagnostic Toolkit", *The World Bank Working Paper*, pp. 1 – 198.

[168] Rodrik, D. (2006), "What's So Special about China's Exports?", *China & World Economy*, Vol. 14, Issue 5, pp. 1 – 19.

[169] Schott, P. K. (2008), "The Relative Sophistication of Chinese Exports", *Economic Policy*, Vol. 23, pp. 5 – 49.

[170] Shen, G. (2018), "Firms need robust response to IPR accusations", Global Times, 2018 - 04 - 16 (B7). [2018 - 07 - 25] http://www.globaltimes.cn/content/1098081.shtml

[171] Shen, G. and A. Gu (2007), "Revealed Comparative Advantage, Intra-industry Trade and the US Manufacturing Trade Deficit with China." *China & World Economy*, Vol. 15, No. 6, pp. 87 - 103.

[172] Silve, F. and A. Plekhanov (2018), "Institutions, innovation and growth: Evidence from industry data", *Economics of Transition*, Vol. 26, Issue 3, pp. 335 - 362.

[173] Smeets, R. and A. Vaal (2016), "Intellectual Property Rights and the Productivity Effects of MNE Affiliates on Host - Country Firms." *International Business Review*, Vol. 25, Issue 1, pp. 419 - 434.

[174] Smith, P. J. (1999), "Are weak patent rights a barrier to U. S. exports?", *Journal of International Economics*, Vol. 48, Issue 1, pp. 151 - 177.

[175] Stehrer, R., N. Foster and G. de Vries (2012), "Value Added and Factors in Trade: A Comprehensive Approach", *WIOD Working Paper* No. 7, pp. 1 - 22.

[176] Sweet, C. and D. Maggio (2015), "Do Stronger Intellectual Property Rights Increase Innovation?" *World Development*, Vol. 66, pp. 665 - 677.

[177] Tacchella, A.; M. Cristelli, G. Caldarelli, A. Gabrielli, and L. Pietronero (2013), "Economic Complexity: Conceptual Grounding of A New Metrics for Global Competitiveness." *Journal of Economic Dynamics&Control*, Vol. 37, pp. 1683 - 1691.

[178] Tandon, A. (2015), "China - India Merchandise Trade: Opportunities and Challenges", *Working Paper*, 21 Dec. 2015, https://papers.ssrn.com/sol3/papers.cfm?abstract_id=2705340.

[179] Teixeira, A. and C. Ferreira (2018), "Intellectual Property Rights and the Competitiveness of Academic Spin - Offs." *Journal of Innovation & Knowledge*, Vol. 12, pp. 1 - 8.

[180] Tewari, M. and C. Veeramani (2016), "Network Trade and Development: What Do Patterns of Vertically Specialized Trade in ASEAN Tell Us About India's Place in Asian Production Networks?", *Global Economy Journal*, Vol. 16, No. 2, pp. 349 - 388.

[181] Timmer, M.; A. Erumban, B. Los, R. Stehrer and G. de Vries

(2014), "Slicing Up Global Value Chains", *Journal of Economic Perspectives*, Vol. 28, Issue 2, pp. 99 - 118.

[182] Trefler, D. (2004), "The Long and Short of the Canada - U. S. Free Trade Agreement", *American Economic Review*, Vol. 94, No. 4, pp. 870 - 895.

[183] U. S. Chamber of Commerce's GIPC (2018), 2018 *International IP Index*, 6th Edition, February 2018.

[184] USTR (2018), 2018 *Special* 301 *Report*, pp. 38 - 46.

[185] Veeramani, C. (2009), "Impact of Imported Intermediate and Capital Goods on Economic Growth: A Cross Country Analysis", *Working Paper*, available at SSRN: https://ssrn.com/abstract=1325181.

[186] Vichyanond, J. (2009), "Intellectual Property Protection and Patterns of Trade", Princeton University *CEPS Working Paper* No. 197.

[187] Vollrath, T. L. and D. H. Vo (1988), *Investigating the Nature of World Agricultural Competitiveness*, US Department of Agriculture, Economic Research Service, *Technical Bulletin*, No. 1754, pp. 1 - 52.

[188] Wang, Y.; Y. Wang and K. Li (2014), "Judicial Quality, Contract Intensity and Exports: Firm - Level Evidence." *China Economic Review*, Vol. 31, pp. 32 - 42.

[189] Wang, Z. and S. J. Wei (2008), "What Accounts for the Rising Sophistication of China's Exports?", *NBER Working Paper* No. 13771.

[190] Woo, S., P. Jang and Y. Kim (2015), "Effects of intellectual property rights and patented knowledge in innovation and industry value added: A multinational empirical analysis of different industries", *Technovation*, Vol. 43 - 44, pp. 49 - 63.

[191] World Bank (2018), *Doing Business* 2019: *Training for Reform*, A World Bank Group Flagship Report, Published: October 31, 2018.

[192] World Economic Forum (WEF, 2018), *The Global Competitiveness Report* 2017 - 2018, pp. 1 - 373.

[193] WTO (2018), *World Trade Statistical Review* - 2018, pp. 1 - 209, available at www.wto.org/statistics.

[194] WTO (2019), *World Trade Statistical Review* 2019, pp. 1 - 174, available at www.wto.org/statistics.

[195] Xu, B. (2010), "The Sophistication of Exports: Is China Special?", *China Economic Review*, Vol. 21, Issue 3, pp. 482 - 493.

[196] Yang, C. H. and R. J. Woo (2006), "Do stronger intellectual property rights induce more agricultural trade?: a dynamic panel data model applied to seed trade", *Agricultural Economics*, Vol. 35, Issue 1, pp. 91 – 101.

[197] Yang, C. H. and Y. J. Huang (2009), "Do Intellectual Property Rights Matter to Taiwan's Exports? A Dynamic Panel Approach", *Pacific Economic Review*, Vol. 14, Issue 4, pp. 555 – 578.

[198] Yang, D. Y. and N. M. Coe (2009), "The Governance of Global Production Networks and Regional Development: A Case Study of Taiwanese PC Production Networks", *Growth and Change*, Vol. 40, Issue1, pp. 30 – 53.

[199] Yang, L. and K. E. Maskus (2009), "Intellectual Property Rights, Technology Transfer and Exports in Developing Countries", *Journal of Development Economics*, Vol. 90, Issue 2, pp. 231 – 236.

[200] Yeung, H. W. C (2007), "From followers to market leaders: Asian electronics firms in the global economy", *Asia Pacific Viewpoint*, Vol. 48, Issue 1, pp. 1 – 25.

[201] Yu, M. J. (2015), "Processing Trade, Tariff Reductions and Firms Productivity: Evidence from Chinese Firms." *The Economic Journal*, Vol. 125, Issue 585, pp. 943 – 988.

[202] Zeng, D. Z. (2017), "Measuring the Effectiveness of the Chinese Innovation System: A Global Value Chain Approach", *International Journal of Innovation Studies*, Vol. 1, Issue 1, pp. 57 – 71.

[203] Zhan, Y. and X. Zhu (2007), "Intellectual Property Right Abuses in the Patent Licensing of Technology Standards from Developed Countries to Developing Countries: A Study of Some Typical Cases from China", *The Journal of World Intellectual Property*, Vol. 10, Issue 3 – 4, pp. 187 – 200.

[204] Zhang, K. H. (2015), "What Drives Export Competitiveness? The Role of FDI in Chinese Manufacturing", *Contemporary Economic Policy*, Vol. 33, Issue 3, pp. 499 – 512.